姚涂铭国学智慧系列

庄子智慧（上）

姚淦铭 著

山东人民出版社·济南
国家一级出版社 全国百佳图书出版单位

图书在版编目（CIP）数据

庄子智慧.上/姚淦铭著.--济南：山东人民出版社，2022.1（2024.4重印）
ISBN 978-7-209-13583-2

Ⅰ.①庄… Ⅱ.①姚… Ⅲ.①道家 ②《庄子》-通俗读物 Ⅳ.①B223.5-49

中国版本图书馆CIP数据核字(2021)第250401号

庄子智慧（上）
ZHUANGZI ZHIHUI（SHANG）
姚淦铭 著

主管单位 山东出版传媒股份有限公司
出版发行 山东人民出版社
出 版 人 胡长青
社　　址 济南市市中区舜耕路517号
邮　　编 250003
电　　话 总编室（0531）82098914
　　　　 市场部（0531）82098027
网　　址 http://www.sd-book.com.cn
印　　装 济南万方盛景印刷有限公司
经　　销 新华书店

规　　格 16开（169mm×239mm）
印　　张 18.5
字　　数 320千字
版　　次 2022年1月第1版
印　　次 2024年4月第3次
ISBN 978-7-209-13583-2
定　　价 36.00元

前　言

初读《庄子》时并不洒脱，一路前行，会遇到理解文本时文字的艰涩、含义的深奥、思想的隐晦、主旨的模糊等问题。常费解，时困顿，疑不明，惑不释。然而绝佳风景都是隐蔽的，你一旦耐心地砥砺前行，专心地深入潜行，渐行渐远，渐熟渐详，而终至豁然贯通时，便有柳暗花明的桃花胜景瞬间展现在眼前，且一村胜似一村，一景胜似一景，终至深处高处广处远处。此时你对《庄子》的阅读、赏读、研读，会觉得美不胜收且妙不可言！又会感到这是一种心灵的放飞、思维的历练、智慧的淬炼，你既可作高飞的逍遥之游，也可为深潜的洒脱之行，此时便真是游行自在，意气风发矣！

读《庄子》是美的享受，其中的智慧之美、哲思之美、文章之美、言语之美、修辞之美等，如丛簇的鲜花奇葩开放着，形色纷呈，馨香袭人，遐思无限！

阅读《庄子》，若渐行至远，渐进至深，就愈发觉得如入文学的、哲学的桃源胜景。当然这一路上有不少的语言障碍，就像一路上的坎坷、荆棘与迷途，甚至是拦路虎。这里又忆及冯友兰的一段教诲，说："一个人若不能读哲学著作原文，要想对它们完全理解、充分欣赏，是很困难的，对于一切哲学著作来说都是如此。这是由于语言的障碍。加以中国哲学著作富于暗示的特点，使语言障碍更加令人望而生畏了。中国哲学家的言论、著作富于暗示之处，简直是无法翻译的。只读译文的人，就丢掉了它的暗示，这就意味着丢掉了许多。"对于读《庄子》来说，也是如此。然而，导读或许就是地图，或似向导或导游，可以助游、助读，经指点一番后，人们再以各自的慧心领略其中深蕴的内涵与智慧！

南宋哲学家叶适（1150—1223），这位永嘉学派的代表，人称水心先生，曾评论："自周（庄周）之书出，世之悦而好之者有四焉：好文者资其辞，求道者意其妙，汩俗者遣其累，奸邪者济其欲。"《庄子》文辞确实特别好，堪称美不胜收。其道确实极其妙，妙不可言，如遇众妙之门。其说也确能汩俗，排遣块垒，放飞心灵。至于奸邪者济其欲，这绝非《庄子》旨意，焉能怪罪?！

《庄子》是国学里的杰出经典著作，又可属于经典之中的经典！若能读懂读通它，深会其意，深悟其旨，深赏其奇，深晓其道，则可进入语言、文采、哲思的深度审美中！然而《庄子》还真有点难读难解，有时候一头雾水，不知所云。记起朱自清《〈经典常谈〉序》说："我国经典，未经整理，读起来特别难，一般人往往望而生畏，结果是敬而远之。”其实经过整理的也有这样的情况，也许这就是经典之所以成为经典的魅力之一。

初读《庄子》原著，毕竟不是一件轻松愉悦的事情，这就像读先秦其他经典要籍一样。其中还因作者或非出一人之手，成书或非出于一时间，流传中又难免有误衍讹错，驳杂疑滞。然而《庄子》字面上的意义虽或多有晦涩难明，字面后面的意蕴也不易琢磨，但是难懂难明的地方琢磨久了，一旦读得明白豁然，裨益宜自匪浅，则又必获心智满溢的欣喜、审美不已的惊喜！这种感受已经不是某时代的某一个人，而实在是一代代来者阅读《庄子》的切身感慨了。

为使读者朋友不错失真正的经典，笔者在对历代《庄子》文本之注疏、诠评等文献，进行考校比选的基础上，对一些难读难解的文句，随文略加注释与按语，以助读者明其意旨。尤对前人“庄学”研究的名家名篇精心采撷荟萃，祈此“导游图”能名至实归，“导游词”也有心赏之美，启迪之智。

“《老子》是救世之书”，魏源曾这样说！如果我们接着说，那么《庄子》是承之声、继之响、续之呐喊的醒世之撰、警世之作、明世之著！而且，只要这个人世间还存在，那么庄子的声音就永远穿越横贯其中，不过那是大音希声地回荡在天地人间！若能与庄子酣畅同游于天地寥廓之间，逍遥同行于山水峙流之境，曲畅旁通，必赞叹此座辉煌的国学智慧宝库！

作　者

目　录

篇一　庄子智慧之精蕴与价值

篇二　《庄子》内七篇之通解

篇三　文学·语言·修辞·寓言

篇四　艺术·美学·音乐·绘画

篇五　哲学·思辨·诠释·神话

篇一

庄子智慧之精蕴与价值

《庄子》全书，既有精神血脉贯注之大道大理、大智大慧，又有许多精要之言词、心智之花絮，若碎金屑玉般地镶嵌在行间，粘缀在字里。细细读来，缓缓咀嚼，无不为之赞美，激赏不已！当然那些不合乎今世现代的糟粕秕糠，则付之莞尔，长吟一声：“子在川上曰：逝者如斯夫！”古今中外，即使最伟大最不朽的经典也都在继承之中接受时代的审察、历史的评判。然后若能嫁接再生，则老树新花，生意盎然，依然春色满园，馨艳醉心！

庄子：瑰玮卓立不朽·闳肆百代流响

庄子当是中国古代文化里的又一位“一览众山小”的大师级人物！

《庄子》则又是高耸的且永不坍塌的文化巨碑，亦然是绝不枯竭的智慧源头！悠悠数千年，浪淘沙者无数，尘埋文字者不容计量，而《庄子》成为中国古典经典里的不朽的最杰出者之一！《庄子》其人、其书、其智，若比拟之，则为贤中之贤者、典中之典者、智中之智者。这里想起了《诗经·周颂·敬之》：“日就月将，学有缉熙于光明。”郑玄笺：“且欲学于有光明之光明者，谓贤中之贤也。”

有学者论道：“庄子的思想，从其影响于中国士大夫的历史看来，实在不是‘异端’，而是‘正统’。上自秦、汉、魏、晋的黄、老与玄学，中至宋、元、明的理学，下至近代的唯心主义都有其血液贯注着。正如宋人叶适所说：‘自周之书出，世之悦而好之者有四焉：好文者资其辞，求道者意其妙，汩俗者遣其累，奸邪者济其欲。’（《水心文集》）这个战国时代的一家之言，‘似之而非’地降服了不少学者，这一个‘辩者之囿’，‘饰人之心，易人之意’，更以‘能胜人之口’，服人之心。”（侯外庐等，《中国思想通史》第一卷）

庄子的世事与人生之学问，以及在智慧学、哲学、文学、语言学等方面的造诣，均堪称一流的大师。这位大师任凭历史浪涛扑面而来，或是涌流而去，就这样千古不废地卓然挺立而不朽。金岳霖［《哲学与生活》(《金岳霖选集》，吉林人民出版社）］曾说：“过去，哲学处理的是生活中最根本的问题，哲学家通常都是大师，不仅是知识的源泉，也是智慧的源泉，从他们那里，后知后觉者寻到了引导和启示。”西方的苏格拉底、柏拉图、亚里士多德是如此，中国的老子、孔子、孟子等亦然如此，庄子则是又一位曾独领风骚的独特的大师，虽然于老子有所传承，但是创获富足，因而他的哲学之光独异闪烁，他的智慧之辉独异彪炳！

读《庄子》毋庸讳言，确然有一定的文字障碍、语言隔阂、思维困惑，但是一旦贯通，其乐无穷。闻一多《古典新义·庄子》里就这样津津乐道地说：“读《庄子》的人，定知道那是多层的愉快。你正在惊异那思想的奇警，在那踌躇的当儿，忽然又发觉一件事，你问那精微奥妙的思想何以竟有那样的凑巧的曲达圆妙的辞句来表现它，你更惊异；再定神一看，又不知道哪是思想哪是文字了，也许什么也不是，而是经过化合作用的第三种东西，于是你尤其惊异。这应接不暇的惊异，便使得你加倍的愉快，乐不可支。这境界，无论如何，在庄子以前，绝对找不到，以后，遇着的机会确实也不多。”此是会心之赞评，读《庄子》者而能会其心智，这是何等的审美！

张岱年在其《论庄子》文里有这样评论：“《庄子》是一部希有的奇书，其中包含很多非常深刻的议论，又有很多非常荒唐的言辞，读起来既可以引人进入瑰丽的奇境，又会引人走向沉睡的梦乡；它使人超脱，又使人萎靡。在漫长的封建社会里，《庄子》对于不得志的知识分子起着慰藉的作用；同时也使一些人忘掉了对社会对民族应尽的责任。书中探讨了很多深邃的理论问题，却是用形象的语言写成的。它具有奇异的感染力，而又是令人消沉的麻醉剂。《庄子》书中的思想体系确实是‘一朵不结果实的花’。对于这部书中的思想，应当进行深入的解析。”（《张岱年哲学论文选》，中国广播电视出版社）这一切就这样奇幻地集结在《庄子》一书那里，百味俱陈，韵趣富足！

总之《庄子》这部不朽的名作，在经历了千百年的流传中不断拷问着一代代人：如何认识人生、灵魂、社会、政治、历史、哲学、文化等！《庄子》既不断慰藉失落灵魂的人们，又不断拔高人们的思辨智慧，向深远维度去遥望、追问、怀疑、绎思！

《庄子》全书结构的鸟瞰

这里可以再读再思钱基博《读〈庄子·南华真经〉卷头解题记》的一番话，先解说内篇之七篇，并从内圣、外王之道视角，揭示《逍遥游》《齐物论》为其纲要。

老子言“道德”，庄子言“内圣外王”。道也者，人之所共由也；庄子谥（shì，称，号）之曰“外王之道”。德也者，我之所自得也；庄子谥之曰“内圣之道”。内圣得其自在，外王蕲（qí，通“祈”，求）于平等。“维纲所寄，其维《逍遥游》《齐物论》二篇”；斯章生炳麟之所云，信有当于知言也！体任性真，故自由而在我，《逍遥游》之指（旨意，意思）也。理绝名言，故平等而咸适，《齐物论》之指也。夫俯仰乎天地之间，逍遥乎自得之场，固养生之主也。然《人间世》情伪万端，而与接为搆（gòu，交），日与心斗；唯无心而不自用者，为能放乎逍遥而得其自在也。夫唯逍遥之至者，为能游心乎德之和，不系累于形骸而见其所丧；视丧其足，犹遗土也；斯固德充之符矣。若是则虽天地之大，万物之富，其所师而师者无心也。夫无心而放乎自在，任乎自化者，应为帝王也。

然则《养生主》《人间世》及《德充符》三篇，所以尽《逍遥游》不言之指。而《大宗师》及《应帝王》，则所以竟《齐物论》未发之蕴者也。此《内篇》七也。

钱基博又介绍了《外篇》十五篇的简明内容以及期间的关联——

凡《外篇》十五：曰《骈拇》，曰《马蹄》，曰《胠箧》，曰《在宥》，四篇言绝圣弃知，绝仁弃义，以去性命之桎梏。曰《天运》，言逍遥无为之为采真之游。曰《刻意》，言逍遥之在恬淡、寂寞、虚无、无为。曰《缮性》，言以恬养知之为逍遥。曰《至乐》，言至乐唯逍遥于无为。曰《达生》，言弃世则无累于逍遥。曰《山木》，言虚己以游世之孰能害。曰《田子方》，言游于物之初。此言《逍遥游》也。曰《天地》，言不同同之之为王德。曰《天道》，言静而圣，动而王之一于虚静、恬淡、寂寞、无为，所以明内圣外王之无二道；亦《齐物论》之指也。《秋水》言小大之齐，《知北游》言死生之齐，此言《齐物论》也。

钱基博又再介绍了《杂篇》的简明内容以及其间的关联——

凡《杂篇》十：其中言《逍遥游》者五，曰《外物》，曰《让王》，曰《盗跖》，曰《渔父》，曰《列御寇》。言《齐物论》者五，曰《庚桑楚》，曰《徐无鬼》，曰《则阳》，曰《寓言》，曰《说剑》。一言以蔽之，曰道法自然，无殊于内圣外王也。不任自然，则失其性命之情。一任自然，则安于性命之情。性命之安在我，则放乎逍遥之游；内圣之德也。性命之安在物，乃以征物论之齐；外王之道也。此庄子书之大指也。

然《庄子》书三十三篇，言《逍遥游》者二十篇，言《齐物论》者十二篇，而《天下》篇之为《叙录》者不算焉；则是详于内圣而略于外王也。呜呼！庄子不云乎！“道之真以治身，其绪余以为国家，其土苴以治天下，由此观之：帝王之功，圣人之余事也，非所以完身养生也。”（《让王篇》）故略之也。然而荀子则讥之曰：“庄子蔽于天而不知人。”有味乎其言之也！

《庄子》读法举隅

钱基博《〈老子·道德经〉解题及其读法》里还指出：“余观古之称老聃者，莫详于庄生。庄生寓言著书十余万言，无所不窥，然其要本归于老子，而于老子议论所从游及其死，凿凿言之，有始有卒，不类无端崖之辞；疑出古道者之传说，而庄生闻见所逮以著诸篇者也。其言‘周之征藏史有老聃’，孔子往见，退而谓弟子，喻以‘见龙’；又称‘老聃西游于秦’，俱与太史公书合。而太史公书两叙孔子问礼老子，或者疑其不类，然可征信于《礼·曾子问》之篇者也。虽行年不可核考，而其人其事，要非无征不信者矣！然庄生书，特会老子之指。”此一说也可供研读者参考之。

如何读《庄子》·林氏读法举隅

《庄子》读法很多，也很自由，不必一个框架，一个路子，这里推介清代林云铭，这位著名的庄学专家读了数十年的《庄子》，颇有心得，所著《庄子因》，已成为庄学的名著。其中《庄子杂说》计二十六则，原文分列如下：

1.“庄子另是一种学问，与老子同而异，与孔子异而同。今人把庄子与老子看做一样，与孔子看作二样，此大过也。”——“庄学”有其相对的独立性质，虽然庄子于老、孔都有继承，然而又有不同，看来与老子同多，与孔子异多。

2.“《庄子》全部以《内七篇》为主，《外篇》《杂篇》旨各分属，而总不离其宗。今人诵其文止在字法、句法上着意，全不问其旨之所在，此大过也。”——读《庄子》不仅审美其篇章文句，然于内涵的宗旨不该掉以轻心，此有纠世人读《庄》之常见过失。

3.“《庄子》末篇历叙道术，不与关、老并称而自为一家。其曰‘上与造物者游，而下与外死生、无终始者为友’。此种学问诚所谓‘不可无一，不可有二’者。世人乃以老、庄作一样看过，何也？”

4.“庄子另是一种学问，当在了生死之原地处见之。其曰‘游于物之所不得遁’一句，即薪火相传之说，为全部关钥。老子所谓‘长生久视’则同而异也，孔子所谓‘未知生，焉知死’则异而同也。”

5.“庄子言‘逍遥’，言‘重阆’，心期乎大；老子言‘俭’，言‘慈’，言‘啬’，心期乎小。是其工夫不同处。老子言‘无名，天地之始’，庄子却言‘泰初有无无，有无名’，则‘无名’之上尚有所自始矣。是其立论不同处。若云子夏之后流为田子方，子方之后流为庄周，即谓庄子与孔子同，而与老子异，亦无不可也。”

6.“庄子宗老而黜孔，人莫不以为然。但其言曰‘《春秋》经世，先王之志，圣人议而不辨’，何等推崇孔子！若言其宗老也，则‘老聃死’一段何又有‘遁天倍情’之讥乎？要知著书之意是非固别有在，难与寻章摘句者道也。”

7.“《庄子》只有三样说话：‘寓言’者，本无此人此事，从空蓦撰出来。

‘重言’者，本非古人之事与言，而以其事与言属之；‘卮言’者，随口而出，不论是非也。作者本如镜花水月，种种幻相，若认为典实，加以褒讥，何啻说梦！”——“三言”之诠释很简明，可供与他说对比参考。

8.“《庄子》五十三篇，载在《汉书·艺文志》。严君平作《老子指归》，所引用者多书中不载。如《阏（è）奕》《意脩》《危言》《游凫（fú）》《子胥》等篇，世存其目，则此书为郭子伭（玄）删定无疑。但《外》《杂》两集尚有赝手，未经摈斥，世无明眼，以为相沿已久，不敢复道，然亦不可不辨也。”——此又说《庄子》复杂，譬如篇数、删定问题。再如还有真伪之辩，如《外篇》《杂篇》尚有赝手之作，未经摒斥。

9.“庄子生于战国，兵刑法术之家徒乱人国。其所云‘绝圣弃知’‘掊斗折衡’等语，皆本于愤世嫉邪之太甚，读者不以词害意可也。”

10.“庄子诋訾孔子，世以为离经畔道，不知拘儒剽窃，乃离经畔道之尤者也。考书中所载孔子，不过言其问业于老氏，子贡称夫子无常师，不足为诋訾者也。若《盗跖》《渔父》乃其徒为之，所谓‘其父杀人报仇，其子必且行劫’，亦已甚矣！”

11.“《庄子》篇中有一语而包数义者，有反覆千余言而止发一意者，有正意少而傍意多者，有因一言而连类他及者，此俱可置勿论。惟先求其本旨，次观其段落，又次寻其眼目照应之所在，亦不难晓。”——这揭示《庄》文的又一个特点，且明示读《庄》的重要方法之一，便必先求寻绎文字后面的本旨，而后由观段落，再至关键词眼，从而晓知主旨而终了文句。

12.“《庄子》有易解处，有艰涩难解处，有可作此解彼解处，俱无足疑。止玩上下文来路去路，再味其立言之意，便迎刃自解矣。”——《庄子》确有不少难懂难晓之处，此又晓示读《庄》方法。若能细玩其行文的思路理路，熟味其上下的文意旨意，则如庖丁解牛一般了。

13.“庄子学问是和盘打筭（算）法，其议论亦用和盘打筭（算）法，读者须知有和盘打筭（算）法。”

14.“庄子学问有进一步法，其议论亦每用进一步法，读者须知有进一步法。”

15.“《庄子》旨近老氏，人皆知之。然其中或有类似儒书，或有类于禅教，合三氏之长者，方许读此书。”

16.“《庄子》为解不一，或以老解，或以儒解，或以禅解，究竟牵强无当，不如还以庄子解之。”

17.“《庄子》大旨说外生死，轻仁义，黜聪明，词若不殊，而其每篇立意却又不一。当于同处而求其异，当于分处而求其合，自有得于语言文字之外。若草草读过，便是不曾读。”——《庄》行文之旨意还当于文字词句之外仔细体味之。

18.“《庄子》用字有与他书不同，如‘怒而飞’非‘喜怒’之‘怒’，‘冷然善’非‘善恶’之‘善’，‘游心乎德之和’非‘和顺’之‘和’……此类甚多，当具别解。”——《庄子》用字每有特别处，当细剖辨析其意蕴。

19.“《庄子》命意之深处，须以浅读之；为文之曲处，须以直解之。若一味说伭（玄）说妙，只管附会入心性里面去，便成一部野狐禅矣。今人蹈此病者什之八九。须绝痛绝之！”

20.“《庄子》或取其文不求其理，或诠其理不论其文，其失一也。须知有天地来止有此一种至理，有天地来止有此一种至文，绝不许前人开发一字，后人摹仿一字。至其文中之理，理中之文，知其解者，旦暮遇之也。”

21.“庄子似个绝不近情的人，任他贤圣帝王，矢口便骂，眼大如许；又似个最近情的人，世间里巷家室之常，工技屠宰之末，离合悲欢之态，笔笔写出，心细如许。”——庄子熟悉世间百态，最近人情，因为他就生活在人间的芸芸众生中，甚至穷困潦倒过。然而，庄子又超俗脱凡地不近人情，观察事物别具眼光，因为他内心世界另有一番天地，思想之放飞，犹如鲲鹏展翅九万里。

22.“《庄子》当随字随句读之，不随字随句读之则无以见全书之变化；又当将全书一气读之，不将全书一气读之则不知随字随句之融洽。”——此说读《庄子》之法，随字随句读之，从而能较全面了解其书，能作全书的俯瞰。至于全书“一气读之”，并不是一下子读完，是说整体上去了解、消融全书。当然笔者想来，今日一般的读者也并非这样就不行，读节选本乃至片段的选读，就像选择一些“景点”，又何尝不可观赏庄子的智慧？！

23.“《庄子》当以看地理之法读之，欲得正龙正穴，于草蛇灰线、蛛丝马迹处寻求。徒较量其山势之大小，无有是处。”

24.“《庄子》当以观贝之法读之，正视之似白，侧视之似紫，睨视（斜视；睨，nì）之似绿，究竟俱非本色。才有所见，便以为得其真，无有是处。”——此以观贝之法去品鉴《庄子》之“宝贝”，用灵活变换角度与多样方法去眼观心察，此拟喻新颖警动。

25.“《庄子》当以五经之法读之，使其理为布帛菽粟日用常行之道，不起疑异于心，则与我相亲矣。”

26.“《庄子》当以传奇之法读之，使其论一人，写一事有原有委，须眉毕张，无不跃跃欲出，千载而下可想见也。”——当用传奇之法去读《庄子》，便不是全按严密的逻辑推理来读。因为庄文甚奇，故亦然应以“奇”来读奇文、悟奇思、明奇理。

司马迁的《庄子传》

庄子生平扑朔迷离，而其传记的经典之撰，仍当属《史记·老子韩非列传第三》里的《庄子传》。此“列传第三”里包含了四位人物的传记，依次为老子传、庄子传、申子传、韩非子传。司马迁或当是最早为庄子作传记者，将庄子塑立于中华历史名人长廊里，永垂不朽！此文虽仅有235字，载录极其简略，且有模糊之处，然而终究被定格为庄子的最经典之传记，影响极其深远，流传千古不废。《庄子（周）传》全文——

庄子者，蒙人也，名周。周尝为蒙漆园吏，与梁惠王、齐宣王同时。其学无所不窥（kuī，探究，窥度），然其要本归于老子之言。故其著书十余万言，大抵率寓言也。作《渔父》《盗跖》《胠箧》，以诋訿（毁谤，非议；訿，zǐ，或作“訾”）孔子之徒，以明老子之术。《畏累虚》《亢桑子》之属，皆空语无事实。然善属书（著作，编纂）离辞（排比组织辞句，即写文章，也犹陈辞），指事（阐述事理）类情（譬喻情状），用剽剥（攻击，批驳）儒墨，虽当世宿学，不能自解免也。其言洸（guāng）洋自恣以适己，故自王公大人不能器之。楚威王闻庄周贤，使使厚币迎之，许以为相。庄周笑谓楚使者曰：“千金，重利；卿相，尊位也。子独不见郊祭之牺牛乎？养食之数岁，衣以文绣，以入大庙。当是之时，虽欲为孤豚，岂可得乎？子亟去，无污我。我宁游戏污渎之中自快，无为有国者所羁，终身不仕，以快吾志焉。”

此篇传记，首先介绍了庄子的姓名、籍贯、任职与时代背景。（1）庄子，蒙人。据宋裴骃《集解》：“《地理志》蒙县属梁国。”然而，蒙地究竟在哪里，众说纷纭。此可详见后文讨论。（2）庄周，名为周，但是没有提及其字，先秦典籍里也未见及。然而，唐陆德明（约550—630）有注：“太史公云，字子休。”（《经典释文·序录》）唐成玄英《庄子序》也有说：“其人姓庄，名周，字子休。”另外，《正统道藏》本也有载“庄子字休”。吴承仕推测，“可知此为六朝以来通说”。(《经典释文序录疏证》)不过此通说从何而来，有何根据，也令人生疑。(3)庄子曾经做过漆园小吏。唐张守节《正义》:“《括地志》云:‘漆园故城在曹州冤句县北十七里。’此云庄周为漆园吏，即此。按：其城古属蒙县。”漆园究竟在哪里，后世也争论不断。因其是宋国蒙人，又做过蒙漆园吏，因此又有称之为蒙庄。(4)庄子生平之时段，“与梁惠王、齐宣王同时”，后世虽有深入探讨，然亦纷争不断。

其次，此传简要综述了庄子的学术与所著。(1)庄子之学极其广博，“无所不窥”；而其学之要旨本根，则归趋于老子。(2)其著书“十余万言”，则真可谓是洋洋大观。譬如《老子》仅五千言，《论语》也仅约三倍于《老子》的字数，《孟子》也只是三万五千多字，此亦然见《庄子》的不简单之一面!(3)从内涵特点上看，其“大抵率寓言也”。如司马贞《索隐》:“大抵犹言大略也。其书十余万言，率皆立主客，使之相对语，故云‘偶言’。又音寓；寓，寄也。故《别录》云‘作人姓名，使相与语。是寄辞于其人，故《庄子》有《寓言篇》。’”(4)《庄子》里有《渔父》《盗跖》《胠箧》诸篇，其主旨是非议孔子之徒，而欲彰明老子之道术。如《索隐》:“此《庄子》三篇名，皆诬毁自古圣君、贤臣、孔子之徒，营求名誉，咸以丧身，非抱素任真之道也。”又曰：“诋，讦(jié)也”，“谓诋讦毁訾孔子也”。《正义》:“言《庄子》杂篇《庚桑楚》已下，皆空设言语，无有实事也。”(5)关于《畏累虚》《亢桑子》之类，则都是无事实的“空语”，即空设之言，并非实存。如《索隐》按:“《庄子》‘畏累虚’，篇名也，即老聃弟子畏累。”“郭象云‘今东莱也’。”“司马彪云‘庚桑，楚人姓名也’。”《畏累虚》《亢桑子》在后世也已散佚。(6)《庄子》行文的特点是“然善属书离辞”，即善于著作纂辑，排比词语，铺陈文辞。“指事类情”，是阐述事理，譬喻情状。

最后，描述了一则庄子与楚威王之间的典事。楚威王欲以厚币聘庄子为相，遭遇拒绝。庄子不愿做郊祭的牺牛，而宁为孤豚，只愿在游戏污渎中自快心志，虽终身不仕，然不为所羁。于是后世又有“庄叟喻牺牛”“庄叟恶牺牛”的典故，如唐代薛逢云：“长笑李斯称溷鼠，每多庄叟喻牺牛。”(《惊秋》)罗隐《村桥》:“莫学鲁人疑海鸟，须知庄叟恶牺牛。”

关于庄子，太史公还有一些评论，如曰：“老子所贵道，虚无，因应变化于无为，故著书辞称微妙难识。庄子散道德，放论，要亦归之自然。”(《老子韩非列传》)另外，司马迁在《游侠列传》《伯夷列传》《孔子世家》《儒林列传》《十二诸侯年表》等篇，均运用《庄子》的相关材料。此也足见其对《庄子》的重视，并曾认真地研究过。

道，是具有特别丰富复杂的含义的聚合。道是创造宇宙的基本动力，也是宇宙的最高本体；道是客观的真实存在，而不是人格神与造物主的存在。老子说“道法自然”，《庄子·庚桑楚》还概括出道之“四无”：道，“出无本，入无窍（qiào，孔穴），有实而无何处，有长而无乎本剽（biǎo，末梢）”。

庄子的哲学体系，“道”与“气”是相通的，有说“通天下一气耳”（《知北游》）。庄子的这些思想对后世的唯物主义哲学产生极其深远的影响。

关于庄子“剽剥儒墨”，“剽（piào）剥”指攻击、批驳，此指庄子对儒家墨家学说的驳斥。这也正如章太炎所说：“太史公谓庄子著书十余万言，剽剥儒墨。今观《天下》篇开端即反对墨子之道，谓墨子虽能任，奈天下何？则史公之言信矣。惟所谓儒者乃当时之儒，非周公、孔子也。其讥弹孔子者，凡以便取持论，非出本意，犹禅宗之呵佛骂祖耳。”（《章太炎诸子略说》章太炎《国学入门》，湘潭大学出版）此点醒得到位。还有相关问题的讨论，可参见后面的庄子历史之谜等篇目中的研讨。

欣赏：《庄子》经典的序录

若要更近距离地了解庄子，且欲深入走进《庄子》，那么晋郭象的《庄子序》、唐陆德明《经典释文序录·庄子》、唐成玄英《庄子序》大概都可以一读。这里可以先略赏三种名著之序言。

一、晋郭象《庄子序》

夫庄子者，可谓知本矣。故未始藏其狂言。言虽无会，而独应者也。夫应而非会，则虽当无用；言非物事，则虽高不行。与夫寂然不动，不得已而后起者，固有间矣。斯可谓知无心者也。夫心无为，则随感而应，应随其时，言唯谨尔。故与化为体，流万代而冥物，岂曾设对独遘而游谈乎方外哉！此其所以不经而为百家之冠也。

然庄生虽未体之，言则至矣。通天地之统，序万物之性，达死生之变，而明内圣外王之道，上知造物无物，下知有物之自造也。其言宏绰，其旨玄妙。至至之道，融微旨雅，泰然遣放，〔放〕而不敖。故曰：不知义之所适，猖狂妄行，而蹈其大方。含哺而熙乎澹泊，鼓腹而游乎混茫。至仁极乎无亲，孝慈终于兼忘，礼乐复乎已能，忠信发乎天光。用其光则其朴自成，是以神器独化于玄冥之境，而源深流长也。

故其长波之所荡，高风之所扇，畅乎物宜，适乎民愿。弘其鄙，解其悬，洒落之功未加，而矜夸所以散。故观其书，超然自以为已当，经昆仑，涉太虚，而游惚怳之庭矣。虽复贪婪之人，进躁之士，暂而揽其余芳，味其溢流，仿佛其音影，犹足旷然有忘形自得之怀，况探其远情而玩永年者乎！遂绵邈清遐，去离尘埃，而返冥极者也。

二、唐陆德明《经典释文序录·庄子》

庄子者，姓庄，名周（太史公云：字子休），梁国蒙县人也。六国时为漆园吏，与魏惠王、齐宣王、楚威王同时（李颐云：与齐愍王同时），齐楚尝聘以为相，不应。时人皆尚游说，庄生独高尚其事，优游自得，依老氏之旨，著书十余万言，以逍遥、自然、无为、齐物而已；大抵皆寓言，归之于理，不可案文责也。

然庄生弘才命世，辞趣华深，正言若反，故莫能畅其弘致；后人增足，渐失其真。故郭子玄云："一曲之才，妄窜奇说，若《阏弈》《意修》之首，《危言》《游凫（fú）》《子胥》之篇，凡诸巧杂，十分有三。"《汉书·艺文志》"《庄子》五十二篇"，即司马彪、孟氏所注是也。言多诡诞，或似《山海经》，或类占梦书，故注者以意去取。其《内篇》众家并同，自余或有《外》而无《杂》。唯子玄所注，特会庄生之之旨，故为世所贵。徐仙民、李弘范作《音》，皆依郭本。今以郭为主。

崔譔《注》十卷，二十七篇。（清河人，晋议郎。《内篇》七，《外篇》二十）

向秀《注》二十卷，二十六篇。（一作二十七篇，一作二十八篇，亦无《杂篇》。为《音》三卷）

司马彪《注》二十一卷，五十二篇。（字绍统，河内人，晋秘书监。《内篇》七，《外篇》二十八，《杂篇》十四，《解说》三。为《音》三卷）

郭象《注》三十三卷，三十三篇。（字子玄，河内人，晋代太傅主簿。《内篇》七，《外篇》十五，《杂篇》十一。为《音》三卷）

李颐《集解》三十卷，三十篇。（字景真，颍川襄城人，晋丞相参军，自号玄道子。一作三十五篇，为音一卷）

孟氏《注》十八卷，五十二篇。（不详、何人）

王叔之《义疏》三卷。

李轨《音》一卷。

徐邈《音》三卷。

三、唐成玄英《庄子序》

唐成玄英，唐陕州（治今河南陕县）人，字子实。道教学者。隐居东海（今江苏连云港东南）。贞观五年（631）召至京师，加号西华法师。唐永徽中流放郁洲（今连云港云台山）。他推崇《道德经》与《庄子》，以佛教的双遣法以及三业、六根之说注疏。其《南华真经注疏》收入《道藏》。《四库未收书目提要》："唐人著书，传世日少，此唐初之书，至今首尾完具，尤为罕得。疏之所本为郭象注，象注扫除旧解，标新领异，大半空言，无所征实，不免负王弼注《易》之累。玄英此疏，则称意而谈，清言曲畅。至序文云：庄子字子休，生宋国睢阳蒙县，师长桑公子受，号南华仙人，殆出《真诰》之类，殊可以广异闻。"这位西华法师成玄英撰写的《庄子序》，亦为一篇名序，此摘录如下——

夫《庄子》者，所以申道德之深根，述重玄之妙旨，畅无为之恬淡，明独化之要窅（yǎo）冥，钳揵九流，括囊百氏，谅区中之至教，实象外之微言者也。

其人姓庄，名周，字子休，生宋国睢阳蒙县。师长桑公子，受号南华仙人。当战国之初，降衰周之末，叹苍生之业薄，伤道德之陵夷，乃慷慨发愤，爰著斯论。其言大而博，其旨深而远，非下士之所闻，岂浅识之能究！

所言子者，是有德之嘉号。古人称师曰子，亦言子是书名。非但三篇之总名，亦是百家之通题。所言《内篇》者，内以待外立名，篇以编简为义。古者杀青为简，以韦为编。编简成篇，犹今连纸成卷也。故元恺云："大事书之于策，小事简牍而已。"内则谈于理本，外则语其事迹。事虽彰著，非理不通；理既幽微，非事莫显。欲先明妙理，故前标《内篇》。《内篇》理深，故每于文外别立篇目。郭象仍于题下即注解之，《逍遥》《齐物》之类是也。自《外篇》以去，则取篇首二字为其题目，《骈拇》《马蹄》之类是也。

所言《逍遥游》者，古今解释不同。今泛举纮纲，略为三释。所言三者：

第一，顾桐柏云："逍者，销也；遥者，远也。销尽有为累，远见无为理。以斯而游，故曰逍遥。"

第二，支道林云："物物而不物于物，故逍然不我待；玄感不疾而速，故遥然靡所不为。以斯而游天下，故曰逍遥游。"

第三，穆夜云："逍遥者，盖是放狂自得之名也。至德内充，无时不适；忘怀应物，何往不通！以斯而游天下，故曰逍遥游。"

《内篇》明于理本，《外篇》语某事亦，《杂篇》杂明于理事。《内篇》虽明理本，不无事迹；《外篇》虽明事亦，甚有妙理；但立教分篇，据多论耳。

所以《逍遥》建初者，言达道之士，智德明敏，所造皆适，遇物逍遥，故以逍遥命物。夫无待圣人，照机若镜，既明权实之二智，故能大齐于万境，故以《齐物》次之。既指马（蹄）天地，混同庶物，心灵凝澹，可以摄卫养生，故以《养生主》次之。既善恶两忘，境智俱妙，随变任化，可以处涉人间，故以《人间世》次之。内德圆满，故能支离其德，外以接物，既而随物升降，内外冥契，故以《德充符》次之。止水流鉴，接物无心，忘德忘形，契外会内之极，可以匠成庶品，故以《大宗师》次之。古之真圣，知天知人，与造化同功，即寂即应，既而驱驭群品，故以《应帝王》次之。《骈拇》以下，皆以篇首二字为题，既无别义，今不复次篇也。

而自古高士，晋汉逸人，皆莫不耽玩，为之义训。虽注述无可间，然并有美辞，咸能索隐。玄英不揆庸昧，少而习焉，研精覃思三十［年］矣。依子玄所注三十［三］篇，辄为疏解，总三十［三］卷。虽复词情疏拙，亦颇有心迹指归。不敢贻厥后人，聊自记其遗忘耳。

四、清王先谦《庄子集释序》

清代王先谦为郭庆藩《庄子集释》所作的序言，也可以一读。

郭君子瀞为《庄子集释》成，以授先谦读之，而其年适有东夷之乱，作而叹曰：庄子其有不得已于中乎！夫其遭世否塞，拯之末由，神彷徨乎冯闳，验小大之无垠，究天地之终始，惧然而为是言也。

驺衍曰："儒者所谓中国，于天下乃八十一分居其一分耳。赤县神州外自有九州，裨（pí，小）海环之，大瀛海环其外。"惠施曰："我知天下之中央，燕之北，越之南是也。"而庄子称之，亦言儵（shū）与忽凿混沌死，其说若豫睹将来而推厥终极，亦异人矣哉！

子贡为挈水之槔，而汉阴丈人笑之。今之机械机事，倍于槔者相万也。使庄子见之，奈何？蛮触氏争地于蜗角，伏尸数万，逐北旬日。今之蛮触氏不知其几也，而庄子奈何？

是故以黄帝为君而有蚩尤，以尧为君而有丛枝、宗、脍、胥敖。黄帝、尧非好事也，然而欲虚其国，刑其人，其不能以虚静治，决矣。彼庄子者，求其术而不得，将遂独立于寥阔之野，以幸全其身而乐其生，乌足及天下！

且其书尝暴著于后矣。晋演为玄学，无解于胡羯之氛；唐尊为真经，无救于安史之祸。徒以药世主淫侈，澹末俗利欲，庶有一二之助焉。

而其文又绝奇，郭君爱玩之不已，因有《集释》之作，附之以文，益之以博。使庄子见之，得毋曰："此犹吾之糟粕"乎？虽然，无迹奚以测履，无糟粕奚以观于古美矣！郭君于是书为副墨之子，将群天下为洛诵之孙已夫！

苏轼庄子评论略说

历史上评论庄子、《庄子》者甚多，此举出苏轼之略评，以窥其曾经的议论。后人也足资借鉴，而能催生新识，形成新见。

宋苏轼(1037—1101)有《庄子祠堂记》，为一篇论庄子的名文——

庄子，蒙人也。尝为漆园吏，没(死亡)千余岁，而蒙未有祀之者。县令秘书丞王兢始作祠堂，求文以为记。

谨按《史记》，庄子与梁惠王、齐宣王同时，其学无所不窥，然要本归于老子之言。故其著书十余万言，大抵率(大致)寓言也。作《渔父》《盗跖》《胠箧》，以诋訾(诋毁，訾zǐ)孔子之徒，以明老子之术。此知庄子之粗者。余以为庄子盖助孔子者，要(yào，总之，总归)不可以(庄子之说)为法耳。楚公子微服(改穿一般人的衣服)出亡，而门者(守城门者)难之。其仆操箠(木棍)而骂曰："隶也不力(指不中用)。门者出(使出)之。事固有倒行而逆施者。以仆为不爱公子，则不可；以为事公子之法，亦不可。故庄子之言，皆实予(yǔ，通'与'，赞许，同意)，而文不予，阳挤(排斥)而阴助之，其正言盖无几。至于诋訾孔子，未尝不微见其意(指赞同儒学之意)。其论天下道术，自墨翟、禽滑厘、彭蒙、慎到、田骈、关尹、老聃之徒，以至于其身，皆为一家(指同一学派)，而孔子不与(参与)，其尊之也至(至极)矣。"

余尝疑《盗跖》《渔父》，则若真诋孔子者。至于《让王》《说剑》，皆浅陋不入于道。反复观之，得其《寓言》之终曰："阳子居西游于秦，遇老子。老子曰：'而(你)睢睢(仰视的样子，指傲慢)，而(你)盱盱(睁大眼睛的样子，也指傲慢)，而谁与居？太白若辱，盛德若不足。'阳子居蹴然(羞愧不安)变容。其往也，舍者将迎其家，公执席，妻执巾栉，舍者(旅客)避席，炀者(烤火的人)避灶。其反也，舍者与之争席矣。"去其《让王》《说剑》《渔父》《盗跖》四篇，以合于《列御寇》之篇曰："列御寇之齐，中道而反，曰：'吾惊焉，吾食于十浆(在十家卖饮料的店铺里饮用)，而五浆先馈(却有五家事先就给我送来)。'"然后悟而笑曰："是固一章也。"庄子之言未终，而昧者剿之以入其言。余不可以不辨。凡分章名篇，皆出于世俗，非庄子本意。

苏轼此篇为元丰元年十一月十九日记。其文虽甚短，然而精警络绎，启迪后人心智，也不可不抽绎。首先，苏轼感慨系之，记录撰文的缘由。面对庄子这样一位文化巨人，居然就在其出生地蒙，庄子死去了一千多年，也没有人来立祠堂祭祀他的。一直到宋代元丰，这位地方官员才为庄子作祠堂，并求苏轼作记。苏轼情、思、识、文并至，着力撰写了这一名记。今人或还可从中有感于这位地方官员的文化作为，原来一地的文化建设是何等的重要，而不要仅局限于经济的有为。其次，苏轼固然名家，先简要地引用《史记·庄子传》里的内容，然后却一言蔽之，"此知庄子之粗者"。这是苏轼的认识，见其眼光与心识的卓越了！

他又论说了几点：（1）庄子对于孔子的立场与态度，是"助（赞助）孔子者"，只是认为不可以"为法"罢了。庄子对于孔子作出的两面观，"皆实（实质上）予，而文不予"，"阳挤而阴助之"。庄子似乎正面的文章没有几篇，然而那些诋毁讥讽孔子的话里，又没有一次不是流露出对于孔子的赞同的。（2）庄子论说天下各家学说，从墨翟至于老聃之徒，直到自己，认为都是同一学派，然而孔子不在此列，是推崇孔子"至矣"！清代刘鸿典《庄子约解》："世皆谓庄子诋訾。"

苏轼毕竟是一代文豪！他又卓立地提出质疑。他怀疑《盗跖》《渔父》两篇，因为"若真诋孔子者"；而《让王》《说剑》两篇则浅陋，称不上学术。他又认为应该把《让王》《说剑》《渔父》《盗跖》四篇与《列御寇》合为一篇。另外，他又指出，《庄子》凡是划分章节、并取篇名，皆出于后来世俗之人，而并非庄子本意。苏轼虽然也是一家之言，但是很有影响力。有的学者在此基础再思考，赞成苏轼之说，或不赞同其说而有异议。

苏轼对庄子有正面之肯定，也有非议的一面。然而，苏轼是深爱《庄子》的，庄子对苏轼的影响是巨大的。明钟惺《东坡文选序》："老庄者，出世之文之妙者也"，"夫东坡而非文人则可，东坡而文人也，岂有不知其文之妙哉！"苏轼不仅深晓庄文之妙，且汲之引之，灌溉滋养自己的心田与著述。有学者统计，在东坡诗集中引用《庄子》的典故、词汇遍及内外杂诸篇三千六百余处（陶白统计，转见陈广忠《中国道家新论》，黄山书社）。

确实，如果从统计数字来看苏轼也是饶有趣味的。苏轼一生65岁，经历5朝（北宋的仁宗、英宗、神宗、哲宗、徽宗），创作两千七百多首诗，写词三百多首，文章约4500篇（《苏东坡全集·前言》，北京燕山出版社），而其中引用《庄子》之文约有三千六百余处。数字里蕴含的内涵、可解读的信息很多，然而此亦见苏轼浸润《庄子》之深，汲其灵气之厚！

当然，苏轼对于《庄子》的认知是复杂的。在熙宁四年的一篇奏议《议学校贡举状》里，苏轼说："夫性命之说，自子贡不得闻，而今之学者，耻不言性命，此可信也哉！今士大夫至以佛老为圣人，粥书于市者，非庄老之书不售也。读其文，浩然无当而不可穷。观其貌，超然无著而不可挹，岂此真能然哉！盖中人之性，安于放而乐于诞耳。使天下之士，能如庄周齐死生，一毁誉，轻富贵，安贫贱，则人主之名器爵禄，所以砺世摩钝者，废矣。陛下亦安用之，而况其实不能，而窃取其言以欺世者哉！臣愿陛下明敕有司，试之以法言，取之以实学。博通经术者，虽朴不废。稍涉浮诞者，虽工必黜。则风俗稍厚，学术近正，庶几得忠实之士，不至蹈衰季之风，则天下幸甚。"这很耐读：其一，揭出当时《老子》《庄子》在社会上的被重视及其对儒学的冲击现状，显示世风之一斑，苏轼留下了历史的一页。其二，剖析庄子特点：文则"浩然无当而不可穷"，貌则"超然无著而不可挹"，然而又反诘"岂此真能然哉！"其三，揭示庄周主旨，如"齐死生"，"一毁誉"，"轻富贵"，"安贫贱"。其四，分析其对当时现实之世带来的负面影响。

此奏议可以看到苏轼当时对《庄子》的体认。然而随着世事的历练、官场的浮沉、情感的起伏、人生的跌宕，苏轼对《庄子》的认识也在不断地加深，或否定，或肯定，或否定之否定，都渐行渐深地浸润在他的灵魂之中。不仅如此，《庄子》里有关养生的内容，苏轼十分看重，在其《广成子解》里有深刻的阐述。

至此，笔者又情不自禁地忆及当年在苏轼故乡眉山参观其故居，缅想其少年英姿挺拔的情景。后来在海南岛讲座之余，游览了苏轼的遗址，遥想其穷途没落的境地，而感慨万千！最近又游览苏轼逝世地常州，那里的舣舟亭及其他遗址，让我感慨他最后的归宿距故乡是那么遥远！试想在海南、常州时，苏轼若读《庄子》，其心境与感触会是怎样的？还会与熙宁四年他所写的那篇奏议《议学校贡举状》的心境一样吗？！

话说毛泽东与《庄子》

一、《讲堂录》与《庄子》

《毛泽东早期文稿》（中共中央文献研究室等编，湖南出版社）里面有不少关于《庄子》的内容。《讲堂录》（1913年10月至12月），是毛泽东在长沙求学期间的笔记，这里面就有毛泽东关于《庄子》的记录文字。这里为方便阅读，笔者加上了标号。

(1)夫小大虽殊，而放于自得之场，则物任其性，事称其能，各当所分。

(2)又何厝心于其间哉。

(3)夫大鸟一去，半岁至天池而息；小鸟一飞，半朝抢榆枋而止。此比所能，则有间矣，其于适性一也。

(4)言鹏不知道里远近，趣足以自胜而逝。

(5)天之苍苍，其正色邪？其远而无所至极邪？其视下也，亦若是则已矣。

(6)且夫水之积也不厚，则其负大舟也无力。覆杯水于坳堂之上，则芥为之舟。置杯焉则胶，水浅而舟大也。予诵斯言，未尝不叹其义之当也。夫古今谋国之臣夥矣，其雍容暇豫游刃而成功者有之，在局踖失度因而颠踬者实繁有徒，其负大舟也无力，岂非积之也不厚乎？吾观合肥李氏(引者按，指李鸿章)，实类之矣。其始也平发夷捻，所至有功，则杯水芥舟之谓也；及其登坛□理国交，着着失败，贻羞至于无已者何也？置杯焉则胶，水浅而舟大也。孟子曰：流水之为物也，不盈科不行；君子之志于道也，不成章不达。浅薄者流，亦知省哉。

关于以上内容，《毛泽东早期文稿》编者有按语："自本条(即第一条，引者注)以下，至'且夫水之积也不厚，则其负大舟也无力'各条，均系录自《庄子·逍遥游》原文或郭庆藩《庄子集释》卷一上的原注中文字。"

这里的最后一则最宝贵，毛泽东记载的一段话值得体味："予诵斯言，未尝不叹其义之当也。"此赞叹庄子喻义之得当，并以此来检点历史上的"古今谋国之臣"。有一类是成功者，他们"雍容暇豫""游刃"有余地获得成功；有一类并不成功，他们"局踖失度"，"因而颠踬"，且并不少，"实繁有徒"，就像"其负大舟也无力"。难道不就因为是所蓄积得不厚吗？这里又论及李鸿章这个典型人物，认为实际上就类似此。

李鸿章(1823—1901)，道光进士，曾经入曾国藩幕，襄办军务。这里评论"其始也平发夷捻，所至有功，则杯水芥舟之谓也"。李鸿章咸丰十一年，曾奉命编练淮军，后率领淮军调上海，在外国侵略者的支持下与太平军激战，不久又攻取了苏常，后来又镇压了捻军。他逐渐掌握了清廷外交、军事、经济大权，成为洋务派首领。然而，"及其登坛□(或疑为'陛'字)理国交，着着失败，贻羞至于无已者何也？"试看，李鸿章在对外交涉中一贯妥协投降，签订了一系列不平等条约。光绪元年(1875)，日美勾结侵略台湾，他力主议和。次年，英国侵略缅甸和云南，他又与英国签订了《烟台条约》。中法战争中，他与法国订立《中法新约》。中日甲午战争中奉行避战求和方针，招致失败和北洋海军的覆没，签订了《马关条约》。他后来游历欧美，在莫斯科签订了《中俄密约》，如此等等，真是“着着失败”，“贻羞至于无已”。毛泽东指出，此就是“置杯焉则胶，水浅而舟大也”。最后毛泽东还引用《孟子·尽心上》的名言：“流水之为物也，不盈（满盈）科（坑洼）不行；君子之志于道也，不成章（指一个阶段完成）不达（进到下一步）。”此是以孟子之“说水”来诠释、丰富庄子之“说水”。最后喟叹与唤醒：浅薄的那一流人，亦应该知道且省悟啊！青年时期毛泽东的浩然大志于此再显，对国事的关注与深思于是再见。另外这一条笔记，显示出读古书而能用于今世的智慧深刻如许，而古书与古书之间、古书与历史、古书与现实之间多元会通融贯，尤其值得人们悉心体会！

读魏际瑞《铭书案曰净厚宽平》的笔记

魏际瑞（1620—1677），魏伯子，原名祥，字善伯，魏禧之兄。江西宁都人，明清之际著名散文家，著作有《魏伯子文集》十卷。《铭书案曰净厚宽平》文，见诸《魏伯子文集》第七卷《铭》内。其原文：“净，简洁以居心；厚，真（原作‘贞’）固以干事；宽，优余而受物；平，坦易而行志。”

毛泽东的笔记里便有用《庄子》里的《齐物论》《应帝王》的有关内容来解释有关字词。如：（1）蝍蛆：蜈蚣也，食带眼。（2）带：蛇也，蝍蛆食其眼。（3）鸟憎西施威也：毛嫱，丽姬，人之所美也，鱼见之深入，鸟见之高飞。（4）浑沌氏：《庄子·应帝王》：南方之帝曰儵，北方之帝曰忽，中央之帝曰浑沌。儵与忽相遇于浑沌之野，浑沌待之甚厚，儵与忽谋所以报之，曰：人皆有七窍以视听食息，彼独无有，曷为凿之？日凿一窍，七日而浑沌死。

二、年轻时代毛泽东常引用《庄子》

1915年秋天，毛泽东发出《征友启事》，得罗章龙的应征之信后，便在复信中引《庄子》“空谷足音，跫然色喜”来表述自己的心情。

1917年《体育研究》里，毛泽东借《庄子·养生主》里“庖丁解牛”的故事，说明“养生之道”，认为体育锻炼“皆先精究生理，详于官体之构造，脉络之运行，何方发达为早，何部较有偏缺……”

1917年夏天，为萧子升的《一切入一》读书笔记写的序言中，毛泽东开篇即讲：“予维庄生有言：吾生也有涯，而智也无涯。今世学问之涂愈益加辟，……势有不可究诘者。惟文化进矣，人之知慧亦随而进，则所以究诘之者，仍自有道也。”

1917年下半年至1918年上半年，读泡尔生《伦理学原理》所作的批语中，毛泽东说："技术家之为技术，虽系为生活起见，而当其奏技之时，必无为人之念存于其中。庄子曰：'痀瘘丈人承蜩，惟吾蜩翼之知'。凡天下事所以成，所以成而有价值者以此（即一片浑忘人己差别，惟注事际事物之真诚）。"这是用庄子的话来说明汇总创作著书的境界以及效果。

1918年，毛泽东作七古《送纵宇一郎东行》。纵宇一郎，即罗章龙拟去日本时的日本名。当时新民学会在长沙北门外的平浪宫聚餐，为他饯行。时间约在这年初夏，毛泽东曾作此诗相送。虽然罗章龙到上海后，因故未能成行，但此诗却流传下来了。诗句中就两次用《庄子》典故。一是"君行吾为发浩歌，鲲鹏击浪从兹始"。毛泽东喜好《庄子·逍遥游》"鲲鹏"这一意象，它曾多次出现在他的笔下。二是"东瀛濯剑有书还，我返自崖君去矣"。东瀛，东海，指日本。后句则化自《庄子·山木》："送君者皆自崖而反，君自此远矣！"

三、举隅：革命战争时期的点滴

1945年4月24日，在中国共产党第七次全国代表大会上作的口头政治报告里，毛泽东说："由分散的游击战逐渐变到正规的运动战，由游击战为主逐渐转变到以运动战为主。在抗战的初期，……靠打麻雀战，打游击战，麻雀满天飞，哪里有东西吃，就飞到哪里去。……客观事实完全证明了，我们这个麻雀与别的麻雀不同，可以长大变成鹏鸟。从前中国神话中说：有一个大鹏鸟，从北方的大海飞到南方的大海，翅膀一扫，就把中国扫得差不多了。我们也准备那样，准备发展到三百万、五百万，这个过程就要从小麻雀变成大麻雀，变成一个翅膀可以扫尽全中国的大鹏鸟。"（《毛泽东在七大的报告和讲话集》）

四、举隅：新中国成立以后毛泽东用典《庄子》

毛泽东还曾将《庄子》里的辩证法掘发出来，生动地教育党员干部们。1965年，毛泽东在一次谈话里曾说："人为什么要死？这是自然规律。森林寿命比较长，没有死，那还了得，如果今天还看到孔夫子，地球就装不下了。赞成庄子的办法，妻子死了，鼓盆而歌，死了人要开庆祝会，庆祝辩证法的胜利。辩证法的生命是不断走向反面。"（吴江雄编《毛泽东谈古论今》上册，安徽人民出版社）

《在中国共产党第八届中央委员会第二次全体会议上的讲话》里毛泽东说："看电影，银幕上那些人净是那么活动，但拿电影拷贝一看，每一小片都是不动的。《庄子》的《天下》篇说：'飞鸟之景，未尝动也。'世界上的事就是这样一个辩证法：又动又不动。净是不动没有，净是动也没有。动是绝对的，静是暂时的，有条件的。"

当下形象的电影之“动”与“不动”，庄子的“飞鸟之景，未尝动也”，说明了“动”与“静”的辩证法。

我们还可以注意到毛泽东1963年1月4日致信李讷说：“干部子弟（翘尾巴的）吃不开了，尾巴翘不成了，痛苦来了，改变态度也就来了，这就好了。读了秋水篇，好，你不会再做河伯了……”（《老一代革命家家书选》）

1963年12月，毛泽东作《七律·吊罗荣桓同志》：“记得当年草上飞，红军队里每相违。长征不是难堪日，战锦方为大问题。斥鷃每闻欺大鸟，昆鸡长笑老鹰非。君今不幸离人世，国有疑难可问谁？”这里的“斥鷃每闻欺大鸟”，即《逍遥游》里的典故。昆鸡，是传说里的大鸡，据说似鹤。“昆鸡长笑老鹰非”，是指前者的不自量力。

1965年，毛泽东《念奴娇·鸟儿问答》：“鲲鹏展翅，九万里，翻动扶摇羊角。背负青天朝下看，都是人间城郭。炮火连天，弹痕遍地，吓倒蓬间雀。怎么得了，哎呀我要飞跃。借问君去何方，雀儿答道：有仙山琼阁。不见前年秋月朗，订了三家条约。还有吃的，土豆烧熟了，再加牛肉。不须放屁，试看天地翻覆。”这里又一次用到《庄子·逍遥游》里的鲲鹏意象。

总之，这里仅仅是举隅式地略加提示，然而也可以体悟毛泽东与《庄子》及庄子智慧结缘不浅的一些记载。

话说鲁迅与庄子

鲁迅（1881—1936），这位伟大的思想家、文学家与庄子的结缘甚深，其中的因缘，也是一个有趣的话题。

一、《汉文学史纲要》说庄子

1926年，鲁迅在广州中山大学任教时撰写了《中国文学史略》，后改为《汉文学史纲要》。此书共十篇，第三篇是《老庄》，其中论说道家、评论老庄很是精当：

周室寖衰，风人辍采；故曰：“王者之迹熄而诗亡。”志士欲救世弊，则穷竭神虑，举其知闻。而诸侯又方并争，厚招游学之士；或将取合世主，起行其言，乃复力斥异家，以自所执持者为要道，骋辩腾说，著作云起矣。然当时足称“显学”者，实止三家，曰道，曰儒，曰墨。道家书据《汉书·艺文志》所录有《伊尹》《太公》《辛甲》等，今皆不传；《鬻子》《管子》亦后人作，故存于今者莫先于《老子》。……儒墨二家起老氏之后，而各欲尽人力以救世乱。……

然文辞之美富者，实惟道家，《列子》《鹖冠子》书晚出，皆后人伪作；今存者有《庄子》。庄子名周，宋之蒙人，盖稍后于孟子，尝为蒙漆园吏。著书十余万言，大抵寓言，人物土地，皆空言无事实，而其文则汪洋辟阖，仪态万方，晚周诸子之作，莫能先也。今存三十三篇，《内篇》七，《外篇》十五，《杂篇》十一；然《外篇》《杂篇》疑亦后人所加。于此略录《内篇》之文，以见大概……。末有《天下》一篇（胡适谓非庄周作），则历评“天下之治方术者”，最推关尹老子，以为“古之博大真人”，而自述其文与意云：……。

故自史迁以来，均谓周之要本，归于老子之言。然老子尚欲言有无，别修短，知白黑，而措意于天下；周则欲并有无修短白黑而一之，以大归于“混沌”，其“不谴是非”，“外死生”，“无终始”，胥此意也。中国出世之说，至此乃始圆备。

察周季之思潮，略有四派。一邹鲁派，皆诵法先王，标榜仁义，以备世之急，儒有孔孟，墨有墨翟。二陈宋派，老子生于苦县，本陈地也，言清净之治，迨庄周生于宋，则且以“天下为沉浊不可与庄语”，自无为而入于虚无。三曰郑卫派，郑有邓析申不害，卫有公孙鞅，赵有慎到公孙龙，韩有韩非，皆言名法。四曰燕齐派，则多作空疏迂怪之谈，齐之驺衍，驺奭，田骈，接子等，皆其卓者，亦秦汉方士所从出也。

《汉文学史纲要》第四章的“屈原及宋玉”里，鲁迅在开头又赞颂：“战国之世，言道术既有庄周之蔑诗礼，贵虚无，尤以文辞，陵轹诸子。”鲁迅的这些极其短简的篇幅里，却包含了其于庄子精警评论的内涵，此择要释之。

1.从文学史的角度来看，鲁迅于道、儒、墨三家里突出了道家，道家里又凸显了老庄。至于“儒墨二家起老氏之后，而各欲尽人力以救世乱”；“然儒者崇实，墨家尚质，故《论语》《墨子》，其文辞皆略无华饰，取足达意而已”。孟子“渐有繁辞，而叙述则时特精妙”。“然文辞之美富者，实惟道家，《列子》《鹖冠子》书晚出，皆后人伪作；今存者有《庄子》”，“晚周诸子之作，莫能先也”。

2.揭示庄子著作的主要特点：其一，从内容上说，则是“言道术”。其二，从文体来说，大都是“寓言”。既为“寓言”，故不必都看作事实与史实，从而穿凿附会，然而可以深究其中所寓所托的内涵。其三，从为文的风格说，则“汪洋辟阖，仪态万方”。汪洋者喻其文势浩荡，辟阖者则拟其纵横开合。唯其精神风采振扬，才能容止汪洋，风神洒落。唯其义理明敏无极，方能变化无端，不见端倪。唯能兼具两者，故能仪态万方，幻丽风姿，多彩丰足。其三，从与诸子比较说，则“晚周诸子之作，莫能先也”，“尤以文辞，陵轹诸子”。这是高度的评价。历史上的评论有将孟子与庄子相比较，或认为孟子文章为先，鲁迅则认为庄子当为首。

3.关于庄子与老子之间的思想理念关系，鲁迅既赞同自司马迁以来之说，庄周的要领大本是“归于老子之言”的。然而鲁迅又指出同中亦有异，老子于“有无”“修短”“白黑”等还尚有分言、分别、分知，庄子则将其中的对立均“并有”，“一之”，即完全泯灭其分辨与对立。庄子将一切对立“大归于‘混沌’”。鲁迅指出譬如庄子的“不谴是非”“外死生”“无终始”，都是这意旨。庄子的这些理念又使得“中国出世之说，至此乃始圆备”，因为老子是“无为”而“无不为”，庄子是“无为”而彻底的“不为”，便至于出离人世了。

4.至于老子、庄子孰先孰后的问题，鲁迅的观点至此也就不言而喻了。学者曾经一直争论不休的问题，鲁迅在此文里已经很明确地表明自己的见解：老子在先，庄子在后；庄子继承了老子，又有所发展。此文又分析了周季思潮大略可分为四派，而老庄是“陈宋派”。其特点是老子“言清净之治”，庄子“自无为而入于虚无”。老庄既同为清静无为，然又有这样的一些分别。

5.若再看鲁迅为此篇开列的参考书：《老子》（晋王弼注）、《庄子》（晋郭象注）、《史记》（《孔子世家》，孟、老、庄列传等）、《汉书》（《艺文志》）、《子略》（宋高似孙）、《支那文学史纲》（日本儿岛献吉郎）第二篇第六章、《中国大文学史》（谢无量）卷二第七章、《中国哲学史大纲》（胡适）上卷。这里的参考书虽仅八种，但经精心选择，其中既有古今，亦兼中外，从传记生平，至注疏、诸子、文学、哲学等均有兼顾，视域开阔，或很切合入门者与研究者的使用。

二、再说鲁迅与庄子

鲁迅的其他著作里又多见庄子之评说，此也可稍作浏览。《且介亭杂文二集》（写于1935年，1937年出版）中《文人相轻》里，鲁迅又谈及《庄子》，说：

我们如果到《庄子》里去找词汇，大概又可以遇着两句宝贝的教训：“彼亦一是非，此亦一是非”，记住了来作危急之际的护身符，似乎也不失为漂亮。然而这是只可暂时口说，难以永远实行的。喜欢引用这种格言的人，那精神的相距之远，更甚于叭儿之与老聃，这里不必说它了。就是庄生自己，不也在《天下》

篇里，历举了别人的缺失，以他的“无是非”轻了一切“有所是非”的言行吗？要不然，一部《庄子》，只要“今天天气哈哈哈……”七个字就写完了。

但我们现在所处的并非汉魏之际，也不必恰如那时的文人，一定要“各以所长，相轻所短”。凡批评家的对于文人，或文人们的互相评论，各各“指其所短，扬其所长”固可，即“掩其所短，称其所长”亦无不可。然而那一面一定得有“所长”，这一面一定得有明确的是非，有热烈的好恶。假使被今年新出的“文人相轻”这一个模模胡胡的恶名所吓昏，对于充风流的富儿，装古雅的恶少，销淫书的瘪三，无不“彼亦一是非，此亦一是非”，一律拱手低眉，不敢说或不屑说，那么，这是怎样的批评家或文人呢？——他先就非被“轻”不可的！

这里针对的是当时上海滩文人提出的新口号——“文人相轻”。这一口号模糊了本应有的是非之辨，故鲁迅进行评论。“彼亦一是非，此亦一是非”，出自《庄子·齐物论》。这是说，那一面亦有一个是与非，此一面亦有一个是与非。如果这样的话，那么就没有了是非的定准了。因此，鲁迅认为批评家对于文人的评论，或是文人们的互相评论，一定要有“明确的是非”之分，要有“热烈的好恶”之辨，不可“被今年新出的‘文人相轻’这一模模胡胡的恶名所吓昏”。有意思的是庄子的“彼亦一是非，此亦一是非”，多次出现在鲁迅笔下，如又见诸《南腔北调集·论语又一年》《准风月谈·中国文坛的悲观》等。

再如《南腔北调集·论语又一年》：“狗也有大小，有好坏的。但要明白，首先就要辨别。‘幽默处俏皮与正经之间’（语堂语）。不知俏皮与正经之辨，怎么会知道这‘之间’？我们虽挂孔子的门徒招牌，却是庄生的‘私淑弟子’。‘彼亦一是非，此亦一是非’，是与非不想辨；‘不知周之梦为蝴蝶欤，蝴蝶之梦为周欤’，梦与觉也分不清。生活要混沌。如果凿起七窍来呢？庄子曰：‘七日而混沌死。’”这里又三次引用了《庄子》，其中寓言“庄周梦蝶”见诸《齐物论》，“七日而混沌死”见诸《应帝王》。

又如《且介亭杂文末编》其中的《半夏小集》：“庄生以为‘在上为乌鸢食，在下为蝼蚁食’，死后的身体，大可随便处置，因为横竖结果都一样。我却没有这么旷达。假使我的血肉该喂动物，我情愿喂狮虎鹰隼，却一点也不给癞皮狗们吃。养肥了狮虎鹰隼，它们在天空，岩角，大漠，丛莽里是伟美的壮观，捕来放在动物园里，打死制成标本，也令人看了神旺，消去鄙吝的心。但养胖一群癞皮狗，只会乱钻，乱叫，可多么讨厌！”这里鲁迅信手拈来地运用了《列御寇》里的语句，庄子认为自己死后无论上喂乌鸢食，下喂蝼蚁食，均为齐一，不必区分。然而鲁迅则反此齐一，宁愿养肥狮虎鹰隼，能使人审美，决不愿养胖癞皮狗，令他厌恶。这就是鲁迅真实的爱憎分明的倔强性格！

又如《且介亭杂文末编》有短文《文人比较学》，而鲁迅就用“齐物论”为笔名。

《伪自由书》中《内外》篇：“庄子曰，‘哀莫大于心死，而身死次之。’次之者，两害取其轻也。所以，外面的身体要它死，而内心要它活；或者正因为那心活，所以把身体治死。此之谓治心。治心的道理很玄妙：心固然要活，但不可过于活。心死了，就明明白白地不抵抗，结果，反而弄得大家不镇静。心过于活了，就胡思乱想，当真要闹抵抗：这种人，‘绝对不能言抗日’。为要镇静大家，心死的应该出洋，留学是到外国去治心的方法。而心过于活的，是有罪，应该严厉处置，这才是在国内治心的方法。”此间的“哀莫大于心死，而身死次之”，即出自《田子方》。鲁迅活用了庄子的意旨，抨击当时那种“抗日”情况上的“心死了”与“心过于活”，“内外有别，道理各各不同”的世道。

再如《准风月谈》内收作者1933年6月至11月发表于《申报·自由谈》上的杂文。在此书的《重三感旧》《“感旧”以后上》《答“兼示”》《反刍》等篇里，鲁迅又多次提到不必、不当从《庄子》《文选》等里面去“找活字汇”，“学了那样的文法来写文章”，“要以‘古雅’立足于天地之间了”，还说“永远反刍，自己却不会呕吐，大约真是读透了《庄子》了”等。这是鲁迅针对当时有人提出的青年人的推荐书目——“《庄子》,《文选》为青年文学修养之根基；《论语》《孟子》《颜氏家训》为青年修养之根基”——有感而发的。

鲁迅《故事新编》里的《起死》，其题材与创作灵感，就是由《庄子·至乐》“庄子见空髑髅”的寓言故事创作出来的。其旨意就在“借古事的躯壳来激发现代人之所应憎与应爱，乃将古代和现代错综交融”。（茅盾《玄武门之变序》）

《且介亭杂文末编·我要骗人》：“庄子曾经说过：‘干下去的（曾经积水的）车辙里的鲋鱼，彼此用唾沫相湿，用湿气相嘘，’——然而他又说：‘倒不如在江湖里，大家互相忘却的好。’可悲的是我们不能互相忘却。而我，却愈加恣意的骗起人来了。如果这骗人的学问不毕业，或者不中止，恐怕是写不出圆满的文章来的。”鲁迅运用了《大宗师》之言：“泉涸，鱼相与处于陆，相呴（xū，张口出气）以湿，相濡（沾湿）以沫，不如相忘于江湖。”《天运》里也有与此相同的一段话，仅不过“如”字作“若”。然而此文并没有说明是什么鱼，也只是说到处于“泉涸”，至于鲁迅说到了车辙里的鲋鱼，则是运用了《庄子·外物》里的寓言：“周(庄周)顾视车辙中，有鲋鱼(鲫鱼)焉。周问之曰：‘鲋鱼来！子何为者邪？’对曰：‘我，东海之波臣也，君岂有斗升之水而活我哉？周曰：‘诺。我且南游吴越之王，激西江(指西方)之水而迎子，可乎？”此可见鲁迅活用了庄子寓言，将两者巧妙地融合起来了。

有意思的是鲁迅对庄子的这一意象又曾写进了《〈译文〉复刊词》里，开篇就说：“先来引几句古书，——也许记的不真确，——庄子曰：‘涸辙之鲋，相濡以沫，相煦以湿，——不相忘于江湖。’《译文》就在一九三四年九月中，在这样的状态之下出世的。”(《且介亭杂文末编》)

郭沫若曾写有《庄子与鲁迅》之文，曾说：“鲁迅爱用庄子所独有的词汇，爱引庄子的话，爱取《庄子》书中的故事为题材而从事创作，在文辞上赞美过庄子，在思想上也不免有多少庄子的反映，无论是顺是逆。”郭沫若还具体地从词汇、语句以及故事上逐一指出鲁迅与《庄子》的联系。

有研究者曾统计：“《庄子》一书33篇，鲁迅在著作中就引用了32篇的内容。在130多处引文中，有56处为1927年以前引用(其中42处为正面引用)；1927年以后的引文约有70处(其中批判性引用为50处)。前期偏重于吸取老庄‘汪洋辟阖，仪态万方’的文风和文辞之美；1927年以后则侧重于批判老庄的消极虚无思想。”这里显示鲁迅与《庄子》结缘的甚深与甚久。

篇二

《庄子》内七篇之通解

读懂《庄子》应先由《内七篇》入门，此为全书头脑总纲。《内七篇》各篇内容一脉相承，以“虚”字来贯穿，用“道”联通。各篇分之各有宗旨，合之如环之首尾呼应。《内七篇》贯通《外》《杂》篇。《外》《杂》各篇均发挥《内七篇》之要旨，然也各有脉络可寻，且最后亦须回归于《内七篇》，方能明察《庄子》全书体系，获其神髓真谛。《内七篇》文字汪洋浩瀚，旨意宏深隽永。

逍遥游：至广至美至乐至智之游

《庄子》内篇第一篇是《逍遥游》。这里论述以无己无待、任性自然而达到闲适自得、逍遥自乐、游行自在的境界。郭象《注》(后文均简称《注》)："夫小大虽殊，而放于自得之场，则物任其性，事称其能，各当其分，逍遥一也，岂容胜负于其间哉！"人生在世，或仅匍匐于地而不能自立，或仅能自立而不能卓立，庄子则是进而超越地飞翔起来，漫游于无垠的寥廓。此如老聃曰："夫得是，至美至乐也。得至美而游乎至乐，谓之至人。"(《田子方》)庄子是一个"心如泉涌，意如飘风"的杰出者，其心灵与老子密契相合，果真便飞翔起来，遨游上空，游乎至乐。这里先来解读全书开篇的《逍遥游》。

卢梭说："人是生而自由的，但却无往而不在枷锁中。"(《社会契约论》，何兆武译，商务印书馆)其实这名言并不确切，因为人本来就是生而不自由的，是"被"生的，是在不能自由选择性别、国度、地区、家庭、语言等种种情况里出生于世的。当然此后在人生的路途上则更加是不自由的，枷锁无所不在；人生为追求"自由"，则努力地去摆脱"枷锁"。

一、鲲鹏怒飞南冥

《逍遥游》作为《庄子》的首篇，描述与阐发了没有任何束缚、自由自在的、悠闲自得的逍遥游。人的存在已经不是工具性的存在、被奴役性的生存，而是超然的游行自在、洒脱自由的诗意性生活。开卷处鲲鹏怒(奋起，奋发)飞南冥的情景，震撼心灵。

北冥(北海)有鱼，其名为鲲(鱼子，借用为大鱼之名)。鲲之大，不知其几千里也；化而为鸟，其名为鹏(古"凤"字，传说中的大鸟)。鹏之背，不知其几千里也；怒(奋发，振奋)而飞，其翼若垂(垂挂，或覆盖)天之云。是(此)鸟也，海运(海水动荡)则将徙于南冥(南海)。南冥者，天(天然形成的)池也。

北海有鱼为鲲，化作鸟而为鹏。鲲、鹏之大，均可以用"几千里"来计，甚至鹏之背不知几千里，然而又不可拟测。这里的化鱼为鸟，则喻事物必具变化之理。鹏飞展翅，背负青天，而鸟翼就像垂挂天边的云。此鹏鸟形大体重，无以自身高升，故必欲乘借大海运动之情势，才能飞迁南冥天池。这是不得不如此，故亦然可悟，鹏鸟虽大，但也必有所待。成玄英有疏（下文均简称《疏》）云：“且形既迁革，情亦随变。昔日为鱼，涵泳北海；今时作鸟，腾翥（zhù，鸟飞）南溟。虽复升沉性殊，逍遥一也。亦犹死生聚散，所遇斯适，千变万化，未始非吾。所以化鱼为鸟。自北徂南者，鸟是凌虚之物，南即启明之方；鱼乃滞溺之虫，北盖幽冥之地；欲表向明背暗，舍滞求进，故举南北鸟鱼以示为道之迳耳。”

齐谐（书名，已佚；或说人名）者，志（记载）怪者也。谐（齐谐）之言曰：“鹏之徙于南冥也，水击三千里，抟（tuán，拍击，或说抟聚）扶摇（指盘旋而上的暴风）而上者九万里，去（离开北海）以六月息者（歇息）也。”

野马（春阳的原野上浮游之气像奔马）也，尘（空中尘土）埃（极细小之尘）也，生物之以息（气息）相吹也。天之苍苍（深青色），其正（纯正不杂）色邪？其远而无所至极（尽）邪？其视下也，亦若是则已矣。

在此庄子又引书证来说明自己所言是有来历的。这里是说鹏鸟飞迁南冥，并非决然翱翔，必定先要翅膀击水，动荡三千里，然后搏击旋风，风气相扶而上，至于九万里高空，又历时半年，方才止息。此亦或可明庄子读书甚多且广且杂，非胸罗万卷，岂能写出《庄子》杰作？庄子又说，野马式的浮游之气，尘乃至于埃，均是天地之间生物气息的相吹动而引发的。天之苍苍（深青色），是它的本来的颜色吗？其远而无所至极吗？鹏鸟之视下，亦若这样的吧。

这里值得一说的是，对于这几句一般人阅读往往轻易滑过，方东美却有深切的解释与体悟，值得赏读。他曾说：“这一段是什么意思呢？就是，在地上有时看见天上光明灿烂，便希望把人的精神从地面上超升到天上很高的境界去。但是等你真正到达那高明的境界之后，自己的智慧高了，再回顾向下便看见地球上有种种美丽境界，人间世有种种美丽事情，这时你从天上看地，把地也可以当作天。这样一来，哲学家才不至于对地球开小差，才不至于对人群开小差。然后再拿了解、同情、欣赏的态度，回到人间。庄子在这种精神的彻底解放里，成立了普遍的相对性原理。然后把老子的思想转变过来了：不仅仅精神的上界很高，在那里有绝对的价值理想；同时这种价值理想，回过头来到人间世、现实世界，也可以借有智慧的人转变成为现实，而在地球上、在人类社会中，完成现实。”方东美进而将庄子与老子作出比较，再说：“如此庄子把老子空无的思想转变成为万有的思想。把老子的两句话改为‘无之以为利，有之以为用’，这样一来，他的精神再回到人间世，凭借哲学智慧所设定的种种理想，在他的生命里面，向上可以发展，向下也可以流注。于是庄子对他所寄托的有限的世界从各方面精神的开展，把它化成价值领域。最后他的生命拓深到无穷的宇宙世界里，仿佛他自己是一条鱼，在大海里面作逍遥游，产生‘天地与我并生，而万物与我为一’的精神。从这点看来，庄子的精神比老子的精神还要伟大，因为老子注重精神向上面的发展，而庄子可以把上回向的精神路径展开来变成下回向，接触现实世界、现实人生，显示人生也美化了。所以他讲‘圣人者，原天地之美而达万物之理’。”方东美此说是有道理的，也很有启发意义，但也决不能加以绝对化理解。其实老子哪里只是单向度地向上，而不知返回人间世呢？老子深晓“反者道之动，弱者道之用”，因此永远在天上与人间、向上与向下、天道与人道之间作出柔性的、韧性的、理性的反向式的、反反式的、循环式的转化。“人法地，地法天，天法道，道法自然”，是从人出发，也是聚焦于人，虽然表面一路向上取法，然而始终不离开人的出发点与归宿点。《道德经》虽是言天、言道，然而不是对天言、对道言，均是以经典智慧对人间言、对世人言，谆谆言道，殷殷言德的。

且夫水之积也不厚，则其负大舟也无力。覆（倾倒）杯水于坳（ào，坑洼）堂（厅堂）之上，则芥（草芥，小草）为之舟；置杯焉则胶（粘住），水浅而舟大也。风之积也不厚，则其负大翼也无力，故九万里则风斯（则，乃）在下矣。而后（然后，以后）乃今（而今，才）培风（乘风；培，同“凭”），背负（以背载物，负载）青天而莫之夭阏（遏止，同“夭遏”）者，而后乃今将图（图谋，谋划）南。

且说那水若积得不厚，则无能力负载大舟。倾覆一杯水于厅堂的凹洼处，则芥草可为之舟；置杯于此则被粘住，因为水浅而舟大。风之积不厚，那么负载鹏鸟大翼也就无力，故九万里高空则风就在鸟翼下了。而后方能凭借强劲的风力，背负青天而没有能阻碍它的了，而后乃今将图南。

蜩（蝉）与鷽鸠（灰雀属各类小鸟的通称）笑之曰：“我决（xuè，急疾飞起的样子）起而飞，枪（qiāng，突过，冲过）榆（榆树）枋（fāng，檀木），时（有时）则（若）不至，而控（投、落）于地而已矣；奚以（何以）之（往，到）九万里而南为（疑问语气词）？”适（往，去）莽苍（看不清的苍茫郊野）者，三飡

（cān，同“餐”）而反（返回），腹犹果然（饱足的样子）；适（往，到）百里者，宿（xiǔ，一夜）舂粮；适千里者，三月聚粮。之（此）二虫又何知？

蝉与小灰雀在榆枋之间，自由地决起而飞，自适地控落至地，故而嘲笑鹏鸟。为何要先至于九万里的高空，又再图南而飞呢？确实，只是前往郊野的，那么三餐而返回，腹内还是饱足；若是百里行程的，就得舂粮而为住一宿作准备；若是千里行程的，就得准备三个月的粮食。此蝉与小灰雀二虫怎么会知呢？不过“之二虫”也有解释为蜩（包括学鸠）为其一，鹏又为其一，其说也当并存。《疏》：“郭注云：‘二虫，鹏蜩也。对大于小，所以均异趣也。’且大鹏抟风九万，小鸟决起榆枋，虽复远近不同，适性均也。咸不知道里之远近，各取足而自胜。天机自张，不知所以。既无意于高卑，岂有情于优劣！逍遥之致，其在兹乎！”此确实可以进一步体悟“逍遥游”的主旨。

小知（智）不及大知（智），小年（年寿）不及大年（年寿）。奚以知其然（如此，这样）也？朝菌（只生存于早晨的菌类）不知晦（月终）朔（月初），蟪蛄（寒蝉，春生夏死，或夏生秋死）不知春秋（指四季），此小年也。楚之南有冥灵（神话中的大树，或说大龟）者，以五百岁为春，五百岁为秋；上古有大椿（属神话之大树）者，以八千岁为春，八千岁为秋。而彭祖乃（而）今以久特（独）闻，众人匹（比，配）之，不亦悲乎？

此再作比较揭示：“小知不及大知，小年不及大年。”一是“知”，一是“年”，于是对“年知”的问题再作阐述。在行文的结构上，此句很重要，起着总领的作用。如《注》：“物各有性，性各有极，皆如年知，岂跂尚之所及哉！自此已下至于列子，历举年知之大小，各信其一方，未有足以相倾者也。然后统以无待之人，遗彼忘我，冥此群异，异方同得而我无功名。是故统小大者，无小无大者也。苟有乎小大，则虽大鹏之与斥鴳，宰官之与御风，同为累物耳。齐死生者，无死无生者也。苟有乎死生，则虽大椿之与蟪蛄，彭祖之与朝菌，均于短折耳。故游于无小无大者，无穷者也；冥乎不死不生者，无极者也。若夫逍遥而系于有方，则虽放之使游，而有所穷矣，未能无待也。”

何以知此？生命周期只有一个早晨的菌类不知一个月的情况，蟪蛄不知四季的情况，因为它们均是小年寿。楚国的南方有冥灵大树，以五百年为春，以五百年为秋；上古有大椿树，以八千年为春，以八千年为秋。它们竟然是如此的长寿！再说彭祖，在《庄子》里曾出现过4次。传说姓篯（jiān），名铿，尧时人，经由了夏、殷至周，活了八百岁，封于彭，因其年寿特长，故世称彭祖。这里又说，众人要与彭祖来比寿命，不是也很悲哀吗？此又如《疏》：“夫年知不相及，若此之悬也。比于众人之所悲，亦可悲矣。而众人未尝悲此者，以其性各有极也。苟知其极，则毫分不可以相跂，天下又何所悲乎哉！夫物未尝以大欲小，而必以小羡大。故举小大之殊，各有定分，非羡欲所及，则羡欲之累。可以绝矣。夫悲生于累，累绝则悲去，悲去而性命不安者，未之有也。”郭象不少的注，有些读来于千载之后还是觉得十分精彩！

汤（商汤）之问棘（贤大夫）也是（就是这样说的）已（同“矣”）：“穷发（不生草木之地）之北有冥海（神话里的海名）者，天池也。有鱼焉，其广数千里，未有知其修（长）者，其名为鲲。有鸟焉，其名为鹏，背若太（泰）山，翼若垂天之云；抟扶摇、羊角（旋风之名称）而上者九万里，绝（指穿越）云气，负青天，然后图南，且适南冥也。斥鴳（yàn，为小鸟）笑之曰：‘彼且奚适也？我腾跃而上，不过数仞（周制八尺为一仞）而下，翱翔蓬蒿之间，此亦飞之至（极点）也。而彼且奚适也？’”此小大之辩（通“辨”，辨别）也。

这是庄子引用商汤询问贤大夫棘的一段话来佐证，因以其所问为是。最后的“此小大之辩也”，亦可读《疏》：“各以得性为至，自尽为极也。向言二虫殊翼，故所至不同。或翱翔天池，或毕志榆枋，直各称体而足，不知所以然也。今小大之辩，各有自然之素，既非跂慕之所及，亦各安其天性，不悲所以异，故再出之。”

故夫知（通“智”，智慧，才能）效（功效，指胜任）一官，行（行为；或谓品行，xìng）比（指合乎心愿）一乡（有一万二千五百家），德合一君，而（或作“能”，能力）徵（信，取信）一国者，其自视也亦若此矣。而宋（姓）荣（名）子（有德之称）犹然（笑貌，或说讥笑）笑之。且举（全，整个）世而誉之而不加劝（努力，劝勉），举世而非（责难，否定）之而不加沮（沮丧），定乎内外（自身之内外）之分，辩乎荣辱之境（界限），斯已矣。彼其于世，未数数然（急忙的样子）也。虽然，犹有未树也。夫列子御（驾驭）风而行，泠然（轻盈的样子；泠，líng）善也，旬（十日）有（又）五日而后反（返回）。彼于致（获致）福者，未数数然也。此虽免乎行，犹有所待（凭借，依靠）者也。若夫乘天地之正（本，自然万物的本性与规律），而御六气（阴阳风雨晦明）之辩（变），以游无穷者，彼且恶（wū，何）乎待哉？故曰：至人无己，神人无功，圣人无名。

由此再反观人世，那么会有这样的优秀人物：智慧能胜任某一官职、品行能合乎一乡人的心、德行能合乎一君之望、能力能取信一国的人，他们看待自己也是这样的。《疏》："此三者禀分不同，优劣斯异，其于各足，未始不齐。视己所能，亦犹鸟之自得于一方。"正因为如此，所以遭到宋荣子的取笑。《注》："未能齐，故有笑。"

宋荣子的境界则已经超越了这些人。他对举世而来的称誉或非议，不加劝勉或沮丧，定于内我外物之分，辨于荣己辱人之界限。此可一读《疏》："荣子率性怀道，謷（ào，傲）然超俗，假令世皆誉赞，亦不增其劝奖，率土非毁，亦不加其沮丧，审自得也。""知内既非我，外亦非物，内外双遣，物我两忘，故于内外之分定而不忒也。""忘劝沮于非誉，混穷通于荣辱，故能反照明乎心智，玄鉴辨于物镜，不复内我而外物、荣己而辱人也。"宋荣子于人世率性虚淡，没有汲汲而为地去追求什么。他虽然这样，还没有达到最高境界。

再举出列子能御风而游行，轻举洒脱而称善。然而他每次有十五日之期限，返回归家，还是有所待，未能做到无所待而无所不乘。以上三者，虽德行、智慧有差等，但均未达到逍遥游的境界。如总结上面几种情况，如《疏》："乘风轻举，虽免步行，非风不进，犹有须待。自宰官已下，及宋荣、御寇，历举智德优劣不同，既未洞忘，咸归有待。唯当顺万物之性，游变化之涂，而能无所不乘者，方尽逍遥之妙致者也。"

由此推出结句：如若乘天地万物规律之正，而遨游于无穷，彼又有待于什么呢！《注》："天地者，万物之总名也。天地以万物为体，而万物必以自然为正。自然者，不为而自然者也。故大鹏之能高，斥鴳之能下，椿木之能长，朝菌之能短，凡此皆自然之所能，非为之所能也。不为而自能，所以为正也。故乘天地之正者，即是顺万物之性也。御六气之辩者，即是游变化之涂也。如斯以往，则何往而有穷哉！所遇斯乘，又将恶乎待哉！此乃至德之人，玄同彼我者之逍遥也。苟有待焉，则虽列子之轻妙，犹不能以无风而行，故必得其所待，然后逍遥耳，而况大鹏乎！夫唯与物冥而循大变者，为能无待而常通，岂自通而已哉！又顺有待者，使不失其所待，所待不失，则同于大道矣。故有待无待，吾所不能齐也。至于各安其性，天机自张，受而不知，则吾所不能殊也。夫无待犹不足以殊有待，况有待者之巨细乎！"明乎此，则对《逍遥游》的主旨又可有进一层的理解。

再说这里的“乘天地之正，而御六气之辩，以游无穷者”，学者张世英曾解读：此“正是与无穷尽性的整体合一的形象的说法。功名富贵，皆有所待，皆受主客关系模式的限制，无功、无名、无己，则‘死生无变于己，而况利害之端乎’？！（《庄子·齐物论》）达到此种境界的人，庄子称之为‘至人’。‘至人’无往而不自得，生固然是家园，死亦是家园。把庄子的逍遥理解为不讲道德，不负责任，显然是一种片面之见。庄子的逍遥是一种超道德的境界，超道德乃是不言道德而自然合乎道德。当然，庄子出于反对当时统治者的仁义道德的说教，而过分强调逍遥，忽视人的道德责任感，这不能不说是他思想本身的缺点。把庄子的逍遥理解为脱离日常生活和隐居避世的杨朱思想，也是一种混淆和误解。杨朱以隐居避世为‘全生葆真’之方，仍是执着，是主客关系的另一种表现，不能真正达到他所希求的‘不以物累形’的目的。庄子的逍遥则‘齐死生，同人我’，是入乎人世（日常生活）之中而不为人世所累，乃真无入而不自得，随处皆家园也。”庄子启发人们超越尘世，而能飞翔起来，这就是人生的逍遥之游。

庄子便又树立出“三无”之人的典范。（1）“至人无己”。至人是修养最高的人，《庄子》全书提到30次。“无己”，《注》：“无己故顺物，顺物而至矣。”（2）“神人无功”。神人是修养达到了人所不能窥测境界之人，全书有8次说到神人。《注》：“夫物未尝有谢生于自然者，而必欣赖于针石，故理至则迹灭矣。今顺而不助，与至理为一，故无功。”（3）“圣人无名”。圣人是修养达到圣明境地的人，全书有113次提到圣人。《注》：“圣人者，物得性之名耳，未足以名其所以得也。”

那么至人、神人、圣人之间又是什么关系？其实它们是统一于一身的。《疏》：“至言其体、神言其用、圣言其名。故就体语至，就用语神，就名语圣，其实一也。诣于灵极，故谓之圣；阴阳不测，故谓之神；正名百物，故谓之圣也。一人之上，其有此三，欲显功用名殊，故有三人之别。此三人者，则是前文乘天地之正、御六气之辩人也。欲结此人无待之德，彰其体用，乃言故曰耳。”

二、尧让与许由·肩吾与连叔·宋人适诸越

此段接着上文所说的圣人、神人、圣人的话头，又记叙了三则寓言。许由是传说中的高士，子仲武，隐于箕山。他师于啮缺，依山而食，就河而饮。尧知其贤，让以帝位，许由闻之，乃临河洗耳。死后，尧封其墓，谥曰箕公。此即尧之师。这里是他们之间的对话录。

尧让天下于许由，曰："日月出矣，而爝火（火把，小火；爝，jué）不息；其于光也，不亦难乎？时雨（及时之雨）降矣，而犹浸灌（即灌溉）；其于泽（雨水）也，不亦劳（徒劳）乎？夫子（因尧师从之，故有此称）立（在位）而天下治，而我犹尸（主持，执掌）之；吾自视缺然（不足的样子），请致（交还，归还）天下。"

许由曰："子治天下，天下既已治也；而我犹代子，吾将为名乎？名者，实之宾（指派生物附属品）也；吾将为宾乎？鹪鹩（jiāo liáo，小鸟名）巢于深林，不过一枝；偃鼠（即鼹鼠）饮河，不过满腹。归（回）休（停止，罢休）乎君，予无所用天下为！庖人（厨师）虽不治庖（烹调），尸祝（主祭之人）不越樽俎（zūn zǔ，盛酒、盛肉之器，此指厨房）而代之矣！"

尧借拟喻来阐说，火把之光与日月之光相比，不是也很难吗？浇水灌溉与及时的滂沱大雨相比，不是亦然徒劳吗？若你夫子在位而天下能得治，然而我还执掌着它；我自视不足，请将天下交还你。许由回答："你已经使得天下获得太平，我还要代替你，将为名吗？名，是实的宾；将为宾吗？"如《疏》："然实以生名，名从实起，实则是内是主，名则是外是宾。舍主取宾，丧内求外，既非隐者所尚，故云'吾将为宾'也。"再说鹪鹩栖居于树林只占一枝，偃鼠饮水不过满腹。我要天下来干什么呢！如若厨师懈怠而不治烹调，主祭之人也不会越俎代庖的！此说即使帝尧禅让，不治天下，许由也不会就此帝位的。

此段首句，钱钟书曾有评论。《管锥编》就以此首句来评论王该《日烛》："假（凭借）小通大，傥（tǎng，或许）可接俗，助天扬光，号曰'日烛'。"钱钟书说："庄谓大初无需乎小，如赘可去；王谓小亦有裨于大，虽细勿捐；一喻之两柄也。曹植《求自试表》：'冀以萤烛末光，增辉日月'，即导王之先路；《全晋文》卷一五八释道安《注经及杂经志录序》：'由是丰泽洪沾，大明焕赫也，而犹有爝火于云夜，抱瓮于汉阴者，时有所不足也。……冀抱瓮爝火，倘有微益'，复与王共规。然取火为喻者，执柄多同庄生。"这里也可见庄子此句于后世的影响极其深远。

此文有关"名实"问题的内涵，如"名者，实之宾也"，这是说"名"是宾，"实"为主，名是次要的、派生出来的。《管锥编》于此句也有阐发，说："当益之曰：'而每亦人事之主也'，义庶周赅。《齐物论》述狙公赋芧，'名实未亏，而喜怒为用'；岂非名虚易而情因以实变乎？《韩非子·外储说》右下记卫侯朝周，周行人问其号，对曰：'诸侯辟疆'，行人却之曰：'诸侯不得与天子同号'，更名'爨'，方得入；岂非'虚名'亦类'实事'之'不借'乎？《公孙龙子·名实论》：'谓而不唯'，谢希深注：'唯，应辞也'，名不'当'则实不'应'也；而《庄子·天道》：'子呼我'牛'也而谓之'牛'，呼我'马'也而谓之'马'，其意盖言有'谓'必'唯'，不计呼名之'当'抑'乱'，'我'固不失为'我'，犹《应帝王》之泰氏'以为马''以为牛'，而不失其'己'也。庄子高谈越世，于事情则阔远焉。"此说也可帮助体味庄子其文与其人。还有成语"越俎代庖"即出于此。俎，古代祭祀时盛放牛羊祭品的器具。它后用来比喻超越自己的职务范围去处理他人所管的事。

肩吾问（指请教）于连叔曰："吾闻言于接舆，大而（言辞夸大）无当（底，不着边际；当，dàng），往而不反（返回）。吾惊怖其言。犹河汉（指银河）而无极也；大有（指相远）迳庭（指多有过错，或说太离题），不近人情焉。"

连叔曰："其（指接舆）言谓何哉？"

曰："藐姑射（传说中山名；射，yè））之山，有神人居焉。肌肤若冰雪，绰约（指柔美；绰，chuò）若处子（处女），不食五谷（黍稷麻菽麦），吸风饮露，乘云气，御飞龙，而游乎四海之外；其神凝（凝聚，专一），使物不疵疠（灾害，疾病；疠，lì）而年谷熟。吾以是狂（狂妄，荒诞）而不信也。"

连叔曰："然。瞽者（盲子；瞽，gǔ）无以与乎文章（指错综华美的色彩或花纹）之观，聋者无以与乎钟鼓之声。岂唯形骸有聋盲哉？夫知亦有之！是其言也犹时（是，此）女（汝，你）也。之（此）人也，之（此）德也，将旁礴（混同）万物以为一，世蕲（qí，通'祈'，求）乎乱（治，治理），孰弊弊（指辛苦经营）焉以天下为事！之（此）人也，物莫之伤：大浸（指大水）稽（jī，至，及）天而不溺（淹没），大旱金石流，土山焦而不热。是其尘垢（尘土污垢，喻微贱之物）粃糠（秕谷与米糠，喻琐碎无用；粃，bǐ）将犹（可）陶铸（指造就培育）尧舜者也，孰肯以物为事？"

这里的肩吾、连叔皆为古之怀道者，是庄子虚构的人物。连叔仅见本篇；肩吾又见诸《大宗师》《应帝王》《田子方》。接舆，姓陆名通，字接舆，楚国的隐士，与孔子同时，佯狂不出仕，以躬耕为务。楚王曾遣使者以黄金百镒（yì，一镒为20两，或说24两）、车二驷聘之，均不接受。后来夫负妻戴，以游山海，莫知所终。接舆又见诸《人间世》。

肩吾评论接舆之言，恢宏而不着边际，可以一直说下去，然而不能返回到主题上，听后使我惊异而恐怖。这就像河汉那样迢递高远，好像没有穷极。此与世俗大相径庭，不合乎人情，因此希望连叔能来解惑。连叔再问，接舆到底说了些什么呢？肩吾转述：藐姑射之山居住着神人，肌肤润泽若冰雪洁白，姿态柔美像处女窈窕，不食五谷，吸风饮露，乘坐云气，驾御飞龙，而遨游于四海之外；其神情凝聚专注，能使物不受灾病，而年谷丰熟。最后，肩吾说自己以为这些都是荒诞的、不可相信的。

连叔评论：是这样的。盲人怎可与他观赏花纹色彩？聋者怎可与他聆听钟鼓乐声？原来不仅身体有聋盲，心智也有聋与盲。这就像说的是你肩吾。《注》："不知至言之极妙，而以为狂而不信，此知之聋盲也。"这里的"时女"也或解释为处女，如《疏》："时女，少年处室之女也。指此接舆之言，犹如窈窕之女，绰约凝洁，为君子所求。但智之聋盲者，谓无此理也。"

连叔又再从两方面评论：其一，这样的人、这样的德，将混同万物而成为一，世人祈望他来治理，然而谁又肯来辛苦经营呢！这是说无人事之患，因其推崇的是无为而无不为。《注》："然则体玄而极妙者，其所以会通万物之性，而陶铸天下之化以成尧舜之名者，常以不为为之耳。孰弊弊焉，劳神苦思，以事为事，然后能乎？"此又正合乎《老子》："为无为，事无事。"又云："取天下，常以无事；及其有事，不足取天下也。"其二，这样的人，外物不能伤害他，洪水滔天不能淹没他，大旱可使金与石熔化、土与山变焦，而他却感觉不到炙热。这是说无阴阳之忧患。《注》："无往而不安，则所在皆适。死生无变于己，况溺热之间哉！故至人不婴（碰，触犯）乎祸难，非避之也，推理直前而自然与吉会。"最后又说，这样的人即使是他的尘垢粃糠，那些琐碎无用之物也可以造就培育出尧舜来，谁又肯以俗物为事务呢！此又意蕴亦然可以互见《让王》："道之真以治身，其余绪以为国家，其土苴以治天下，帝王之功，圣人之余事。"

后世成语出于此则者，有"大而无当"，陆德明《经典释文》引司马彪曰："言语宏大无隐当也。"后多指大而不切实用。还有"大有径庭"，宣颖曰："径，门外路；庭，堂外地；大有，谓相远之甚。"故又有了成语"大相径庭"。成语"不近人情"，不合乎人之常情，亦出于此。

宋人资（贩卖）章甫（帽子，古代殷地的礼帽）而适（往）诸越（犹"于越"，于，发语词）越人断发（不留发）文身（身上刺花纹），无所用之。尧治天下之民，平海内之政，往见四子藐姑射（神话里的山名）之山，汾水之阳（山之南、水之北），窅然（深远的样子；窅，yǎo）丧（忘掉）其天下焉。

此则寓意颇深。宋国人到越国去贩卖帽子，然而越人断发文身，章甫此种礼帽无所用之。此再接着写尧平治天下，然而见过藐姑射之山的四子以后，竟然怅然若失地忘掉了天下。此两件事情又被巧妙地联系，章甫的“无所用之”而至于尧最后的天下之不用，正如《疏》：“前者‘此起譬也’。亦如荣华本犹滞著，富贵起自骄矜，尧既体道洞忘，故能无用天下。故郭注云；‘夫尧之无所用天下为，亦犹越人无所用章甫耳。”

再说“四子”何指?《疏》：“而四子者，四德也，一本，二迹，三非本非迹，四非非本迹也。言尧反照心源，洞见道境，超兹四句，故曰言往见四子也。夫圣人无心，有感斯应，故能缉理万邦，和平九土。虽复凝神，四子端拱而坐汾阳，统御万机，窅然而丧天下。斯盖即本即迹，即体即用，空有双照，动寂一时。”又《经典释文》引司马彪、李颐云：“王倪、啮缺、被衣、许由。”或认为此当为寓言的虚构者，如果一定要落实到具体的人物那就不免穿凿附会了。“四子”又见诸《胠箧》，不过那是指龙逢（关龙逢）、比干、苌弘、子胥（伍子胥）四人。

三、庄子与惠子之辩两则

惠子，先秦名家代表，是庄子之友，两人多有论辩，散见于《庄子》的多篇文章里。当然也并非全为实录，而大多具有寓言性质。本书后文还有多处解说，可互见共识。

惠子谓庄子曰：“魏王（梁惠王）贻（赠送）我大瓠（hù，葫芦）之种，我树（种植）之成，而实五石（dàn，十斗为一石）。以盛水浆，其坚不能自举也。剖之以为瓢，则瓠落（大而平浅的样子；瓠，huò）无所容。非不呺然（庞大而中空；呺，xiāo）大也，吾为其无用而掊（pǒu，破，剖）之。”

庄子曰：“夫子固（诚然，实在）拙于用大矣！宋人有善为不龟（jūn，皲裂）手之药者，世世以洴（píng，浮）澼（pì，漂洗）絖（kuàng，丝絮）为事。客闻之，请买其方（药方）百金。聚族而谋曰：‘我世世为洴澼絖，不过数金；今一朝而鬻（yù，卖，出售）技百金，请与之。’客得之，以说（shuì，游说）吴王。越有难（发难，指进军），吴王使之将（jiàng，统帅），冬与越人水战，大败越人，裂（划分）地而封之。能不龟手一也，或以封，或不免于洴澼絖，则所用之异也。今子有五石之瓠，何不虑（一说作‘摅’，拴结）以为大樽（腰舟，系于身上可为凫水的工具，其形如酒器，故有此称），而浮于江湖，而忧其瓠落无所容？则夫子犹有蓬（蓬草，弯曲不直）之心也夫！”

这一则寓言又见庄子智慧的高卓。惠子之说是讽刺庄子的，说自己用魏王赠送的种子栽植出大葫芦，容量大至于五石。然而它盛放水浆则承受不了那重量，剖成瓢则体积太大而无处可容纳。后句也说是平浅而不能容纳许多的物体。此葫芦不是不大，因其无用而砸碎了它。如《疏》：“刺庄子之言不救时要，有同此瓠，应须屏削。”

庄子则反诘：“夫子诚然拙于用大了！他举出宋人有善制使手不皲裂之药的事。他们世代以漂洗丝絮为事。有客闻之，请买其药方百金。聚集族人经过比较，世世为漂洗丝絮，所得不过数金；今一朝而出卖药方，则可得百金。最后卖出药方。客人得此药方，便游说吴王而成为统帅。冬天吴与越人进行水战，大败越人。此药方起了不小的作用，客人也因此最后受封。庄子最后说，不皲手的药方是同一个，有的以此而受封，有的不免于漂洗丝，则是因为所用之异。如今你有五石之瓠，何不作为凫水的工具，浮游于江湖，却忧愁体大而无所容？此因为你有蓬草似的弯曲不直的心！”如《疏》：“惠子所以起此大匏之譬，以讥庄子之书，虽复词旨恢弘，而不切机务，故致此词而更相激发者也。”庄子反驳，说不皲手之药方为一，然而有的用于普通的治冻疮，只得数金，有的用于战争中而获大效益，所得为封地。这是“所用之异”。

惠子谓庄子曰：“吾有大树，人谓之樗（chū，臭椿，高大落叶乔木，然木质粗劣不可用）。其大本（指树干）拥肿（粗短，檗瘿）而不中（符合）绳墨（木工画直线的工具），其小枝卷曲而不中规（圆规）矩（角尺），立之涂（道路），匠人不顾。今子之言大而无用，众所同去也。”

庄子曰：“子独不见狸（野猫）狌（shēng，黄鼠狼）乎？卑（低下）身而伏，以候敖（遨游，通‘遨’）者；东西跳梁（指跳跃），不辟（避）高下；中于机辟（捕捉禽兽的机关），死于罔（同‘网’）罟（网的总称）。今夫斄牛（牦牛；斄，lí），其大若垂天之云。此能为大矣，而不能执鼠。今子有大树，患其无用，何不树之于无何有（无有，即什么也没有生长）之乡（地方），广（宽旷）莫（无，悉皆无有）之野，彷徨（徘徊）乎无为其侧，逍遥乎寝卧其下。不夭（指砍伐）斤斧，物无害者，无所可用，安所困苦哉！”

惠子又讽刺庄子，说我有棵大树樗，即臭椿，树干短矮拥肿疙瘩，树枝弯曲不能端直，是无用的木材。尽管立在路边，因其材无用，匠人走过也不曾顾盼它。如今你庄子的话也是大而无用，所以众人都一同离去了。如《疏》：“树既拥肿不材，匠人不顾；言亦迂诞无用，众所不归。此合喻者也。”

庄子又给予机智的反驳：你难道没见过野猫？低俯身体，伺候着傲慢的老鼠；东跳又西窜，不避高下之地，而落中机关，死于罗网。如《疏》：“皆以利惑其小，不谋大故也。亦犹擎跪曲拳，执持圣迹，伪情矫性，以要时利。前虽遂意，后必危亡。而商鞅、苏、张，即是其事。此何异乎捕鼠狸狌，死于罔罟也？”

庄子再进一步以南方山中的斄牛为例阐述：此牛的形体很大，譬如山中远望它，就像天际之云。当然这是写作的夸大之词，如释德清说：“斄牛虽大，未必如此，乃卮（卮）言也。”再说，斄牛虽确实很大，并于水草之地逍遥养其本性，然而不能捕鼠，这又比不上野狸。《疏》：“亦犹庄子之言，不狎流俗，可以理国治身，且长且久者也。”举出此二例后，庄子再反诘：如今你有大树，为什么不把大树樗栽种在什么也不生长、空旷无有的乡野，从而可以在大树旁纵任无为地休憩，在大树下逍遥自得地寝卧？大树不遭遇斧斤的毁害，没有东西来伤害它，虽无所可用，但还有什么困苦呢？《疏》：“彷徨，纵任之名。逍遥，自得之称。亦是异言一致，互其文耳。不材之木，枝叶茂盛，婆娑荫映，蔽日来风。故行李（指使者，行旅之人）经过，徘徊憩息，徙倚顾步，寝卧其下。亦犹庄子之言，无为虚淡，可以逍遥适性、荫庇苍生也。”此后结末之《疏》：“拥肿不材，拳曲无取，匠人不顾，斤斧无加，夭折之灾，何从而至？故得终其天年，尽其生理。无用之用，何所困苦哉！亦犹庄子之言，乖俗会道，可以摄卫，可以全真，既不夭枉于世途，讵（jù，难道）肯困苦于生分也！”《注》则精言不烦地一言破的：“夫小大之物，苟失其极，则利害之理均；用得其所，则物皆逍遥也。”篇末点题，豁然贯通！

这里还要指出的是一段对话里，多次用韵。惠子的话里“樗”“矩”“顾”“去”等相押韵。庄子的反诘，则有“者”“下”“罟”“鼠”“野”“下”“斧”“者”“苦”，相押韵。庄子的散文有个特点就是文中“多用韵，声调铿锵，使读者有和谐的节奏感”。（游国恩等《中国文学史》第一册，人民文学出版社）

此不妨再欣赏一段郭庆藩的案语（为便于理解，笔者在括号里再加上简注）：“刘义庆《世说新语》文学类云：‘《庄子·逍遥》篇，旧是难处（旧时历来是难理解处），（也是值得）诸名贤所可钻味（钻研寻味），而不能拔（超拔）理（义理）于郭（象）、向（秀）之外。支道林在白马寺中，将（与）冯太常（冯怀，字祖思，官至太常）共语，因及《逍遥》。支（支道林）卓然（卓越地）标（标明）新理于二家之表（郭、向二家的解释之外），立异义于众贤之外，皆是诸名贤寻味之所不得。后遂用支（支道林阐明的）理（义理）。’刘孝标注云：向子期、郭子玄《逍遥义》曰：‘夫大鹏之上九万，斥鴳之起榆枋，小大虽差，各任其性，苟当其分，逍遥一也。然物之芸芸，同资有待，得其所待，然后逍遥耳。唯圣人与物冥而循大变，为能无待而常通。岂独自通而已！又从有待者不失其所待，不失则同于大通矣。’支氏《逍遥论》曰：‘夫逍遥者，明至人之心也。庄生建言大道，而寄指鹏鴳。鹏以营生之路旷，故失适于体外；鴳以在近而笑远者，矜伐于心内。至人乘天正而高兴，游无穷于放浪。物物而不物于物，则遥然不我得；玄感不为，不疾而速，则逍然靡不适。此所以为逍遥也。若夫有欲当其所足，足于所足，快然有似天真，犹饿者一饱，渴者一盈，岂忘烝尝于糗粮，绝觞爵于醪醴哉！苟非至足，岂所以逍遥乎！’此向、郭之注所未尽。”此或许供读者再作思考的。

为了再体悟庄子行文笔法，《逍遥游》之为文之法，可一读再悟刘熙载《艺概·文概》“庄子文法断续之妙”。庄文的续而能断，断而又续，断断续续，是一种卓越的文章艺术。庄子举出许多例子说明主旨，每一个例子似乎是“断”的，然而均说明逍遥游之自得是一脉而“续”的。因此似断、又断，还断，却又是接续、再续、连续地说明其主题。

大似鲲鹏，能逍遥于天，但是无风之凭借，则不能，因有局限！小者如蝉、斑鸠等，也有局限！人物如颇有才干的宋荣子、高士隐居的许由、藐姑射山的仙女、善辩者惠子等，无一不有局限，故而都不能达到逍遥游。

再如清代刘凤苞《南华雪心编》(以下简称《雪心编》)：“开手撰出‘逍遥游’三字，是南华集中第一篇寓意文章。全幅精神，只在乘正御辨以游无穷，乃通篇结穴处。却借鲲鹏变化，破空而来，为‘逍遥游’三字立竿见影，摆脱一切理障语，烟波万状，几莫测其端倪，所谓洸洋自恣以适已也。老子论道德之精，却只在正文中推寻奥义；庄子辟逍遥之旨，便都从寓言内体会全神。同是历劫不磨文字，而缥缈空灵，则推南华为独步也。其中逐段逐层皆有逍遥境界，如游武夷九曲，万壑千岩，应接不暇。起首特揭出一‘大’字，乃是通篇眼目。大则能化，鲲化为鹏，引起至人、神人、圣人，皆具大知本领，变化无穷。至大瓠、大树，几于大而无用，而能以无用为有用，游行自适，又安往而不见为逍遥哉！一路笔势蜿蜒，如神龙夭矫空中，灵气往来，不可方物。至许由、肩吾以下各节，则东云见鳞，西云见爪，余波喷涌，亦极恣肆汪洋。读者须处处觑定逍遥游正意，方不失赤水玄珠，致贻讥于象罔也。”

余论又有说，庄子的“逍遥游”旨意，在后来向秀、郭象的诠释下成为学术史发展中的“向郭逍遥义”，《晋书·向秀传》载，向秀解《庄子》，发明奇趣，振起玄风，郭象又述而广之。后世学者就把向秀、郭象对庄子的“逍遥游”的解释称为“向郭逍遥义”。其义：“夫小大虽殊，而放于自得之场，则物任其性，事称其能，各当其分，逍遥一也，岂容胜负于其间哉！”人不分贵贱，物不分大小，只要能自足其性，安守本分，就同样都是逍遥的。

若再深味《逍遥游》深邃旨意，又可读章太炎《诸子略说》评论：“内篇以《逍遥》《齐物》开端，浅言之，‘逍遥’者，自由之义；‘齐物’者，平等之旨。然有所待而逍遥，非真逍遥也。大鹏自北冥徙于南冥，经时六月，方得高飞；又须天空之广大，扶摇、羊角之势，方能鼓翼。如无六月之时间，九万里之空间，斯不能逍遥矣。列子御风，似可以逍遥矣，然非风则不得行，犹有所待，非真逍遥也。禅家载黄龙禅师说法，吕洞宾往听，师问道服者谁，洞宾称云水道人。师曰：‘云干水涸，汝从何处安身？’此袭《庄子》语也。无待，今所谓‘绝对’。惟绝对乃得其自由；故‘逍遥’云者，非今通称之‘自由’也。如云法律之内有自由，固不为真自由；即无政府，亦未为真自由。在外有种种动物为人害者；在内有饮食男女之欲，喜怒哀乐之情，时时困其身心，亦不得自由。必也一切都空，才得真自由。故后文有外天下、外物之论，此乃自由之极至也。”明乎此解说，当有利于对《庄子》此文与后文的悟读。

齐物论：是非异 · 彼我均

《齐物论》是紧接着《逍遥游》的内篇第二文，此种安排自有其逻辑联系。然而此篇幅较长，文意尤深，颇难明切，故众说纷纭。其实《庄子》全书的解读，历来多有含混而分歧者，而《齐物论》可能为之最。虽然如此，但是主题还是可晓而显豁的。如方东美说，庄子《逍遥游》《齐物论》主旨的追求，在于个体内心精神的超脱解放，是“道”之精神从“有”至“无”的运动；超脱精神之真正切实功效必须要面向人世间，获得现实的下贯处，此即道之精神从“无”到“有”的运动。(《中国哲学之精神及其发展》)

《齐物论》一直被看作很难读懂的文章。“齐物论”什么意思？《注》：“夫自是而非彼，美己而恶人，物莫不皆然。然故是非虽异，而彼我均也。”若再具体言之，此篇讲的是齐一是非，齐一彼此，齐一物我，齐一夭寿等。或说齐物论，除了“齐物”，又含“齐论”，即世上的言论也是齐一的，没有是非和不同，此谓齐一物论。“齐物”与“齐论”的两重之“齐”，便建构为“齐物论”。此篇内容丰富，然而其文颇长，又文意晦涩，明理尤难，此为之逐一解读，庶几进入思维的桃花源胜景之地。

一、对话录：南郭子綦与颜成子

南郭子綦（qí），楚国人。据《疏》记载："楚昭王之庶弟，楚庄王之司马，字子綦，古人淳质，多以居处为号，居于南郭，故号南郭。"这或许也认为此是庄子寓托的高士，并非真实的历史人物。颜成子游，或称颜成子，是南郭子綦的学生，姓颜，名偃，字子游，死后谥成。此开篇即记录师徒之间的一大段对话。

南郭子綦隐（yìn，依靠）机（几，几案）而坐，仰天而嘘（呼气），嗒（tà，或作"荅"）焉（指心境至虚，物我两忘的样子）似丧其耦（配偶，此指身躯）。

颜成子游立侍（陪侍长者）乎前，曰："何居（jī，疑问语气词）乎？形固可使如槁木，而心固可使如死灰乎？今之隐机者，非昔之隐机者也。"子綦曰："偃，不亦善乎而问之也！今者吾丧我，汝知之乎？女（汝）闻人籁（吹箫之声响）而未闻地籁，女（汝）闻地籁而未闻天籁夫！"

子游曰："敢问其方。"子綦曰："夫大块（大自然）噫（ài）气（呼气，嘘气，），其名为风，是（此，即风）唯无作，作则万窍怒呺（háo，吼），而独（岂，难道）不闻之翏翏（liú，飂飂，大风呼啸）乎？山林（通'陵'）之畏佳（即'嵬崔'，高貌，或说扇动之貌；佳，音cuī），大木百围（言其粗大，围指两手或两臂合拢的长度）之窍穴，似鼻，似口，似耳，似枅（jī，柱子头上长方形的横木），似圈（曲木制成的盂，或说栅栏），似臼（舂米的石臼），似洼者，似污（指水塘）者。激（水湍急声）者，謞（xiāo，箭头空中疾飞之声）者，叱者，吸者，叫者，譹（号哭）者，宎（yǎo，声音深沉）者，咬（jiāo，鸟叫，或说哀切）者，前者唱（歌唱，吟咏）于而随者唱（同上义）喁（yú，于、喁，均为象声，指前后相附和之声。泠风（小风，清风；泠，líng）则小和，飘风（大风）则大和，厉风（大风，亦指西北风）济（止）则众窍为虚。而独不见之调调（tiáo，风吹物动的样子）之刁刁（也指风吹物动的样子，或作'刀刀'）乎？"

子游曰："地籁则众窍是（此）已（矣），人籁则比竹（箫管笙簧类乐器）是已，敢问天籁。"子綦曰："夫吹万不同，而使其自己也，咸（全）其自取，怒（指声势浩大）者其谁邪？"

南郭子綦，或称南伯子綦，《疏》："其人怀道抱德，虚心忘淡，故庄子羡其清高而托为论首。"南郭子綦的情形，已是坐忘凝神，嗒焉解体，离形弃智，身心俱遣，从而物我兼忘，妙悟自然，天人合一。颜成子见其师这等神情，心生疑虑，又知必有妙技，故接连发问。

一问：先生您怎么会形如槁木，心如死灰呢？您今天的隐机情景，不同于昔日之情景了。《注》：“子游常（或作‘尝’）见隐几者，而未有若子綦也。”南郭子綦回答，说：你问得好，我已忘记了自己。你知否？你听闻过人籁，而未闻地籁，能听闻地籁而未必能听闻过天籁！此提出“三籁”之说。

颜成子二问：冒昧地再问那种方术的情况是怎样的？南郭子綦再答：大地吐气，其名为风，风不生发也就罢了，风一旦发作则万窍怒吼，难道没有听到过那种大风的呼啸吗？山陵嵬崔高峻的地方，百围大树上的窍穴，或似鼻，或似口，或似耳，或似柱上木，或似圈盂，或似石臼，或似洼穴，或似水塘。水激之声，箭飞之响，叱斥之声，吸气之声，叫嚷声，号哭声，深沉之声，哀切之声，前者歌唱“于”而后随者歌唱“喁”。小风则小和，大风则大和，大风停止则众窍为虚空。而独不见之风吹物动的样子吗？

颜成子三问：地籁则是从大地上的众多孔窍发出的风声，人籁是从并列的竹管里吹奏发出声响，敢问天籁是怎样的呢？《疏》：“地籁则窍穴之徒，人籁则箫管之类，并皆眼见，此则可知。唯天籁深玄，卒难顿悟，敢陈庸昧，请决所疑。”南郭子綦三答：天籁吹万物而不同，使他们自己各自发出声音，全是自取的，发动者还有谁呢！《疏》：“故以天然言知者，所以明其自然也。而言吹万不同，且风唯一体，窍则万殊，虽复大小不同，而各称所受，咸率自知，岂赖他哉，此天籁也。故知春生夏长，目视耳听，近取诸身，远托诸物，皆不知其所以，悉莫辨其所然。使其自己，当分各足，率性而动，不由心智，所谓‘亭之毒之’，此天籁之大意者也。”“自取，由自得也。言风窍不同，形声乃异，至于各自取足，未始不齐，而怒动为声，谁使之然也！欲明群生纠纷，万象参差，分内自取，未尝不足，或飞或走，谁使其然！故知鼓之怒之，莫知其宰。此则重明天籁之义者也。”

此则描写大块噫气之风，则有泠风、飘风、厉风等。风触物之众窍，则有如“八似”，似鼻、似口、似耳、似枅、似圈、似臼、似洼、似污者，以及风声之“八者”，激者、謞者、叱者、吸者、叫者、譹者、宎者、咬者，前者唱于而随者唱喁，均描摹得活灵活现，健笔凌厉纵横。其中的哲理更是耐人体味不已。

陈柱《中国散文史》：“此节含义最深，兹略说之以见其文谊之妙。人籁如箫管，地籁如众窍，以喻物各有是非；天籁则视之而不见其孔窍，听之而不闻其声音，以喻天人之无是非也。人籁因乎人事，地籁因乎风生；然所以为声，亦岂能外乎自然。自然者天籁也。天不自有一天，合人地一切诸物以为天。然指人以为天，不可也；指地以为天，亦不可也。天不自有一天，则天籁亦不自有一籁，乃合人籁地籁以为天籁耳。然指群籁之一窍以为天籁亦不可也。以喻人心之各有是非，亦犹人籁地籁之各有孔窍，均各由乎自己，禀乎天籁之所生耳。是非所禀之天籁，亦非别有一籁也。乃合众心众口以为天籁耳。指一家一人之是非以为天籁，亦不可也。必合众口众心而后可以谓之天籁，是齐物论之旨也。然则齐物论者，各还各之是非而不相强焉。各是其所是而非其所非，犹人籁地籁各窍之各因其大小之自然，自鸣其声而已。而天人之心之口，则如天籁然，不别为一心一口也。此节真谊，世之读者鲜能明之，故其赞叹《庄子》此文之妙者，皆强不知以为知者耳。爰特为释之。”此释很有见地，可读思，然而又说世人“皆强不知以为知耳”，恰又违背了“齐物论”的核心智慧。因为每人之一窍发出的议论，就似自然万物各窍发出的声音一样，从其不齐同者看来纷纭各异，而从其齐者同者看来则不异而一也。

闻一多也极欣赏庄子的这段文字，说：“庄子又是一位写生的妙手。”如果“能刻画具型的物件，还不算一回事，风是一件不容易描写的东西，你看《齐物论》里有一段奇文”，“注意那写的是风的本身，不像著名的宋玉《风赋》只写了风的表象。”（闻一多《古典新义·庄子》）

二、知与言：大知与小知·大言与小言

此则紧接上段文字，此再分为三层解读。

大知（或作“智”）闲闲（宽达闲逸），小知（或作“智”）间间（jiàn，分别细辨）。大言炎炎（tán，美盛，或说气焰凌人），小言詹詹（zhān，噜苏，繁琐）。其寐也魂交，其觉也形开。与接为构（相合），日以心斗：缦（màn，缓慢，迟延）者，窖（深沉）者，密（隐秘）者。小恐惴惴，大恐缦缦（沮丧）。其发若机栝（机弩的发射器），其司（主持管理）是非之谓也；其留如诅（zǔ）盟（誓约），其守胜之谓也。其杀（肃杀，衰败）若秋冬，以言其日消也；其溺之所为之，不可使复之也；其厌（yān，闭藏）也如缄（jiān，用绳索捆缚），以言其老洫（败坏）也；近死之心，莫使复阳（恢复生机）也。喜怒哀乐，虑叹变热（zhé，恐惧），姚（轻浮，妖艳）佚（放荡）启（放纵）态（故作姿作）。乐出虚（中空），蒸成菌。日夜相代乎前，而莫知其所萌。已（止）乎，已（止）乎！旦暮得此，其所由以生乎！

世态千差万别，存在不一而足，这里历数了世间的诸多相异与不同：（1）“大知闲闲，小知间间。”《注》：“此盖智之不同。”（2）“大言炎炎，小言詹詹。”《注》：“此盖言语不同。”当然还可再联想到此盖大小之不同：大者之智之言显示出博大、豁达、从容，小者之智之言则狭窄、蔽塞、局促。（3）其粗鄙之人梦寐则魂神妄缘交杂，其觉醒则形躯开朗显豁。《注》：“此盖寤寐之异。”（4）一旦与世事交接应合，每日勾心斗角。有的迟延，有的深沉，也有的隐秘。《注》：“此盖交接之异。”（5）小的恐惧则惴惴不安，大的恐惧则神情沮丧。《注》：“此盖恐悸之异。”（6）其发动就如机栝射出利箭，这是说其能主管是非；其停留就如诅盟，这是说其能守住胜利。《注》：“此盖动止之异。”（7）其肃杀像秋冬的草木，以说明其日益消亡。《注》：“其衰杀日消，有如此者。”（8）其沉溺于所为之事，不可使其再恢复原状。《注》：“其溺而遂往，有如此者。”（9）其闭藏如绳捆缚，以言其衰老败坏。《注》：“其厌没于欲，老而愈洫，有如此者。”（10）接近死亡之心，不再使其恢复生机。《注》：“其利患轻祸，阴结遂志，有如此者。”（11）人们或喜或怒或哀或乐，或虑或叹或变或惧，轻浮放荡，姿态放纵。《注》：“此盖性情之异者。”乐声出自箫管的虚空，潮湿蒸气生成菌类。如《注》：“此盖事变之异也。自此以上，略举天籁之无方；自此以下，明无方之自然也。物各自然，不知所以然而然，则形虽弥异，其然弥同也。”

其文又说，日夜互相替代，天地万物，变化日新，与时而往，然而莫知其何物所萌生！算了吧，算了吧！推求日旦夜暮，前后均是难知，不知道究竟是怎么发生的！《注》：“日夜相代，代故以新也。夫天地万物，变化日新，与时俱往，何物萌之哉？自然而然耳！”“言其自生。”又《疏》：“推求日夜，前后难知，起心虞度，不如止息。又重推旦暮，覆察昏明，亦莫测其所由，固不知其端绪。欲明世间万法，虚妄不真，推求生死，即体皆寂。故《老经》（即《老子道德经》）云：‘迎之不见其首，随之而不见其后。’理由若此。”

非彼（自然，或说“我”的对立面）无我，非我无所取（禀受，或说择定）。是亦近矣，而不知其所为使。若有真宰（假想的宇宙主宰者），而特（只是，不过）不得其眹（zhěn，通“朕”，迹象，征兆），可行己（自己）信（相信），而不见其形，有情（真实，实情）而无形。百骸（指全身所有的骨节）、九窍（眼、耳、鼻、口为七窍，又肛门、尿道为二窍）、六藏（六脏，或说即心、肺、脾、肝、左肾脏为肾、右肾脏为命门），赅（全，齐）而存焉，吾谁与（与谁）为亲？汝皆说（悦）之乎？其有私（偏私）焉？如是皆有为臣（男奴隶）妾（女奴隶）

乎？其臣妾不足以相治乎？其递相为君臣乎？其有真君（即真宰）存焉？如求得其情与不得，无益损乎其真（本原，本性）。一受其成形，不亡（失，或说通“忘”，忘记）以待尽。与物相刃（逆也，或说指磨，磨擦）相靡（mó，顺也，或说销磨），其行尽如驰，而莫之能止，不亦悲乎！终身役役（劳苦不休的样子）而不见其成功，苶（ěr）然（疲倦困顿的样子）疲役（疲于役，役使）而不知其所归，可不（岂不，难道不）哀邪！人谓之不死，奚益！其形化，其心与之然（如此，这样），可不谓大哀乎？人之生也，固（岂，难道）若是芒（通“茫”，暗昧无知）乎？其（岂，难道）我独芒，而人亦有不芒者乎？

这意思是说，不是“彼（自然）”也就没有“我”，不是“我”也就无所禀受自然。如此的认识也就接近了事物的本质，然而不知道其所为是由什么来驱使的。如《疏》：“彼，自然也。取，禀受也。若非自然，谁能生我？若无有我，谁禀自然乎？然我则自然，自然则我，其理非远，故曰是亦近矣。”“言我禀受自然，其理已具。足行手捉，耳听目视，功能御用，各有司存。亭之毒之，非相为使，无劳措意，直（只是）置任之。”

再说，假若有宇宙的主宰者使其这样，不过又不能得到它的迹象，万物皆呈现出自然而然。此可以去践行并相信自己，然而又不能见其践行的形体，虽有实情的存在，却又没有反映的具体形态。《疏》：“信己而用，可（适合）意而行，天机自张，率性而动，自济自足，岂假（借，凭借）物哉！”“物皆信己而行，不见信可行之貌者也。”“有可行之情智，无信己之形质。”

人的百骸、九窍、六藏，皆存在于一身，我与哪一种最为亲近呢？你都喜欢它们呢，还是有所偏爱呢？如果都喜欢的话，那么每一种皆会成为像臣妾似的奴仆吗？那些作为臣妾的奴仆就不足以相互整治呢？还是递相轮流为君与为臣呢？其中有真君存在吗？如若或求得其实情，或不得其实情，都无益无损于那本真。人一旦禀受天地之精气而成形，不要亡失自身，以待尽其天年。

由此连续发出感叹：（1）然而人与外物或相逆或相顺，其行尽如急驰，而没有什么能阻止的，不是很悲哀啊！（2）终身劳苦不休，而见不到那成功，疲惫地被役使着，而不知其所归趋，能不悲哀！（3）人谓之不死，又有何益！《疏》：“耽滞如斯，困而不已，有损行业，无益神气，可谓虽生之日犹死之年也。”此真乃深长喟叹矣！

再紧接着便是连续三个反诘：（1）人的形骸渐趋衰老，其心与之一样，岂不称为大悲哀吗？《疏》：“念念迁移，新新流谢，其化而为老，心识随而昏昧，形神俱变，故谓与之然。世之悲哀，莫此甚也。”（2）人之生也，难道就像这样暗昧无知吗？因为芸芸众生唯知其日常的种种悲哀，却往往不知心与形的并化同衰、生命时刻流逝不返之大哀。若能知此大哀，则其他之悲哀则不足为哀了。然而人们于此却多见其暗昧无知。（3）难道独有我这样暗昧无知，而世人亦有不暗昧无知的吗？《疏》：“言凡人在生，芒昧如是，举世皆惑，岂有一人不昧者！而庄子体道真人，智用明达，俯同尘俗，故云而我独芒。”

夫随其成心（指成见，主观偏执之见）而师之，谁独（岂，难道）且（语助词）无师乎？奚（何）必知代（替代，变化）而心自取（选取）者有之？愚者与有焉。未成乎心而有是非，是今日适越而昔至也。是以无有为有。无有为有，虽有神禹且（尚且）不能知，吾独（岂，难道）且（语助词）奈何哉！

这是说，如果随顺主观成见而以之为师，那么难道谁还会没有老师呢？《疏》：“夫域情滞著，执一家之偏见者，谓之成心。夫随顺封执之心，师之以为准的，世皆如此，故谁独无师乎？”笔者还认为“夫随其成心而师之”，当是后世成语“师心自是”“师心自用”成语的滥觞。

又说，为何必定要知道事物的变化替代，而从自己心里寻找到可以取信的人才算有了老师呢？愚笨的人与他们一样会有老师。《疏》：“愚惑之类，坚执是非，何必知他理长，代己之短，唯欲斥他为短，自取为长。如此之人，处处皆有，愚痴之辈，先豫（参与）其中。”此再举例来明理：定见还未形成在心，而已经有了是非之区别，此就像今日到越国去而昨昔就已经到达了。《疏》：“吴越路遥，必须积旬方达，今朝发途，昨日何由至哉？欲明是非彼我，生自妄心，言心必也未生，是非从何而有？故先分别而后是非，先造（去上）途而后至越。”最后指出，这是以无有为有。若以无有为有，那么即使具有神明的禹尚且还不能知晓其中的道理，我又能怎么样呢！《疏》：“理无是非，而惑者以为有，此以无有为有也。迷执日久，惑心已成，虽有大禹神人，亦不（能）令其解悟。庄生深怀慈救，独奈之何！故付之自若，不强知之者也。”

三、言与辩

此又说“言”与“辩”的问题。

夫言非吹也。言者有言，其所言者特未定也。果有言邪？其未尝有言邪？其以为异于鷇（kòu）音（雏鸟鸣声），亦有辩乎？其无辩乎？

辩论之言说并非像吹风那般出于自然而然。善辩者有言说，只是其所言说的为未能确信定准的。其果真是有言呢？还是未尝有言呢？他们以为自己的辩论异于雏鸟的鸣声，此亦真有辨别呢，还是无辨别呢？连续反诘发人深省。

道恶乎（怎么，哪里；恶，wū）隐而有真伪？言恶乎隐而有是非？道恶乎往而不存？言恶乎存而不可？道隐于小成，言隐于荣华。故有儒墨之是非，以是其所非而非其所是。欲是其所非而非其所是，则莫若以明。

这里用“恶乎”接连四问：道怎么会既隐蔽而又有了真伪呢？言论怎么会既隐蔽而又有了是非呢？道怎么会前往而又不存在呢？言论怎么会存在而不能认可呢？此又一一作出回答。大道被隐藏在局部的暂时的成功里，言论被隐藏在繁多的华丽的辞藻里。所以有儒家、墨家的孰是孰非之辩，或以其所非为是，或以其所是为非。欲要是其所非而非其所是，莫不如以本然之明来烛照之。本然之明也就是自然。

物无非（没有不）彼，物无非（没有不为）是（此）。自彼则不见，自知则知之。故曰：彼出于是，是亦因（依据，下同释）彼。彼是（此，这）方（始，才，或说一并）生（互生）之说（学说，道理）也。虽然，方生方死，方死方生；方可方不可，方不可方可；因是因非，因非因是。是以圣人不由而照之于天，亦因是也。是亦彼也，彼亦是也。彼亦一是非，此亦一是非。果且有彼是乎哉？果且无彼是乎哉？彼是莫得其偶，谓之道枢。枢始得其环中，以应无穷。是亦一无穷，非亦一无穷也。故曰莫若以明。

此是又一组用像绕口令式的言语来作哲学内涵的表述。此首句两用“无非”的双重否定来作出肯定判断，即“没有不”，也即“无不有”。世上事物无不具有相对的两面，因此没有不存在“彼”的，也没有不存在“此”的。如王先谦注：“有对立，皆有彼此。”自彼方来说，则往往受自己的观念局限，因而不见此方观念之是；自此方来说，则也往往自以为是。所以说，彼虽出于此一面，然而此亦因顺彼一面。彼与此，有始生始成的道理。虽然如此，方才生便为方才死，方才死便为方才生；方才可以便也为方才不可以，方才不可以便也为方才可以；因顺是也即因顺非，因顺非也即因顺是。如王先谦注：“有因而是者，即有因而非者；有因而非者，即有因而是者。既有彼此，则是非之生无穷。”因此圣人不经由是非对立之路径，而观照于事物天然的情况，亦因顺于此。此亦可为彼，彼亦可为此。彼亦为一个是与非，此亦为一个是与非。事物果真还有彼此吗？事物还果真没有彼此吗？彼此莫得其对立之偶，这就称为道枢，即道的枢要、枢机、枢纽。这里的“道枢”，即大道的枢要。《说文》：“枢，户枢也。从木，区声。”段注：“户所以转动开闭之枢机也。”此为门户的转轴，或指承轴的臼。陆德明《经典释文》：“枢，要也。”获得了此“枢”，也就开始得到了那环之中心，以此可应接无穷。是亦为一个无穷，非亦为一个无穷。故所以说，莫如以明静之心去观照。

以指喻（说明，下同）指之非指，不若以非指喻指之非指也；以马喻马之非马，不若以非马喻马之非马也。天地一指也，万物一马也。

这里的“指”不是手指，而是古代的哲学术语，此为要素的意思，即构成事物的要素。这是说，以要素来说明要素不是事物的本身，因为事物的要素并不等于事物的本身，而事物的要素只有在事物内才有它的存在。因此不如以非要素来说明那非事物的本身。再说，以这马来说明马之非马，不如以非马说明马之非马。若以此类推，天地就是天地就是“一指”，万物就是“一马”。

对此一则历来各家的解说含混而分歧，陈鼓应有很好的解读：“如果用符号来代替，就显得清楚些，其意为：从A的观点来解说A不是B，不如从B的观点来解说A不是B。从上文看来，A即‘此’或个我，B即‘彼’或他人。那么庄子的意思不外是说：从‘此’的一方作衡量的起点，不如反过来从‘彼’的一方作衡量的起点，如同郭象所说的彼和此能‘反覆相明’，就可减少许多的争论。‘指’‘马’是当时辩者辩论的一个重要主题，尤以公孙龙的指物论和白马论最著名。庄子只不过用‘指’‘马’的概念作喻说，原义乃在于提醒大家不必斤斤计较于彼此、人我的是非争论，更不必执着于一己的观点去判断他人。”此说或可供参考。

可乎可，不可乎不可。道行之而成，物谓之而然（这样，如此）。恶乎（怎么，哪里；恶，wū）然？然（是，对）于然（是，对）。恶乎不然（是，对）？不然于不然（是，对）。恶乎可？可于可。恶乎不可？不可于不可（以上文句历来认为有错简与脱漏，此取较通行的校勘见解）。物固有所然，物固有所可；无物不然，无物不可。故为是举莛（tíng，草茎）与楹（yíng，厅堂前的柱子）、厉（通“疠”，癞疾）与西施、恢恑（guǐ）憰（jué）怪（离奇神异），道通为一。其分也，成也；其成也，毁也。凡物无成与毁，复通为一。唯达者知通为一，为是不用而寓诸庸。庸也者，用也；用也者，通也；通也者，得也；适得而几矣。因是已，已而不知其然，谓之道。劳神明为一而不知其同也，谓之朝三。何谓朝三？狙公赋芧曰："朝三而暮四。"众狙皆怒。曰："然则朝四而暮三。"众狙皆悦。名实未亏而喜怒为用，亦因是也。是以圣人和之以是非而休乎天钧，是之谓两行。

这里的意思是说：认可乎？必有根据才认可。不认可乎？必有根据才不认可。道路是因其被行走而成，事物是因被称谓而如此的。怎么会对的？对的是在于本来是对的。怎么会不对的？不对的在于本来就是不对的。怎么会被认可？认可于能认可。怎么会不被认可？不认可于不能认可。事物本来就有对的，事物本来就有被认可的；没有事物没有对的，没有事物不能被认可的。故为此举例草茎与楹柱、癞疾与西施，离奇神异，道通为一体。其分解，形成；其形成，毁灭。凡是物没有成与毁，复通为一。只有通达者知道通为一体，为此把不用而寓之于庸。"庸"，就是用；"用"，就是通；"通"，就是得；适得而几矣。顺应这"为一"，已而不知其然，谓之道。操劳心思为一，而不知其同，谓之"朝三"。何谓"朝三"？养猴者分食橡子时说："朝晨给三升，而暮晚给四升。"众猴皆发怒。于是再说："既然如此那么朝给四升，而暮给三升"。众猴皆喜悦。名义与实际未亏损，然而喜怒却为所用而变化，亦因顺这道理。因此圣人混和是非，而优游地休憩于天然的均衡里，此称为两行。所谓"两行"，就是物与我之"两"，而各自行其所行，止其所止，各遵其道，各得其所。

古之人，其知有所至矣。恶乎至？有以为未始有物者，至矣，尽矣，不可以加矣。其次以为有物矣，而未始有封也。其次以为有封焉，而未始有是非也。是非之彰也，道之所以亏也。道之所以亏，爱之所以成。果且有成与亏乎哉？果且无成与亏乎哉？有成与亏，故昭氏之鼓琴也。无成与亏，故昭氏之不鼓琴也。昭文之鼓琴也，师旷之枝策也，惠子之据梧也，三子之知几乎！皆其盛者也，故载之末年。唯其好之也，以异于彼；其好之也，欲以明之。彼非所明而明之，故以坚白之昧终。而其（昭文，或说惠施）子又以文之纶（绪，指事业）终，终身无成。若是而可谓成乎？虽我亦成也。若是而不可谓成乎？物与我无成也。是故滑疑（纷乱，滑，gǔ）之耀，圣人之所图（借为"啚"，省啬，不用，或说谋划）也。为是不用（无用）而寓诸庸（有用，或说平常），此之谓以明（辨明，阐明）。

古人的智慧已有达到最高境地的。怎样会臻此极致的？因为有的以为宇宙最早不曾有物，这种认识就已是极致，达到了尽头，不可以再复加了。其次以为有万物，而不曾有疆界。其次以为有了疆界，而不曾有是非之区别。是非彰显出来了，于大道的理解也就出现了亏损。由于有这样的亏损，偏爱也就之所以形成。果真有成与亏吗？果真没有成与亏吗？有了成与亏，故昭氏（昭文）鼓琴。没有成与亏，故昭氏之不鼓琴也。昭文鼓琴，师旷用枝或策叩击拍节，惠子（惠施）靠着梧桐树（或说梧桐木制作的几案）论辩，此三子的才智已经达到了极点！他们皆是获得盛大赞誉之人，故有记载流传。唯其爱好这些，而以异于彼；因为其好之，所以欲以彰明之。他们将不是所应彰明的而去彰明，故以离坚白、坚白同异之说之昏昧而终止。而他们的儿子又以继承昭文之事业而终，终身无成。若这样而可谓成功吗？即使是我也就算成功了。若这样而不可谓成功吗？那么物与我均无成功了。因此各种迷乱人心的辩说炫耀，圣人是不用的。因此无用而寄寓之于有用，这称为用其明了。

四、再加申述

今且（姑且，暂且）有言于此，不知其与是（这）类（相同）乎？其与是（这）不类（不相同）乎？类（相同的言论）与不类（不相同的言论），相与为类（言论的同类），则与彼无以异矣。虽然（这样），请尝（试）言之。（宇宙万物）有始（开始）也者，有（又有）未始（未曾）有始（开始）也者，有（还有）未始（未曾）有夫未始（未曾）有始也者。有有也者，有无也者，有未始有无也者，有未始有夫未始有无也者。俄而（突然）有无矣，而未知有无之果（果真，诚然）孰有孰无也。今我则已有谓（评论）矣，而未知吾所谓（评论）之其果有谓（评论）乎，其果无谓（评论）乎？天下莫大于秋豪（通“毫”）之末，而太山（或指泰山）为小；莫寿乎殇子（未成年而死者），而彭祖为夭（夭折，短命）。天地与我并生，而万物与我为一。既已为一矣，且得有言乎？既已谓之一矣，且得无言乎？一与言为二，二与一为三。自此以往，巧历（历数，计算）不能得，而况其凡（平凡者）乎！故自无适（往，至）有以至于三，而况自有适有乎！无适焉，因（顺应）是已（矣）。

这是姑且接着上面的话题再来诉说一番，不知道此谈论与他人的谈论是类同，还是不类同？类同与不类同，其实又是相与为类的，因为此类谈论与彼类谈论，均属谈论，故又无差异了。虽然这样，还是请让我来一说。《疏》：“夫至理虽复无言，而非言无以诠理，故试寄言，彷象其义。”

此接着又说，宇宙万物有它的开始，又有它不曾开始的开始，还有它有不曾开始的不曾开始的开始。如果从今天的宇宙天地向前溯源、追问，可以得出下面的演进之迹。

有未始有夫未始有始——有未始有始——有始——宇宙天地万物

无无（玄之又玄）　　无（玄）　　有　　万有

由此层再进一步说，宇宙开始之初有“有”，也有“无”，还有未曾有过的“无”，也有不曾有过的不曾有过的“无”。庄子说，突然出现的“有”与“无”，而未知“有”与“无”果真哪个是“有”，哪个是“无”呢？如今我虽已有评说，然而不知道我所说的是我果真说的呢，还是果真没说过的呢？

行文至此再作转折，说天下没有比秋毫之末更大了，而太山（或泰山）为小；长寿没有比过未成年而死者，而长寿的彭祖为短命。天地与我一并生存，而万物与我成为一体。既然已经为一体，且还能有言说的吗？既然已经称谓一体了，且还能无言说的吗？一体与我的言论相加成为二，二与一相加为三。自此而类推，最精巧的计算也不能得出答案，何况平凡者呢！故从无到有，以至于推到“三”，更何况从“有”推演至“有”！没有必要如此推演，顺应即矣。此段文字是在“否定－肯定－再否定－再肯定”的思路里曲折延展，恍惚模糊，因为道也就是这样模模糊糊，恍恍惚惚。

夫道未始（不曾，未曾）有封，言未始（不曾，未曾）有常，为是而有畛（zhěn，本指井田沟上的小路，此指界限，区分）也。请言其畛：有左有右，有伦（次序，或说论）有义（仪，等级差别，或说议），有分有辩，有竞有争，此之谓八德（类别），六合（天地四方，此指宇宙）之外，圣人存而不论；六合之内，圣人论而不议。春秋（时代，此指古代历史）经世（治理社会）先王（三皇五帝等）之志（记载），圣人议而不辩。故分也者，有不分也；辩也者，有不辩也。曰：何也？圣人怀之，众人辩之以相示也。故曰辩也者有不见也。

此节再说，大道本是无所不在，而未曾有界限的；言教本是随物而行，而未曾有常定的；然因各各自以为是，从而有了界限与区分，这就像田地划分出界限之“畛”。请再听说“畛”之情况：有左方有右方，有秩序有等级，有分析有辩驳，有竞逐有争斗，此称为八种类别。依次可读《注》：有左有右，则“各异便也”。有伦有义，则“物物有理，事事有宜”。有分有辩，则“群分而类别也”。有竞有争，则“并逐曰竞，对辩曰争”。此正是理虽凝寂，教必随机，畛域不同，变化各异。又如《疏》：“德者，功用之名也。群生功用，转变无穷，略而陈之，有此八种。”此称“八德”，又名为“八畛”。

再说，六合尘世之外的事情，圣人存而不论，这是因为虽有理存在，但不在苍生的性分之内。六合尘世之内的事情，圣人论而不议，这是因为此为苍生所禀之性分，然而虽有所论，但又无可详议，所以下文有“我亦妄说之”。又说，春秋古史是先王治世的记载，圣人议论而不争辩。故天下的事理有分别，也就有不分别；有争辩，也就有不争辩。《疏》：“夫理无分别，而物有是非。故于无封无域之中，而起有分有辩之见者，此乃一曲之士、偏滞之人，亦何能剖析于精微、分辩于事物者也？”若有问：为何原因？圣人仅仅胸怀事理，而众人则争辩不休，并以此相互耀示在外。所以说一有争辩，就有看不见的地方。

夫大道不称（称说，声言），大辩不言，大仁不仁，大廉不嗛（qiān，通“谦”，谦虚），大勇不忮（zhì，违逆，伤害）。道昭（显明）而不道，言辩而不及（到达），仁常而不成，廉清而不信，勇忮（zhì，逆，违逆）而不成。五者圆（或作“园”，即求圆通）而几（jī，几乎，差不多）向（接近）方矣。故知止其所不知，至矣。孰知不言之辩、不道之道？若有能知，此之谓天府（自然的仓库）。注（灌注）焉而不满，酌（舀取）焉而不竭，而不知其所由来，此之谓葆（遮蔽）光。

这里又再深一层说：大道不必称扬，大辩者不必言说，大仁者不讲究仁，大廉者不谦逊，大勇者不伤害。此五者之“大”，如《疏》：（1）大道，“虚廓，妙绝形名，既非色声，故不可称。谓体道之人，消声亦尔也”。（2）大辩者，“妙悟真宗，无可称说。故辩雕万物，而言无所言”。（3）大仁者，“亭毒群品，泛爱无心，譬彼青春，非为仁也”。（4）大廉者，“夫玄悟之人，鉴达空有，知万境虚幻，无一可贪；物我俱空，何所逊让！”（5）大勇者，“内蕴慈悲，外弘接物，故能俯顺尘俗，惠救苍生，虚已逗机，终无迕逆”。此“五大”之境界果然高远不凡。

相反者则成为“五不”，亦然如《疏》：（1）道若昭著而明就不能算为道，因为“明己功名，炫耀于物，此乃淫伪，不是真道”。（2）以言去论辩就有不能遍及之处，因为“不能玄默，唯滞名言，华词浮辩，不达深理”。（3）仁爱常施则不能成就仁爱，因为“不能忘爱释知，玄同彼我，而恒怀恩惠，每挟亲情，欲效成功，无时可见”。（4）廉洁清白至极则不可信，因为“舍慈而勇，忮逆物情，众共疾之，必无成遂也”。此五者都因其不能止于本性，而求外不已，外不可求而求之，便因其有为而带来了伤害。《疏》：“夫学道之人，直（仅，只）须韬晦；而乃矜炫己之能，显耀于物其于道也，不亦远乎！犹如慕方而学园圆，爱飞而好游泳，虽希翼鸾凤，终无骞（通‘骞，飞）翥（zhù，鸟飞）之能；拟规日月，讵（jū，难道）有几方，之效故也。”因此揭示其中之旨：若能齐物则偏尚之累便消解去矣。

故所以知止于自己所不知之处，此是至极的智慧。谁能知晓不言说的那种论辩、不道说的那种道？若有能知晓这些的，这就称为天之府库。《疏》：“天，自然也。谁知言不言之言、道不道之道？以此积辩，用兹通物者，可谓合于自然之府藏也。”其灌注而不会盈满，酌取而不会竭尽，然而不知其所由来。《注》：“至人之心若镜，应而不藏，故旷然无盈虚之变也”；“至理之来，自然无迹”。又如《疏》：“夫巨海深弘，莫测涯际，百川注之而不满，尾闾（传说中泄海水处）泄之而不竭。体道大圣，其义亦然。万机顿起而不挠其神，千难殊对而不忤其虑，故能囊括群有，府藏含灵。又譬悬镜高堂，物来斯照。能照之智，不知其所由来，可谓即照而忘，忘而能照者也。”这称为“葆光”，即遮蔽其光，也就是韬光，而不使人知。《疏》：“至忘而照，即照而忘，故能韬蔽其光，其光弥朗。此结以前‘天府’之义。”

五、对话录：尧与舜

衔接上文的是两则对话录：一是尧与舜之间的对话，一是啮缺与王倪的问答。

故昔者尧问于舜曰：“我欲伐宗、脍、胥敖（均为国名），南面（帝王坐北朝南）而不释然（喜悦的样子，或说耿介于怀抱的样子），其故何也？”舜曰：“夫三子（国君）者，犹存乎蓬艾（草名）之间。若（你）不释然，何哉？昔者十日并出，万物皆照，而况德之进乎日者乎！”

这里为了进一步说明“齐物”“齐一”的道理，于是撰写了二圣之间的一段对话。尧要攻伐三个小藩国，即宗、脍、胥敖，南面上朝而心不悦。舜作出开导，说：此三小国卑贱地生存，就像处于蓬蒿艾草之间。你不能释然，原因到底在哪里呢？再说往昔有十个太阳一并出来，万物都被照耀，不过还有像覆盆之类的地方照耀不到，然而你尧的大德已经超过了太阳，没有幽暗处不可被烛照的。如果你还要动干戈，讨伐这些卑贱的小国，怎么能说是弘扬了大道呢？王先谦《庄子集解》评："尧、舜一证。"自此始到最终的庄周梦蝶，王先谦认为共有五证以证"齐物论"之要旨。

第二则，啮缺与王倪问答。

啮（niè）缺，尧时的贤人，为王倪的弟子，是许由的老师。有的说均是庄子虚构的古代贤人之名。这里发生的是啮缺与王倪师徒间的四问四答，而旨意在于再明"齐一"之道理。

啮缺问乎王倪曰："子知物之所同是（此）乎？"曰："吾恶（wū）乎（哪里，怎么）知之！"

"子知子之所不知邪？"曰："吾恶乎知之！"

"然则物无知邪？"曰："吾恶乎知之！虽然，尝试言之。庸讵（连用表示何以、怎么）知吾所谓知之非不知邪？庸讵知吾所谓不知之非知邪？且（姑且）吾尝试问乎女：民湿寝则腰疾偏死，鳅（qiū，泥鳅）然乎哉？木处则惴慄（恐惧，戒惧；惴，zhuì）恂惧（恐惧；恂，xún），猨（即猿）猴然乎哉？三者孰知正（指符合法度与规范）处（居处）？民食刍豢（刍，草；豢，养；此指家畜），麋鹿食荐（兽所食的草），蝍蛆（jí jū，蜈蚣）甘（嗜好，爱食）带（指蛇），鸱（chī，猫头鹰）鸦（乌鸦）耆（嗜）鼠，四者孰知正（纯正不杂）味？猨（即猿）猵狙（biān jū，兽名，似猿，头似狗）以为雌（猵狙喜好与雌猿交配），麋与鹿交（交配），鳅（泥鳅）与鱼游（交配）。毛嫱（古代美女；嫱，qiáng）丽姬（古代美女），人之所美也，鱼见之深入，鸟见之高飞，麋鹿见之决骤（急速奔跑）。四者孰知天下之正（纯正不杂）色哉？自我观之，仁义之端，是非之涂，樊然（杂乱样子）殽（yáo，淆，混淆）乱（纷乱），吾恶能知其辩（通'辨'）！"

弟子啮缺三问其师王倪：你知晓诸物所具有的共同之处吗？你知晓你所不知的东西吗？如此则各种事物都是不可认识吗？然而王倪每次均回答"我哪里会知道呢！"虽是这样，但王倪见弟子还未开窍，故还是尝试回答啮缺的疑问，说出了一番深刻的道理。王倪说：你怎么知吾所谓的"知"不是"不知"呢？你怎么知吾所谓的"不知"不是"知"呢？接着又巧妙地三次反问弟子：民于潮湿处就寝，则腰患疾病，偏瘫不遂，然而泥鳅会这样吗？人居于树木高处，则惴慄恂惧，然而猨猴会这样吗？三者谁知哪是规范之正处？民食刍豢，麋鹿食荐，蝍蛆甘带，鸱鸦耆鼠，四者谁知哪是纯正之味？猨猵狙以为雌，麋与鹿交，鳝与鱼游。毛嫱丽姬，人之所美也，鱼见之深入，鸟见之高飞，麋鹿见之决骤。此四者谁知天下之真正的美色呢？由我观之，仁与义之端绪，是与非之途径，杂乱混淆，吾怎么能知其分辨呢！

啮缺曰："子不知利害，则至人固（岂）不知利害乎？"

王倪曰："至人神矣！大泽（聚水洼地）焚而不能热，河汉（银河，或说黄河汉水）沍（hù，冻结）而不能寒，疾雷破山、飘风振海而不能惊。若然（这样）者，乘云气，骑日月，而游乎四海之外。死生无变于己，而况利害之端（头绪）乎！"

啮缺还是未能妙悟老师之道，因此再次发出第四问：您不知利害，难道至人也不懂得利害吗？王倪回答说：至人神妙不测！原野洼泽的焚燎不能使他炎热，河汉的冻结不能使他寒冷，疾雷奋发而破山、飘风波涌而振海也不能使他惊吓。如此虚澹无欲者，就如乘云气，骑日月，而遨游四海之外。至人处顺安时，死生对于自我已无所谓变化，而更何况那些利害之头绪，又何足介意呢！

这里庄子推出了"至人神矣"的崇高形象。至人是修养最高之人，虽然是世人但已经是神乎其神矣！《注》："无心而无不顺。"《疏》："至者，妙极之体；神者，不测之用。夫圣人虚己，应物无方，知而不知，辩而不辩，岂得以名言心虑，亿度至人耶！"王先谦《集解》评此则说："啮缺、王倪二证。"

六、瞿鹊子与长梧子的问答

《齐物论》又紧接着描述了瞿鹊子与长梧子的长篇问答。瞿鹊是长梧子的弟子，故谓师为夫子。有的人以为瞿鹊子是孔门七十子的后人，因为文内有"吾闻诸夫子"之语。有的人说杜撰的人物。长梧子，或说也为杜撰者，或说居长梧，因以为名。其文——

瞿鹊子问于长梧子曰："吾闻诸夫子，圣人不从事于务（事业，工作），不就（趋）利；不违（避）害，不喜求（贪求），不缘（因循）道（成规）；无谓（若）有谓，有谓（若）无谓，而游乎尘垢（尘世）之外。夫子以为孟浪（不着边际，轻率不当）之言，而我以为妙道之行也。吾子以为奚若（何如）？"

这里瞿鹊子提出圣人有"五不""无有"之说，而"游乎尘垢之外"。此或以为“孟浪之言”，或以为“妙道之行”，故请教长梧子如何评判，何者为是？《疏》：“瞿鹊是长梧弟子，故谓师为夫子。夫体道圣人，忘怀冥物，虽涉事有而不以为务。混迹尘俗，泊尔无心，岂措意存情，从于事物！瞿鹊既欲请益，是以述昔之所闻也。”且听长梧子是怎样回答的？其说内容丰富深刻，可以分以下几层来解读。

长梧子曰：“是（这是）黄帝（轩辕；或作‘皇帝’，指三皇五帝）之所听荧（或作‘莹’，疑惑不明）也，而（孔）丘也何足以知之！且女（汝）亦大（太）早计，见卵而求时夜（司夜，指报晓的鸡），见弹而求鸮（斑鸠）炙（烤肉）。予尝为女（汝）妄（胡乱，随意）言之，女（汝）以妄听之。奚（何，怎么，‘奚’或属上句）旁（依傍）日月，挟宇宙？为其吻合（无分别样子），置（任）其滑（gǔ，纷乱）涽（hūn，昏暗），以隶（奴仆）相尊。众人役役（劳苦不休），圣人愚芚（chūn，无知的样子），参（sǎn，通‘糁’，以米和羹，此喻参杂揉和）万岁（指年代悠远）而一成纯（纯粹不杂）。万物尽（皆）然，而以是（因此）相蕴（积）。”

长梧子先回答说，这是一个难题，即使是黄帝（或三皇五帝）也会疑惑不明，虽是孔丘也何足以知之！《疏》：“夫至道深玄，非名言而可究。虽复三皇五帝，乃是圣人，而诠辩至理，不尽其妙，听莹（荧）至竟，疑惑不明。我是何人？犹能晓了？本亦有作‘黄’字者，则是轩辕。”此后又指出瞿鹊子太心急，而要过早地搞明白其中的道理，就像见到鸡蛋就想即得报晓之雄鸡，见到弹弓就想即得斑鸠之烤肉。长梧子又姑且为他解说，不妨也可姑且听之：怎样以死生为昼夜，就像依傍日月那样？怎样以万物为一体，就像挟藏宇宙那样？所以要去掉这种迷惑，则才可为吻然合同之道，任其纷乱昏暗，以奴仆相尊，使得贵贱同一。众人劳苦不休于是非之地，圣人却像愚蠢无知的样子，能糅合万岁之变为一，不杂乱而成纯一。万物尽是这样，而因此互相蕴积。确实圣人能随变任化，虽代历古今，时经夷险，参杂尘俗，千殊万异，然而能淡然自若，不以介怀，抱一精纯，而常居妙极。再说万物迭出，古今遥远，是非蕴积，从未间断，而圣人却能顺世污隆，动而常寂，参糅亿载，纯一凝然。《注》：“夫举万岁而参其变，而众人谓之杂矣。故役役然劳形怵心，而去彼就此。唯大圣无执，故芚然直往而与变化为一，一变化而常游于独者也。故虽参糅亿载，千殊万异，道行之而成，则古今一成也；物谓之而然，则万物一然也。无物不然，无时不成，斯可谓纯也。”“积是于万岁，则万岁一是也；积然于万物，则万物尽然也。故不知死生先后之所在，彼我胜负之所如也。”此注亦然可深味之。

予恶（wū，怎么）乎知说（悦）生之非惑邪！予恶乎知恶（wù，厌恶）死之非弱（年少）丧（丧失桑梓故居）而不知归者邪！丽（丽戎，春秋小国名）之姬（美女），艾（地名）封人（封疆守土人）之子（女子）也。晋国之始得之也，涕泣沾襟，及其至于王所，与王同匡床（方正而安适之卧具），食刍豢（家畜），而后悔其泣也。予恶乎知夫死者不悔其始之蕲（求）生乎！梦饮酒者，旦而哭泣；梦哭泣者，旦而田猎（打猎）。方（正当）其梦也，不知其梦也。梦之中又占（卜问，预测）其梦焉，觉而后知其梦也。且有大觉而后知此其大梦也，而愚者自以为觉，窃窃然（明察的样子）知之。君乎（认为君尊贵）、牧（牧夫，认为牧卑贱）乎，固哉（这种分别尊卑的看法是鄙陋的）！丘（孔丘）也与女（汝），皆梦（做梦）也；予谓女（汝）梦，（予）亦梦也。是（此）其言也，其名为吊（dì）诡（指怪异，奇特）。万世之后而一遇大圣，知其（上面话里的道理）解者，是旦暮（指很短时间，偶然）遇之也！

长梧子又说，我哪里知道活着不是迷惑呢？哪里知道死去就不是安于所在而不知回归故里呢？此说世人对生死问题的迷惑。如《注》：“死生一也，而独说生，欲与变化相背，故未知其非惑也。”“少而失其故居，名为弱丧。夫弱丧者，遂安于所在，而不知归于故乡也。焉知生之非夫弱丧？焉知死之非夫还归而恶之哉？”既然活着就像离开了老家，死去就像回老家安顿了，还用的着悲伤吗？今天民间还有说死亡为“回老家了”，可见传统理念传承的久远！

再说丽姬之事。她被晋国俘获时，曾泪水沾衣襟，等到了晋献公的宫殿，同睡匡床，享用美食，而后对当初之哭泣后悔不已。一生之内，情变尚且如此，何况死生之变！如此，我又怎么能知晓死者就不会后悔当初祈求生存的欲望？

再说梦里饮酒作乐者，天亮醒来可能哭泣；梦里哭泣者，天亮醒来又可能去玩乐打猎。正在梦中，不知道在做梦。梦中还有占梦的，清醒了而后知道那是梦。且有大觉醒而后知道此为大梦，然而愚者自以为觉醒，似乎明察而知晓了。他们认为君王尊贵，牧夫卑贱，然而这种分别尊卑的看法是鄙陋的！孔丘与你都在做梦；我说你们做梦，我自己亦然在做梦。这一番话，其名可以称为“吊（dì）诡”，即怪异与奇特。万世之后而一旦遇到一位大圣人，能晓悟上面话里的道理，恐怕也只会是偶然遇到的吧！此关于梦的描述，可参见后文解读。

既（既然）使我与若（你，瞿鹊子）辩（辩论）矣，若（你）胜我，我不若（你）胜，若（你）果（真）是也，我果非也邪？我胜若（你），若（你）不吾胜，我果是也，而果非也邪？其或是也，其或非也邪？其俱是也，其俱非也邪？我与若（你）不能相知也，则人固受其黮（dǎn）暗（指昏暗不明），吾谁使正（匡正，纠正）之？使同乎若（你）者正之？既与若（你）同矣，恶能（怎能）正之！使同乎我者正之？既同乎我矣，恶能正之！使异乎我与若者正之？既异乎我与若矣，恶能正之！使同乎我与若者正之？既同乎我与若矣，恶能正之！然则我与若（你）与人，俱不能相知也，而待彼（其他人）也邪？（按，下节"化声"至于"穷年也"等25字，或认为当置于此）

长梧子又接着说，我与你辩论，谁胜或谁不胜，果真就能确定谁是谁非吗？或俱为是，或俱为非吗？我与你都不能知，其实世人本来就遭受着昏暗不明，那么我又能使谁人来指正呢？若与你或我的看法相同的、或不相同的人来判定，又怎么可能作出正确的评判呢！既然如此，那么我与你，或与他人，都不能相知，那么还要等其他人来解决问题吗？《注》："故夫是非者，生于好辩而休乎天均，付之两行而息乎自正也。""各自正耳，待彼不足以正此，则天下莫能相正也，故付之自正而至矣。"此注精警有味。

何谓和（协调，混和）之以天倪（自然的分际；天，自然也；倪，分也）？曰：是（对的）不是（不对的），然（正确的）不然（不正确的）。是（对的）若果（果真）是（对的）也，则是之异乎不是也亦无辩；然若果然也，则然之异乎不然也亦无辩（通"辨"，别）。化声（指是非不同的言论）之相待，若其不相待，和之以天倪（天然的、自然的分际），因（任应）之以曼衍（无穷的变化），所以穷（穷尽）年（年寿）也。（按，"化声"至于"穷年也"25字，或认为当置于上节之末）忘（忘记）年（指生死）忘义（指是非），振（畅，畅达）于无竟（穷，或释为境地），故寓（寄托）诸无竟。

长梧子最后指出何谓调和以自然的分际？譬如说"是"也就像"不是"，"然"也就像"不然"。"是"若果真"是"，那么"是"有异于"不是"也就不必再争辩；"然"若果真"然"，那么"然"有异于"不然"也就不必再争辩。辩论中的变化的言辞声音的相互对立，就像不对立一样，用自然的分际来调和它，用变化来因顺它，所以能尽天年的性命。忘记年龄，忘记是非，畅达于无穷，所以寄寓者没有穷尽。如《疏》:“和以自然之分，所以无是无非；任其无极之化，故能不滞不著。既而处顺安时，尽天年之性命也。”“夫年者，生之所禀也。既同于生死，所以忘年也。义者，裁于是非也。既一于是非，所以忘义也。此则遣前知是非无穷之义也。既而生死是非荡而为一，故能通畅妙理，洞照无穷。寄言无穷，亦无无穷之可畅，斯又遣于无极者也。”又有王先谦《集解》评此则：“瞿鹊、长梧三证。”

七、罔两问景·庄周梦蝶

《齐物论》结篇是两则著名的寓言，流传不朽。先看“罔两问景”之寓言。罔两，是指影子的影子，是影子外的微阴。言其罔罔然，若有若无，故为“罔”；影子外还有影子，故为“两”。景，即影，古影字。我们先解读寓言之一。

罔两问景曰：“曩(nǎng，先前)子(你)行，今子止；曩子坐，今子起。何其无特操(独特的操守)与？”景曰：“吾有待而然者邪？吾所待又有待而然者邪？吾待蛇蚹(fù，蛇腹部下面的横鳞，蛇有待于此而游行)蜩(蝉)翼(有待翼而飞)邪？恶(wū，怎么)识所以然？恶识所以不然？”

此寓言是影子的影子与影子的对话，足见庄子思维的缥缈超然，卓尔不凡。面对罔两问其向行今止、昔坐今起，无“特操”的问题，影子的回答是一连五个反诘：吾是因为有所待而这样的吗？吾所待的又有所待才是这样的吗？吾所待的难道就像蛇有待于蚹而游行、蜩有待于翼而飞吗？吾怎能认识所以会这样的原因呢？怎能认识所以不会这样的原因呢？”

再深层次探究，那么本是一个环扣的链接过程，譬如神生—形行—影动—罔两随动，每一个都有所待于前者，但是若要一直追问最前者为何？这就其迹模糊难识，其机微妙莫名了。然而或可以用道来作答，因为道生一，一生二，二生三，三生万物，逆推至尽头，便是溯源于道了。然而这毕竟又属于“恶识”的疑惑了！

“吾有待而然者邪？吾所待又有待而然者邪？”《注》:“若责其所待，而寻其所由，则寻责无极，卒至于无待，而独化之理明矣。”这里提出了“独化”之说，在《大宗师》里郭注再有提及。“独化”已成为古代哲学的用语，指事物不假外力，亦无内因，自行存在、变化。王先谦《集解》又有评此则：“罔两、景四证。”

昔者庄周梦为胡蝶，栩栩然（欣然自得的样子）胡蝶也，自喻（通“愉”，愉悦）适志与！不知周也。俄然（俄顷）觉，则蘧蘧然（蘧，qú，惊恐的样子）周也。不知周之梦为胡蝶与（欤）？胡蝶之梦为周与（欤）？周与胡蝶，则必有分矣。此之谓物化。

再赏“庄周梦蝶”寓言。庄周梦为蝴蝶，一只欣然自得的栩栩然的翩翩蝴蝶，自悦而合乎心志，梦中已忘记了自己本是庄周。一忽儿觉醒，则在迷茫惊惶中不知是庄周梦为蝴蝶呢？还是蝴蝶梦为庄周呢？庄周与蝴蝶，则必有分别。此等情景便称为“物化”。庄周与蝴蝶在梦里合为一，梦醒分为二，或一或二，一而非一，二而非二，或相待或不相待。现实与梦境或分而合，或合而分，这又是化境了。王先谦《集解》：“周、蝶必有分，而其入梦方觉，不知周、蝶之分也，谓周为蝶可，谓蝶为周亦可。此则一而化矣。现身说法，五证。齐物极境。”

章太炎《诸子略说》：“‘齐物论’三字，或谓‘齐物之论’，或谓‘齐观物论’，二义俱通。《庄子》此篇，殆为战国初期，学派纷歧、是非蜂起而作。‘彼亦一是非，此亦一是非’，庄子则以为一切本无是非。不论人物，均各是其所是，非其所非，唯至人乃无是非。必也思想断灭，然后是非之见泯也。其论与寻常论平等者不同，寻常论平等者仅言人人平等或一切有情平等而已。是非之间，仍不能平等也。庄子以为至乎其极，必也泯绝是非，方可谓之平等耳。揆（kuí）庄子之意，以为凡事不能穷究其理由，故云‘恶乎然？然于然；恶乎不然？不然于不然’。然之理即在于然，不然之理即在于不然。若推寻根源，至无穷，而然、不然之理终不可得。故云‘然于然’‘不然于不然’，不必穷究是非之来源也。《逍遥》《齐物》之旨，大略如是。”这里也提示《逍遥游》与《齐物论》主旨有共同互通的关系，可以看作内七篇的第一组文字。

方东美则亦有美评：“最后，庄子终于完成其道齐万物之宏图，使无生物、有生物、人类、心灵、精神等一是皆齐同于无限——无限者，即天道，弥贯万有，无乎不在——于以揭示一大真理：万般个性彻底一往平等，乃自发胜之自由所赐至福也。《庄子》第十七章《秋水篇》发挥一套形而上学理论，借明万物，如小大、有积无积、内外、心物、彼我等，一往平等，终无差别。其论平等性，实彻底之至。将举凡一切基本差别，如变常、时间与永恒、善恶、贵贱、正谬、有为无为、有无、死生等，统化为‘休乎天钧’，‘道通为一’。此种齐万物之方式乃是一桩齐同万物于精神升扬之伟大运动，神乎其技，表演于神化莫测之玄境者也。自余观之，斯乃精神民主之形上义涵，举凡其他一切方式之民主，其丰富之意蕴，胥出乎是！”这里的评论与赞扬洵为深刻而富饶，是一个现代大哲学家的发自肺腑之心声，值得涵泳再三！

养生主：生以养存·养不伤

《养生主》是内篇的第三文，题目就显豁地表明是谈论养生的主旨与要领的。《注》:“夫生以养存，则养生者理之极也。若乃养过其极，以养丧生，非养生之主也。”此也可再反观第一篇内之题解。

一、吾生之殆·缘督为经·诸多可以

《庄子》开篇即揭示此篇大旨。

吾生也有涯（涯际，极限），而知也无涯。以有涯随（追随、追逐）无涯，殆（危）已；已而（如此，这样）为知者，殆而已矣！为善无近（接近）名，为恶无近（接近）刑。缘（沿，循）督（中间，中央）以为经（常，法则，规律），可以保身，可以全生（性），可以养亲，可以尽年（天年）。

庄子对养生明确揭示三要旨。或认为“此一篇大旨，亦一书大旨也”。（钟泰《庄子发微》）其一，吾人的生命是有限的，然而知识、才智却是无限的。因此以有涯去追逐那无涯，从而形劳身疲，心困神弊，那就危险了。《疏》:“夫生也受形之载，禀之自然，愚智修短，各有涯分。而知止守分、不荡于外者，养生之妙也。”若以有涯逐无涯，则必形劳神弊而危险。《注》:“以有限之生（性），寻无极之知，安得而不困哉！”二是既已知道危险了，却还要求知，那就是危险之危险了。《注》:“已困于知而不知止，又为知以救之，斯养而伤之者，真大殆也。”人世中历代有不少英年早逝者、死于非命者，可以屡屡为此作出注脚。

由此，庄子曰:“为善无近名，为恶无近刑。”为善事却不追求名声，为恶事也不至于受刑罚。为什么要这样说？如《注》:“忘善恶而居中，任万物之自为，闷然与至当为一，故刑名远已，而全理在身也。”《疏》:“夫有为俗学，抑乃多徒，要切而言，莫先善恶。故为善也无不近乎名誉，为恶也无不邻乎刑戮。是知俗智俗学，未足以救前知，适有疲役心灵，更增危殆。”所以这里必须先纠正之。

其二，为善事不要贪图接近名声，为恶事不至于接近刑戮。当知晓那些俗智

俗欲，不仅疲役心灵，尤增危殆。如此说来，既不为善事，也不为恶事；既然不贪图名声，也不至于刑戮。这就是居处于中道了。如《注》：“忘善恶而居中，任万物之自为，闷然与至当为一，故刑名远已，而全理在身也。”那么，为什么说“为恶无近刑”？这难道是容忍人们“为恶”吗？《庚桑楚》：“为不善乎显明（显豁的明处）之中者，人得而诛（谴责）之。为不善乎幽闲（幽暗的隐蔽处）之中者，鬼得而诛（谴责）之。明（光明）乎人、明（光明）乎鬼者，然后能独行（独立行于世）。”这是古人的理念，认为一旦为恶，便会受到鬼的惩罚。

其三，再明“缘督以为经”，即顺应中道以为经常之法则，便能够成就“保身”“全生”“养亲”“尽年”的“四可以”。《注》：“顺中以为常也。”《疏》：“缘，顺也。督，中也。经，常也。夫善恶两忘，刑名双遣，故能顺一中之道，处真常之德，虚夷任物，与世推迁。养生之妙，在乎兹矣！”“夫惟妙舍二偏而处于中一者，故能保守身形，全其生道。外可以孝养父母，大顺人伦；内可以摄卫生灵，尽其天命。”“缘督以为经”，后代解读丰富，或认为指人身的督脉，并引用《黄庭》“关元命门内运天经”来解说，说是养生之秘诀。学者或认为是附会之说。但是其影响不小，也不可不说，此可见后文解读。

二、“庖丁解牛”的一则经典

为再明养生之道术，本篇紧接着的是《养生主》“庖丁解牛”这段美文，极其审美，击节可赏。后代不断地选录入各种读本、选本，影响深远。

庖丁为文惠君（或说为梁惠王）解牛，手之所触，肩之所倚，足之所履（踩，踏），膝之所踦（yǐ，抵住，顶住），砉（huā）然（皮骨相离的声音）向然（发出声响，向通“响”，向应），奏刀騞（huō）然（刀裂物的声音），莫不中（zhòng）音，合于桑林（传为殷商时乐曲名）之舞，乃（犹“而”）中经首（传为尧时乐曲名）之会（乐律）。

文惠君曰：“谆（惊叹声），善哉！技盖（盍，何）至此乎？”庖丁释（放下）刀对曰：“臣之所好者道也，进乎技矣。始臣之解牛之时，所见无非全（或无‘全’字）牛者。三年之后，未尝见全牛也。方今之时，臣以神遇而不以目视，官知（感觉器官感知）止而神欲行。依乎天理，批（劈）大郤（xì，通‘隙’，筋腱骨骼间的空隙），导大窾（kuǎn，空，指骨节间空处），因其固然；技（枝）经（指经络相连处）肯綮（筋肉聚结处；綮，qìng）之未尝，而况大軱（gū，大骨）乎！良庖岁更（更换）刀，割也；族（众，一般）庖月更刀，折（砍断骨头）也。今臣之刀十九年矣，所解数千牛矣，而刀刃若新发于硎（磨刀石）。彼节者有间，而刀刃者无厚。以无厚入有间，恢恢（宽裕）乎其于游刃必有余地矣，是以十九年而刀刃若新发于硎。虽然，每至于族（筋骨交错聚结之处），吾见其难为，怵然（警惕的样子；怵，chù）为戒，视为止，行为迟，动刀甚微。謋然（牛体骨肉分解的声音；謋，huò）已解，如土委地。提刀而立，为之四顾，为之踌躇（悠闲自得）满志（满足心志），善（指擦拭）刀而藏之。”

文惠君曰：“善哉！吾闻庖丁之言，得养生焉。”

庖丁，一说厨师，或说此厨师，名丁。庖丁解牛，简直就是一场极其高妙的舞蹈艺术表演，手触、肩倚、足履、膝踦、肢体动作无不合乎韵律；其声响节奏，如砉然的皮肉分离声，向然的相应交融声，奏刀剖牛的騞然之声，莫不应合音乐的节奏，符合桑林乐曲伴奏的舞蹈，合乎帝尧时代经首乐曲的乐律。

文惠君既赞叹“技盖至此”，又欲明此中的奥秘。庖丁所答不仅极富技术之精理，更是超越“术”之层面的“道”之哲理。庖丁所好者是道，因此能由技而进乎道，由道而摄乎技。他由“所见无非全牛”—“未尝见全牛”—“以无厚入有间”—“游刃必有余地”，解牛终成了“逍遥游”的“游”之艺术，获得了艺术性享受的优游之境界。从其历练进程看，是由于工夫而至于境界逐层提升的进阶。开始只见全牛的具象，三年之后层次提升至未尝见全牛，而至今时则已经不用眼见，而是“以神遇”。这是不断进阶的“境界”超越。庖丁解牛若用“目视”则不周而迟缓，以“神遇”则周全而疾速。眼之视觉知止，止而能稳准；而神之欲行，行而能灵活。依顺物之自然天理，因应牛的结构本然，相势施巧，批郤导窾，而刀不接技经，刃不触肯綮，决不动大軱。由此恢恢乎不割不折，故刀刃不伤，一似刚磨的新刃，且历十九年而依然若新发于硎。这正如老子所说的“无有入于无间”的奇智，亦是奇智演绎出来的奇迹！不过，洒脱之奇，决少不了谨之慎之，怵之惕之。故每至于族，见难为，视为止，行为迟，不敢轻率，而动刀甚微。最后牛体嚯嚯分解，如土堆地。此时庖丁踌躇满志，提刀而立，为之四顾。然而最后却又能“善刀而藏之”，当再进入了光而不耀的韬晦之境地。行文至此，笔者突然联想到电视节目里那些身怀绝技的演员，譬如在万丈深幽的山谷间、奔流咆哮的大河上走绳索、走钢丝的高空穿越。虽演者洒脱不已，但是每一步无不谨愈加谨，慎益再慎。此或均可通悟！

文惠君在赞许庖丁寄道于技，尽妙牛之理路之时，也顿悟了养生之道术。如《注》：“以刀可养，故知生亦可养。”《疏》：“魏侯闻庖丁之言，遂悟养生之道也。美其神妙，故叹以善哉。”养生并非只是养形，也不是专搞那些通督脉、运天经诸类之术。譬如初学养生，未照真境，而触途皆碍；继而服道日久，智照渐明；进而再妙契至极，心灵虚照，纵心顺理，依自然之涯分，必不贪生反遭夭折。最后庖丁的那种逸足容豫，闲放从容，风韵清远，志气盈满。又如《疏》："善能保爱，故拭而韬之，况善摄生人，光而不耀。"然而后人读此篇时，已经远远超越出养生的范围，而将庄子的智慧引申得更远更广了。

再说，庖丁"尽妙牛理"，庄子则又"尽妙文理"。如唐文治有评："理者，细言之为治玉，粗言之则道理经纬。精粗兼赅，斯谓之理。庄子《养生主》篇，庖丁解牛十九年，而刀刃若新发于硎，所谓纯乎天理也。故文笔能中理，而后能如刀铓之新。理忌窒，窒则不能通；理忌晦，晦则不能显；理忌空，空则泛滥无所归，而辞必流于遁。善言理者，如春冰之融，泥滓尽去；如并州之剪，划然分解；如月之当空，澄莹朗彻；如泉之始达，曲畅旁通。"此可用以体味庄子文章之妙。

再如《庄子·在宥》："夫有土（土地）者有大（众多）物（物品）也。有大物者，不可以物（被外物所役使）。物（有外物）而不物（不被外物役使），故能物物（物使天下物）。明乎物物者之非物也，岂独治天下百姓而已哉！"钟泰《庄子发微》据此而又细致地解析了"庖丁解牛"此段文章，也当一读。譬如其文有说：此言解牛者，盖以牛为大物。（许慎《说文解字》物下云：万物也，牛为大物。……故从牛，勿声。）故以宰国寓之于宰牛，而卒归之养生者，所谓养生为主也。文中"言其手、肩、足、膝无不用也。欲写其间，先写其剧，文章法如是也"。砉然、向然、騞然，皆奏刀声，不用"进"，曰"奏"，奏刀犹奏乐然，所以下起"桑林""经首"之文。云"舞"者，上承触、倚，履、踦言。云"会"者，承上砉、向、騞然中音言。庖丁已"过乎技者，技通乎道，则非技之所得而限也"。此文还逐句评说，譬如"所见无非牛"，他认为是"用心之一也"。"后世如张旭之善草书，见担水者争道，见公孙大娘舞剑器，而书皆大进，抑亦可谓所见无非书者矣！盖诚用心于一艺，即凡天下之事，目所接触，无不若为吾艺设者。必如是能会万物于一己，而后其艺乃能擅天下之奇，而莫之能及。技之所为进乎道者，在此。其'三年之后，未尝见全牛'者，由有此工夫致然。此一语，文中极大关键，读者固往往轻易放过。解者如郭子玄辈，且以'未能见其理间'释之，不独失《庄》文之意，亦且负此老为人苦心矣。'未尝见全牛'者，分肌擘理，表里洞然，如指诸掌，所谓'及其久也，相说以解'者（语见《礼记·学记》）。故曰目无全牛也。"如此等等，读之也颇有启发。再如"批隙导窾"演变为成语，其智慧后人味之不尽。如魏源《默觚下·治篇七》："何谓

‘大猷’？批隙导窾，迎刃而解，棋局一著胜人千百者是也。”

三、公文轩·泽雉·老聃死

《养生主》紧接着上文又联缀三则短文。

公文轩见右师而惊曰：“是何人也（犹‘邪’）？恶乎介也？天与，其人与（欤）？”曰：“天也，非人也。天之生是使独也，人之貌有与（赋与）也。以是知其天也，非人也。”

此为第一则。公文轩，宋国人，姓公文，名轩。右师，宋国官名。“介”，断足，人失去了一足。公文轩见右师仅为一足，故惊讶地连发三问：这是怎样的人呢？为何断足？是天生的，还是人为的？右师回答：是天生的，非人为的。是天生的这等模样，使我仅有一足。人之形貌是天给予的。因此知这是天生的，不是人为的。关于此答话是否是出自右师，也有不同解读。如释德清注：“复自应之曰。”张默生《庄子新释》说：“‘曰’字，非右师答语，乃公文轩惊疑后自悟之语。”笔者这里认为还是以右师答话为好，因为只有右师自己才会深刻明白自身的这等事情的原因。《疏》：“夫智之明暗，形之亏全，并禀自天然，非关人事，假使犯于王宪，致此形残，亦是天生顽愚，谋身不足。直知由人以亏其形，不知由天以暗其智，是知有与独，无非命也。”“凡人之貌，皆有两足共行，禀之造物，故知我之一脚，遭此形残，亦无非命也。欲明穷通否泰，愚智亏全，定乎冥兆，非由巧拙。达斯理趣者，方可全生。”此种解读亦然可以体味一番。

泽雉十步一啄，百步一饮，不蕲畜乎樊中。神虽王，不善也。

此为第二则，虽极短之文，却百代传诵。山泽的雉鸟，即野鸡，走十步而一啄食，行百步而一饮水，任其野性，饮啄自在，放旷逍遥，不蕲求畜养于樊笼中。如果一旦被圈养在樊笼中，那么心神虽旺盛，却不自由，也不乐意。《疏》：“雉居山泽，饮啄自在，心神长王，志气盈豫。当此时也，忽然不觉善之为善。既遭樊笼，性情不适，方思昔日，甚为清畅。鸟既如此，人亦宜然。欲明至适忘适，至善忘善。”

老聃死，秦失吊之，三号而出。弟子曰：“非夫子之友邪？”曰：“然”。“然则吊焉若此，可乎？”曰：“然。始也吾以为其人也，而今非也。向吾入而吊焉，有老者哭之，如哭其子；少者哭之，如哭其母。彼其所以会之，必有不蕲（求）言（或以为借为‘唁’）而言，不蕲哭而哭者。是遁（逃避）天（自然）倍（违背）情（情实），忘其所受，古者谓之遁天之刑。适来，夫子时也；适去，夫子顺也。安时而处顺，哀乐不能入也，古者谓是帝之县解。”

此为第三则。秦失，也作秦佚，怀道之士。老聃死，他去吊唁，然而仅号哭三声就出来了。老聃的弟子不解此等做法而质疑，秦失之答疑很机智、很哲学。他说：开始时，我以为老聃他是一般的人，而今知他并非一般人。刚才吾入吊时，有老者哭他，就如同哭自己的儿子一般；少者哭之，就如同哭自己的母亲一般。他们之所以会哭得这样伤心，必有本不蕲求言说而言说，本不蕲求哭泣而哭泣的。然而这是在逃避天理，违背世情，忘记其生命所禀受之情况。古者称这是“遁天之刑”，即违背了天然的法则。试想，老聃在正适合之时降临人世，夫子此是顺其时势；又正适合之时离开人世，夫子又是顺其自然。安时而处顺，哀乐不能侵入，古者称此为天然的解脱。

这里有几端可再申说。“遁天倍情”，是说违背天然之性，而添加流俗之情。如《疏》：“言逃遁天理，倍加俗情。”或说违背天性与真情。再说“遁天之刑”，《疏》：“夫逃遁天理，倍加俗情，哀乐经怀，心灵困苦，有同捶楚，宁非刑戮！古之达人，有如此议。”又说“帝之县解”，《注》：“以有系者为县，则无系者县解也，县解而性命之情得矣。此养生之要也。”《疏》：“帝者，天也。为生死所系者为县；则无死无生者县解也。夫死生不能系，忧乐不能入者，而远古圣人谓是天然之解脱也。”

四、薪尽火传·不知其尽

此篇结束之句，洵为经典名言，后人激赏不已，百世不废。

指穷于为薪，火传也，不知其尽也。

宣颖注赞评：“忽接此三句，如天外三峰，隐隐映现。乍读之，似乎突然，谛玩之，妙不容言。其笔墨自上节飘下，而收全篇之微旨，悠然又屹然。”然而，后人于此句的解读各有触悟。或说是烛薪，那就是每一烛薪会烧完，再接续一烛薪，火种便传递下去了。“指”，或说当为“脂”，即脂膏。另或说为手指，即人在燃火时，用手指将柴薪推添向前，使得以尽燃，前薪烧尽，后面的柴薪又继续添加，前后相继，其火传递不熄，不知其会燃烧穷尽。《疏》：“穷，尽也。

薪，柴樵也。为，前也。言人然（燃）火，用手前之，能尽然火之理者，前薪虽尽，后薪以续。前后相继，故火不灭也。”或说“指”，当为“脂”。如朱桂曜说：“‘指’为‘脂’之误，或假。”（《庄子内篇证补》）再如闻一多说：“古所谓薪，有炊薪，有烛薪。炊薪所以取热，烛薪所以取光。古无蜡烛，以薪裹动物脂肪而燃之，谓之曰烛，一曰薪。烛之言照也，所以照物者，故谓之曰烛。此曰‘脂穷于为薪’，即烛薪也。”（《庄子内篇校释》）总之，薪火的延烧，从有限的薪来说，会燃烧而尽，但是若能后薪接前薪，传递不绝，则薪火传递不衰，火种永不断绝。当然，庄子在这里也是另有寓意的，从养生来说那么人若能齐生死，即不以死为死，那么其死不死。

《雪心编》赏析：“人之生也，虽有修短之不齐，而同归于县解（解救苦难），勘透此理，乃能外生死而不为所撄，譬犹薪然指刻而可尽。以火相传，不知其尽也。畏其尽则不如勿传以火，哀其死则不如勿畀以生。要之，火之传无尽期，薪虽穷而有不穷者在矣；生之理无止境，身虽死而有不死者存矣。百年犹旦暮，彭殇寿夭皆火之传于薪耳，而何哀乐之撄心哉？庄子洞彻生死之理，‘遁天’‘县解’奇创语未经人道；‘薪火’一喻，尤为亲切指点，匪夷所思。若仅付之达观，犹未悉此间语妙也。”

关于此篇，章太炎《诸子略说》也有评：“《养生主》为常人说法，然于学者亦有关系。其云‘生也有涯，知也无涯，以有涯随无涯殆已’。斯言良是。夫境界无穷，生命有限，以有限求无穷，是夸父逐日也。《养生主》命意浅显，颇似老子卫生之谈。然不以之为七篇之首，而次于第三，可知庄子之意，卫生非所重也。世间惟愚人不求知，稍有智慧，无不竭力求知。然所谓‘一物不知，儒者之耻’，天下安有此事？如此求知，所谓殆已。其末云：‘指穷于为薪，火传也，不知其尽也。’以薪喻形骸，以火喻神识，薪尽而火传至别物。薪有尽而火无穷，喻形体有尽，而神识无尽。此佛家轮回之说也。”这里对《养生主》与前两篇不同主旨有所点醒，谓此为常人说法，命意相比则较浅显，有似老子谈养生之内容。当然此内容与学者亦然有关系。

人间世：人间之变·世异能适

《庄子》内篇之第四文为《人间世》。《注》：“与人群者，不得离人。然人间之变故，世世异，宜（或认为属上句，亦通）唯无心而不自用者，为能随变所适而不荷其累也。"《经典释文》："《人间世》此人间见事，世素常行者也。"王先谦《庄子集解》："人间世，谓当世也。事暴君，处污世，出与人接，无争其名，而晦其德，此善全之道。末引接舆歌云：'来世不可待也，往世不可追也。'此漆园所以寄慨，而以《人间世》名其篇也。"

试想，人与人构成了人间，不变的是人间，然而变化不断的是人间的一世继世，万物不息，人事瞬息万变，变幻靡定。庄子智慧，是处于人世间要以无心去顺应万变，以不自用去接应世变，不师心自用而随变自适，从而卸去应付世事万变的繁重负荷。

一、颜回见仲尼请行

这一则是寓言，因此卫君是指卫庄公蒯（司马彪说），还是为出公辄（《释文》说），均可泯去不争，当然其中如孔子、颜回之言也均是假托的。如姚鼐所言："卫君，讬词以指时王糜烂其民者。"（《庄子章义》）虽然此为寓言，但是所寓涵的思想与智慧是深刻的，其启发意义也尽传千古。

颜回见仲尼，请行（请求出行）。曰："奚之（往，至）？"曰："将之卫。"

曰："奚为焉？"曰："回闻卫君，其年壮，其行独（专横独断）；轻（轻率）用其国，而不见其过（过错）；轻用民死（使民死），死者以国量（满盈，或说称量）乎泽（聚水洼地）若蕉（生麻，草芥），民其无如（无所依归）矣。回尝闻之夫子曰：'治国去（离开）之，乱国就（归趋）之，医门（医生之门）多疾（病患者）。'愿以所闻思其则（法则），庶几（差不多）其国有瘳（chōu，病愈）乎！"

颜回向孔子申说了前去卫国的原因，是卫君少壮凶暴，专断独行，国乱民死，民无所依归。他想起了夫子的教导，希望以此去思考治理卫国的途径方法，希冀像医生救疾一样去拯救卫国之难。《疏》："治邦宁谧，不假匡扶；乱国孤危，应须规谏。颜生今将要化卫，是以述昔所闻，思其禀受法言，冀其近于善道。譬彼医门，多能救疾，方兹贤士，必能拯难。荒淫之疾，庶其瘳愈者也。"颜回雄心勃勃，豪气方刚，却没料到当头遭遇孔子的一盆冷水。

仲尼曰："譆，若（汝）殆（恐怕，大概）往而刑（遭刑戮）耳！夫道不欲杂，杂则多，多则扰，扰则忧，忧而不救。古之至人，先存（立，确立）诸己而后存诸人。所存于己者未定，何暇（哪有工夫）至于暴（残暴）人之所行！且若（你）亦知夫德之所荡（沦丧，败毁）而知之所为出乎哉？德荡乎名，知出乎争。名也者，相轧（倾轧）也；知（通‘智’）也者，争之器（器物，或指条件）也。二者凶器，非所以尽行也。”

孔子先发出讥笑之声，“譆”！《疏》：“譆，怪笑声也”。他笑颜回道术尚浅，不足以去救助，并相当尖刻地指出，如果前往，那就是等于送死了！孔子揭示：道如果“杂”，那么就生成如此链接：杂—多—扰—忧—不救。如《疏》：“夫灵通之道，唯在纯粹；必其喧杂，则事绪繁多。事多则心中扰乱，心中扰乱则忧患斯起。药病既乖，彼此俱困。己尚不立，焉能救物哉！”孔子又教导当有所鉴诫，举出古代“至人”即至德之人的做法，必定是先存诸己，安立于道，然后再外接于物，拯救他人。此又进而分析世上道德败坏、智慧迭出的原因：前者是为了名，矜名则德流荡而丧真；后者是为了争智，争智则横出纷纭惑人。因此说，名是相互倾轧的原因，智是彼此争斗的器具。此二者均是带来不吉利、引发祸端之凶器，因此不能推行于世。今天若审视孔子此言，虽未必全有道理，但也未必就没有道理。

且德厚信矼（qiāng，确实，笃厚），未达（明达，通晓）人气（意气，民情），名闻（wèn，声誉，名望）不争，未达人心。而强以仁义绳墨（木工工具，比喻法规、法制）之言术（通“述”，述说）暴人（残暴之人）之前者，是以人恶有（或说为“育”，是鬻的意思）其（指自己）美也，命之曰菑（祸害）人。菑人者，人必反菑之，若（为此）殆（大概，恐怕）为人菑夫？且（况且，再说）苟为悦贤而恶不肖（不像，指不贤），恶（wū，何）用而（你）求有以异（变化）？若唯（只）无诏（告），王公（即卫君）必将乘（趁）人（说话者）而斗其捷（说话敏捷善辩）。而目将荧（yíng，眩，迷惑）之，而色（脸色）将平之，口将营（营救）之，容（容颜，态度）将形（显露）之，心且成之。是以火救火，以水救水，名之曰益多。顺始无穷，若（如果）殆（只）以不信（不被信用）厚（忠厚）言，必死于暴人之前矣！

孔子再加教导：虽有所谓的好德行，譬如德厚信实、不争名闻，但是未必能使他人通达你颜回的意气与人心。如果强以仁义一套去向暴君说教，反而因此遭人厌恶这一套所谓的美德，并称此为害人。害人的，人也必定反过来害他，你恐怕将要被人所害吧？且再说如果能够喜欢贤者，而厌恶不肖者，怎么用得上求你而有所改变？

你若去了卫国只能对卫君无所告嘱，否则卫君必将抓住说话者的漏洞，而用他说话的敏捷善辩来与你争辩以斗。你目将眩乱，脸色将平和，再将以口舌营救，容颜将显露，心且成之。如果这样，那就成了“以火救火，以水救水”的情形了。这一比喻生动而深刻，两者的解救均属于解而无术，救而无方，为而无效。此又可名之曰“益多”，即增多了先前的过错与祸害，错上加错，乱上添乱。如《疏》：“夫用火救火，猛燎更增；用水救水，波浪弥甚。故颜子之行，适足成卫侯之暴。不能匡劝，可谓益多也。”再说若开始顺应了对方，那么以后的顺从就无穷尽。若不相信你的忠厚之进言，那么你也必死于这位暴君之面前！

且昔者桀（夏桀）杀关龙逢（贤者，桀之臣），纣（商之纣王）杀王子比干，是皆修其身以下伛拊（yǔ fǔ，怜爱抚育）人之民，以下拂（违逆）其上者也，故其君因其修以挤之。是好名者也。昔者尧攻丛枝（部落之名）、胥敖（部落之名），禹攻有扈（部落之名），国为虚（通“墟”，废墟）厉（死而无后），身为刑戮；其用兵不止，其求实（实利，财富）无已（止，休止）。是皆求名实者也，而独不闻之乎？名实者，圣人之所不能胜（指克制）也，而况若（你）乎！虽然，若（你）必有以（有所凭借）也，尝以语（yù，告诉）我来（语气词）！

孔子再以历史案例与教训来教诲颜回。古代关龙逢、王子比干皆为贤能之辈，然而均为“好名者”，故因此而遇排挤，并终遭杀害。再说圣人尧、舜，用兵攻打他国，使得此三国成为废墟，人死而无后代，三国之君也遭杀戮。其用兵不止，求实利不息。这些情况都是在求取名声与实利。名声与实利圣人尚且不能克制，何况是你颜回呢！虽然这样，你也必有所凭借，尝试以之告诉我！

二、颜回与孔子再对话

这里是再录颜回与孔子的问答。

颜回曰：“端（端庄）而虚（谦虚），勉（勤勉）而一，则可乎？”

曰：“恶（wū），恶（wū，怎么）可（可以，可行）！夫（卫君）以阳（阳刚猛烈）为充（塞，满）孔（很，甚）扬（显露，彰显），采色（脸部表情，气色神态）不定（此指喜怒无常），常人之所不（不敢）违（违背），因案（通‘按’，压抑）人之所感，以求容与（指放纵）其心，名之曰日（每日）渐（jiān，习染，影响）之德（指小德，细行）不成，而况大德乎！将执（固执自见）而不化，外合（同合）而内不訾（zǐ，非议），其庸讵（何以，怎么）可乎！”

颜回请问：一是如果外表端方庄重，而内里又谦逊虚心，二是如果勤勉不懈而始终如一，那么有此两术可以辅佐卫君了吗？孔子作答，出口就是感情强烈的“恶，恶可”！先作出否定、反诘、感叹，继此又分析了卫君刚愎自用，喜怒无常，压制他人，放纵贪欲，固执不化，小德都不成，何况谈大德。因此，你颜回的操此两术又有何用！

然则我内（内心）直（正直，不屈）而外（外表）曲（曲从，俯就），成（成于今）而上比（比于古）。内直者，与天（自然）为徒（同一类）。与天为徒者，知天子（指帝王）之与己（己身，我）皆天之所（所养育的）子。而独以己言蕲（祈求）乎而人善之（以之为正确），蕲（祈求）乎而人不善之邪？若然者，人谓之童子（此指婴儿），是之谓与天为徒。外曲者，与人之为徒也。擎（指手举笏）跽（长跪）曲拳（指弯曲身体），人臣之礼也，人皆为之，吾敢不为邪？为人之所为者，人亦无疵（cī，诽谤）焉，是之谓与人为徒。成而上比者，与古为徒，其言虽教，谪之实也；古之有也，非吾有也。若然者，虽直而不病（害，损害），是之谓与古为徒。若是（此）则可乎？

仲尼曰：“恶，恶可！大（太）多政（通‘正’，纠正）法而不谍（迎合，适当），虽固（指浅陋）亦无罪。虽然，止是耳矣（仅止此罢了），夫胡（何，怎么）可以及化（感化）！犹师心（以己心为师）者也。”

颜回再作请教，若能用以下“三术”来劝勉卫君，则行否？

其一是“内直”，能够“与天为徒”。首先要使得卫君知道天子与我皆是天所养育的儿子。为何独以自己的言论求得他人的或正确的肯定，或不正确的否定？《疏》：“言我内心质素诚直，共自然之理而为徒类，是知帝王与我，皆禀天然，故能忘贵贱于君臣，遣善恶于荣辱，复矜名以避恶，求善于佗（tuō，通‘他’）人乎？具此虚怀，庶其合理。”如若这样，人们就称之为没有失去天真之心的婴儿了，此就可称为“与天为徒”。《疏》：“童子，婴儿也。”

其二是“外曲”，即“与人为徒”。此说自己又会和他人一样遵行人臣之礼，如此他人也无诽谤。《疏》：“夫外形委曲、随顺世间者，将人伦为徒类也。擎手跽足、罄折曲躬、俯仰拜伏者，人臣之礼也。而和同尘垢，污隆任物，人皆行此，我独不为耶？是以为人所为，故人无怨疾也。”

其三是“成而上比”，即“以古为徒”。《注》：“成于今而比于古也。”《疏》：“忠谏之事，乃成于今；君臣之义，上比于古。故与古之忠臣比干等类，是其义也。”这里又说，古人的忠心进谏，其言虽具教益，但实际上又具有讽刺谴责之旨意。此忠谏自古以来已有，不是从我才有的。如若这样，虽正直而我也不会受到损害。《疏》：“夐古以来，有此忠谏，非我今日独起箴规者也。”“若忠谏之道，自古有之，我今诚直亦幸无忧累。”最后颜回询问孔子，若此则可否？

仲尼却又断然否定“恶，恶可”！你纠正的方法太多了，然而不适当，虽浅陋却亦无罪。即使这样，也仅止此罢了，怎么可以感化他呢！你还是在以己心为师、师法自己的成心而用的人吧！如《注》：“挟三术以适彼，非无心而付之天下也。”《疏》：“夫圣人虚己，应时无心，譬彼明镜，方兹虚谷。今颜回预作言教，方思可不，既非忘情淡薄，故知师其有心也。”

颜回曰：“吾无以进（促进，增强）矣，敢（指冒昧，不敢）问其方（方术，道术）。”

仲尼曰：“斋，吾将语（yù，告诉）若（你）！有心（怀有用世之心）而为之，其（难道）易（容易）邪？易之者，暤（hào，通‘昊’，大）天不宜（适宜）。”

颜回曰：“回之家贫，唯不饮酒不茹（吃）荤（鱼肉之类；或说荤辛，葱蒜之类）者数月矣。如此，则可以为斋乎？”

曰：“是祭祀之斋，非心斋也。”

回曰：“敢问心斋。”

仲尼曰：“若（你）一（专一）志，无听之以耳而听之以心，无听之以心而听之以气！听止于耳（俞樾谓当作‘耳止于听’），心止于符（指合）。气也者，虚而待物者也。唯道集虚。虚（心之空明）者，心斋也。”

此孔颜之间的三问三答。颜回再次讨教进境之方术，于是孔子授以“心斋”之说。其一，颜回问自己如何才能再进步。孔子要求他先斋戒，并教导他：如果怀有用世之心而去作为，难道容易的吗？若以此为容易，上天也会认为不适宜的。《注》：“以有为为易，未见其宜也。”《疏》：“以有为之心而行道为易者，皓天之下，不见其宜。言不宜以有为心斋也。”其二，针对颜回的话，孔子指出你说的是日常生活里的祭祀之斋，而非心之斋。其三，孔子解释“心斋”。此传授精义：你要摒除杂念，专一心志，不用耳朵去聆听，因为耳朵聆听有限；故而要用心去聆听，然而用心去聆听也有限；再进而不用心去聆听，而用气去聆听！耳的作用止于聆听外物，心的作用止于与境相合。气，则是虚而待物。再说以上耳、心均是“有”，以“有”之形去聆听则必有限制；然而气则无形，故当以虚空去应物，此是以无应接无。唯其如此，至道便集于虚空之心。心境的虚无空明，就是心斋。

心斋，即摒除一切思虑以及情欲，从而保持虚静的精神状态。这其实是庄子提倡的一种修养的方法，而通过孔子的这一则寓言来表达。如《注》："遣耳目，去心意，而付气性之自得，此虚以待物者也。""虚其心，则至道集于怀也。"《疏》："心起缘虑，必与境合。庶令凝寂，不复与境相符。此释'无听之以心'者也。""如气柔弱虚空，其心寂泊忘怀，方能应物。此解'而听之以气'也。""唯此真道，集在虚心。故如虚心者，心齐妙道也。"

颜回曰："回之未始（不曾）得（采取）使（使用），实自（由于）回也；得使之也，未始（不曾）有回也。可谓虚乎？"

夫子曰："尽（指妙尽于此）矣。吾语（yù，告诉）若（你）！若能入游其樊（篱笆，指范围）而无感其名（名望，名位），入则鸣（议论，论说），不入则止。无门无毒（指没有痕迹），一（全）宅（居处）而寓于不得已，则几（jī，接近，差不多）矣。绝迹易，无行地（行走而不着地，喻行事不留痕迹）难。为人使（驱使）易以伪（虚假），为天使难以伪。闻以有翼飞者矣，未闻以无翼飞者也；闻以有知知者矣，未闻以无知（zhì，智慧）知（zhī，认知）者也。瞻（看，望）彼阕（què，空虚）者，虚室（虚空的心境）生白（纯白，喻指道），吉祥止止（停止于此）。夫且不止，是之谓坐驰（身坐心驰），夫徇（使）耳目内通而外（排除于外）于心知（智），鬼神将来舍（住宿），而况人乎！是万物之化也，禹舜之所纽（枢纽，关键）也，伏戏（伏羲）、几蘧（qú，传说的帝王）之所行终，而况散（散人，不成材人）焉者乎！"

颜回再请教，说：我不曾采用心斋，实在因为有个自我；我采用了心斋，不再有个自我了。这可以说是虚无空明了吗？如《注》："未使心齐，故有其身。""既得心齐之使，则无其身。"

孔子赞扬说：心斋之妙尽于此了！此再进而授与卫君相处之方术：（1）如能入游于名利场地的樊篱之内，而又要能不为那些东西所撼动。卫君能接纳的，你就阐说匡救；进谏而不听的，你就止而不言。《疏》："若己道狎卫侯，则可鸣声匡救；如其谏不入耳，则宜缄口忘言。强显忠贞，必遭祸害。"（2）不去寻觅进入仕途的门径，也不去揭示追求之标的，全都居处于理之必然的地方，这就差不多了。（3）人不走路容易，走路不着地则难。为人情驱使则容易作伪，为天驱使则难以作伪。此是说的易与难的比较。如《注》:“不行则易，欲行而不践地，不可能也；无为则易，欲为而不伤性，不可得。”《疏》:“夫人情驱使，其法粗浅，(而)所以易欺；天然驭用，斯理微细，是故难矫。故知人间涉物，必须率性任真也。”(4)只听闻有翼而飞的，未听闻没有翼而能飞的；只听闻因有心智而求知的，未听闻以无智而求得认知者。《疏》:“夫鸟无六翮必不可以抟空，人无二智，亦未能以接物也。”(5)说虚室生白。瞻望观照那虚空的心境，唯其虚空的心境才能生成道，吉祥便来自此。如《注》:“夫视有若无，虚室者也，虚室而纯白独生矣。”“夫吉祥之所集者，至虚至静者也。”再如《疏》:“观察万有，悉皆空寂，故能虚其心室，反照真源，而智慧明白，随用而生白道也。”“吉者，福善之事。祥者，嘉庆之征。止者，凝静之智。言吉祥善福，止在凝静之心。凝静之心，亦能致吉祥之善应也。”(6)说坐驰。如果不能使心境宁静，这就是身形虽端坐而心神已纷驰。《注》:“若夫不止于当，不会于极，此为以应坐之日而驰骛不息也。故外敌未至而内已困矣，岂能化物哉！”《疏》:“苟不能形同槁木，心若死灰，则虽容仪端拱，而精神驰骛，可谓形坐而心驰者也。”(7)造化万物以及典范。使耳目内通，不追逐外物，而将心智排除于外。如此外遣于形，内忘于智，虚怀任物，则鬼神都将来留止，而何况是人！这“心斋”之法能造化万物，孕育苍生，夏禹、虞舜就以此为应物的纲纽关键，伏羲、几蘧行之终身，何况是一般的不成才人呢，更应当遵之循之了！

此段落里的用语、成语当再略说。“无门无毒”，不干预从何门出来，泯灭其门而成“无门”；也不去加于整治，任其生存而为“无毒”。《注》:“使物自若，无门者也；付天下之自安，无毒者也。毒，治也。”《疏》:“毒，治也。如水如镜，应感虚怀，己不预作也。”笔者认为此说可从。此一语众说纷纭，如林希逸训“毒”为“药”，释德清、林云铭、宣颖等从之。又李桢说“毒”乃“垛(dǎo)”之假借，“垛”者，累土为台以传信：垛是保卫之所。叶玉麟说:“‘门’者可以沿为行路，‘毒’者可以望为标的。‘无门无毒’使人无可窥寻指目之意。”陈鼓应认为奚侗训“毒”为“窦”，即孔意，与“门”对文，“无门”“无毒”乃异字同义，此说可取。陈启天释:“不由门路营求。”此说较他说为优。(《庄子今注今译》)此均可参见。再如“吉祥止止”，吉祥停止于此。一般《成语辞典》均未录入，或认为非成语，其实笔者认为当看作成语。俞樾认为“止止”是“止也”之误，又或认为是“止焉”，或“止之”之讹。

三、叶公子高将使于齐

叶(shè)公子高，楚庄王玄孙尹成子，名诸梁，字子高，封于叶地又僭号称公，故称叶公子高。这里是叶公子与孔子的一段对话录。

叶公子高将使（出使）于齐，问于仲尼曰："王（楚王）使诸梁（派诸梁出使）也甚重（责任很重），齐之待（接待）使者，盖将甚敬（外表很敬重）而不急（不迫切，指实际上很怠慢），匹夫（一个普通者）犹未可动（轻动），而况诸侯乎！吾甚栗（恐惧）之。子（您）常语（yù，告诉）诸梁也曰：'凡事若（或）小若（或）大，寡（少有）不道（语言，言说）以欢成（指圆成）。事若不成（成功），则必有人道（指人事）之患；事若成，则必有阴（近于阴的忧患）阳（近于阳的欢乐）之患。若成若不成而后无患者，唯有德者能之。'吾食也执粗而不臧（好，精美），爨（cuàn，炊，烧火做饭）无欲清（清凉）之人。今吾朝受命而夕饮（饮用）冰，我其（殆，大概）内（内心）热与！吾未至乎事之情（真实），而既有阴阳之患矣；事若不成，必有人道（人事）之患。是两也，为人臣者不足以任（承担）之，子其有以语（yù，告诉）我来（语气词）！"

叶公子高向孔子请教：自己出使齐国，责任重大，而对方不易说服，故心存恐惧。您曾教诲我："凡事情或大或小，很少有不经过言语的交流而交往能乐成的。然而事若办不成，则有人事之患；事若办成，则又有阴阳之患。或成或不成，却事后没有祸患的，唯有具德行者能够。"这里所谓的"阴阳之患"，是指忧患和欢乐相冲突而引起的祸患；而忧患近于阴，欢乐近于阳。再如《在宥》："人大喜邪毗（pí，连接）于阳；大怒邪毗于阴。"此后，叶公子还说到内心的焦虑，已至于饮食简单粗糙，不求精美之膳，而因其饮食变得俭薄，故烹饪者燃火不多，也就不用避热而已清凉了。

叶公子又说自己已处于这样的地步：朝受命，然而夕饮冰，此因其内热，是指内心的烦躁焦虑!《疏》："诸梁晨朝受诏，暮夕饮冰，足明怖惧忧愁，内心燻灼，询道情切，达照此怀也。"自己目前就处于"两患"之地步：一是还没有得到那事的情实，成败不知，而忧喜存怀，是处于阴阳之患；二是若事情乖舛，必定不成，则又有人道之患。自己不足承担，故请求圣人告示!

此另外一说，是后来梁启超有室取名为"饮冰室"，其出典或当出于此。

仲尼曰："天下有大戒（法）二：其一命也，其一义也。子之爱亲，命也，不可解于心；臣之事（服事）君，义也，无适而非君也，无所逃于天地之间。是之谓大戒。是以夫事（服事）其亲者，不择地而安之，孝之至也；夫事（服事）

其君者，不择事（事情）而安之，忠之盛也；自事（使用）其心者，哀乐不易施乎前，知其不可奈何而安之若命，德之至也。为人臣子者，固（诚然）有所不得已。行事之情而忘其身，何暇至于悦生而恶生！夫子其（表祈使）行可矣！”

孔子告示天下足以为戒的大法二则：一是天然的“命”。子女爱敬亲人，此为人之性命，是自然而然地出自内心，故不可解释分析。一是社会的“义”。如臣子服事君主，无往而不有君主，于天地之间无所可逃。因此，前者可做到孝的至极，后者可做到忠的盛大。如果能修炼自己的心灵，哀乐不改变于前，然后又知办那事的无可奈何，而能安之若命，是德的至极。臣子诚然有所不得已，然而践行事情，而忘记自身，还有何空暇至于悦乐生而厌恶生呢！你叶公子如此就可行了！

丘请复（再告诉）以所闻：凡交（结交）近（邻近之国）则必相（相互）靡（顺服，爱顺）以信，远则必忠之以言（因远而用言语传达意思），言必或（假使）传之。夫传两（国）喜（或喜）两（国）怒（或怒）之言，天下之难者（难事）也。夫两喜必多溢美（过分夸奖赞美）之言，两怒必多溢恶（过分指责攻击）之言。凡溢之类妄（虚假），妄则其信之也莫（不能确定，致疑），莫则传言者殃（遭殃）。故法言（格言）曰：“传其常情，无传其溢言，则几（接近，差不多）乎全。”且以巧斗力者，始乎阳（公开，明显），常卒（终，结束）乎阴（隐秘，奸诈），泰至（大至）则多奇巧；以礼饮酒者，始乎治（有秩序，规矩），常卒乎乱，泰至则多奇乐。凡事亦然：始乎谅（谅解，原谅），常卒乎鄙（轻视，厌恶）；其作始也简，其将毕（结束）也必巨。

孔子再加告诫：结交邻近的或远方之国的方法与要则。前者用诚信使得互亲，后者用语言表明忠诚。传达“两喜两怒”之言，是天下的难事。“多溢美”或“多溢恶”，均为“溢言”，应当无传，而该传其常情。此又进层指出，而且以智巧斗力的，始于公开争斗，常终于暗使计谋，大至于极则多用阴谋诡计。以礼仪饮酒的，始于有序，常终于混乱，大至于极则多放纵其乐。凡事亦然如此：始于相互信任，常终结于彼此欺诈；其开始单一，其将结束必纷繁巨大。这里再能看到孔子的极其深刻的透析与政治外交的诸多智慧！

言（言语）者，风波（犹如风吹水波）也；行（行动）者，实（实理，或说得)丧(失去)也。夫风波易以动，实丧易以危。故忿设(置，发作)无由，巧言偏(片面)辞。兽死不择音，气息茀然(喘息急促样子；茀，bó)，于是并(一起)生心厉(害人的恶念，心之狠戾)。克核(指苛责；剋，kè)大至(顶点)，则必有不肖(指不善)之心应之，而不知其然也。苟为不知其然也，孰知其所终！故法言(古代格言)曰："无迁(迁改)令(政令，命令)，无劝成(使人勉强成事)，过度益(增加，添加)也。"迁令劝成殆(危，坏)事，美(美事)成(成功)在久，恶成不及改，可不慎与！且夫(再说)乘物以游心(心游于那种境地)，讬(寄托)不得已以养中(心中精气，神智)，至矣。何作(作意)为报也！莫若为致(致达，传达)命(君之命令，或说天命)，此其难者？

孔子再作启发：若把言说比喻为风波，水因风起波，心也因言而生喜怒之波动，那么行动就会丧失实在的理性。风鼓动水波很容易动荡，一旦实在的理性丧失那就危险了。所以愤怨的发作没有别的什么缘由，而往往是因为巧言弄舌，片面不当。兽将死会不择声音地乱叫，喘息急促不安，于是一并生出害人的恶念。苛责至极，则必有不善之心来回应，而他自己也不知怎么会这样。假使作出了不知其然的事情，谁又能知晓其所终至的结果！故格言说："不要迁改政令，不要使人勉强成事，说话过度就是添加了语言。"迁改政令、使人勉强成事都是危险的事情，美事之成功在于能久远，恶事之成则不及悔改，可以不谨慎吗？再说能够寄乘万物而心游于那种境地，能虽寄托于不得已而又能养心中精气，此便至极了。何必作意去回报！若只是传达国君之命令，而不以喜怒存于心里，这样的做法还难吗？

值得再说的是，这里的"游心"是庄子的又一智慧，是指心灵无拘束地自由地游而行，游而乐，游而逍遥。这就当使其心能顺应万物的自然，又于万物万变的情况下能乘物、乘变、乘机而游行自在！

四、颜阖将傅卫灵公太子

颜阖是鲁国的贤人，将为储君即卫灵公太子蒯聩的师傅。然而此太子禀天然之凶德，以杀戮而快心。于是他向卫国的贤大夫蘧伯玉(名瑗，字伯玉)请教。这便有了两者的谈话录，当然这也不能被视为实录，而是庄子的创作。

颜阖将傅卫灵公大子，而问于蘧伯玉曰："有(若有，表假设)人于此，其德天(天性)杀(指残酷)。与(同，跟)之为无方(法度)，则危吾国；与之为有方，则危吾身。其知(zhì，智慧)适(适合，恰好)足以知人之过，而不知其所以过。若然者，吾奈之何？"

颜阖提出了两难的问题：面对一个天性残酷的人，若与他相处而没有法度或失去法度，那么就危及吾国；若与他相处而有法度或坚持法度，那么就危及自身。再说他这人的智慧足以恰好知人之过失，而不能知自已的错误与原因。像这样的情况，我该怎么办？

这里“其知适足以知人之过，而不知其所以过”，也另有解释：他这人智慧足以恰好知人之过失，而不能知他人犯错误的原因。此两说均通，这里采用上一种说法，也许更能集中于对他人的“知”与对己的不“知”的矛盾上。正如老子曰：“知人者智，自知者明。”此储君恰恰在“自知”上不明！

蘧伯玉曰：“善哉问乎！戒之慎之，正女（汝）身也哉！形莫若就（趋从，靠近），心莫若和（调和，诱导）。虽然（这样），之（此，这）二者有患。就（归趋）不欲入（深入），和不欲出（超出）。形就而入，且为颠（仆倒，坠落）为灭，为崩为蹶（jué，失败，挫折）。心和而出，且为（为了）声为（为了）名，为妖为孽（灾祸）。彼且（如果）为婴儿，亦与之为婴儿；彼且（如果）为无町畦（tīng qí，田间的界路，喻界限，规矩），亦与之为无町畦；彼且（如果）为无崖（人有棱角，不随和），亦与之为无崖。达（明达）之，入于无疵（指诽谤）。”

蘧伯玉答疑，赞扬问题提得好，并极富智慧地开导颜阖。其一，首先从自我做起，要戒慎正身。其二，从关系处理的方法上说，外表形貌不如趋就亲近，不违不逆君臣之礼；内在之心不如和顺其本性，诱而导之成其事。其三，虽然这样，此二者做法还有隐患。因此虽趋就亲近他，而关系不要太深；虽和顺诱导他，而不要显出已能。若与此相反的话，趋就亲近他而关系太深，将为颠覆灭亡，崩裂败毁。和顺诱导他而显出已能，将被认为是为了名声，便成为妖孽之祸害。如果他为婴儿一般，我亦与之为婴儿；如果他与我不分界限，我亦与他不分界限。如此便可以与卫太子的沟通畅达，使其进入无过错的正道。

汝不知夫螳螂乎？怒其臂以当（dāng，阻挡）车辙，不知其不胜任也，是其才（此因以为其才）之美者也。戒之，慎之！积（屡屡，多）伐（夸耀）而美者以犯（触犯）之，几（jī，危险）矣。汝不知夫养虎者乎？不敢以生（活）物与之，为其杀之（咬杀活物）之怒（被激怒）也；不敢以全（全整）物与之，为其决之（咬断撕裂活物）之怒也。时（指等候，伺候）其饥饱，达（明达）其怒心。虎之与人异类而媚（献媚于）养己者，（养虎的人）顺（要顺应其虎）也；故其杀（遭老虎杀害的）者，逆（违逆了其虎）也。

蘧伯玉还进一步生动形象阐述：要戒慎螳臂当车式的做法，且不要多夸自己的美善而冒犯他，否则均会招来危险。再举养虎的道理以晓喻，要知道老虎何时饥或饱，再及时喂食物；然而不可用活的、全的来饲养，因为会诱发激怒老虎的凶残之本性。能顺应老虎的性子，老虎也会向饲养者摇尾乞怜；相反若违逆了，则遭遇丧命。如《注》："不小立圭角以逆其鳞也。"《疏》："夫处世接物，其道实难，不可遂与和同，亦无容顿生乖忤。或同婴儿之愚鄙，且复无知；或类田野之无畦，略无界畔。纵奢侈之贪求，任凶猛之杀戮，然后道之以德，齐之以礼。达斯趣者，方会无累之道也。"再有说，读至此想起后来有"伴君如伴虎"之说，或许其源就可追溯于此？又成语"螳臂当车"即出于此，后又衍生出"螳臂当辙""螳臂扼辙""螳螂拒辙""螳螂奋臂"等成语。

夫爱马者，以筐盛矢（通"屎"，粪便），以蜄（shèn，大蛤）盛溺（niào，尿）。适有蚉（蚊）寅（虻）仆缘（指附着，聚集），而拊（fǔ，拍，击）之不（不适）时，则缺（指咬断）衔（马嚼子，勒口）毁首（指首上辔头，又指人首）碎胸（马胸前之络，又指人胸）。意有所至而爱有所亡（丢失），可不慎邪！

最后，蘧伯玉又生动地讲述了爱马者的遭遇，此为著名的拊马之喻。爱马过了分，如"以筐盛矢，以蜄盛溺"，乃至于拊击蚊虻，真谓无微不至。然而人之猝不及防的拊击，使马受了惊，便咬断勒口，撞破辔头，人则遭遇了马撞踏，胸与头均受到伤害。此句"缺衔毁首碎胸"的解读，或只是从马本身来说，或如郭注是从马与人两方面来说的。再如《疏》："意之所在，在乎爱马，既以毁损，即失其所爱。人间涉物，其义亦然，机感参差，即遭祸害。拊马之喻，深宜慎之也。"本意是出于爱而施爱，然而事实却又失去了所爱，不仅失爱，且是遭害，如是适得其反，岂能不反思？

五、寓言：匠石之齐

这是古代著名匠人的一则寓言。匠，木匠；石，是名。此则寓言读来令人有味津长，味之不尽。

匠石之（往，至）齐，至于曲辕（地名，其道弯曲），见栎（lì，树名）社（土神）树（此将栎树视为了社神的象征）。其大蔽（遮蔽）数千牛，絜（xié，用绳子度量周长）之百围（两手或两臂合拢的长度为一围），其高临（够到，接近）山，十仞（八丈，周制八尺为一仞）而后有枝，其可以为舟者旁（通“方”，且，将近）十数。观者如市（集市，市场），匠伯（即匠石）不顾（回头看），遂行不辍（停止）。弟子厌观（指长时间观察；厌，餍，饱食，此指满足）之，走及（跑步赶上）匠石，曰：“自吾执斧斤以随夫子，未尝见材如此其美也。先生不肯视，行不辍（止，停止），何邪？”曰：“已矣（罢了），勿言之矣！散木（不成材之木）也，以为舟则沈（沉，因其体重），以为棺椁则速腐（因其近土则朽），以为器则速毁（因其疏脆则毁），以为门户则液樠（指像松那样流出脂液；‘樠’，mán，松心），以为柱则蠹（dù，蛀蚀），是不材之木也，无所可用，故能若是之寿。”

此栎社树，冠之大、体之粗、身之高，特异惊人，具有超凡的视觉冲击力，而如果用之造船可以造数十艘。观者熙熙攘攘如赶集市一般，匠石的徒弟也是看了个够，赞叹其材竟然如此盛美。但是，匠石一眼也不瞧，而是径直前行不止。最后匠石解读其中的道理，从五方面揭示此为不成材的“散木”，即无论为舟、为棺椁，为器，为门户，为柱子，均不可使用。然而妙笔生花地揭示：此不成材之散木，正因为无所可用，故能获得如此长寿！《注》：“不在可用之数，故曰散木。”《疏》：“闲散疏脆，故不材之木；涉用无堪，所以免早夭。”疏散之木，也正因其是不材之木，能致闲散，能终于天年，得其长寿。

匠石归，栎社见梦曰：“女（如）将恶乎比予哉？若将比予于文木（指可用之木；‘文’，纹理）邪？夫柤（zhā，山楂）、梨、橘、柚（水果树），果蓏（瓜果总称；蓏，luǒ）之属，实熟则剥（落，脱落），剥则辱（耻辱）；大枝折，小枝泄（yè，通‘拽’，曳，用力拉）。此以其能苦其生者也，故不终其天年而中道夭（夭折），自掊击（打击，抨击；掊，pǒu）于世俗者也。物莫不若是。且予求无所可用久矣，几（jī，接近，几乎）死，乃今（而今，才）得之，为予大用。使予也而有用，且得有此大也邪？且也若（你）与予（我）也皆物（造化之物）也，奈何（怎么）哉其相物（物与物之间岂能相知）也？而几死之散人（不成材之人），又恶知散木（不成材之树木）！”

匠石觉而诊（占梦；或说通“畛”，告诉）其梦。弟子曰：“趣（意趣，旨意）取（求取）无用，则为社（社树）何（为何）邪？”曰：“密（指闭嘴）！若（你）无言！彼（社）亦直（通‘特’，只是）寄焉，以为不知己者诟厉（责骂）也。不为社者，且几（jī，差不多）有翦（jiǎn，指砍伐）乎！且也彼其所保与众异，而以义（常理；或说为仪，外观）誉（或作‘喻’，说明）之，不亦远乎！”

庄子喜好写梦，此又为匠石之一梦。梦中社树说：匠石你将我作如何比拟？以可用的“文木”来作比较吗？如柤、梨等果树，果熟则被打落，脱落则遭耻辱；大枝被折，小枝被曳。此因其能生出果实的原因，故不终享天年而中道夭折，自己遭来了世俗者的打击。事物莫不如此。且我寻求无所可用的方法已很久了，几乎被致死，因为多有窥视我的，而今我得以保全，是无用成了我的大用。假使我也有用，还能有此终享天年的大用处吗？况且你与我皆是造化之物，物与物之间怎能相知？你是接近死亡之不成才之人，又怎知不成材之树木呢！如《疏》：“匠石以不材为散，栎社以材能为无用，故谓石（匠石）为散人也。（汝）炫材能于世俗，故邻于夭折；我以疏散而无用，故得全生。汝是近死之散人，安知我是散木耶？托于梦中，以戏匠石也。”

匠石梦醒后，又将此梦告诉弟子。弟子发问：既然志求无用，则为何还要作为社树而自荣，让人们来瞻仰呢？匠石除了严厉的斥责外，又讲出一番深刻道理。栎被作为社树，仅仅不过是社神作为自己的一种寄托，并非栎自求为之。所以社神则不知道我栎的无用为用，我则反遭来了诟病。如果不为社树，栎树也能全其生，难道就必定遭遇砍伐之害吗？如《注》：“木（或作‘本’）自以无用为用，则虽不为社，亦终不近于翦伐之害。”

因此它保全自己的方法与众不同，若用常理来说明，不是相隔得很远了吗？如《注》：“彼以无保为保，而众人以有保为保。”“利人长物，禁民为非，社之义也。夫无用者，泊然不为而群才自用，（自）用者各得其叙而不与焉，此（以）无用之所以全生也。汝以社誉之，无缘近也乎！”《疏》：“夫散木不材，禀之造物，赖其无用，所以全生。而社神寄托，以成诟厉，更以社义赞誉，失之弥远。”庄子特擅写梦，此突然转入梦境，以神来之笔写梦，实是写梦之高手！

若由寓言返回现实生活，那么栎，也作栃，是栎树、栎社树，是麻栎，属山毛榉科，落叶乔木，叶长椭圆形。其初夏开花，黄褐色，雌雄同株，坚果卵圆形。因为其木理斜曲，所以古代多用作炭薪，古人便看作不成材之木。

六、寓言两则：南伯子綦·宋之荆氏者

南伯子綦，即《齐物论》里的南郭子綦。庄子笔下的此则寓言则是由他的遭遇、观察、反思再来解读树木之材用与年寿的含义。

南伯子綦游乎商之丘（商丘，今在河南），见大木（大树）焉有异（奇异），结（集结，连结）驷千乘，隐（隐蔽）将芘（pí，庇）其所藾（lài，荫庇，树荫庇护）。子綦曰："此何木也哉？此必有异材夫！"仰而视其细枝，则拳曲而不可以为栋梁；俯而视其大根，则轴（木心）解（开裂，或说纹理松散）而不可以为棺椁；咶（shì，舐，舌头舔）其叶，则口烂而为伤；嗅之，则使人狂酲（chéng，酒醉），三日而不已（止息）。子綦曰："此果（果真是）不材之木也，以至于此其大也。嗟乎神人，以此（如此，或说用此）不材！"

此写商丘的惊人的特异大树，树周边的浓荫下集结着上千辆四马所驾之车，均可得到大树的荫蔽。此句"隐将芘其所藾"，或据张君房本认为当作"将隐芘其所藾"，即如《注》："其枝所阴（即所藾），可以隐芘（即是遮蔽）千乘者也。""将"，或有解释为侧、旁边（见《庄子词典》）。南伯子綦以为这是异材，然而见其细枝拳曲，不可以为栋梁；其大根木心开裂，不可以为棺椁；口舔其叶，则口烂而受伤；鼻嗅其气，则像使人狂饮酒醉，三日而不止息。子綦因此说：此果真是不成材之木，以至于如此之大。啊，神人就似这样显露自己的不才！《疏》："夫至人神矣，阴阳所以不测；混迹人间，和光所以不耀。故能深根固蒂，长生久视。舟船庶物，荫覆黔首，譬彼栎社，方兹异木。是以嗟叹神人之用。不材者，大材也！"此真可感叹，"异材"之奇异、特异，竟然就在于它的"不材"！

庄子真是描述树木的能手，且又是深掘树木之哲学内蕴，而成为人生哲学与智慧的高手。试看，《逍遥游》里樗之臭椿，至于栎树、散木、商丘大木，等等，均由树木之外观、材用与年寿的问题，再转而对人生在世的观照，读来往往有醍醐灌顶的醒悟。譬如，庄文沿着一种审丑的、无用的向度路径，最后柳暗花明处便是登上了光辉照耀的智慧开悟之地。再看后来又便有了许多的用语。

此后悠久的岁月里这一意象不断被文人们运用且强化。譬如"樗栎""樗枥"，比喻才能低下，也作自谦。"樗朽""樗丑"，即腐朽的樗木，喻无用之人，常作谦词。"樗材"，喻无用之材。"樗散""樗散材"，因樗木材劣，故多被闲置，此喻不为世用、投闲置散、无用之才。又"樗铅"，比喻材劣而不堪用，是因为《淮南子·齐俗训》"铅不可以为刀"，故联缀而成。

"栎散""栎樗"，比喻无用之材，常用作自谦。如晋代戴逵《闲游赞》："栎散之质，不以斧斤致用。"

当然，我又想到一种反驳。其实，樗与栎在今天值得我们为它们"翻案"，一洗古人定格的“不材之木”“无用之材”的传统价值观。樗，其材粗硬，不耐水湿，却可供胶合板、建筑、造纸用。其根皮还可以入药。它抗旱性较强，耐烟尘，生长快，是工矿地区较合适的绿化树木之一。再说栎，它也有用得很。其幼叶可饲养柞蚕，壳斗和树皮可提取栲胶。木材坚实，可作枕木和机械用材。

宋有荆氏（地名）者，宜（适宜种植）楸、柏、桑。其拱（双手相合）把（一手所握）而上者，求（寻求）狙猴之杙（系猴子用的木桩，“杙”yì，下木桩）者斩之；三围四围（之粗），求高明之丽（通“欐”，栋梁）者斩之；七围八围（之粗），贵人富商之家求椫傍（独幅大木板，可作棺材用；椫，shàn）者斩之。故未终其天年，而中道之夭于斧斤，此材之患也。故解之（指祈祷神灵以消灾）以牛之白颡（sǎng，额）者与豚之亢鼻（鼻孔上仰）者，与人有痔病者不可以适河（沉入河里祭神）。此皆巫祝以知之矣，所以为不祥也。此乃神人之所以为（认为的）大祥（善，吉祥）也。

此又写到宋国荆氏地方适宜生长楸、柏、桑树等，均为挺拔而端直，可用之材。因其如此，在其生长过程的每个阶段都会被砍伐。从“拱把而上者”起，再至于“三围四围”，又至于“七围八围”，即使躲避了今天这一关，却始终躲避不了以后的一关又一关。未及终其天年，被夭折了，此就是有用之材的祸患。再说巫祝祠祭消灾，不用不洁净者作祭奠，如白额的牛、鼻孔朝上的猪，还有痔漏的人等，认为那些是不吉祥的。然而，这些正是神人所认为的吉祥大善。如《疏》：“巫师祝史解除之时，知此三者不堪享祭，故弃而不用，以为不善之物也。然神圣之人，知侔造化，知不材无用，故得全生。是知白颡亢鼻之言，痔病不祥之说，适是小巫之鄙情，岂曰大人之适智！故才不全者，神人以为吉祥大善之事也。”

庄子对于树木之材的成与否、用与否，有过深刻的哲学思考，由此再对人生在世的那种成才与不成才、被用与不被用进行睿智解读。

七、寓言支离疏

支离疏，庄子虚构的寓言人物，形体残疾者。司马云：“支离，形体不全貌。疏，其名。”再如《疏》：“四支离拆，百体宽疏，遂使颐颊隐在脐间，肩膊高于项（或作‘顶’）上。形容如此，故以支离名之。”

支离疏者，颐（下巴）隐于脐（指肚脐下方），肩高于顶（头顶），会撮（kuò cuō，后颈的椎骨，或说发髻）指天，五管（五官，或说五脏腧穴）在上，两髀

（bì，此指大腿）为胁（xié，腋下肋骨）。挫针治繲（洗衣服；繲，xiè），足以餬口；鼓（鼓动）筴（cè，小簸箕）播（扬土）精（米），足以食十人。上（国家，君王）征武士，则支离攘臂（捋袖伸臂）而游于其间；上有大役，则支离以有常疾（指残废）不受功（或作“工”，劳役）；上与病者粟，则受三钟（合六斛四斗）与十束薪（柴火）。夫支离其形者，犹足以养其身，终其天年（人的自然寿命），又况支离其德者乎？

寓言里的这一残疾丑陋的人，真是特甚之至，甚至想象不出会有这等模样。然而他自食其力，凭借缝纫、洗衣来养活自己，甚至家里人。如《疏》：“言其扫市场，鼓箕筴，播扬土，简精粗也。又解：鼓筴，谓布蓍数卦兆也。播精，谓精判吉凶，辨精灵也。或抹市以供家口，或卖卜以活身命，所得之物可以养十人也。”又“鼓筴播精”，或说用簸箕筛米去糠。

再说上面来征武士，支离疏攘臂遨游，也用不着逃窜躲藏。上面有重大徭役，因其痼疾也不必去服役。上面拨发贫病者救济粮，却可以接受甚多。最后感叹，支离疏其形的人，犹足以养活自身，终其一生天年，又何况支离疏其德者呢？《疏》：“夫支离其形，犹忘形也；支离其德，犹忘德也。而况支离残病，适是忘形，既非圣人，故未能忘德。夫忘德者，智周万物而反智于愚，明并三光而归明于昧，故能成功不居，为而不恃，推功名于群有（或作‘才’），与物冥而无迹，斯忘德者也。夫忘形者犹足以养身终年，免乎人间之害，何况忘德者邪其胜劣浅深，故不可同年而语矣！是知支离其德者，其唯圣人乎！”

八、楚狂接舆行歌讥刺孔子

楚狂接舆，为楚国狂人，姓陆名通，字接舆，这里记载了他行经仲尼宾舍门前以歌唱讽刺孔子的情景。

孔子适（往）楚，楚狂接舆游其门曰：“凤（拟喻孔子）兮凤兮，何如（如何，怎么）德之衰也！来世不可待，往世不可追也。天下有道，圣人成焉；天下无道，圣人生焉。方今之时，仅免刑焉。福轻乎羽，莫之知载；祸重乎地，莫之知避。已乎（罢了，算了）已乎，临人以德！殆（危险）乎殆乎，画（划定）地而趋！迷阳（指荆棘）迷阳，无伤吾行！吾行郤曲（屈曲，曲折；郤，xì，或作‘卻’，曲，què）无伤吾足（脚）。”

这是说，凤啊凤啊，怎么竟然会如此德衰啊！孔子被喻为人中之凤，此讥讽哀叹来仪应瑞之凤鸟，本该出现于有道之时地，却为何出现在衰乱之邦国？来世与往世不可等待或追随，故当下应灵活选择志向。天下有道与无道而圣人或成或生，均应该付之自然而然。如《注》：“趣（趋）当尽临时之宜耳。”“付之自尔，而理自生成。生成非我也，岂为治乱易节哉！治者自求成，故遗成而不败；乱者自求生，故忘生而不死。”再说，面对当下丧乱之时代，应该冥然与时世合一，就仅求免除刑戮了。人之福比羽毛还轻，不知取得；人之祸比大地还重，不知躲避。算了吧，算了吧！以德来对人说教！危险啊，危险啊！地上划出道来让他人遵行！荆棘重重，无伤害吾之行！吾屈曲而行，无伤害我之脚。这里修辞的特点，又曾启发人们，按照此上下行文的修辞理路来看，“吾行郤曲”里的“吾行”，或也应作“郤曲”，当是“郤曲郤曲”之误，如此便也与“迷阳迷阳”对偶了。有意思的是，陈景元《庄子阙误》引张君房本“吾行”就作“郤曲”。这或当是根据修辞模式运用于文字校勘的一个例证。

山木自寇（指砍伐）也，膏火自煎（熔熬）也。桂（树木名）可食，故伐之；漆可用，故割之。人皆知有用之用，而莫知无用之用也。

此篇结尾的几句话深具哲理。山中之树木，因其材可用，而自遭来砍伐；膏火因其照明可用，而自遭来煎熬。桂因芳香可供食用而被伐；漆因涂料可供器用而被割。此皆知有用之用，但世上还有无用之可用，则不知矣！此可再读《注》：“有用则与彼为功，无用则自全其身。夫割肌肤以为天下者，天下之所知也。使百姓不失其自全而彼我俱适者，悗然（mèn，无心的样子）不觉妙之在身也。”《疏》：“楸柏橘柚，膏火桂漆，斯有用也。曲辕之树，商丘之木，白颡之牛，亢鼻之豕，斯无用也。而世人皆炫己才能为有用之用，而不知支离其德为无用之用也。”此又想起郭庆藩有一案语：“《文选》潘安仁《秋兴赋》注引司马云：言处人间之宜，居乱世之理，与人群者不得离人。然人间之事故，与世异宜，唯无心而不自用者，为能唯变所适而何足累！”

篇末可再赏章太炎《诸子略说》之评：“《人世间》论处世之道，颜子将之卫、叶公问仲尼二段可见，其中尤以心斋一语为精。宋儒亦多以晏坐为务。余谓心斋犹坐也。古者以《诗》《书》、礼、乐教士，《诗》《书》属于智识，礼、乐属于行为。古人守礼，故能安定。后人无礼可守，心常扰扰。《曲礼》云：‘坐如尸，立如斋。’此与晏坐之功初无大异。常人闲居无事，非昏沉，即掉举。欲救此弊，惟有晏坐一法。古人礼乐不可斯须去身，非礼勿动（动者，非必举手投足之谓，不安定而是动），非礼勿言（心有思想即意也），自不必别学晏坐。‘子之燕居，申申如也，夭夭如也。’申申，挺直之意；夭夭，屈申之意。申申、夭夭并举，非倔强、亦非伛（yǔ，驼背）偻（lǚ，脊背弯曲），盖在不申、不屈之间矣。古有礼以范围，不必晏坐，自然合度。此须观其会通，非谓佛法未入中土之时，中土绝无晏坐法也。心斋之说与四勿语（‘非礼勿视，非礼勿听，非礼勿言，非礼勿动’）相近，故其境界，亦与晏坐无异。向来注《庄子》者，于‘瞻彼阕者，虚室生白，吉祥止止’十二字多不了然，谓‘室’比喻心，心能空虚则纯白独生，然‘阕’字终不可解。按：《说文》，‘事已闭门’为阙，此盖言晏坐闭门，人从门隙望之，不见有人，但见一室白光而已。此种语，佛书所恒道，而中土无之，故非郭子玄所知也。”此评论亦然可以反思与深思，并回顾此篇。

德充符：德充而物应·内外相符验

《庄子》内篇第五文为《德充符》。篇目是何意思？如《注》：“德充于内，物应于外，外内玄合，信若符命而遗其形骸也。”又首句《注》：王骀“形虽残兀，而心实虚忘，故冠‘德充符’而为篇首也”。符，是指古代凭证符券、符节、符传等信物。符命，是指上天预示受命的符兆。这里当指符合命运。又如《经典释文》：“崔云：此遗形弃知，以德实之验也。”王先谦《庄子集解》：“德充于内，自有形外之符验也。”

一、常季与孔子的对话录

常季是鲁国的贤人，传说是孔子的弟子，这里记载了他们两人之间的“四问四答”。

鲁有兀（wù，通“跀”，断一足）者王骀（tái），从之游者与仲尼相若。常季问于仲尼曰：“王骀，兀者也。从之游者与夫子中（半，一半）分鲁。立不教，坐不议；虚而往，实而归。固有不言之教，无形（没有健全形体）而心成（内心圆成）者邪？是何人也？”仲尼曰：“夫子，圣人也，丘也直后（落在后面）而未往耳。丘将以为师，而况不若丘者乎！奚假（何只，或说‘假’为借）鲁国！丘将引天下而与从之。”

此为第一次问答。王骀是仅有一足的形残人，但是他门下的弟子人数与孔子的弟子各占鲁国的一半。王骀是立不授教，坐无议论；然而求学者往往虚心而往，却能充实得理而归。《疏》：“教授门人，曾不言议。残兀如是，无复形容，而玄道至德，内心成满，必固有此，众乃从之也。”孔子作答常季之问，赞扬王骀夫子是圣人，并将以其为师，而何况不如我孔丘者！岂只是鲁国，我孔丘将引天下人而从之学。

常季曰：“彼兀者也，而王（指盛大，超过）先生，其与庸（常）亦远矣。若然者，其用心也独（作语助，犹‘其’）若之何？”仲尼曰：“死生亦大（大事）矣，而不得与之（兀者王骀）变，虽天地覆（颠覆）坠（塌陷），亦将不与之（王骀）遗（丧失）。审（详察）乎无假（凭借）而不与物迁（变迁），命（听命）物之化而守其宗（宗旨）也。”

此为第二次问答。常季再问，这位兀者声名、品行、学问比您先生大，已远离了庸常之辈了。他的用心是怎样的？孔子说，死生之变化亦属大变之事，然而不得使他变化，虽天覆地坠，亦将不会使得王骀丧失。他详察无所凭借之道理而不与物变迁，听命事物之变化而守其宗旨。《疏》：“夫山舟潜遁，薪指迁流，虽复万境皆然，而死生最大。但王骀心冥造物，与变化而迁移，迹混人间，将死生而俱往，故变所不能变者也。”“达于分命，冥于外物，唯命唯物，与化俱行，动不乖寂，故恒住其宗本者也。”

常季曰：“何谓也？”仲尼曰：“自（从）其异者视之，肝胆楚越也；自其同者视之，万物皆一也。夫若然者，且不知耳目之所宜，而游心乎德之和（和谐，协调）；物视（即视物）其所一而不见其所丧（丧失而有差异），视丧其足（脚）犹遗（遗失）土（土块）也。”

此为第三次问答。常季因意深而难明，故再问。仲尼释疑再答：若从其异者视之，那么肝胆虽本一体，但肝与胆又相异而远，就像楚与越之远。若从同者来看，万物皆一。《注》：“虽所美不同，而同有所美。各美其所美，则万物一美也；各是其所是，则天下一是也。夫因其所异而异之，则天下莫不异。而浩然大观者，官天地，府万物，知异之不足异，故因其所同而同之，则天下莫不皆同；又知同之不足有，故因其所无而无之，则是非美恶，莫不皆无矣。夫是我而非彼，美己而恶人，自中知以下，至于昆虫，莫不皆然。然此明乎我而不明乎彼者尔。若夫玄通泯合之士，因天下以明天下。天下无曰我非也，即明天下之无非；无曰彼是也，即明天下之无是。无是无非，混而为一，故能乘变任化，迕（wǔ，违反，抵触）物而不慴（shè，恐惧）。”再说，像这样的人将不知道耳目所适合的应当是什么，而均能适宜，心游于道德和谐之处，荡然无不当，旷然无不适。《疏》：“既而混同万物，不知耳目之宜，故能游道德之乡，放任乎至道之境者也。”“王骀一于死生，均于彼我。生为我时，不见其得；死为我顺，不见其丧。witness（或作‘观’）视万物，混而一之。故虽兀足，视之如遗土者也。”

常季曰：“彼为己（修己）以其知（智，智慧），得其心以其心。得其常（真常）心，物（外物，即众多门徒）何为最（指聚集）之哉？”仲尼曰：“人莫鉴于流水而鉴于止水，唯止（水本凝止）能止（能留停照人）众止（众物来止临照）。受命于地，唯松柏独也在冬夏青青；受命于天，唯舜独也正，幸（幸亏）能正生（端正自己的品行），以正众生。夫保（保守）始（善始之心）之征（信，成），不惧之实（真实之志）；勇士一人，雄（勇猛）入于九军（古制天子六军，诸侯三军）。将（以，用）求名而能自要（或作‘徼’，求取）者，而犹若是，而况官（效法，或说主宰）天地，府（储藏，包藏）万物，直（特意，故意）寓（寓所）六骸（身、首以及四肢），象耳目，一知（智）之所知（知晓），而心未尝死者乎！彼且（将要）择日而登假（通‘格’，至），人则从是也。彼且何肯以物为事乎！”

此为第四次问答。常季问：王骀他以其智慧来修己，以其心智求得自己的心志。若得到了那无思虑、无知觉的真常之心，众多门徒又为何要聚集起来呢？《疏》：“若能虚忘乎淡，得真常之心者，固当和光匿耀，不殊于俗，岂可独异于物，使众归之者也？”又开头数句，俞樾认为当是：“彼为己，以其知（智，智慧）得其心，以其心得其常心。”此说也可供参考。

仲尼回答：人不鉴照于流动之水，而鉴照于静止之水，唯独水本是能凝止的，独能静止照人，众人便临止而照。《注》：“夫止水之致鉴者，非为止以求鉴也。故王骀之聚众，众自归之，岂引物使从己耶？动而为之，则不能居众物之止。”《疏》：“亦犹王骀犹怀虚寂，故能容止群生。由是功能，所以为众归聚也。”再说，树木受命于大地，唯松柏独杰出，在冬夏均青青；人受命于上天，唯虞舜独杰出且端正，幸亏能端正自己的品行，因而又能端正众人的品行。保守善始之心，内怀无所畏惧之情志，勇士虽只一人，也能勇猛地冲入九军，以求名位，而能忘记生死去求取，犹然能若此。又何况效法天地，包藏万物，只是把身躯作为寓所，以耳目为外表，把握一智所知晓的道理，而内心未尝死去的人呢！王骀将择日而登至高境地，人们则随从他。彼恬淡而冥真合道，且又怎肯以聚集众人为自己的事务呢！如《注》：“其恬漠，故全也。”又《疏》：“唯彼王骀，冥真合道，虚假之物，自来归之，彼且何曾以为己务！”

二、兀者申徒嘉

继前之鲁之兀者王骀，此又说兀者申徒嘉。庄子之于兀者，真是用深心来探究过的。

申徒嘉，兀者也，而与郑子产同师于伯昏无人。子产谓申徒嘉曰：“我先出（走出去）则子（你）止（留下来），子先出则我止。”

其明日，又与合堂同席而坐。子产谓申徒嘉曰：“我先出则子止（留下），子先出则我止。今我将出，子可以止乎，其（还是）未（不止）邪？且子见执政（指执政大臣）而不违（指回避），子齐（齐同，看齐）执政乎？”

申徒嘉曰：“先生（其师伯昏无人）之门（门下），固（岂，难道）有执政焉如此哉？子（您）而说（悦）子之执政而后人（使他人后）者也？闻之曰：‘鉴（镜子）明则尘垢不止，止则不明也。久与贤人处则无过。’今子（您）之所取大（重大）者，先生（指先生之道）也，而犹出言若是（此），不亦过（过错）乎？”

子产曰：“子即若是（如此形残）矣，犹与尧争（竞争）善（比善），计子之德不足以自反（自顾反省）邪？”

申徒嘉曰：“自状（陈述，辩解）其过（自己的过失）以（以己为）不当亡（灭亡）者众，不状其过以不当存（存活）者寡（少）。知不可（无可）奈何而安之若（顺从）命，唯有德者能之。游于羿（尧时古代善射者）之彀（gòu）中（弓箭射程范围之中），中央（四方之中）者，中（当中）地也，然而不中（zhòng，射中）者，命也。人以其全足（脚）笑吾不全足者多矣，我怫（fú，或fèi）然（愤怒的样子）而怒；而适（前往）先生（伯昏无人）之所，则废然（废除先前之怒）而反（恢复常性）。不知先生（伯昏无人）之洗（洗除）我以善（何种善道）邪？吾与夫子（伯昏无人）游十九年矣，而未尝知（感觉）吾兀者也。今子（您，子产）与我游（同游）于形骸之内（指心灵、道德之境），而子索（求取）我于形骸之外（指外在的形体），不亦过（错误）乎？”

子产蹴（cù）然（惊惭的样子），改容更貌曰：“子无乃（不要这样）称（述说）！”

此为又一则寓言。申徒为姓，名嘉，是又一个兀者，而与郑国大政治家郑子产同师于伯昏无人。其师则是假托的人物。公孙为姓，名侨，子子产。寓言里子产因地位之高、才能之富，贱视并讥刺申徒嘉，且羞与此兀者并行。申徒嘉则晓之以道，明之以理，辩之以论，感之以情，且又从同出一门来晓喻，还用其师榜样来导引，最终使得子产幡然醒悟，惊惭不已。当然，历史上的子产并非真如此记载这样，是郑国贤大夫，春秋时代著名的政治家。

三、兀者叔山无趾与孔子、老子交往

庄子对兀者的关注与研究可谓深矣！这写到的是又一位兀者叔山无趾，与圣人之间的对话。庄子这里又说鲁国的兀者叔山无趾的寓言。叔山无趾先是与孔子之间的对话录，再是与老聃之间的对话录。

鲁有兀者叔山（或说为其字）无趾（因其无脚趾，而为其名），踵（用脚后跟走路，或说频繁，即接踵频来）见仲尼。仲尼曰："子不谨（谨慎），前既犯患若是矣。虽今来，何及（赶上，指补救）矣！"无趾曰："吾唯不知务（不识世事）而轻用吾身，吾是以亡足。今吾来也，犹有尊足（比足更尊贵，即是道德）者存，吾是以务（务求）全之（道德）也。夫天无不覆，地无不载，吾以夫子为天地，安知夫子之犹若是也！"孔子曰："丘则陋（浅陋）矣。夫子（先生您）胡（何）不入乎，请讲以所闻！"无趾出。孔子曰："弟子勉之！夫无趾，兀者也，犹务学以复补前行之恶，而况全德（指身体健全，或说保全德行）之人乎！"

叔山无趾本是虚心前去请教，如何"务全"之道，然而遭遇到孔子的不敬，故反诘：我本以为夫子如天地一般能覆能载，原来并非如此。孔子最后自我批评"陋矣"，并勉励弟子，兀者无趾尚且如此进学，更何况全德之人更当奋发前行！《疏》："夫无趾残兀，尚寔（或作'欲'）全生。补其亏残，悔其前行，况贤人君子，形德两全，生便忘生（或作'便忘死生'），德充于内者也。门人之类，宜勖之焉。"

无趾语（yù，告诉）老聃（老子）曰："孔丘之于至人（修养最高者），其未（不）邪？彼何宾宾（频频，频繁）以学子（您）为？彼且（将要）蕲（qí，求）以諔诡（奇异；諔，chù）幻怪之名闻，不知至人之以是为己桎梏（zhì gù，如手铐、脚镣之刑具，在手为桎，在足为梏，此指束缚）邪？"老聃曰："胡不（何不）直

（直接）使彼以死生为一条（相贯通为一体），以可不可为一贯（贯通为一）者，解其桎梏，其可乎？”无趾曰：“天刑（刑罚，惩罚）之，安可解！”

无趾怀疑孔子是否已经达到了“至人”的那种境界，为什么要频频向老子问学呢，为什么还要求取那些奇异幻怪之名闻，而不知道此为桎梏。老聃回答：何不直接使他认识到死生是相贯通的一体，将可以与不可以也贯通为一，从而解开他的桎梏，大概可以了吧？《注》：“欲以真（或作‘直’）理冥之，冀其无迹。”无趾说：上天对他的惩罚，怎么可以解脱呢！《注》：“今仲尼非不冥也。顾自然之理，行则影从，言则响随。夫顺物则名迹斯立，而顺物者非为名也。非为名则至矣，而终究不免乎名，则孰能解之哉！故名者影响也，影响者形声之桎梏也。明斯理也，则名迹可遗；名迹可遗，则尚彼可绝；尚彼可绝，则性命可全矣！”此注读来犹然有味。

四、鲁哀公与孔子的对话录

这里记叙了卫国容貌丑陋的哀骀它的寓言。

鲁哀公问于仲尼曰：“卫（卫国）有恶（指容貌丑陋）人焉，曰哀骀（tái）它（tuó）。丈夫（成年男子）与之处者，思而不能去也。妇人见之，请于父母曰‘与（与其）为人妻，宁（宁愿）为夫子妾’者，十数（已有十多个妇人）而未止也。未尝有闻其唱（通‘倡’，倡导）者也，常和（附和）人而已矣。无君人之位以济（救济，救助）乎人之死，无聚禄以望（指满，满足）人之腹（实腹，饱腹）。又以恶（指面貌丑陋）骇天下，和（附和）而不唱（倡导），知（才智）不出乎四域（四方之内，指外界），且而雌雄（雌性与雄性）合（聚合，亲近）乎前，是必有异乎人者也。寡人召而观之，果以恶骇天下。与寡人处，不至以月数（指不到一个月），而寡人有意（存心，注意了解）乎其为人也；不至乎期年（一周年；期，jī），而寡人信之。国无宰（辅助国君的百官之长），寡人传（指委托）国（国政）焉。闷然（冷漠的样子）而后应（回应），氾（fàn，漫不经心）而若辞（推辞），寡人丑（指惭愧）乎，卒（终于）授之国（国政）。无几何（没多久）也，去（离开）寡人而行，寡人卹（xù，即‘恤’，忧，忧虑）焉若有亡（亡失）也，若无与乐是（此）国也。是何人者也？”

哀骀它之丑陋足以使得天下人惊骇，然而又吸引着许多的男男女女，甚至雌性与雄性之鸟兽都群聚在他面前。《注》：“夫才全者与物无害，故入兽不乱群，入鸟不乱行，而为万物之林薮（sǒu，指聚集的地方）。”以至于鲁国的国君，还将国政委托于他；然而没有多久，他就逃遁而走。尤有甚者，一旦失去了他，国君也失去了欢乐，甚至整个国家再没有人可以使得他快乐起来了。《疏》：“丧失贤宰，实怀忧恤。情之恍惚，若有遗亡，虽君鲁邦，曾无欢乐。来喜去忧，感动如此。何人何术，一至于斯！”

仲尼曰：“丘于也尝使（出使）于楚矣，适（正巧）见㹠（同‘豚’）子（指小猪）食（吸饮）其死母（母猪之乳）者，少焉（一会儿）眴（shǔn，视，看）若（它，或说‘眴若’指惊惶的样子）皆弃之而走（逃跑）。不见己（与自己同类，即同是活着的一类）焉尔（乃如此，才这样），不得类（与自己同类）焉尔。所爱其母者，非爱其形（形体）也，爱使（指使，主宰）其形者（即内在的才德与精神）也。战（战败）而死者，其人之葬也（因为不再用棺）不以翣资（故不用此古代棺饰，其状如扇，饰于棺之两旁；翣，shà；或说资，送）；刖（yuè，断足）者之屦（jù，鞋子），无为爱之（因为无足，故无用爱屦）；皆无其本矣。为天子之诸御（御女，嫔妃），不爪（指甲）翦（‘剪’异体字），不穿耳（此两‘不’，是为了使其形质完而全）；取（娶）妻者止于外（在外止宿），不得复使（再往宫内供役使）。形（外形）全犹足（可以）以为（做到）尔（如此），而况（何况）全德之人乎！今哀骀它未言而信（被取信），无功而亲（被亲近），使人授己国，唯恐其不受也，是（此）必才全而德不形（指外露）者也。”

此为一问一答。孔子的故事很生动，小猪离开死去的母猪，正如《注》：“夫生者以才德为类，死而才德去矣，故生者失类而走也。”“情苟类焉，则虽形不与同，而物无害心；情类苟亡，虽则形同母子，而不足以固其志矣。”其次讲说“无其本”与“全形”“全德”的情况，并赞扬才德兼具的哀骀它是“才全而德不形者”！

哀公曰：“何谓才全？”仲尼曰：“死生、存亡、穷达、贫富、贤与不肖、毁誉、饥渴、寒暑，是（此，指以上‘八对’）事之变，命（天命）之行也。日夜相代乎前，而知不能规（通‘窥’，窥测）乎其始者也。故不足以滑（指乱，淆乱；或作‘汩’，gǔ）和（中和），不可入于灵府（指心灵，精神之宅）。使之和豫（安逸，快乐），通而不失于兑（悦，喜悦；或说当为‘充’）。使日夜无郤（xì，通‘隙’，空隙，间断），而与（同，跟）物为春（春季），是接（接济）而生（万物）时（顺时）乎（于）心者也。是之谓才全。”

“何谓德不形？”曰：“平者，水停之盛（极点，顶点）也。其可以为法也，内保之而外不荡也。德者，成和之脩（修养）也。德不形者，物不能离也。”

此为再问再答。孔子先回答“才全”的问题。才全，即才能、才力、才智之全有。此又分两方面来说：其一，列出“死生”等八对变化，指出“是事之变，命之行也”。因此能顺应其所遇到的变化，就是“才全”的一种智慧。《疏》：“夫二仪虽大，万物虽多，人生所遇，适在于是。故前之八对，并是事物之变化，天命之流行，而留之不停，推之不去，安排任化，所遇所（或作‘斯’）适。自非德充之士，其孰能然！此则仲尼答哀公‘才全’之义。”其二，再说面对事物的千变万化、不舍昼夜的代谢迁流，智者也不能窥测其所始，只有随任变化，无往而不逍遥。因此虽反复变迁于外，而这些皆不足以搅乱内心之和谐，不可渗入深处的心灵之宅。要体悟穷通，豁达生死，于是所遇皆和乐，内心通达而不失适悦。气化流转，日夜不停，而一同跟物滋养生长，为春天一般的温和之气。

孔子再回答“德不形”，即德行不外露其形迹的问题。他以水为例说之，天下之平，没有能比过水静止时的那种极端状态的水平的。此又可用以为法，“内保之而外不荡”，如《注》：“内保其明，外无情伪，玄鉴洞照，与物无私，故能全其平而行其法也。”水之平于内则能保其明，其性澄清，玄鉴洞照；水之平于外则无情伪，不波不荡。

再说，德是成、和之修养。《注》：“事得以成，物得以和，谓之德。”《疏》：“夫成于庶事，和于万物者，非盛德孰能之哉！必也先须修身立行，后始可成事和物。物得以和而我不丧者，方可以谓之德也。”再说德不外露，而万物又均离不开它。

哀公异日以告闵子（孔子弟子，闵损，字子骞）曰：“始也吾以南面（指帝位，向南为尊位）而君（君临，统治）天下，执民之纪（纲纪）而忧其死（指生死），吾自以为至（极，最）通矣。今吾闻至人之言，恐吾无其实，轻用吾身而亡其国。吾与孔丘，非君臣（关系）也，德友（以德相交之友）而已矣。”

哀公聆听了孔子之言，终于幡然醒悟，对闵子谈论了自己理念的前后变化。初始未悟其道，而是坚执治民之纲纪，忧恐庶民的夭亡，还自以为已抵达了至美至通。如今领悟了至人的全德之义，并与孔子成为德友。《注》：“闻德充之风者，虽复哀公，犹欲遗形骸，忘贵贱也。”《疏》：“故知庄老之谈，其风清远。德充之美，一至于斯。”人不可无德，不应缺德，必当闻德，渐进而至全德，至此便是德充而至美矣！

五、残疾人游说卫灵公与齐桓公

这里先记载了闉跂支离无脤说卫灵公、瓮㼜大瘿说齐桓公的两则寓言。

闉（yīn）跂支离无脤（shèn）说（游说）卫灵公，灵公说（喜悦）之；而视全（形体正常齐全）人，其脰（dòu，颈项）肩肩（细小样子）。瓮（wèng）㼜（àng，或作“盎”）大瘿（yǐng，瘤子）说齐桓公，桓公说之；而视全人，其脰肩肩。故德有所长而形有所忘，人不忘其所忘而忘其所不忘，此谓诚忘。

此游说者的人名均有寓意，闉跂，是四肢屈曲；支离，为衰弱残缺的样子；无脤，即缺唇，或说无趾。瓮㼜，腹大而口小的盛器。大瘿，是相当严重的残疾人。然而两位畸形者的游说居然使卫灵公、桓公悦之，又和形体正常完整人的脖颈相比，则实在太细小了。《疏》：“此二人者，穷天地之陋，而俱能忘形建德，体道谈玄。遂使齐、卫两君，钦风爱悦，美其盛德，不觉病丑，顾视全人之颈，翻小而自（或作‘似’）肩肩者。”此后“诚忘”说，是指实在的忘记。此所涵要义：其一，“故德有所长而形有所忘”，德行比他人有所长，那么形体上的缺陷便会被他人遗忘。此德长与忘形对比着讲，如《注》：“其德长于顺物，则物忘其丑；长于逆物，则物忘其好。”《疏》：“大瘿、支离，道德长远，遂使齐侯、卫主，忘其形恶。”其二，“人不忘其所忘而忘其所不忘，此谓诚忘。”人若不能忘记那些所应当忘的，而忘记了那些所不应当忘的，此就谓真正的遗忘了。《疏》：“诚，实也。所忘，形也。不忘，德也。忘形易，而忘德难也。故谓形为所忘，德为不忘也。不忘形而忘德者，此乃真实忘（或作‘志’）。斯德不形之义也。”

故圣人有所游，而知为孽（祸殃），约（盟约）为胶（束缚，拘泥），德（推施德行）为接（交接，接触），工（工巧）为商（商贩之作为）。圣人不谋，恶（wū何）用知？不斫，恶用胶？无丧，恶有德？不货，恶用商？四者，天鬻（yù，或作“育”，养育）也。天鬻者，天食也。既受食于天，又恶用人！有人之形，无人之情。有人之形，故群于人；无人之情，故是非不得于身。眇（miǎo，微小）乎小哉，所以属于人也！謷（áo，高大样子）乎大哉，独成其天！

此又说圣人之所游，《注》：“游于自得之场，放之而无不至者，才德全也。”《疏》：物我双遣，形德两忘，故放任乎变化之场，遨游于至虚之域也。”这可通悟庄子不断强调逍遥游的深刻内涵。这里又具体描述圣人之游，同尘顺物于“四为”：“知为孽，约为胶，德为接，工为商”。《注》：“此四者自然相生，其理已具。”圣人对“四者”之理念与行为又是：“不谋”“不斫”“无丧”“不货”。亦然如《注》：“自然已具，故圣人无所用其己也。”

再进而推论此“四者”就是“天鬻”“天食”，即来自天之养育，也即自然的养育。既然如此，那么就禀承天然、顺受自然的养育而已，又何必被人事纷扰！因此有人之形，则和光养晦，类聚群分，同尘世间；无人之情，则体道虚无，无有是非，物我两忘。最后又作感叹：渺小啊，仅有人之形貌，而与他物不殊！高大啊，唯大人凝照宏远，独能成为自然之极致！

六、惠子与庄子的辩论

《德充符》里记载了庄子与名家惠子的一场论辩。庄子曾主张“有人之形，无人之情”，故惠子引用此语来质疑庄子：人是否无情？于是两人便有了这场“四问四答”的论辩。

惠子谓庄子曰：“人故（本来）无情乎？”庄子曰：“然。”

惠子曰：“人而（如果）无情，何以谓之人？”庄子曰：“道与（给予）之貌（容貌），天与之形（形体），恶得（怎么能）不谓之人？”

惠子曰：“既谓之人，恶得无情？”庄子曰：“是（这）非吾所谓情也。吾所谓无情者，言人之不以（因外在的）好恶内伤其身（之本性），常因自然而不益（增益，补益）生也。”

惠子曰：“不益生，何以有（保有）其身？”庄子曰：“道与之貌，天（自然）与之形，无以好恶内伤其身。今子（你）外（外耗）乎子之神，劳（劳累）乎子之精，倚（靠着）树而吟（吟咏），据槁梧（梧桐木做的几案）而瞑（睡眠）。天选（授予）子之形，子以坚白（坚白的诡辩）鸣（言说）。”

庄子认为人非情所生，故本无所谓的情，而是道给予了容貌，天给予了形体，怎么能不谓之人呢？惠子却不解形貌之非情。然而话再说回来，“无情”也不是说人没有感情，而是指人不该因外在的好恶而伤害自身的本性，而应常因顺自然而不增益其生。如《疏》：“庄子所谓无情者，非木石其怀也，止言不以好恶缘虑分外，遂成性而内理其身者也。何则？蕴虚照之智，无情之情也。”“因任自然之理，以此为常；止于所禀之涯，不知生分。”

惠子又以“不益生，何以有其身”来反诘庄子。如《疏》：“若不资益生道，何得有此身乎？未解生之自生，理之自足者也。”庄子进行反驳，指出道与天给予了人的形貌，生之理已经自足形貌之中了，只要任用好就能身存，而“无以好恶内伤其身”。庄子又指出惠子外耗其神，神不修于性分之内，又劳累其精，精不止于自生之极。所以会靠着树而吟咏，凭依梧桐木做的几案而睡眠，已经是以形劳心，使精神疲倦。天授予了你形体，你却以“坚白论”的诡辨言说，且还自鸣得意。然而这些因无其实，而不能服众人之心。庄子辩论里反对所谓的“坚白论”，这是古代名家的著名言论，指石头的白色与石头的坚质都独立于石头，庄子斥之为无稽之谈。

惠子与庄子的这一段对话一唱一和，全用韵文，如《雪心编》：“后幅全用韵语，妙绝！”再若与《逍遥游》末一段里两人的对话比较，“而《德充符》一段更富于诗意，真可谓‘天籁’之文”。（游国恩等《中国文学史》第一册）

章太炎《诸子略说》于此篇评说：“言形骸之不足宝。故以兀者王骀发论，至谓王骀之徒与孔子中分鲁国，则其事有无不可知矣。中有二语，含义最深，自来不得其解，曰：‘以其知得其心；以其心得其常心。’余谓此王骀之绝诣也。‘知’者，佛法所谓意识；‘心’者，佛法所谓阿赖耶。阿赖耶恒转如瀑流，而真如心则无变动。‘常心者’，真如心之谓。以止观求阿赖耶，所得犹假，直接以阿赖耶求真如心，所得乃真。此等语与佛法无丝毫之异。世间最高之语，尽于此矣。”

大宗师：宗而师者的无心智慧

《庄子》内篇之第六文为《大宗师》。大，则不小；宗，则被尊；大宗师，则便是为众所崇敬，堪称师表的大师。这大宗师究竟是谁？若逐层追溯，那就是以地为大宗师，又进至以天为大宗师，再进至以大道为大宗师，而终究又是自然而然，以自然为大宗师。此正如老子名言：“人法地，地法天，天法道，道法自然。”法者，即效法，取法。法其师，被效法者则为其宗师，至极者则为大宗师。大宗师本无心，也无心为师，此又如《注》：“虽天地之大，万物之富，其所宗而师者，无心也。”又如《释文》：“崔云：遗形忘生，当大宗此法也。”此亦然逐段解读。

一、知天·知人·知之盛

此开篇说“二知”，即“知天之所为”与“知人之所为”，可达其“至”。

知天（自然，下同）之所为，知人之所为者，至矣。知天之所为者，天而生也；知人之所为者，以其知之所知以养其知之所不知，终其天年而不中道夭者：是知之盛也。虽然，有患。夫知有所待而后当，其所待者特未定也。庸讵（何以，怎么；讵，jù）知吾所谓天之非人乎？所谓人之非天乎？

大宗师是真人已抵达真知的境界。庄子指出若既能知道天（自然）之所作为，又能知道人之所作为，那便是认知之至极。《注》："知天人之所为者，皆自然也，则内放其身（或作'心'）而外冥于物，与众玄同。任之而无不至者也。"这是因为前者之知，懂得了事物出于自然；后者之知，懂得了用所已知的再去认知那些还未知的，一直至死亡而中途不夭折。这是认识的极盛。虽然如此，这还会有忧患。因为人的认知还必定有待于那些被认识的对象，而后才会恰当正确，但是那些对象是未能确定的。怎么知道天然的东西就不是出于人为，人为的就不是出于天然的呢？

大宗师，已臻真人真知的境界。《文子》亦曾曰："知天之所为，知人之所行，即有以经于世矣。知天而不知人，即无以与俗交。知人而不知天，即无以与道游。直志适情，即坚强贼之，以身役物，即阴阳食之。得道之人，外化而内不化，外化所以知人也，内不化所以全身也。"

古人有曰："大宗师者，道也。此篇本论大宗师，却以人之能全大宗师者，并论一篇以'无为'二字为骨，以'知天之所为，知人之所为'二句为纲。天之所为者，天之无为之为也，是大宗师也；人之所为者，人之无为之为也，是全此大宗师者也。"（明郭良翰《南华经荟解》引吴默语，见《庄子鉴赏辞典》）

且有真人而后有真知。何谓真人？古之真人不逆（违逆）寡（少），不雄（称雄，夸耀）成（成功，成就），不谟（móu，通"谋"）士（或作"事"）。若然者，过而弗悔，当而不自得也。若然者，登高不栗（lì，恐惧），入水不濡（rú，沾湿），入火不热。是知之能登假（登至；假，通"格"，至）于道者也若此。古之真人，其寝不梦，其觉无忧，其食不甘，其息（气息，呼吸）深深。真人之息以踵（脚后跟），众人之息以喉。屈服者，其嗌言（言语因咽喉阻塞而断；嗌，ài，咽喉）若哇（呕吐）。其耆（shì，通"嗜"）欲深者，其天机（天生的机灵神智）浅。古之真人，不知说（通"悦"，喜悦）生，不知恶死；其出不訢（通"欣"，欣喜），其入不距（通"拒"，抗拒）；翛（xiāo，无拘束，自由）然而往，翛然而来而已矣。不忘其所始，不求其所终；受而喜之，忘而复之，是之谓不以心捐（抛弃）道，不以人助天。是之谓真人。若然者，其心志（或说当为“忘”，此从之），其容寂（静默，恬静），其颡（sāng，额头）頯（kuí，宽大，宽阔）；凄然（萧飒、凄凉的样子）似秋，煖（xuān，同“煊”，温暖）然似春，喜怒通四时（春夏秋冬四季），与物有宜（适宜）而莫知其极。

此段描述真人与真知，而真人具有真正的知识、智慧与风采，并从三个维度作出对古代真人的描述与赞美。

其一，古代真人具有诸多之“不”。其有“三不”：（1）“不逆寡”，不以众多违逆少数。如《注》：“凡寡皆不逆，则所顺者众矣。”（2）“不雄成”，不称雄，不夸耀成就。如《注》：“不恃其成而处物先。”（3）“不谟士”，《疏》：“虚夷忘淡，士众自归，非关运心谋谟招致故也”。果真能“若然”即能如此，那么又至于“五不（弗）”的境界：虽错过机会，也不后悔；虽正当机遇，也不自我得意。虽登高而不会战栗，入水而不被沾湿，入火则不被烤热。这是智慧能登升于大道者才能如此。

其二，古代真人再描述。其睡觉不做梦，觉醒无忧愁，饮食不甘美，气息深又深。真人的气息吐纳使用的是脚跟，而众人用的则是咽喉。论说若被他人屈服，则其言语似乎在咽喉梗塞，声音若呕吐一般断续。那些嗜欲深的人，他们天然赋予的领悟能力就越浅薄。

其三，古代真人再加描述。真人不知悦生恶死，出入生死则不欣不拒，无拘束地自由往来而已。不忘掉所始的，不追求所终止的；对所有的遭遇都能欣悦接受，忘却生死而任其复归，此就称为不以一己之心智而抛弃道，不以人的作为来助天。这就称为真人。

最后又进一步揭示“是之谓真人”的特点：其心灵能淡忘一切，其仪容能安详恬静，其面额端庄宽阔。这里为何要描述真人的面额？或如《注》：“颡，额也。頯，大朴貌。夫真人降世，挺气异凡，非直智照虚明，志力弘普，亦乃威容闲雅，相貌端严。日角月弦，即斯类也。”这里也可一窥古人之文化心理。再说，真人既能凄凉似秋色一般，又能洋溢温暖似春天那样，喜怒似四季时节能随从变通，与万物相适宜而又不知其变化之终极。这又是什么道理？此亦然可以读《疏》：“圣人无心，有感斯应，威恩适务，宽猛逗机。同素秋之降霜，本无心于肃杀；似青春之生育，宁有意于仁惠！是以真人如雷行风动，木茂华敷，覆载合乎二仪，喜怒通乎四序。”“真人应世，赴感随时，与物交涉，必有宜便。而虚心慈爱，常善救人，量等太虚，故莫知其极。”

故圣人之用兵也，亡国（攻亡敌国）而不失人心；利泽施乎万世，不为爱（偏爱）人。故乐通物（以万物自通无碍为乐），非圣人也；有亲（偏爱之亲），非仁也；天时（猜测时机），非贤也；利害不通（不能贯通），非君子也；行名（行事为名）失己（自我），非士也；亡（丧失）身（自身）不真，非役（役使）人也。若狐不偕（尧时贤人）、务光（黄帝时贤人，或说夏代贤人）、伯夷、叔齐（两人为周武王时贤人）、箕子（殷纣贤臣）、胥馀（箕子，或说伍子胥）、纪他（汤时逸人）、申徒狄（汤时贤人），是役人之役（被役人者所役使），适人之适（被安适人者所安适），而不（不能）自适其适（自我安适那个安适）者也。

此段行文均采用连续否定的方式来言说，如“不失人心”“不为爱人”“非圣人也”“非仁也”“非贤也”“非君子也”“非士也”“非役人也”等。最后列出历史传说中的八位有名人物，这些人士均被役人者所役使，被安适人者所安适，而不能成为自我安适的那个安适者。《注》：“斯皆舍己效人，徇被伤我者也。”《疏》：“此数子者，皆矫情伪行，亢志立名，分外波荡，遂止于此。自饿自沉，促龄天命，而芳名令誉，传诸史籍。斯乃被他驱使，何能役人！悦乐众人之耳目，焉能自适其情性耶！”

闻一多认为从篇首至于“天与人不相胜也，是之谓真人”，中间四次说到“古之真人”，两次说到“是之谓真人”，文意一贯，然而“惟此一百一字与上下词指不类，疑系错简”。此说也得到一些学者的认同，亦然可供参考与再作研究。

古之真人，其状（状况）义（宜，适宜；或说“峨”）而不朋（结党；或说“崩”），若不足而不承（承受）；与（安然行走的样子；或说“容与”，自然安闲）乎其觚（gū，棱角，此指独立）而不坚（固执）也，张（广大）乎其虚（虚空）而不华（浮华）也；邴邴乎（喜悦的样子；邴，bǐng）其似喜乎，崔乎（动的样子）其不得已乎！滀乎（内心充实积聚的样子；滀，chù）进我色也，与（交往，亲近）乎止（归止，归依）我德也；厉（或作“广”，广大）乎其似世（世界；或说通“泰”，大）乎！謷乎（高大的样子；謷，áo）其未可制（控制，约束）也；连乎（绵邈深远的样子）其似好闭也，悗乎（心不在焉的样子；悗，mèn）忘其言也。故其好之也一，其弗好之也一。其一也一，其不一也一。其一与天为徒（同类，徒属），其不一与人为徒。天与人不相胜也，是之谓真人。

此段再作对古代真人的论述。真人之状是与物同宜，随物所宜，虚己均平，而又不作朋比结党。真人冲虚无余，好像不足而又无所禀承。俞樾认为“古之真人，其状义而不朋”，“义”与“朋”当读为“峨”与“崩”，是巍峨高大而不崩塌。(《庄子平议》)此后再从各方面描述，连绵排比出“十乎”：与乎，张乎，邴邴乎，崔乎，滀乎，与乎，厉乎，謷乎，连乎，悗乎等。钟泰《庄子发微》认为此节“其状”二字统摄下文，至“悗乎忘其言也”止。老子曰：“古之善为道者，微妙玄通，深不可识。夫唯不可识，故强为之容。”此亦可谓强为之状者也。仔细推寻，大抵表两端以见中道，与《论语》“子温而厉，威而不猛，恭而安”一种笔法。循是求之，虽不加诠释，可领解也。

此后括号内的文句，是四个“以为”之论，即是“以刑为体，以礼为翼，以知为时，以德为循”云云。以刑法为治之体者，以杀止杀，所以虽杀了人，也算是宽简有余。以礼为羽翼者，梳理人伦关系，所以大行于世。以知为等待时机者，随机应物，任时世之知，将必然之事，付之天下而已。《疏》：“故为宗师者，旷然无怀，付之群智，居必然之会，乘之以游者也。”又以德为遵循者，是说凡有足者都可以登上并不高峻的土丘，而人们还真以为是勤行的人。《注》：“凡此皆自彼而成，成之不在己，则虽处于万机之极，而常闲暇自适，忽然不觉事之经身，悗然不识言之在口。而人之大迷，真谓至人之为勤行者也。”当然，以上的文句，或以为是错简、衍文。如张默生说：“自‘以刑为体’至‘而人真以为勤行者也’若干句，在本节中虽可勉强解释，终觉不类庄子思想，时人已有疑者，或为他书错简。若删去此若干句，则上下文义悉顺。”(《庄子新解》)后来陈鼓应也赞同此说，删而不解。究竟是否错简，或可以再加研究的。

此后再有揭示：所以对于天与人来说，人们不论是好之，或者不好之，人与天其实是合一同一的。其能合一同一，果真是属于一，即能与天为徒属同类；其不能合一同一，也是属于一，即与人为徒属同类。天与人不相克对立，这就可以称为真人了。

二、死生之命 · 一化所待 · 道自本自根

此一段论说死生之命、善生善死、善始善终，以及道的有情有信、无为无形、自本自根的精辟见解。

死生，命也。其有夜旦之常，天也。人之有所不得与(yù，干预)，皆物之情(本性)也。彼特(只是)以天为父，而身犹爱之，而况其卓乎！人特(只是)以有君为愈(胜过)乎己，而身犹死之，而况其真乎！

生来死去，这是人之命。夜暗旦明的常规，这是天之道。有些事情是人不能干预的，皆因物的本性使之然。人们只是以天为父，而且还终身爱它，然而更何况那高卓之道呢！人只是以为君王胜过自己，而且自身还可以为之去死，然而更何况那真正的道呢！这里作出比较：人们爱天，却不知爱道；人们可以为君王献身，却不知道为道献身！这里凸现的“卓”，即高卓，也指道。成玄英又称为“独化”。如《注》：“卓者，独化之谓也。夫相因之功，莫若独化之至也。故人之所因者，天也；天之所生者，独化也。人皆以天为父，故昼夜之变，寒暑之节，犹不敢恶，随天安之。况乎卓尔独化，至于玄冥之境，又安得而不任之哉！既任之，则死生变化，惟命之从也。”再说“真”，一说即真人，或说即道，也指独化，如《疏》：“其真，则向之独化者也。人独以君王为胜己尊贵，尚殒身致命，不敢有避，而况玄道至极，自然之理，欲不从顺，其可得乎！安排委化，固其宜矣。”然而，虽本属简单的道理，而人们往往喜生恶死，哀乐存怀，逆于造化，不能安时处顺，任变随流，与化俱往。此如《疏》：“斯乃凡物之滞情，岂是真人之通智也！”

泉涸（hé，干枯），鱼相与处于陆，相呴（xǔ，吐沫）以湿，相濡以沫，不如相忘于江湖。与其誉尧而非桀也，不如两忘而化其道。夫大块（大自然，或说大地）载我以形，劳我以生，佚（通“逸”，安逸）我以老，息（安息）我以死。故善（美好，吉祥）吾生者，乃所以善（美好，吉祥）死也。

这里先用两个譬喻将其理再作申明。其一，泉水干枯，鱼儿共处陆地，虽互助苟活，此是因不足而相爱，远不如忘情于江海之中，因有余而相忘。《疏》：“此起譬也。江湖浩瀚，游泳自在，各足深水，无复往还，彼此相忘，恩情断绝。洎（jì，到，至）乎泉源旱涸，鳣（鲟类、黄鳝等，泛指鱼）鲔（wěi，金枪鱼，泛指鱼）困苦，共处陆地，赪（chēng，红色）尾曝腮，于是吐沫相濡，呴气相湿，恩爱往来，更相亲附，比之江湖，去之远矣。亦犹大道之世，物各逍遥，鸡犬声闻，不相来往。淳风既散，浇浪渐兴，从理生教，圣迹斯起；矜蹩躠（用力的样子；躠，xuè）以为仁，踶跂（尽心用力；踶，tí）以为义，父子兄弟，怀情相欺。圣人羞之，良有以也。故知鱼失水所以呴濡，人丧道所以亲爱之者也。”其二，与其美誉唐尧而否定夏桀，不如两者都忘却而随从变化而合乎大道。《疏》：“此合喻。夫唐尧圣君，夏桀庸主，故誉尧善而非桀恶，祖述尧、舜以勗将来，仁义之兴，自兹为本也。岂若无善无恶，善恶两忘；不是不非，是非双遣。然后出生入死，随变化而遨游；莫往莫来，履玄道而自得。岂与夫呴濡圣迹，同年而语哉！”后世成语“相濡以沫”即出于此。

再说自然以形体让我负载，以生存来使我劳苦，以老而渐休来使我安逸，以死亡来让我安息。所以若能够以为吾的生存是美善的，也就能够以为吾的死亡也是美善的。《疏》：“大块者，自然也。夫形是构造之物，生是诞育之始，老是耆艾之年，死是气散之日。但运载有形，生必劳苦；老既无能，暂时闲逸；死灭还无，理归停憩。四者虽变而未始非我，而我坦然何所惜耶！”“夫形生老死，皆我也。故以善吾生为善者，吾死亦可以为善矣。”

夫藏舟于壑（hè，深山谷），藏山（或说“汕”，捕鱼工具）于泽，谓之固（牢固，坚牢）矣。然而夜半有力者负之而走，昧（愚昧；或说为“寐”，梦寐）者不知也。藏小（如藏人于室，藏物于器）大（藏大如藏于山泽）有宜（适宜），犹有所遁（逃失，变化）。若夫藏天下于天下而不得所遁，是恒（常，永恒）物之大情也。特（独，只是）犯（通“范”，遇）人之形而犹喜之，若人之形者，万化而未始有极也，其为乐可胜（shēng，尽）计邪？故圣人将游于物之所不得遁而皆存。善（美好，吉祥；下同）妖（通“幺”，少；或说“夭”，夭折）善老，善始善终，人犹效之，又况万物之所系（所属）而一（全，所有）化之所待（也即道）乎！

此段紧接上文，如《注》：“方言死生变化之不可逃，故先举无逃之极，然后明之以必变之符，将任化而无系也。”这里说若藏船于深山之谷，藏山于水泽之深，可以说是很牢固了。然而夜半有大自然造化的大力却能把山谷与水泽背负起来而跑走，愚昧者却竟然一点也不知晓。这夸张的描述，是说造化的大力能在极短时间里冥冥地将事物改变。如《疏》：“夜半暗冥，以譬真理玄邃也。有力者，造化也。夫藏舟舩于海壑，正合其宜；隐山岳于泽中，谓之得所。然而造化之力，担负而趋；变故日新，骤如逝水。凡惑之徒，心灵愚昧，真谓山舟牢固，不动岿然。岂知冥中贸迁，无时暂息。昨我今我，其义亦然也。”再说，藏小物或大物，虽有其适宜处，然而还会有所丢失。假若藏天下于天下，就不会被丢失，此为永恒之物所固有的大实情。因此不被流俗所惑，不运人世小智，能一死生，冥变化，乘造物以遨游，达大道之真情，此为藏天下于天下，此藏即是无所藏，不藏之藏。如《注》：“不知与化为体，而思藏之使不化，则虽至深至固，各得其所宜，而无以禁其日变也。故夫藏而有之者，不能止其遁也；无藏而任化者，变不能变也。”“无所藏而都任之，则与物无不冥，与化无不一。故无外无内，无死无生，体天地而合变化，索所遁而不得矣。此乃常存之大情，非一曲之小意。”

再说人们遇合了人之形躯而犹独欣喜，然而就像人之遇合了自己形躯的情形一样，万物万化的遇合则是未曾有至极的，又怎么知道它们不快乐呢，而它们的为乐难道可以计算出来吗？如《疏》：“夫大冶洪炉，陶铸群品。独遇人形，遂以为乐。如人形者，其貌类无穷，所遇即喜，喜亦何极？是以唯形与喜，不可胜计。”所以圣人将游于物之所不能丧失的地方而皆与道共存。人之一生倘若有百年，那么既能以少为美善，也能以老为美善；既能以始为美善，也能以终为美善，这已经是很了不起了，因此人们会效法这样的做法。然而更何况是那万物所归属的道、各种变化所依托的道乎！这已经是混同万物，冥一变化，当为至人圣知，为物之宗匠了！如《注》：“此自均于百年之内，不善少而否老，未能体变化、齐死生也。然其平粹，犹足以师人也。”“此玄同万物，而与化为体，故其为天下之所宗也，不亦宜乎！”

夫道，有情（实情，情状）有信（验证），无为无形；可传而不可受（授予），可得而不可见（看见）；自本自根，未有天地，自古以固存；神（神奇）鬼神（神奇）帝，生天生地；在太极（元气，在阴阳未分、天地未生之前）之先而不为高，在六极（天地四方）之下而不为深，先天地生而不为久，长于上古而不为老。狶（shǐ）韦氏得之，以挈（通“契”，投合，此指混同）天地；伏戏氏（伏羲氏）得之，以袭（入，及于）气母（元气之母）；维斗（星名，即北斗）得之，终古不忒（tè，差错）；日月得之，终古不息；堪坏（神名，人面兽身，得道入昆仑为神）得之，以袭（入，及于）昆仑；冯夷（传说的河神）得之，以游大川；肩吾（庄子虚构人命）得之，以处大山；黄帝得之，以登云天；颛顼（zhuān xū，即帝高阳，为黄帝之孙）得之，以处玄宫（得道为北方之帝，故又称玄帝，其宫称玄宫）；禺强（水神名）得之，立乎北极；西王母（传说的仙人）得之，坐乎少广（传说的山名）。莫知其始，莫知其终。彭祖（传说尧时人，长寿八百岁）得之，上及有虞（传说舜即有虞氏），下及五伯（春秋五霸）；傅说（殷武丁的名相）得之，以相武丁，奄（包括，覆盖）有天下，乘东维（星名，在箕、尾之间），骑箕（星名，二十八宿之一）、尾（星名，二十八宿之一），而比于列星（群星）。

这里再将大道作出精彩的描述与论说。道若说有实情的，即那种无情之情，是无为的；道若说有可信的，即那种无常之信，是无形的。道可以相传，却不可以口授；道可以获得，却不可以眼见。道的根本就在自身，自身就是根本；道在未有天地时，自古以来诚然存在。大道神于鬼灵、天帝，能生出天地来。大道在太极之先而有无高之高，在六极之下而有无深之深，先于天地而生而有无久之久，长于上古而有无老之老。如《注》：“言道之无所不在也。故在高为无高，在深为无深，在久为无久，在老为无老，无所不在而所在皆无也。且上下无不格者，不得以高卑称也；外内无不至者，不得以表里名也；与化俱移者，不得言久也；终始常无者，不可谓老也。”

此后列举或历史真实的、或仅为传说的人或物或神话再加阐述。（1）狶韦氏得道，则混同万物，契合二仪。（2）伏羲氏得道，则画演八卦六爻，调合阴阳元气。（3）北斗得道，则为众星纲维，历于始终而无差错。（4）日月得道，则始终照临，无休无止。（5）堪坏得道，入昆仑山而为神。（6）冯夷（传说的河神）得道，则游处于大川，为黄河之神。《疏》：“姓冯名夷，弘农华阴潼乡堤首里人也，服八石，得水仙。大川，黄河也。天帝锡冯夷为河伯，故游处孟津大川之中也。”（7）肩吾得道，故处东岳为大山之神。（8）黄帝得道，最后以登云天。（9）颛顼得道，为北方之帝。（10）人面鸟身的水神禺强得道，成为北海之神。（11）女神西王母得道，居坐于少广山。既不知其始，也不知其终。（12）彭祖得道，其长寿上及有虞氏，下及春秋五霸。（13）傅说得道，以此辅佐武丁，据有天下。传说他成了星精，故乘驾东维之星，骑坐箕星、尾星，而排列于众星之中。《疏》：“而傅说一星在箕、尾上，然箕、尾则是二十八宿之数，维持东方，故言‘乘东维，骑箕尾’。而与角、亢等星比并行列，故云‘比于列星’也。”

三、南伯子葵问乎女偊

南伯子葵，姓南伯，名子葵。女偊（rǔ yǔ），人名，是位养生大家、得道高人，然而是庄子笔下寓托的假想人物。此或说是位女性。这里女偊与南伯子葵的精彩对话录，以及庄子笔下的养生典范，给后人以深远的影响。

南伯子葵问乎女偊曰：“子之年长矣，而色若孺子（幼儿，孩童），何也？”曰：“吾闻道矣。”

南伯子葵曰：“道可得学邪？”曰：“恶（wū，不，表否定）！恶可（不可以）！子非其人也。夫卜梁倚（姬姓，名倚；或说姓卜梁，名倚杨柳桥）有圣人之才而无圣人之道，我有圣人之道而无圣人之才，吾欲以教（传授，告诉）之，庶几（差不多）其果（果真，诚然）为圣人乎！不然（如若虽不能这样就成为圣人），以圣人之道告圣人之才，亦易（容易明白接受）矣。吾犹守（修守）而告之，参日而后能外（遗，遗忘，下同）天下；已外天下矣，吾又守之，七日而后能外物；已外物矣，吾又守之，九日而后能外生；已外生矣，而后能朝彻；朝（早晨，朝阳）彻（明澈，清明），而后能见独；见独，而后能无古今；无古今，而后能入于不死不生。杀生者不死，生生（使生者得到生）者不生。其为物，无不将（jiāng，送）也，无不迎也；无不毁也，无不成也。其名为撄宁。撄宁也者，撄而后成者也。"

南伯子葵见女偊虽年事已高，然而容貌气色还如童颜一般，故引发出好奇，便探问其道。《疏》："女偊久闻至道，故能摄卫养生，年虽老，犹有童颜之色、驻彩之状。既异凡人，是故子葵问其何以致此也。"女偊的"吾闻道矣"，当不仅是听闻，且是又进层修炼得道了。如《注》："闻道则任其自生，故气色全也。"《疏》："闻道故得全生，是以反少还童，色如稚子。"此可与《素问·上古天真论》相对读而明："上古之人，其知道者，法于阴阳，和于术数。"因此，女偊不仅是听闻，而是进一步践行了于阴阳则效法，于术数则和合的境地，故"闻道"里就内含了"得道"。

然而当问及道是否可学，女偊又先否定了南伯子葵，说："恶！恶可！"您不是可以学道得道之人啊！由此再发宏论，先将卜梁倚与自己作出比较，在"圣人之才""圣人之道"方面进行孰有孰无的比较，彼仅得才，我仅得道。如《疏》："虚心凝淡为道，智用明敏为才。言梁（卜梁倚）有外用之才，而无内凝之道；女偊有虚淡之道，而无明敏之才。各滞一边，未为通美。然以才方（比拟，相比）道，才劣道胜。"

女偊又说：吾欲以此告诉他，差不多果真能成为圣人啊！如若不能成就圣人，以圣人之道告圣人之才，亦容易明白接受了。吾犹自修守内心的凝寂，而再告诉他。如《疏》："夫上士闻道，犹借勤行；若不勤行，道无由致。是故虽蒙教诲，必须修学，慕近玄道，决成圣人。若其不然，告示甚易，为须修守，所以成难。然女偊久闻至道，内心凝寂，今欲传告，犹自守之。况在初学，无容懈怠，假令口说耳闻，盖亦何益！是以非知之难，行之难也。"

女偊所嘱告的内容，清晰地指点了修炼的进阶：（1）修守三日后能遗忘天下，此后又能修守之。（2）七日后能遗忘外物，此后又能修守之。（3）九日后能遗忘生存死亡，此后又能修守之。（4）此后为"朝彻"。此犹如早晨的清新、朝阳的明澈那般，喻其抵达了通彻其理，物我两忘的境地。（5）此后便能“见独”，洞见独绝无待之道，而道就是独立，故以“独”来称它。《注》：“当所遇而安之，忘先后之所接，斯见独者也。”《疏》：“夫至道凝然，妙绝言象，非无非有，不古不今，独往独来。绝待绝对。睹斯胜境，谓之见独。”（6）此后便能至于超越时限的无古无今。（7）此后便是入于不死不生之境，即无所谓生与死了。（8）此终究抵达修炼的“撄宁”境地。撄，扰乱；宁，宁静。人若能不为外界纷扰的事物所干扰，保持心境的绝对宁静，此为撄宁的修养，且已达到了人生的高境界。若再作具体描述，则至此境界便不死不生。道既是“杀生者”，又是“生生者”，既不死也不生的。道之为物，无不有所送，也无不有所迎；无不有所毁，也无不有所成。这种不为外物生死、成毁的纷杂所干扰，心境始终宁静，就是“撄宁”。后来杨文会也曾有解读：“即将、即迎、即毁、即成，合四句为一‘撄’字；朝彻、见独、无古今、不死生，合四句为一‘宁’字”。（张默生《庄子新释》引）撄宁，是庄子所倡导的至高的修养境界，能够做到这一点也就算是得“道”了，所以又说“撄宁也者，撄而后成者也”。《疏》：“夫道之为物，拯济无方，虽复不灭不生，亦复而生而灭。是以迎无穷之生，送无量之死也。不送而送，无不毁灭。不迎而迎，无不生成也。”又《疏》：“撄，扰动也。宁，寂静也。夫圣人慈惠，道济苍生，妙本无名，随物立称，动而常寂，虽撄而宁者也。”“既能和光同尘，动而常寂。然后随物撄扰，善贷生成也。”此“撄宁”之说对后世影响深远，此可再参见后文之解读。

南伯子葵曰：“子独恶乎闻之？”曰：“闻诸（之）副墨（指翰墨，文字）之子，副墨之子闻诸洛诵（指罗洛诵读）之孙，洛诵之孙闻之瞻明，瞻明（指目视明晰）闻之聂许（指附耳私语），聂许闻之需役（指勤行不怠），需役闻之於（wū）讴（指歌谣），於讴闻之玄冥（指深远幽寂），玄冥闻之参寥（指三绝；参，三；寥，绝），参寥闻之疑始（指迷茫而无所本）。”

此后，南伯子葵追问，那么你女偊又是怎样闻道得道的呢？女偊回答以绝妙好辞，追寻了一条由今溯古、由流溯源的线索，依次说出“九闻”，可分为九层，也或称为九重。此如临玄之又玄的重玄之域，如入门内又门的众妙之门：

女偊—副墨之子—洛诵之孙—瞻明—聂许—需役—於讴—玄冥—参寥。

（1）今之获道是从文字记载流传而得来的。“副墨”指文字。在庄子看来文字是传播道的辅助手段，而后世的文字又是因文字不断地世代孳生传递而成的，所以后世文字若较前者来说，则如“副墨之子”了。《疏》：“副，副贰也。墨，翰墨也。翰墨，文字也。理能生教，故谓文字（因文字记载了理）为副贰也。夫鱼必因筌而得，理亦因教而明，故闻之翰墨，以明先因文字得解故也。”（2）追溯此前，则在无文字记载前，道的传播又从“洛诵”，即由诵读、背诵得来。大道就在口耳相传之中流播。“子”“孙”之喻，即世代传递的拟喻。《疏》：“临本谓之副墨，背文谓之洛诵。初既依文生解，所以执持披读；次则渐悟其理，是故罗洛诵之。且教从理生，故称为子；而诵因教起，名之曰孙也。”（3）再追溯此前，则又从目视明晰的瞻明而来。《疏》：“读诵精熟，功劳积久，渐见至理，灵府分明。”（4）又前此则从附耳私语的聂许而来。《疏》：“虽复私心自许，智照渐明，必须依教遵循，勤行勿怠。懈而不行，道无由致。”（5）又前此则从需役得来。《疏》：“虽复私心自许，智照渐明，必须依教遵循，勤行不怠。懈而不行，道无由致。”（6）又前此则从於讴。《疏》：“既因教悟理，依解而行，遂使盛惠显彰，讴歌满路也。”（7）又前此则从玄冥而来。《疏》：“玄者，深远之名也。冥者，幽寂之称。既德行内融，芳声外显，故渐阶虚极，以至于玄冥故也。”（8）又前此则从参寥而来。《疏》：“参，三也。寥，绝也。一者绝有，二者绝无，三者非有非无，故谓之三绝也。夫玄冥之境，虽妙未极，故至乎三绝，方造重玄也。”（9）最终则大道是从疑始而来。如《注》：“夫自然之理，有积习而成者。盖阶近以至远，研粗以至精，故乃七重而后及无之名，九重而后疑无是始也。”《疏》：“是以不本而本，本无所本，疑名为本，亦无的可本，故谓之疑始也。”

关于这一段文字，刘凤苞有评：“‘撄宁’二字，括尽通篇妙旨，匪夷所思。入后撰出许多名目，语语皆从体会而来。‘副墨’‘洛诵’，影照讲学诵读之功；‘瞻明’‘聂许’，影照收视返听之诣；‘需役’‘於讴’，影照言行相顾之实；‘玄冥’‘参寥’，影照反虚入浑之旨。末以‘疑始’作结，正以大道之运行，似有始而实未尝有始，其功由疑而生悟，‘参寥’乃其化境，‘疑始’则并化境而忘之，渺不知其所自始也。天地皆有始，而生天地者无始，又何古今死生之妄为分别哉？后段似乎以文为戏，而由浅入深，皆从体会而出。与相如《子虚赋》，杜撰人名，徒工夸丽者，固自不同也。”此亦然可为理解此段文字助读。

四、寓言：四子相与语

子祀、子舆、子犁、子来，均是寓言人物，而其间交谈当然也属寓言，但是寓意却颇丰盈。

子祀、子舆、子犁、子来四人相与语曰：“孰能以无为首（头脑），以生为脊（脊椎），以死为尻（kāo，脊椎骨末端，也指臀部），孰知死生存亡之一体（浑然一体）者，吾与之友矣。”四人相视而笑，莫逆（不违逆，相投合）于心，遂相与为友。

此似奇谈怪论，却正是方外之士的心迹，故四人心契为友，莫逆于虚玄，同羡于至道。《疏》：“夫人起自虚无，无则在先，故以无为首。从无生有，生则居次，故以生为脊。既生而死，死最居后，故以死为尻，亦故然也。尻首虽别，本是一身；而死生乃异，源于一体。能达斯趣，所遇皆适，岂有存亡欣恶于其间哉！”因同此理念，故四人聚集为友，成为莫逆之交了。

俄而（顷刻，不久）子舆有病，子祀往问之。（子舆）曰：“伟（大）哉，夫造物（造化）者，将（jiāng，取，拿）以予为此拘拘（拳曲不伸样子）也！曲偻（驼背，伛偻；偻，lóu）发背（背骨外露），上有五管（五脏的腧穴），颐（脸颊，腮巴）隐于齐（通‘脐’，肚脐眼），肩高于顶（头顶），句赘（驼背脊骨突起而为赘瘤；句，gōu）指天。”阴阳之气有沴（lì，因阴阳之气凌乱不和而引发的灾害），其心闲而无事，跰䟢（pián xiān，走路蹒跚不稳）而鉴（照视）于井，曰：“嗟乎！夫造物者又将以予为此拘拘也！”

子舆的一番话颇有意趣。如《注》：“夫洪炉大冶，造物无偏，岂独将我一身故为拘挛之疾！以此而言，无非命也。子舆达理，自欢此辞也。”阴阳之气有凌乱，子舆之心却闲适无事，然而当他从井里看到自己的模样，却也发出感叹。《疏》：“寻夫大道自然，造物均等，岂偏于我，独此拘挛？欲显明物理，故寄兹嗟叹也。”

子祀曰：“女恶（厌恶）之乎？”（子舆）曰：“亡（无，没有），予何恶！浸假（亦作‘寖假’，逐渐；或说‘假’，假令）而化予之左臂以为鸡，予因以求时夜（司夜，指鸡）；浸假而化予之右臂以为弹，予因以求鸮（xiāo，斑鸠）炙（炙烤）。浸假而化予之尻以为轮，以神为马，予因以乘之，岂更（gēng，更换）驾（车驾坐骑）哉！且夫得（指生）者，时也，失（指死）者，顺（顺应规律）也；安时而处顺，哀乐不能入也。此古之所谓县解（悬解，自然的解脱，又见《养生主》）也，而不能自解者，物有结之。且夫物不胜天久矣，吾又何恶焉？”

子舆回答子祀，自己并无憎恶感，且能够因顺一切变化，随任而安排，无所而不适。若左臂变成鸡，我就报晓；右臂变成弹，我就弹击斑鸠而烤了吃。若尻骨变成车轮，精神变成马，我就乘车马遨游。人生之得之生，是遇上了时机；人生之失之死，当顺应而无厌恶。要能安时处顺，哀乐不入。《疏》："夫忽然而得，时应生也；倏然而失，顺理死也。是以安于时则不欣于生，处于顺则不恶于死。既其无欣无恶，何忧乐之入乎！"

"县（悬）解"，《养生主》已见，此指自然的解脱，于得失、哀乐、死生皆无动于心。这里再说："此古之所谓县解也，而不能自解者，物有结之。"《注》："一不能自解，则众物共结之矣。故能解则无所不解，不解则无所而解也。"《疏》："处顺忘时，萧然无系，古昔至人，谓为悬解。若夫当生虑死，而以憎恶存怀者，既内心不能自解，故为外物结缚之也。"最后说，天之长久尚且还有昼夜之变化，人与物不能胜天，因此于死生之变化又有什么可厌恶的呢！

俄而子来有病，喘喘然（气息急促的样子）将死，其妻子（妻与子女）环（绕）而泣之。子犁往问（探问）之，曰："叱（呵斥声）！避（避退）！无怛（dá，惊扰）化（变化，指死亡）！"倚其户与之语曰："伟（大）哉，造化！又将奚以汝为？将奚以汝适？以汝为鼠肝乎？以汝为虫臂乎？"

子来曰："父母于子，东西南北，唯命之从。阴阳于人（变化），不翅（不异；翅，通'啻'）于父母；彼近吾死而我不听，我则悍（蛮横）矣，彼何罪焉！夫大块载我以形，劳我以生，佚我以老，息我以死。故善（美好，吉祥）吾生者，乃所以善吾死也。今之大冶（铸金的大工匠）铸金，金踊跃（跃起）曰'我且必为镆铘（名剑）'，大冶必以为不祥（不吉利）之金。今一（一旦，一经）犯（遇，承受；或说通'范'，模子浇铸）人之形，而曰'人耳人耳'，夫造化者必以为不祥之人。今一（一旦，一经）以天地为大炉，以造化为大冶，恶乎（哪里，怎么）往而不可哉！"成然（安闲样子）寐，蘧然（惊喜样子；蘧，qú）觉。

此又描述了子犁去探望病重将死的子来之情景。子犁先呵斥"环而泣之"的亲人避开于一旁，因为人死是正常变化，不应该去惊扰。面对子犁的死者将变化成什么的发问，病者子来超然作答：子女听从父母的吩咐调遣，人顺从自然的生死变化，则后者无异于前者，故当顺应死亡之来临。大地以形、生、老、死，载我、劳我、佚我、息我，因此能以为吾之生是善事，也能以为吾之死也是善事。

子来还生动地比况：融铸之金铁，若突然跳跃出来，说愿成为宝剑镆铘，此又知其不愿意为普通平凡之器，大匠必以为不吉祥。相同的道理，如果今偶遇承受而为人形，便醉心于“成为了人啊，成为了人啊”，而不甘心成为其他之物，造物者也必定认为不吉祥！正如上文所说的，死后不知道造化是将其五藏变成鼠之肝，还是四肢变成虫之臂，因此当只管任化而往，所遇皆适。再说如今一以天地为大熔炉，以造化为精于铸金的大工匠，凡所往所遇应当均可适合！《疏》：“夫用二仪造化，一为炉冶，陶铸群物，锤锻苍生，磅礴无心，亭毒均等，所遇斯适，何恶何欣！安排变化，无往不可也。”

最后的子来状况是，“成然寐，蘧然觉”。此既似乎安详睡眠，离人世而去；又似乎惊喜觉醒，回人间而来。如《疏》：“寐，寝也，以譬于死也。觉是悟也，以况于生。然寤寐虽殊，何尝不从容逸乐；死生乃异，亦未始不任命逍遥。此总结子来以死生为寤寐者也。”此将人之生死，譬作寤寐一般；古人又有人生如梦之譬！庄文读来虽然飘忽恍惚，然而能使后人体认生命的震撼与沉思之力量！

《大宗师》特点之一是多写死生之事，此为其一，文中多有其载。古人有评：“《庄子》此篇，精神命脉全在死生一事。亦不独此篇，三十二篇皆然。盖此老看破一世众生膏肓之病，顶门下针，要人猛于生死关头，一刀两段，成大解脱。知此，可以蔽《南华》全经之旨。”（明郭良翰《南华经荟解》引吴默语）又有曰：“全篇在打破生死立义，又不直说出生死，一步深一步，直追入无生无死处，如大将斩阵搴旗，须看其追亡逐北，直捣黄龙窟痛饮处。游于物之所不得遁而皆存，是黄龙窟痛饮时也。”（明周拱辰《南华真经影史》引周寀语）

五、三子相与语：子桑户·孟子反·子琴张

此三人也均为庄子笔下假托之人物，其言语与行为饶有趣味，寓意颇为深刻。

子桑户、孟子反、子琴张三人相与友，曰：“孰能相与（相互交往）于无相与，相为（相互帮助）于无相为？孰能登天游雾（云雾），挠挑（循环，周游）无极（太空），相忘以生，无所终穷？”三人相视而笑，莫逆于心，遂相与为友。

此三人志同道合而结为好友。“友”或说为“语”，即交谈，文意亦通。虽“相与”与“相为”，然而均将“相与”与“相为”化为了“无”。“有”而能化为“无”，就是纯处于自然而然的境地。升飞九天，遨游太空，忘记生死，无所穷极，为其瑰奇的理想。既然志趣相投合，心灵相契，便成为莫逆之交。

莫然（漠然，指寂静的样子）有间（jiàn，过不久）而子桑户死，未葬。孔子闻之，使子贡往侍事（帮助料理丧事）焉。或（有人）编曲，或（有人）鼓琴，相和（应和）而歌曰：“嗟来（表感叹）桑户乎！嗟来桑户乎！而（你）已反（返回）其真（本真，即自然），而我犹为人猗（yī，感叹语气）！”子贡趋而进曰：“敢问临（面对）尸而歌，礼乎？”二人相视而笑曰：“是（此）恶知礼意！”

子贡反，以告孔子，曰：“彼何人者邪？修行无有，而外（置之度外）其形骸（人的身体），临尸而歌；颜色不变，无以命（称述）之。彼何人者邪？”

子桑户死，孔子让子贡去帮助料理丧事。然而面对子桑户之友的“临尸而歌”的情景，子贡困惑地发问：这合乎礼吗？结果遭来对方的讥刺。孔子听到这些无礼的情况后，也不解地接连反问：“彼何人者邪？”

孔子曰：“彼，游方（方域，指世俗礼教之域）之外者也；而丘，游方之内者也。外内不相及，而丘使女（汝，你）往吊（吊丧）之，丘则陋（浅陋）矣。彼方且（将要）与造物者为人（此‘人’，指偶，伴侣），而游乎天地之一气（元气）。彼以生为附（附着）赘（瘤子）县（通‘悬’）疣（瘊子。附赘县疣，喻指无用的多余之物），以死为决疣（huán，失换成丸，疽）溃痈（脓疮），夫若然者，又恶知死生先后之所在！假（凭藉）于异（不同）物，托（寄托）于同体（相同形体）；忘其肝胆，遗其耳目；反覆终始，不知端倪（头绪）；芒（茫）然彷徨乎尘垢（人世，尘世）之外，逍遥乎无为之业。彼又恶能愦愦然（烦乱样子；愦，kuì）为世俗之礼，以观（观察；或说示，显耀）众人之耳目哉！”

孔子又对子贡分析了其中的道理：他们是“游方之外者”，自己是“游方之内者”。方外方内互不相及，因为道不同不相为谋。然而我派你去吊丧，则是浅陋了。他们与造物者为伴侣，而游乎天地之元气里。彼以生为附赘县疣般的多余之物，以死为决溃毒痈那样。若这样的人，又怎么知道死生先后之所在！凭借于不同之物，寄托于相同形体；忘其肝胆，遗其耳目；反覆终始，不知头绪；茫然彷徨乎尘世之外，逍遥乎无为之业。彼又怎能为世俗之礼烦乱，以观察众人之耳目哉！再说，后来的“方内”之说，即出自此，指尘世，对“方外”而言。至于“方外”一词，则较早者见诸《周易·坤》《管子·幼官》《楚辞·远游》《文子·精诚》等，而用意也各有不同。

子贡曰："然则夫子何方（方术，道术）之依？"孔子曰："丘，天（上天，自然）之戮民（刑民，指遭遇惩罚之民）也。虽然，吾与汝共（一同）之。"子贡曰："敢问其方。"孔子曰："鱼相造（往，到，下同）乎水，人相造乎道。相造乎水者，穿（开凿）池而养（供养）给（充足，充裕）；相造乎道者，无事而生（性）定（指心性安定；或说'定'字为'足'，即自足）。故曰，鱼相忘乎江湖，人相忘乎道术。"子贡曰："敢问畸人（jī，不与世俗相合者）。"曰："畸人者，畸（不正常）于人而侔（móu，等同，齐等）于天，故曰，天之小人，人之君子；人（或认为当作'天'）之君子，天（或认为当作'人'）之小人也。"

子贡再三发问，孔子连续三答。（1）夫子依靠何方？答曰：我是受到上天刑罚杀戮之人，意思是处于方内受束缚之人，因此会与你们仍旧不懈地追随那大道。（2）夫子其方如何？答曰："鱼竞相去水里，这就要凿水池而给养充足；人竞相去道上，这就要无事而心性安适。所以说，鱼相忘在江湖，人相忘在道术。"（3）畸人又是怎样的？答曰："畸人者，不等同于世人，而等同于天之人，所以说，天之小人，就是人之君子；人之君子，就是天之小人。"

六、颜回与仲尼对话录之二

这里记载了颜回与仲尼的又一番对话，是对鲁国贤人孟孙才的评论。

颜回问仲尼曰："孟孙才（复姓孟孙，名才），其母死，哭泣无涕（眼泪），中心不戚（悲戚），居丧不哀。无是三者，以善处丧。盖（发语词）鲁国固（通'顾'，竟然）有无其实而得其名者乎？回壹（实在）怪之。"

颜回认为孟孙才母死，然而"哭泣无涕""中心不戚""居丧不哀"，三者均表现出悲伤，然而却以善处丧而有名。故以此疑问请教孔子：鲁国竟然有如此无其实行，而得其名声的吗？

仲尼曰："夫孟孙氏尽之矣，进（超过）于知矣。唯简（简略）之而不得，夫（指孟孙氏）已有所简矣。孟孙氏不知所以生，不知所以死；不知就（趋，从）先（指生），不知就后（指死）；若（顺应）化为物，以待其所不知之化已（停止）乎！且方将化，恶（wū，怎么）知不化哉？方将不化，恶知已化哉？吾特（只是）与汝，其梦未始觉（觉醒）者邪！且彼（死者）有骇形（形体有骇人的变化）而无损（损伤）心（己心），有旦宅（一日之宅；旦，日）而无情死。孟孙氏特（单独）觉，人哭亦哭，是（作肯定判断）自其所以乃（这样，如此）。且也相与吾之耳矣，庸讵（何以，怎么）知吾所谓吾之乎？且汝梦为鸟而厉（同‘戾’，至，到达）乎天，梦为鱼而没于渊。不识今之言者，其觉（觉醒）者乎，其梦者乎？造（至，到）适不及笑，献（显露，呈现）笑不及排（安排，推移），安排而去化，乃入于寥（寥廓、寂寥）天（自然）一。”

孔子作答解疑：孟孙氏已尽其死生之理了，并超过了那些所谓知晓丧礼之人。众人只是希望简化治丧，但是都做不到，孟孙氏却已做到有所简化了。孟孙氏不知所以生与死，不以生与死为介意，而付之自然，安于变化；不知趋从生或死，皆顺化而为物，以此来对待那些所不知晓的变化！且方将出现变化，怎么知晓不变化呢？方将不再变化，怎么知晓已经的变化呢？只是吾与你，就像是做梦还没有觉醒者！且彼死者形体有骇人的变化，而无损伤自己的心；形体如一日之住宅的转化，而无情地死去。孟孙氏独能觉醒，别人哭，他亦哭，这就是他所以如此的原因。且世人相与说这是吾，又何以知道吾所谓吾呢？且说你梦里为鸟，而飞至于天；梦里为鱼，而潜水于渊。不识得如今的言说者，是觉醒的人呢，还是做梦的人呢？至于舒适已来而来不及笑出来，笑出来而又来不及事先作安排。顺应自然的安排而变化，就进入与寂寥之天为一的境界了。

此中“旦宅”一词，犹言供一日所用之住宅。庄子常将人的形骸，比喻为气的寓所。一日之宅，言其短暂。此谓人的形骸只是气的短暂的住所而已。“旦宅”，谓变化的躯体。此句《疏》：“旦，日新也；宅者，神之舍也。以形之改变，为宅舍之日新耳。”

七、意而子与许由对话录

意而子是一虚拟的名字，为古之贤人。许由是传说中的隐士。意而子先谒见了帝尧，后来见许由，便有了这样的对话。

意而子见许由。许由曰：“尧何以资（资助，供给）汝？”意而子曰：“尧谓我：‘汝必躬（亲身）服（实行）仁义而明言是非’。”许由曰：“而（你）奚来为轵（zhǐ，通‘只’，作句末语气词）？夫尧既已黥（qíng，额上刺字并涂墨之刑罚）汝以仁义，而劓（yì，割去鼻子之刑罚）汝以是非矣，汝将何以游夫遥荡（放荡）恣睢（放纵）转徙（变化）之涂（路途）乎？”意而子曰：“虽然，吾愿游于其藩（领域，或说边缘）。”

此第一番问答。面对许由之问，意而子转述了尧的教诲。如《疏》：“仁则恩慈育物，义则断割裁非，是则明赏其善，非则明惩其恶。此之四者，人伦所贵，汝必须己身服行，亦须明言示物。”于是许由说：“你又为何再来我处呢？既然尧已像黥刑那样把‘仁义’刻在你的额头上，又像劓刑那样把‘是非’割去你的鼻子，你又将何以游于逍遥自得、无系自由之路途呢？”意而子则说：“虽然这样，吾还是愿意游于那个境地的边缘。”

许由曰：“不然。夫盲（失明的人）者无以与乎眉目颜色之好，瞽（瞎子）者无以与乎青黄黼（fǔ）黻（fú）之观。”意而子曰：“夫无庄（古代大美女）之失其美，据梁（古代大力士）之失其力，黄帝之亡其知，皆在炉捶（或作‘锤’）之间耳。庸讵（何以，怎么）知夫造物者之不息（生长，滋息）我黥而补我劓，使我乘（载，或说用）成（备，或说完成）以随先生邪？”

这是两人的再一番对话。许由反驳，曰：“不该这样。盲人不能与他一起观赏眉目颜色之容貌美好，瞎子不能与他一起鉴赏礼服刺绣的美观。”《疏》：“盲者，有眼睛而不见物。瞽者，眼无眹（zhěn，眼珠）缝如鼓皮也。作斧形谓之黼，两己相背谓之黻。而盲瞽之人眼睛已败，既不能观文彩青黄，亦不爱好眉目颜色。譬意而遭尧黥劓，情智已伤，岂能爱慕深玄，观览众妙耶！”

意而子又说：“美女无庄不再打扮而失去其美，力士据梁不再逞能而失去其力，圣知黄帝不再炫智而失去其知，皆如在炉之冶炼、捶之锻打之间获得了其道。这也就是得到了道的浸染熏陶之后而回归了本真。”《疏》：“以上三人，皆因闻道，然后忘其所务，以契其真。犹如世间器物，假于炉冶打锻，以成其用者耳。今何妨自然之理教示于我，以成其道耶？故知自然造物在炉冶之间，则是有修学冶锻之义也。”再说，怎么知道造物者不会滋养我的黥刑，而补正我的劓刑，使我形体完整而追随先生呢？又如《疏》：“我虽遭仁义是非，残伤情性，焉知造化之内不补劓息劓，令我改过自新，乘可成之道随夫子以请益邪？乃欲弃而不教，恐乖造物者也。”

许由曰：“噫（叹词）！未可知也。我为汝言其大略。吾师乎！吾师乎！泽及万世而不为仁，长于上古而不为老，覆载天地、刻雕众形而不为巧，此所游（游心于道）已。”

最后，许由因至大之道深玄难明，而感叹地说：“此未可知晓。我为你也只是言说个梗概大略。其实吾之大宗师就是大道啊！大道也就是吾之大宗师啊！恩泽施及万世而不以为仁，生长于上古而不以为老，覆天载地、雕刻众形而不以为巧技，此当是心所遨游的境地。”“此所游已”，如《注》：“游于不为，而师于无师也。”《疏》：“吾师之所游心，止如此说而已。此则总结以前吾师之义是也。”

八、颜回与孔子的寓言

这是颜回与孔子的又一段对话，饶有趣味，寓意深刻。此当非历史事实，而是庄子笔下的寓言“创作”。

颜回曰：“回益（进步，增益）矣。”仲尼曰：“何谓也？”曰：“回忘仁义矣。”曰：“可矣，犹未也。”

他日复见，曰：“回益矣。”曰：“何谓也？”曰：“回忘礼乐矣。”曰：“可矣，犹未也。”

他日复见，曰：“回益矣。”曰：“何谓也？”曰：“回坐忘矣。”仲尼蹴（cù）然（惊奇又局促不安的样子）曰：“何谓坐忘？”颜回曰：“隳（毁坏）肢体，黜（废除）聪明，离形（形体）去（去除）知，同于大通（即大道，因道通万物），此谓坐忘（坐而自忘）。”仲尼曰：“同（与万物同一）则无好也，化（顺应变化）则无常（不固执于常理）也，而（汝，你）果（果真）其贤乎！丘也请从（跟从）而后（随后）也。”

颜回汇报自己的不断进步，不断得到孔子的肯定，孔子并鼓励他继续进步，颜回从而有此“三进益”：（1）一进益，是“忘仁义矣”。颜回是以损为益，此损仁义而获益。《疏》：“损有益空，故以损为益也。”“忘兼爱之仁，遣裁非之义。所言益者，此之谓乎？”然而孔子指出“可（可以）矣，犹未（还不曾够）也。”（2）二进益，是“忘礼乐矣”。《疏》：“礼者，荒乱之首。乐者，淫荡之具。为累更重，次忘之也。”孔子再评论：“可矣，犹未也。”《疏》：“虚心渐可，犹无至极也。”（3）三进益，是“回坐忘矣”。这是静心无着，端坐自忘，至于物我两忘的无思无虑的精神境界。孔子为之悚然惊叹，曰：“何谓坐忘？”颜回作出解释：先为“隳肢体，黜聪明”，这是毁废肢体，屏黜聪明。《疏》：“虽聪属于耳，明关于目，而聪明之用，本乎心灵。既悟一身非有，万境皆空，故能毁废四肢百体，屏黜聪明心智者也。”如是“离形去知，同于大通，此谓坐忘”。

《注》："夫坐忘者，奚所不忘哉！既忘其迹，又忘其所以迹者。内不觉其一身，外不识有天地，然后旷然与变化为体而无不通也。"

最后孔子评论说"同则无好"，如《注》："无物不同，则未尝不适；未尝不适何好何恶哉！"又说"化则无常"，如《注》："同于化者，唯化所适，故无常也。"孔子赞扬颜回果真是位大贤者，说自己落后于颜回，愿意从而学之。

寓言里的颜回就是不断地解脱、超拔、升华，最终至于与道融合相通的"坐忘"的境界了。值得一说的是，庄子的"坐忘"后来成为道家的一种重要的修炼方法。唐代司马承祯著有《坐忘论》，详论"坐忘"方法，分敬信、断缘、收心、简事、真观、泰定、得道等七篇，又附有"坐忘枢翼"一篇。（《哲学大辞典》）

九、寓言：子桑安命·两子对话录

子舆，是虚拟的人名。子桑，是寓言式人物。然而，此两位友人生发出来的对话，意趣隽永。

子舆与子桑友，而霖雨（雨过三日为霖）十日。子舆曰："子桑殆（大概）病矣！"裹饭而往食（sì，使食）之。至子桑之门，则若歌若哭，鼓（弹奏）琴曰："父邪？母邪？天乎？人乎？"有不任（堪）其声而趋（急促）举（指吐露）其诗（诗歌，歌词）焉。

子舆入，曰："子之歌诗，何故若是？"曰："吾思夫使我至此极者而弗得也。父母岂欲吾贫哉？天无私覆，地无私载，天地岂私贫我哉？求其为之者而不得也。然而至此极者，命也夫！"

子舆探问、送饭于友人子桑，先闻其如歌如哭之声，又在追问自己命运的贫困饥馁是由谁造成的：是父或母？是天或人？其声音微弱，似不堪承受，然而又急促地歌咏其诗词。子舆进门后，惊奇地问其原因。子桑说：我在寻思那个使我至此极端窘迫境地的原因，然而未曾寻得。父母难道会让我贫困吗？天地无私覆载，难道使我贫困吗？寻求其中造成的原因而不能获得！然而至此极端，就是命啊！此再可读《注》："言物皆自然，无为之者也。"《疏》："夫父母慈造（谓慈亲的养育之恩），不欲饥冻；天地无私，岂独贫我！思量主宰，皆是自然；寻求来由，竟无兆朕，而使我至此穷极者，皆我之赋命也，亦何惜之有哉！"此最后归结的是人生之命运且安命而已！

关于此一结尾，如清林纾《庄子浅说》："《大宗师》一篇，说理深邃宏博，然浅人恒做不到。庄子似亦知其过于高远，故以‘子桑安命’一节为结穴，大要教人安命而已。此由博反约，切近人情之言也。”刘凤苞《南华雪心编》则云：“末段以子桑之安命，归结起手天、人二意，而‘大宗师’三字，亦如剑匣帷镫。”“文法亦脱化入神，正如岭云欲起，忽被横风吹断，痕迹俱泯。解天地父母处，绝不肯轻下断谓，见得生成覆载之恩，无所不至。其使我至此极者，决不能归之于父母天地也。求其为之者而不得，亦惟有引命自安而已。不怨天，不尤人，非下学上达知我其天之诣，其孰能为是言哉？是以为知天知人之至也。千里来龙到此结穴，文情绵邈，尤觉神传象外，韵溢毫端。”

对此篇主旨学者又有所见，如钟泰《庄子发微》：子桑落到这地步，既“非自致之也”，“是亦非天故为之也。然则特事之变，命之行，我适值其会耳。知命乐天，何怨之有！孟子曰：‘莫之为而为者，天也。莫之致而至者，命也。’此亦曰：‘求其为之者而不得也。然而至此极者，命也夫！’庄子、孟子之言何其相合也！《论语》二十篇，终于‘不知命无以为君子’，此篇明内圣，亦以言命终。《论语》、庄子之书又何其相合也！吾故曰：庄子之学出于孔、颜之传，岂为无据哉”！此种观点亦然可以供我们思考庄子与孔颜之间、《庄子》与《论语》之间的某种微妙的关系。

至此若再欣赏《大宗师》的行文之法极妙，则粗看则似碎片化，支离枝蔓，若坠迷雾，内里却深具艺术逻辑，文法富赡。刘凤苞《南华雪心编》又有妙评：“细按此篇文法，首段已尽其妙，以下逐层逐段，分应上文，神龙嘘气成云，伸缩变化，全在首尾，若隐若显，令人不可捉摸。此外东云见鳞，西云见爪，作其之而（按‘之而’即须毛，见《考工记·梓人》，此为龙须），盘空拏（ná，牵引，纷乱）攫，此其所以为灵也。”“其中俊语奥词，分呈互见，剖之为荆山之玉，屑之为丽水之金，缀之为长吉（唐代文学家李贺，誉为鬼仙之才）之囊，割之为丘迟（南朝梁文学家，辞采丽逸）之锦。沾其剩馥残膏，皆可湔（jiān，洗涤）肠换骨，化为脉望（据《仙经》：‘蠹鱼三食神仙字，则化为此物，名曰脉望。’）之仙。自有文章以来，空前绝后，无古无今，殆推庄生为独步矣。”评价如此高绝，或许并非虚誉！

此可再读章太炎《诸子略说》简要之评：“《大宗师》篇有不可解处，如‘真人之息以踵，众人之息以喉’踵、喉对文，自当训为实字，疑参神仙家言矣。至乎其极，即为占卜梁倚之不死不生，如此方得谓之大宗师。”

应帝王：无心而任乎自化的智慧

《庄子》内篇最后的第七篇是《应帝王》，此是经由了前面大道的种种观照与阐发，然后再推论帝王之道，揭示治政的思想与智慧。

题目之旨意，如《注》："夫无心而任乎自化者，应为帝王也。"《经典释文》："崔云：行不言之教，使天下自以为牛马，应为帝王者也。"此篇几乎全用寓言联缀而成，隽永而意趣盎然，深刻而回味无穷。

此篇全文赏析，如《南华雪心编》评论真堪悟读借鉴："《应帝王》一篇，与《大宗师》均是纯任天然的榜样。《大宗师》多就性功说，《应帝王》多就治功说。在圣贤成己成物，自有一番作用，一番事功。南华则以不用为用，无功为功，其旨趣同于圣贤，却另有境界与圣贤不同处，乃所以独成其天也。细按此篇文法，首尾前后，一气相生，均是'立乎不测，游于无有'，入神超妙工夫。总结内篇，作者精神全注于此。若非置身题外，入其中而茫然莫解，则七圣迷途，失却崆峒妙旨，现前境界俱属尘封。《南华》本是寓言，将天地间万有不齐之理，铸以洪炉，鼓以元气，精液糟粕一概融化在内，无迹可寻。故其文凌虚独步，超以象外，得其环中。欲从其浑合处窥之，则虚空粉碎，诸天之花雨缤纷；欲从其琐屑处求之，则表里晶莹，大地之山河倒影，千变万化，莫测端倪。如此篇之'未始出于非人，天而人也'，'未始入于非人，人而天也'，只转换一字，便有颠倒造化之功。"六段以虚而应者为灵，虚而应者，无一不征其实功，面面玲珑，真可混秋水长天为一色。末段则另换机杼，在理欲天人分界处痛切言之，词虽幻而实为真境，意虽奇而可得正宗。谈元者不能道其只字，说理者莫能出其范围，真仙佛之阶梯、圣贤之堂奥也。此所谓应帝应王而无愧于其实者也，与《大宗师》内外消息相通，若合符契矣。"

此篇亦然逐文解读。

一、啮缺与王倪·四问四不知

《应帝王》开篇是一段奇特的对话，真是奇峰突兀而出——

啮（niè）缺问于王倪，四问而四不知。啮缺因跃而大喜，行以告蒲衣子。蒲衣子曰："而（你）乃今知之乎？有虞氏不及泰氏。有虞氏，其犹藏仁以要（yāo，交结，笼络）人，亦得人矣，而未始（不曾，下同）出于非人（指物）。泰氏，其卧徐徐（舒缓安闲的样子），其觉于于（无知无识的样子），一（或，亦说竟，下同）以己为马，一以己为牛；其知情（真实，实在）信，其德甚真，而未始入于非人。”

啮缺、王倪在《齐物论》里已有介绍，可参见。蒲衣子，寓言人物，或为传说中的古代贤人。啮缺虽从其师王倪那里遭遇了“四问而四不知”，却因此而喜跃。这是因为王倪面对“有问”采取的是“无答”，面对“欲知”却教导人“无知”。这是以“无”对“有”，以“无”应“有”，以“无为”对“有为”。啮缺也许悟出此理，故“因跃而大喜”，行以告蒲衣子，或许就将其心得也一并告之了。

由此便引发出蒲衣子的一段深刻议论，教诲说：有虞氏，即虞舜，实行有为而治，然而泰氏，即太昊，也就是伏羲氏，实行无为而治。相比较而言，有虞不及泰氏。这是因为有虞氏还心藏仁义，并以此来交结他人，虽亦得人拥护，然而未曾脱离那个“物”。这里的“非人”即“外物”，因为在庄子看来“人”与“物”是对立的双方，故以“非人”来指外物。然而泰氏却不同，超越于外物，其睡卧则舒缓舒服，其觉醒则无知无觉，听任他人把自己看作马，或者把自己看作牛。其人之知见信实，天德甚真，未曾入于“外物”，故能物我无分而齐同；若物我两分，则不能齐一矣。

二、肩吾与狂接舆谈话录

此紧接着的是肩吾与狂接舆的一段谈话录。

肩吾见（拜见）狂（狂人）接舆。狂接舆曰：“日中始（人名，肩吾之师）何以语（yù，告诉，教导）女（rǔ，汝）？”肩吾曰：“告我君人者（为人君者）以己（己之意志）出（推行）经式义度（即法度），人孰敢不听而化（归化）诸？”狂接舆曰：“是欺（欺诈之）德（行为，德行）也；其于治天下也，犹涉海凿河，而使蚉（‘蚊’之异体字）负山也。夫圣人之治也，治外乎？正（顺应本性之正）而后行，确（实其性）乎能其事（能胜任其事）者而已矣。且（况且）鸟高飞以避矰（zēng，系有丝绳之箭，或说是网）弋（yì，系绳之箭）之害，鼷（xī，小鼠）鼠深穴乎神丘（社坛，祭土神之台）之下以避熏（烟熏）凿（凿洞）之患，而（汝）曾（竟然）二虫（指鸟、鼠）之无知！”

肩吾，庄子虚构的人物名，前已见《逍遥游》。其名，《庄子》一书出现5

次。楚国的隐士陆通，字接舆，佯狂不仕，与孔子同时。日中始，贤人，为肩吾之师，属寓言人物。或说其人名当为中始，“日”为时间状语。

日中始有“君人者以己出经式义度，人孰敢不听而化诸”之说。“经式义度”，后世大都解读为法度。或如《疏》：“式，用也。教我为君之道，化物之方，必须己出智以经论，用仁义以导俗，则四方氓庶，谁不听从！遐远黎元，敢不归化耶！”

狂接舆果真很“狂”，针对日中始之说，接舆批驳“是欺德也”！如《疏》：“夫以己制物，物丧其真。欺诳之德非实道。”接舆接着阐发，以智慧与仁义之类来治天下就像走进大海去开凿河道，又让蚊子来背负大山。圣人则难道治于外吗？其必定治其内，各正性命之分，而后行之化之，确实对办事有能力者，就因之而任用，仅止于分内，而不驰外务。《疏》：“夫溟海宏博，深广难穷，而穿之为河，必无成理。犹大道遐旷，玄绝难知，而凿之为义，其功难克。又蚉虫至小，山岳极高，令其负荷，无由胜任；以智经纶，用仁理物，能小谋大，其义亦然。”接舆还讥笑肩吾不能顺道因德，就连小鸟、小鼠的智慧都还不如！如《注》：“禽兽犹各有以自存，故帝王任之而不为，则自成也。”“言汝曾不知此二虫之各存而不待教乎？”

三、天根与无名人的对话录

天根，是无有之人物；无名人，是无名字之人物。两人的对话，真是“无”与“无”的“无稽之谈”了。然而并非如此，此则对话寓意亦然深刻。

天根游于殷（殷山）阳（南面），至蓼水（河名，在赵国境内；蓼，liǎo）之上，适（恰巧）遭（相遇）无名人而问焉，曰：“请问为（治理）天下。”无名人曰：“去（快走开）！汝鄙（粗鄙，浅薄）人也，何问之不豫（使人不高兴；豫，乐）也！予方将与造物者（指道）为人（一说与道为友，或说任人自为），厌（厌烦世事），则又乘夫莽眇（轻盈虚无）之鸟，以出六极（天地四方）之外，而游无何有之乡（虚无的境地），以处圹埌（无边无际）之野。汝又何帠（yì，同‘臬’，法；或说梦语之‘寱’）以治天下感（同‘撼’，动摇）予之心为？”又复问。无名人曰：“汝游心于淡（淡泊），合气于漠（广大），顺物自然而无容私焉，而天下治矣。”

天根请教：怎样治天下？虽然所问不能使无名人高兴，不过还是作出了回答，并进一步再决疑。其主旨是：（1）与道为友，无为自化。如《疏》：“夫圣人驭世，恬淡无为，大顺物情，有同造化。若其息用归本，厌离世间，则乘深远之大道，凌虚空而灭迹，超六合以放任，游无有以逍遥，凝神智于射山，处清虚于旷野。如是则何天下之可为哉！盖无为者也。”（2）游心合气，于淡于漠。如《疏》：“可游汝心神于恬淡之域，合汝形气于寂寞之乡，唯形与神，二皆虚静。如是则天下不待治而自化者耳。”庄子向往、追求的“无何有之乡”，在《庄子》里有三次提及，再如“何不树之于无何有之乡”（《逍遥游》），又如“而甘冥乎无何有之乡”（《列御寇》）。（3）天下之治，必当顺物自然而无容私意。如《疏》：“随造化之物情，顺自然之本性，无容私作法术，措意治之。放而任之，则物我全之矣。”

四、阳子居见老聃

这是再一则寓言。阳子，姓阳，名朱，字子居，或作杨朱，秦人，战国时期倡导为我主义的哲学家。他向老子请问圣明君王之道，于是有了这样一番对话。

阳子居见老聃，曰：“有人于此，向疾（响应迅疾；向，通‘响’）强梁（果敢，强悍），物彻（透彻，通晓）疏明（疏通明达），学道不倦（不知疲倦）。如是者，可比明王（圣明君王）乎？”

老聃曰：“是（此）于圣人也，胥（xǔ，有才智之徒，有一技之长的小吏或役使者，或说通‘谞’，智慧）易（变易，指善供职办事）技（技艺）系（束缚，制约），劳形怵（chù，惊恐）心者也。且也虎豹之文（花纹）来（招致）田（畋，打猎），猨狙（猕猴）之便（便捷）执（捕捉）斄（lí，狐狸）之狗（犬）来（招来）藉（用绳捆缚）。如是者，可比明王乎？”

阳子居蹴（cù）然（惊惧的样子）曰：“敢问明王之治。”

老聃曰：“明王之治，功盖天下而似不自（出自）己（自己），化（教化）贷（施予）万物而民弗恃（依恃，依赖）；有（功绩）莫举（称举）名，使物自喜；立乎不测，而游于无有者也。”

此记阳朱与老聃之间的二问二答。（1）具有如此种种优秀素质之人，是否可比圣哲君王？老聃回答：此若从圣人看来，那么这就像有些才智的小吏，虽善变易办事，但是被小技艺束缚，且形劳心惊地生存着。再说虎豹因其皮毛的纹饰而招致被猎，猕猴因能跳跃便捷而被绳束缚，狗能捉得狐狸而被绳系颈。如此说来，那种人可与明王相比拟吗？这番话使得阳朱很有触动，且惊悚变容，并再作请问。（2）明王之治又是怎样的？老聃回答：明王之治天下，是功盖天下而似乎不出于自己，教化施予万物而民众不觉得有所依恃；虽有功绩而不称举自己的声名荣誉，使万物自得其喜。明王已立于不测之地，而游于无有之境了。如《疏》："无有，妙本也。树德立功，神妙不测，而即迹即本，故常游心于至极也。"

五、神巫季咸的故事

《应帝王》又接着记载了一则寓言。

郑有神巫（占卜识相者）曰季咸，知人之死生存亡、祸福寿夭，期（期限，或说占卜预料）以岁月旬日，若神。郑人见之，皆弃而走（因都不想预先听闻祸患、死亡之日）。列子（列御寇）见之而心醉，归，以告壶子，曰："始吾以夫子之道为至（极，最好）矣，则又有至（更高）焉者矣。"

壶子曰："吾与（传授）汝既（全，尽）其文（外在的文饰），未既其实，而（你）固（岂，难道）得道与（欤）？众雌而无雄，而又奚卵（产卵）焉！而以道与世亢（抗，匹敌），必信，夫故使人得而相汝。尝试（试一试）与来，以予示之。"

列子极其羡仰，恍然心醉于神巫季咸之"神"，因其预测的准确率已至于何岁何月何旬何日了，并认为其已经超越了壶子。壶子，此为号，名林，郑之得道之人，为列子之师，在《列子》里多有记载。壶子教导说：吾教你的还仅仅是道的外在之文，还未至于妙理之内实，你难道就自以为得道了吗？众雌而无雄，而又怎会产卵呢！这就像只有文，而无实，怎能会有道呢？你以道的外在之文与世间对抗，既无大智，必信那小巫，因此季咸得到你，为你看相。壶子又嘱咐列子带季咸来看相。

明日，列子与之见壶子。出而谓列子曰："嘻（惊叹声）！子之先生死矣！弗活矣！不以（不过）旬数（十日之数）矣！吾见怪焉，见湿灰焉。"列子入，泣涕沾襟以告壶子。壶子曰："乡（通'向'，刚才；下同）吾示之以地文（大地之象），萌乎（无知的样子，'萌'，通'氓'；或说茫然的样子，'萌'，作'茫'）不震（动）不正（当作'止'）。是殆（近乎）见吾杜（绝，塞）德机（生命活动力；机，动）也。尝又与来。"

第二天，神巫季咸见过壶子，预卜其不久必死，因观察其相犹如潮湿之死灰，不可再复燃了，此为不活之兆。列子为此，泣涕沾襟以告壶子。壶子说：刚才吾示现给他看的似大地的纹理，如山川、湖海等表象，呈露无知的样子，体征和神情均不动，不过生命的运行却没有停止。此近乎只是见到我闭塞至德的生机。《疏》："地以无心而宁静，故以不动为地文也。萌然寂泊，曾不震动，无心自正，文（或作'又'）类倾颓，此是大圣无感之时，小巫谓之弗活也。而壶丘示见，义有四重：第一，示妙本虚凝，寂而不动；第二，示垂迹应感，动而不寂；第三，本迹相即，动寂一时；第四，本迹两忘，动寂双遣。此则第一妙本虚凝，寂而不动也。"又说，"至德之机，开而不发，示其凝淡，便为湿灰。小巫庸琐，近见于此矣"。最后又叮嘱列子可让神巫尝试再来看相。

明日，又与之见壶子。出而谓列子曰："幸矣，子之先生遇我也！有瘳（chōu，病愈）矣，全然有生矣！吾见其杜（闭塞）权（变化出生机）矣。"列子入，以告壶子。壶子曰："乡吾示之以天壤，名实不入，而机发于踵。是殆见吾善者机（生机；善，生；机兆）也。尝又与来。"

第二天，又来见过壶子后，神巫说：幸运啊，你的先生亏得遇到我！病有好转，完全有了生气了！我见他原来闭塞的生机出现变化了。壶子又教导列子说：刚才我示现出的就像上天与地壤之间的既相对又感应，而名声与实利不能使我有所动心，生机从脚后跟发出而至于全身。这就是他所见到的我生机萌动之征兆。此又再叮嘱可让神巫再来看相。

明日，又与之见壶子。出而谓列子曰："子之先生不齐（心灵不稳定；齐，或说通'斋'，斋戒），吾无得而相焉。试齐，且复相之。"列子入，以告壶子。壶子曰："乡吾示之以太冲（阴阳二气冲和均衡）莫胜（阴阳互不相胜）。是殆（大概）见吾衡（平衡）气机（气息的机兆）也。鲵（ní，鲸鱼，泛指大鱼）桓（盘桓）之审（pán，通'潘'，回旋的深水；或说为'瀋'，通'沈'，水深；或说汇聚）为渊，止水之审为渊，流水之审为渊。渊有九名，此处三焉。尝又与来。"

第二天，再次见过壶子，神巫对列子说：壶子心不定，神恍惚，吾不能给他看相了，尝试让他稳定后，且再来看相。其实是壶子得道深玄，小巫已经不能窥测了。壶子又告诉列子：刚才吾示现的是阴阳冲和、互不相胜之均衡。此大概见到了吾气息的机兆平衡。《注》："无往不平，混然一之，以管窥天者，莫见其涯，故似不齐。”小巫仅是近见，而不能远测，故心中迷乱，还认为当先齐。再说如大鱼盘桓之处为静默之渊，止水聚集之处为静默之渊，流水滞留之处为静默之渊。渊有九名，此处有三名。《疏》：“此举譬也。鲵，大鱼也。桓，盘也。审，聚也。夫水体无心，动止随物，或鲸鲵盘桓，或螭龙腾跃，或凝湛止住，或波流湍激。虽复涟漪清淡，多种不同，而玄默无心，其致一也。故鲵桓以方衡气，止水以譬地文，流水以喻天壤，虽复三异，而虚照一焉。而言渊有九名者，谓鲵桓、止水、流水、泛（或作‘氿’）水、滥水、沃水、雍水、文（或作‘汧’）水、肥水，故谓之九也。并出《列子》，彼文具载。此略叙有此三焉也。”这里的“三渊”，或说喻指前面提到的“杜德机”“善者机”“衡气机”三种神态。“三”对于“九”来说是小数，从而暗示“道”深不可测，神巫所能见到的还只是皮毛。（张耿光《庄子全译》）最后壶子又叮嘱列子可让神巫再来看相。

明日，又与之见壶子。（季咸）立未定，自失而走。壶子曰：“追之！”列子追之不及，反，以报壶子曰：“已灭矣，已失矣，吾弗及已。”壶子曰：“乡（向，刚才）吾示之以未始出吾宗。吾与之虚（虚空，虚灵）而委蛇（随顺，顺应；蛇，yí），不知其谁何，因（顺应，因循）以为弟靡（柔顺的样子），因以为波流，故逃也。”

第二天，又再见到壶子，神巫转身就奔逃，速度之快，竟然让列子怎么也追赶不上。壶子这里示现的相，虽并未曾脱离其本源，但与神巫虚而委蛇，使其搞不清面前的人到底是谁了，一切示现出因循柔顺的样子，就似水波流淌。他不知此为何相，所以就逃走了。《注》：“变化颓靡，世事波流，无往而不因也。夫至人一耳，然应世变而时动，故相者无所措其目，自失而走。此明应帝王者无方也。”《疏》：“颓者，放任；靡者，顺从。夫上德无心，有感斯应，放任不务，顺从于物，而扬波尘俗，随流世间，因任前机，曾无执滞。千变万化，非相者所知，是故季咸宜其逃逸也。”今日还迷信于相术、算命者，或可以此一悟矣！

然后列子自以为未始（不曾）学而归，三年不出。为其妻爨（cuàn，烧火煮饭），食（sì，供养，下同）豕如食人。于事无与亲（无亲疏之分），雕琢（过分的修饰）复朴，块然（无情之貌，或说大地的样子）独以其形立。纷而封（守）哉，一以是终。

此后列子方醒悟壶子道深，神巫术浅，自惭浅陋，退归居家，习尚无为，竟然三年不出去。他做家务，忘记荣辱，甚至养猪就似养人一样，均等净秽。对各种世事不分亲疏，以往的雕琢修饰已复归于朴素，就像大地那样只是无情感地独立其形体，而悉去外表的雕饰。虽处于纷扰世事里，而能谨守真本，和光同尘，抱一而终生不渝。《疏》：“虽复涉世纷扰，和光接物，而守于真本，确尔不移。”“动不乖寂，虽纷扰而封哉；应不离真，常抱一以终始。”此一则寓言启迪人世者当十分耐人寻味！

六、无为：名尸·谋府·事任·知主

《应帝王》紧接上文，又于“无为”进行精辟阐论。

> 无为名尸（主），无为谋府（从出之地），无为事任（担任），无为知（智）主。体尽无穷，而游无朕（迹象）；尽其所受乎天，而无见得，亦虚而已。至人之用心若镜，不将（jiāng，送）不迎，应而不藏，故能胜（指承受）物而不伤。

这里说处世之四“无为”，也即四“不为”：（1）不为名誉之主宰，即是不居名。如《疏》：“尸，主也。身尚忘遗，名将安寄！故无复为名誉之主也。”（2）不为智谋聚藏之府库，即不主谋。《疏》：“虚淡无心，忘怀任物，故无复运为谋虑于灵府耳。”（3）不为事务之担当，即不任事。《疏》：“各率素分，恣物自为，不复于事，任用于己。”（4）不为智慧之主人，即不擅智聚汇。《疏》：“忘心绝虑，大顺群生，终不运知，以主于物。”如此皆应其万物，顺其自然。应当去体会悟尽无穷的大道的真源，而游心于无征兆的无物之初，竭尽地承受于天的本性，而又不显露自己之所得，亦属心虚空明而已。庄子还譬喻修养最高的至人，其用心就若明镜一般，不送不迎，应和物类而不隐藏，故能足以承受万物而不为物所伤害。

这里“用心若镜”之意象鲜活，影响深远，后有“明镜高悬”等说。物有来去，镜无迎送，来者必照，绝不隐蔽，然照物而不伤物，决无劳神之累。庄子认为圣人即“用心若镜”，如《疏》：“亦犹圣智虚凝，无幽不烛，物感斯应，应不以心，既无将迎，岂有情于隐匿哉！”“亦由圣人，德合二仪，明齐三景，鉴照遐广，覆载无偏，用心不劳，故无损害。为其胜物，是以不伤。”

七、浑沌之死：深邃机趣与哲智

《应帝王》最后结篇是“浑沌死”的寓言，演绎得何等动人！当原本的淳厚、质朴、自然、无为，一旦被有为，甚至是好心善意的有为消解了，则造成了由成而至败，由生而至死矣！掩卷深思，能不感慨万千？

南海之帝为（名为）儵（shū），北海之帝为忽，中央之帝为浑沌。儵与忽时相与遇于浑沌之地，浑沌待之甚善。儵与忽谋报浑沌之德，曰："人皆有七窍以视听食息，此独无有，尝试凿之。"日凿一窍，七日而浑沌死。

此三帝王的名字为儵、忽、浑沌，均为虚构，然皆有喻义。"儵"喻其有，"忽"喻其无，两者均偏滞一方，而均有疾速之意。"浑沌"则喻其非有、非无，善执其中。浑沌以己之和合之心来善待南北二帝的有、无二心。然而极富戏剧性的是，二帝报德以"日凿一窍"，七日凿七窍，即如人之七窍眼、耳、鼻均各为两孔窍，口为一孔窍。结果浑沌被活活致死。

《疏》："南海是显明之方，故以'儵'为有；北是幽暗之域，故以'忽'为无；中央既非北非南，故以'浑沌'为非无、非有者也。""夫运四肢以滞境，凿七窍以染尘，乖浑沌之至淳，顺有无之取舍，是以不终天年，中涂（途）夭折。勗哉学者，幸勉之焉！故郭注云'为者败之'也。"最后，此又与老子"为者败之，执者失之"（29章）、"是以圣人无为，故无败"（64章）的智慧联缀起来了。

简文帝曰："儵、忽取神速为名，浑沌以合和为貌。神速譬有为，合和譬无为。"

《应帝王》文章之妙，笔法之奇，清林纾也给予了高度赞扬，其《庄子浅说》："无心任化，是《应帝王》一篇之本旨，一线到底。四问四不知，无心也；二虫避害，亦无心也；乘莽眇之鸟，游无何有之乡，亦无心也。游于无有，则冥物矣；既冥物矣；尚有心乎？至于巫咸却走，盖相人无所指其目，则冲虚极矣。故列子大悟，至于一切皆无，似乎至理完足，无剩义矣。忽斗出儵、忽、浑沌之以有凿无，想入非非，为通篇之后殿。设想之奇，无可伦比，非庄生，安得有此仙笔！"此文始首至尾，终不离主旨，却峰峦叠嶂，山回路转，越转越奇，故赞其为神矣仙矣之"仙笔"了！

章太炎《诸子略说》有评说："《应帝王》言变化不测之妙。列子遇季咸而心醉，归告其师壶子。季咸善相人，壶子使之相，示之以地文，示之以天壤，示之以太冲，最后示之以虚而委蛇。季咸无从窥测，自失而走。此如《灯录》所载忠国师事，有西僧能知人心事。师往问之，僧曰：'汝何以在天津桥上看猢狲耶？'师再问之，僧又云云。最后一无所念而问之，僧无从作答，此即壶子对季咸之法矣。"此评用《传灯录》里的事例来解读，也可触悟。

内七篇：要旨脉络揭橥·古今赞评不绝

《庄子》内篇逐一解读后，若再作登高俯瞰，回看脉络，深味要旨，透视逻辑，尤有韵味。历代研究者不乏用心研究，且留下不少精警赞评。这里试举隅，再作赏鉴味道。

一、褚伯秀之评说

褚伯秀《南华真经义海纂微》有其概论亦为精论："窃惟《南华》一经，肆言浑浩，湍激籁号，作新出奇，跌宕乎诸子之表，若不可以绳墨求。而《内篇》之奥，穷神极化，道贯天人，隐然法度森严，与《易》《老》相上下，初学未得其要，鲜不迷眩日华之五色者矣。考其创意立辞，具有伦理。始于《逍遥游》，终以《应帝王》者，学道之要在反求诸己，无适非乐，然后外观万物，理无不齐。物齐而己可忘，己忘而养生之主得矣。养生所以善己，应世所以善物，皆在德以充之。德充则万物符契，宗之为师，标立道原，范模天下，为圣贤续命脉，为万世开迷云。《大宗师》之本立矣，措诸治道也何难？内则为圣为神，外则应帝应王，斯道之所以敛之一身不为有余，散之天下不为不足也。帝王之功，虽曰圣人余事，然跻世真淳，挈民清静，应化极致，莫大于斯，故以终《内篇》之旨。儵、忽生而浑沌死，喻外王之功成而内圣之道亏也。夫今之人凿窍而死浑沌者多矣，将何术以起之？曰'塞兑''闭门''用之不勤'。是为真修浑沌之术欤？"

褚伯秀又再一步分剖内篇命题内涵："再详七篇命题，各有所主。其间或举例稠繁，混淆莫辨。窃窥的指，以古人德合者，配于逐条之下云：《逍遥游》之极议，当归之许由、宋荣，以解天下物欲之桎梏，而各全自己之天也。《齐物论》之极议，当归之子綦、王倪，以祛彼我是非之惑，得其同然而合乎大通也。《养生主》之极议，当归之老聃、彭祖，以纠（jiū，纠）过养形骸之谬，知生道所当先也。《人间世》之极议，当归之蘧瑗、接舆，明出处去就之得宜，勿撄逆鳞以贻患也。……《德充符》之极议，当归之王骀、申徒嘉，言内充者不假乎外，德盛者物不能离也。《大宗师》之极议，当归之孔子、颜回，有圣德而不居其位，弘斯道以觉斯民也。《应帝王》之极议，唯舜、禹足以当之，讴歌狱讼之所归，应天顺人而非得已。此南华企慕往古圣贤，笔而为经，标准万世。若夫真人之所造诣，即七篇而不泥，离七篇而吻合，所以外混光尘，内存慧照，出凡入圣，阖阚化机，而不可以形教拘也。善学《南华》者，于《内篇》求之，思过半矣。"——此种概括，令今人后人读来依然启迪者不少！

二、释德清之评论

明释德清（1546—1623），字澄印，号憨山。《庄子内篇注》亦有评论，可以启悟心智。

庄子著作，自谓："言有宗，事有君。"盖言有所主，非漫谈也。首篇《逍遥游》，乃明全体之圣人，所谓大而化之之谓圣，乃一书之宗本，立言之本意也。次《齐物论》，盖言举世古今之人，未明大道之原，各以己见为是，故互相是非。首以儒墨相排，皆未悟大道，特以所师一偏之曲学以为必是，固执而不化，皆迷其真宰，而妄执我见为是，故古今举世，未有大觉之人，卒莫能正之。此悲世之迷而不解，皆执我见之过也。

次《养生主》，谓世人却迷却真宰，妄执血肉之躯为我，人人只知为一己之谋，所求功名利禄以养其形，戕贼其真宰而不悟。此举世古今之迷，皆不知所养耳。若能养其生之主，则超然脱离物欲之害，乃可不虚生矣，果能知养生之主，则天真可复，道体可全，此得圣人之体也。

次《人间世》，乃涉世之学问，谓世事不可以有心要为，不是轻易可涉。若有心要名干誉，恃才妄作，未有不伤生戕性者。若颜子、叶公，皆不安命，不自知而强行者也。必若圣人忘己虚心以游世，迫不得已而应，乃免患耳。其涉世之难，委曲必见。能涉世无患，乃圣人之大用也。

次《德充符》，以明圣人忘形释智，体用两全，无心于世而与道游，乃德充之符也。其《大宗师》，总上六义，道全德备，浑然大化，忘己忘功忘名。其所以称至人、神人、圣人者，必若此乃可为万世之所宗而师之者，故称之曰大宗师，是为全体之大圣。意谓内圣之学，必至此为极则，所谓得其体也。若迫不得已而应世，则可为圣帝明王矣。故次之以《应帝王》，以终内篇之意。至若外篇，皆蔓衍发挥内篇之意耳。

三、今人解读之选录

《南华真经副墨》，明代陆西星所撰，为研究《庄子》的重要文献。明沈一贯《庄子通序》有说："余读《庄》三十年，颇有所会"，"既得陆长庚《副墨》，为之敛手"。今人萧天石曾作《重刊南华真经副墨序》（1973年12月）深赞："《南华真经副墨》为道家东派（丹鼎派）开祖潜虚真人陆西星长庚，继《道德经玄览》《阴符经测疏》等书后之不朽名著。"其中阐说了研究《庄子》的方法与途径，值得赏读。其序有说："夫学问文章，只是在理上寻个究竟；身心性命，方是人生切己工夫。读《南华》(引者按，原文波浪线，此暂改为书名号，下同)，切不可徒在理上体认，从文字上契入；而须力自以学道明道修道证道为归趋，笃实践履，从修为行证上去完成其人生；性命双修，性命双了，即身成就，方是究竟。”

萧天石关于内七篇之要旨则有论——

读本书(引者按，指《庄子》)，先宜熟读其《内七篇》，此为全书头脑所在处；如不能由此入门，而彻其玄微，悟其神髓，明其心法，得其真诠，则即能倒背《南华》，亦始终是个门外汉，而无法直证大道也。次则宜默玩《天下》篇，此为其全书总序，由之而得其纲旨。最后方及《外》《杂》各篇，并须均能会归于《内七篇》，方能明其体系，畅其真旨。盖《外》《杂》各篇，皆所以发挥《内七篇》之秘旨，而俱有脉络可寻者也。

善读《庄》者，应知宜以《内七篇》，贯通《外》《杂》诸篇；尤应知即《内七篇》，分之各有宗旨，独立一义；合之则如环之无端，首尾互贯，圆通无碍。是以究竟言之，《七篇》应作一篇读。大道无多子，总全书不外“道德”二字，此所以《老》《庄》可合而为一也。《老子经》言道德，实则老子独标一道，以道垂统，以道立教，以道淑世，以道化人；德者，道之德也。庄子，老子之徒也。故彻底一句，合《内》《外》《杂》各篇，实只不过一个“道”字。明乎此，方足以言《庄》学，方足以明《南华》。

《内七篇》中，又以“逍遥游”为总纲，全书之大体大用均在此一旨归，而其大本大根则隐在道化也。不能明道悟道修道证道，而与道偕化，则不能“逍遥游”，以超天地而独存也。欲能逍遥游于无何有之乡，则须能超是非、齐物论，以玄同万不同，玄通万不通，玄齐万不齐，方能外物而自处清虚，无所住而不自在也。能“齐物论”，自能得“养生主”，因顺自然，神运无方，无适而皆能自适其适，自主其主，自得其得，旷观“刻意”“缮性”“达生”，而自乐其乐也。养生得主矣，则性命双立，斯与道合，而不失真宰。能与道合，斯能入“人间世”而不滞不伤，即“人间世”而超“人间世”，以住为不住，不住为住，便能无所住而概能“逍遥游”，以有真君存焉也。住“人间世”矣，则须“德充符”，德充分于内。以德符道而化于道，则气化而神全，此性命双修，道德并臻，形神俱妙，道我通冥，而得全其真也。修道而至德充符境地，则可为天地间之“大宗师”矣！能为“大宗师”，上应天道而顺天运，与天偕行，替天行道，而无亏无欠，则自可“应帝王”，使道行于天下，化成于天下，而“在宥”“天地”也。此内圣外王，由内及外。得时即驾，不得其时则蓬累而行，隐显皆能自在“逍遥游”之玄旨也。综七篇之体用，无不一以“大”为妙要。以其大，故能包举天地，纲维万类，生生无已，神化无方，超宇宙而独立独存！无名，无功，无己，而与生天生地生万物之道，合而为一矣。

这些议论可以为研究《庄子》者提供有益的借鉴与启发。若再返回到《南华真经副墨》上来，那么萧天石的又一段话亦然值得赏读。如其《序》：“平实论之，历代解注笺疏《庄子》之徒，可得而观者百有余家，大抵皆得其皮毛者多，而彻其神髓者尠。正前所谓解家易得而通家难求也。斯著则确可称为第一流解本，以其不但为“《庄子》通”也，且通于《易》《老》，尤能会通儒释旨要，彻内外各篇真诠，而予以“一以贯之”，篇篇相串，如串铜钱，思想脉络，体系井然，玄门祕钥，独契无关。缘督守中，藏神守气，藏气守精，藏精守形，杜门而塞窍，返朴以全真，法自然之化，因阴阳之用，顺性命之理，通天人之数，为归根复命、圣功神化之坦途，亦长生久视、解脱逍遥之天枢，诚不失为道家一代宗师。苟能自此契入，明其道术，得其隐诀，通其神用，符其天真，参而修之，锲而不舍，自亦与天同化，自处超然，脱凡俗之气，遣鄙吝之情，断食求之欲，泯知见之心，进而遣天下，外万物，尽道德之养，通神明之用，达性命之真，一死生之化，忘言忘义，无思无念，玄同万有，证合人天，神游于宇宙之上，而与造物者独往来也。浑沌不凿，佛我不二，葆其先天真性，即是修合后天金丹。如如不动，万古不坏，生死在乎手，万化生乎身，身外有身，神外有神，玄妙莫测，方是得道真人。”评价如许之高，并非虚誉，若读读陆西星之名作，确实也会认可的。

黄锦铉《庄子》(见《中国历代思想家先秦(一)》，九州出版社)之说，亦然可供体味:《庄子》内篇就各方面的观察，“它是一个完整的哲学体系”。(1)《逍遥游》自述人生观，就是逍遥游。人之所苦，就在于功、名、己，所以提出“圣人无名，神人无功，至人无己”，而“无己”又是全篇的纲领，能“无己”就逍遥自得了。此为庄子一生的大本领，故为全书之首。(2)《齐物论》提出泯灭是非，玄同彼我为立论的前驱，此为庄子的宇宙观和认识论，为其哲学的主要部分。(3)《养生主》，“主”就是真宰，不是形骸，所以养生主就是养真君。至于养的原则是“以无厚入有间”，才能“游刃有余”，实质上就是游于虚。此才能处世而又不为物所伤。(4)《人间世》是讨论处世哲学，和《养生主》恰好相为表里，一谈出世之道，一谈处世之道，要出世必于涉世，应接事物，触景生变而不受系累，那才算是真正的逍遥。(5)《德充符》是道德论，所谓道德，也就是充满道德不在于形体。人世间的万端祸患，是由于形骸，如果忘掉形骸，那就没有祸患了。(6)《大宗师》是论道和得道的纲领，得道的人，翛然而去，忽然而来，顺应天命，毫无牵挂安排，这才是可写可师的人，因此称为大宗师。(7)《应帝王》说明治世本应无为，无为则可以游于虚而不可测，有为则凿破混沌反有大害，唯有无为之为，才是万物化生的枢纽。这篇是庄子的政治论。

再从七篇的关联来分析，黄锦铉又有论：其内容是一线相承的，七篇可用一“虚”字来贯串，用“道”来联通。《逍遥游》是“游于虚”，说“道之大”。《齐物论》是“齐于虚”，论“道之本”。《养生主》是“养于虚”，说“道之功”。《人间世》是“处于虚”，明“道之用”。《德充符》是“和于虚”，说“道之验”。《大宗师》是“宗于虚”，论“得道的人”。《应帝王》是“治于虚”，体会“道之治”。他又说：“从各方面来看，内七篇的思想体系都是一贯的，说不是庄子写的，谁能相信呢？在文章方面说，内篇文字汪洋浩瀚，其实衔接，义理的泓深，才思的精辟，不是庄子是写不出来的。不过，《庄子》经过后人多次的编集，难免有后人掺杂片断进去的文字，这大概是可以肯定的。”这些讨论依然可供参考。

当然绎解了《庄子》内七篇，不妨再回味黄庭坚《庄子·内篇论》之剖析，其论简明，其旨深切，其蕴隽永。其文有论：“庄周内书七篇，法度甚严。彼鲲鹏之大，鸠鷃之细，均为有累于物，而不能逍遥。唯体道者，乃能逍遥耳，故作《逍遥游》。物之不齐，物之情也。大块噫气，万窍殊声，吾是以见万物之情状。俗学者，心窥券外（务外，契合于外界）之有企尚，而思齐道之不著，论不明也，故作《齐物论》。生生之厚，动而之死地，立于羿之彀中。其中也，因论以为命。其不中也，因论以为智。养生者，谢养生而养其生之主，几乎无死地矣，故作《养生主》。上下四方，古者谓之宇；往来不穷，古者谓之宙。以宇观人间，以宙观世，而我无所依。彼推也，故去；挽也，故来。以德业与彼有者，而我常以不材，故作《人间世》。有德者之验，如印印泥。射至百步，力也；射中百步，巧也。箭锋相直，岂巧力之谓哉！子得其母，不取于人而自信，故作《德充符》。族则有宗，物则有师，可以为众父者，不可以为众父父，故作《大宗师》。尧舜出而应帝，汤武出而应王。彼求我以是，与我此名，彼俗学者因以尘埃秕糠据见四子，故作《应帝王》。二十六篇者（指外篇、杂篇），解剥斯文耳。由庄周以来，未见赏音者。晚得向秀、郭象，陷庄周为齐物之书，闵闵至今悲夫！”这里也不禁再作联想，向秀、郭象以后，以及宋代黄庭坚之后无数的《庄子》解读者，是否均是涽涽又涽涽，涽涽延续着涽涽？！其实这也并不要紧，正如莎士比亚笔下的一个哈姆雷特，而后来的读者演绎出来的却是无数个哈姆雷特，然而又均聚焦于莎士比亚笔下的那个哈姆雷特！

篇三

文学·语言·修辞·寓言

《庄子》之文奇妙灿烂，高超脱俗，雄美之至。《庄子》是论著，是散文，又如诗。其文之大美在“三言”，文境深奇，奥衍磅礴；其修辞排比琳琅满目，出神入化；其寓言看似荒诞无稽，却又渗透自然人性之“道”。庄子是第一流大文豪，又被称为“中国的幽默始祖”“中国小说家之祖”。《庄子》因其深湛的哲学与华深的文学彼此嫁接联姻，催生出奇葩绽放，成就中国文哲史上巍峨丰碑。

庄子：绝世文章·高超境界

庄子为文，其文章、文采臻于高超的境界。庄子堪称第一流的大文豪，赢得了后世的高度赞许，且千年被泽后世。

一、奇文灿烂·雄美之至

庄子为文，真是泄天地之秘，光气、根柢、波澜、象声，无一不备。刘凤苞《南华雪心编》里曾说："《南华》泄天地之秘者也。其光之灿烂，如日月星辰之悬象而著明；其气之鼓荡，如风云雷雨之顺时而布令；其根柢之深厚，如岱华嵩衡之并峙；其波澜之奇诡，如江海河汉之奔腾。合天地之有象、有声者以为文，是以文之至。"他将大自然的百态千姿牢笼笔下，又遣人世之情，其笔下嬉笑怒骂皆成文章。

1.缪悠荒唐·恣纵不傥

《天下》篇曾说到《庄子》行文之"说""言""辞"的特点是"缪悠""荒唐""无端崖"。其因为不可与"庄语"，故用"三言"即"卮言""重言""寓言"，特点是"为曼衍""为真""为广"。其措辞特点是"连犿无伤""諔诡可观"。周振甫《中国修辞学史》有评说："庄子文辞的特点，也具有修辞上的特点。像他的寓言，是荒诞无稽的，荒唐的，没头绪没边际的，放纵而不正确的，不以一端自见的，但又是贯通自然之道的。以荒唐的寓言来寄托自然之道的哲理，所以写得奇伟可观。"

2.咳唾成珠·如珠如雾

《庄子·秋水》："子不见夫唾者乎？喷则大者如珠，小者如雾。"于是"咳唾成珠"成为比喻语言不凡或诗文优美的成语，以此反观《庄子》那么真可谓俪白妃青，咳珠唾玉了！为文不仅深寓哲理，想象非凡，且措辞优美。

吴闿生《古文苑》有评："《庄子》之文瑰玮连犿（婉转样子；犿，fēn），汪洋恣肆，超然埃壒（尘，壒，ǎi）之外。学者宜从此境入手，以广己而造大，庶（近乎）药（医治）凡猥浅滞靡弱之病。"

庄子之文不平凡，其文似江涛汹涌而不平，其事如寓言变幻而不实，其意犹奇云出岫而不凡。譬如开头的《逍遥游》就是千古奇文。

郭沫若在《庄子的批判》（《郭沫若全集·历史编2》）曾赞庄子是"思想家而且文笔汪洋的人"。"庄子是绝顶聪明的人，他的门徒们大约也是些绝顶聪明的人，他们的文章实在是异常超妙。你说他们很随便吧，但他们的文理很密察，实在是有点‘其理不竭，其来不蜕’的形势。‘其来不蜕’者是说独往独来，无所脱胎，不是从别人的东西蜕化而出的。”这里的“其理不竭，其来不蜕”出自《天下》篇。其理不会竭尽，是说其理论的充沛无穷；其来源又没有蜕变的形迹，是说其原创性的卓越。

二、结构之瑰丽奇特

庄子行文结构之美妙，《养生主》当是一个典型。叶舒宪曾有解读：此篇的回环式结构甚为明显，始于“有涯—无涯”之对立及其消融，终于“穷尽—不尽”的火传之喻，启发生命世界的微妙智慧以及养生全生的道理。中间穿插了四个寓言，作为分论，而以“缘督以为经”一段议论文字为总论，使得全篇的自然段落环环相扣，终始相应，极尽起、承、转、合的章法之妙，实为内七篇中最为精炼的哲理散文之标本。研究者又进一步揭示说：从卮言循环无端、无始无终的意义上说，《养生主》开篇一段与结束一段是同一意思的两种说法，其所暗示的道理也就体现在这种终与始往复回环的表达形式中：“生也有涯”即相当于“指穷于为薪”；“知也无涯”即相当于“不知其尽也”的火传；使有穷尽的化为无穷尽的，也就是使有涯变无涯，这便是养身之大法所循，用神话学的通用术语来解释就叫作“加入循环”。

全篇精妙之处就在于将养生之道完全天衣无缝地寄寓到首尾通贯如一的文本结构中了：行文上的循环往复同义理上的循环往复成为水乳交融之一体，把握了形式也就把握了思想，把握了思想才能更好地理解形式。（叶舒宪《庄子的文化解析》，湖北人民出版社）若能执《养生主》之一隅，则可反三隅，由一而知多矣！

《庄子》行文美者妙者触目可赏，《齐物论》关于“大块噫气”之风的描写，常被后人激赏。如读《南华经口义》之赞评：“《庄子》之文，好处极多。如此一段，又妙中之妙者。一部书中，此为第一文字。非特《庄子》一部书中，合古今作者求之，亦无此一段文字。诗是有声画，谓其写难状之景也，何曾见画得个声出！自‘激者’至‘咬者’，八字八声也。‘于’与‘喁’又是相和之声也。天地间无形无影之风，可闻而不可见之声，却就笔头上画得出，非南华老仙，安得这般手段。每读之，真使人手舞足蹈而不知自已也。此段只是说“地籁”，却引说后段“天籁”，自是文势如此。说者或谓此言“地籁”自然之声，亦“天籁”也。固是如此，风非出于造化，出于何处？然看他文势，说“地籁”且还他说“地籁”，庶见他血脉纲领。”《庄子》之文好处真是极多极妙哉！

三、文法修辞之万千气象

1. 文法美妙

《庄子》行文，文法错综美妙，有时不经指点，还一时体味不出来，甚或还以为平庸无味者。如《大宗师》："夫道，有情有信，无为无形"至"傅说得之……而比于列星"一段文字，一般读来颇觉枯涩无味，但是一经指点，则满纸生辉。

或有时感觉其文上下不接，突然断裂，然而读至后文，才发觉其原来串联一气，断而不裂，似断还续。刘熙载《艺概·文概》就有揭示："《庄子》文法断续之妙，如《逍遥游》忽说鹏，忽说蜩与学鸠、斥鴳，是为断；下乃接之曰'此小大之辨也'，则上文之断处皆续矣。而下文宋荣子、许由、接舆、惠子诸断处，亦无不续矣。"

明代陆西星《南华真经副墨》在评论《逍遥游》时就有曰："意中生意，言外立言。纩中线引，草里蛇眠。云破月映，藕断丝连。作是观者，许读此篇。"于《齐物论》又有评："钧天之乐，鞺鞳（tà）铿锵。常山之蛇，首尾向望。驱车长坂，倏尔羊肠。过脉微眇，结局广洋。寻其正眼，开卷数行。"

2. 辞藻多彩

庄子笔下行文波澜起伏，斑斓多彩，其中成为成语、典故者不计其数，后世赞之美之，传之承之，光之大之。即如"庄子"本身用为典故者，也是味之有道。如由庄周、庄子而来者，便有"庄生""庄叟""蒙邑先生"等典，见诸如"庄生丧""庄子泪莫多""鼓庄盆""庄周梦""庄叟悲雁""庄叟喻牺牛""庄椿"等。若再作梳理，真是审美不已。成语、典故、寓言等在庄子文中俯拾皆是，且内涵富足，另作专章论述，这里简述之。

庄子锻造词语之才能与魅力非凡。譬如《大宗师》："闻诸副墨之子，副墨之子闻诸洛诵之孙。"副墨喻指文字，庄子以为文字只是传道的辅助手段，故而称之。后世文字又是文字的孳生品，因称后世文字是副墨之子。如宣颖云："文字是翰墨为之，然文字非道，不过传道之助，故谓之副墨。""副墨之子"指文字，也或指诗文。此"副墨"用语吸引了后人的关注与运用。宋代范成大诗："今晨梅驿动，副墨到衡宇。"（《次韵知府王仲行尚书鹿鸣燕古风》）清代金农诗："两朝耆硕遗风邈，百氏菁华副墨传。"（《访韦隐君用良山居》）王国维《〈红楼梦〉评论》：譬诸副墨之子，洛诵之孙，亦随吾人之所好名之而已。"再则"副墨"又用指副本，即正本以外的复制本。如宋代叶绍翁《四朝闻见录》："候稍闲，搜索副墨，录以求教。"清代阮元《小沧浪笔谈》："赤亭亦有《益都金石志稿》，并录之，得副墨。"

3.意象美富

庄子铸造的意象极其丰富，且常见络绎奔赴笔端。此仅举“用心若镜”之意象欣赏之，另有专章再论意象。

《应帝王》：“至人之用心若镜，不将（送）不迎，应而不藏，故能胜物而不伤。”至人有心若明镜之空明，无情亦若空明之明镜，来则任其自照，去则任其自去。此意象常为后世激赏不已，如王夫之《庄子解》赏评：“镜以光应物，而不炫明以烛物，一知其所知，而不以知示物，虽知妍媸而不是妍以非媸，物皆其影而自无影，现可骇之形而固无损，故于物无伤而物亦不能伤之。帝王之道，止于无伤而已。”再如《雪心编》对此绝妙比喻亦有“绝妙文心”之赏析：“明镜无物在中，故能屡照而不疲；帝王无物在中，故能泛应而曲当。无物则我能应物，而物莫能藏；无物则我能胜物，而物莫能伤。运实理于清虚，无有者乃其无所不有也。”六祖悟道禅语云：‘菩提本无树，明镜亦非台。本来无一物，何处著尘埃？’此意正相符合。写镜写人，如日出扶桑，晕成五色，月明沧海，映出重轮。真为上乘慧业，绝妙文心。”

四、后世之赞誉：文章家的极致

宋代高似孙有评庄子之文：“极天之荒，穷人之伪，放肆迤演，如长江大河，滚滚灌注，泛滥于天下；又如万籁怒号，澎湃汹涌，声沉影灭，不可控搏。”

鲁迅赞《庄子》：“其文则汪洋辟阖，仪态万方，晚周诸子之作，莫能先也。”（《汉文学史纲》）

若就《庄子》其中的某一篇来看，也足有令人惊诧的美评。文章大家林纾曾如此推崇《应帝王》，竟然惊讶地用“仙笔”赞美之！其有评：“无心任化，是《应帝王》一篇之本旨，一线到底。四问四不知，无心也！二虫避害，亦无心也！乘莽眇之鸟，游无何有之乡，亦无心也！游于无有，则冥物矣；既冥物矣，尚有心乎？至于巫咸却走，盖相人无所指其目，则冲虚极矣。故列子大悟，至于一切皆无，似乎至理完足，无剩义矣，忽斗出儵、忽、浑沌之以有凿无，想入非非，为通篇之后殿。设想之奇，无可伦比，非庄生，安得有此仙笔！”“仙笔”之谓，真可谓文章家的极致。

《庄子》文学的魅力与影响

一、《庄子》文学的魅力

《庄子》的魅力，超越时空，令人惊讶与赞叹不绝。

1.“杏坛”史迹

《渔父》中有一文句，简短而平淡，且出于虚构，但却成为不朽，也许庄子本人都很难想象竟然会有这样的历史效应！

《庄子·渔父》：“孔子游乎缁帷之林，休坐乎杏坛之上。弟子读书，孔子弦歌鼓琴。”此为寓言，但后人据此而在大成殿前建杏坛。此处原为大成殿旧址，宋天禧年间修孔庙时，将大成殿后移，利用殿基“除地为坛，环植以杏”，而在此建杏坛。大成门后有方亭式建筑，名为“杏坛”，相传是孔子讲学之地。今杏坛为明隆庆三年（1569）建。亭内有“杏坛”碑和乾隆《杏坛赞》碑。如今这里古树环绕，静穆古雅。若穿越千载时空，庄子莅临而游观此等情景，出于他手笔下的“杏坛”竟然演绎出如此一段史迹，是何等心境？

2.“冰雪文字”之誉

《庄子》是千古玄妙深奇之文，文境深奇，奥衍磅礴，有赞誉为诸子之冠。如清代陆树芝《庄子雪序》有很好的赞评：“庄子，诸子之冠也。其言异于六经，而亦不同于诸子。六经如日月之丽天矣，诸子其犹爝火乎，幽阴中可以自见也。若夫称瑞于冬春之交，而晶莹皎洁，不染点尘，别具寒香者，雪也，唯庄子似之。顾其奥衍磅礴，自晋唐来，解者无虑数十家，率皆支离隔膜，唯一二卓识之士时又特见，而所得者尚未什一，固未能通体了澈也。”

《庄子》“冰雪文字”之誉，深得文人喜爱。“饮冰”出自《人间世》：“叶公子高将使于齐，问于仲尼”，其中有曰：“今吾朝受命而夕饮冰，我其内热与！”《疏》：“晨朝受诏，暮夕饮冰，足明怖惧忧愁，内心熏灼，询道情切，达照此怀也。”此指饮冰而解其受命的焦虑心情，后用指惶恐不安，也常作官员受命的典故。梁启超曾将其书房题名“饮冰室”，后人并将所著命名为《饮冰室合集》。

3.神龟之喻

龟，此一物一经庄子妙笔生花，便使得那一只极灵极异的楚国的“神龟”，虽“死已三千岁矣，王巾笥而藏之庙堂之上”，却至今还“活”着，一翻开《庄子》那一页还是那么栩栩如生！庄子这位大哲学家居然还希望自己能像悠悠自得其乐、优优尾在泥的神龟“曳尾涂中”！后来范仲淹《出守桐庐道中十绝》有“神龟乐”之叹：“风尘日已远，郡枕子陵溪。始见神龟乐，优优尾在泥。”千年神龟，至今已经成为妇孺皆知的吉祥语，是长寿之喻。

二、庄子文学的影响

后世学者对庄子文学的影响有较详的论说：“古文学之酝酿为期有三，迄唐之韩柳而学说始成，至宋代欧苏势乃大昌，蔚为文学界中之四巨杰，凡略读中国文学者皆所熟知者也。然韩柳苏其为文，后世所奉为散文之宗师者，其得于《庄子》亦正不浅。淮海称韩文能钩《庄》《列》，说者颇为退之辩护，其实《答李翊书》等篇之学《庄》，前人早已见及矣。”（郎擎霄《庄子学案》）论者还具体分析了韩文的《答李翊书》是从《庄子·养生主篇》化出；《送高闲上人序》《原道》是从《庄子·胠箧篇》脱化出来。

郎擎霄还说：退之之文既多由《庄子》文化出，即退之之诗，莫不受《庄子》寓言之影响。如韩愈诗《赤藤杖歌》即如此。他认为黄震亦云：“《赤藤杖歌》赤龙拔须，义和遗鞭等语，形容奇怪，韩诗多类此，然此类皆从庄生寓言来。”（《黄氏日抄文集》）他认为柳文一部分出于《庄子》，如《三戒》《蝜蝂传》等文，全为《庄子》之寓言。他认为苏东坡文亦出于《庄子》。

闻一多说：“寓言本也是从辞令演化来的，不过庄子用得最多，也最精；寓言成为一种文艺，是从庄子起的。”《庄子》里的意象影响深远。譬如鲲鹏展翅的意象，阮宣子有《大鹏赋》，李白有《大鹏赋》，毛泽东有“鲲鹏展翅”之说。

《庄子》颇多创获，其中形成了不少为后人传播的“典故”。如明胡应麟《少室山房笔丛·艺林学山七》：“《山海经》所载帝王，如黄帝、颛顼之类，皆古圣人，无创撰异名，若鸿蒙、啮缺类者。”鸿蒙、啮缺，出自《庄子》，为其所“创撰”者。

《庄子》是论著，又或是散文，又或如诗。因哲学阐论之深邃被人激赏，因诗文抒写之美妙为人赞叹，一代代，一世世，真正走进一座美妙的智慧丛林、山林、园林者，无不为之欣欣然，流连再三。然而又被人激赏为散文如诗，具有诗的节奏意境，且将深刻的哲理熔铸其间，成为哲学之诗。《逍遥游》表现出来的那种恍惚与惚恍，恍恍惚惚与惚惚恍恍的境界，即诗的朦胧的境界。《庄子》是意与境之诗，亦是哲与诗之文。

庄子又当是“中国小说家之祖”。“小说”一词首出《庄子·外物》。“志怪”一词的出现，查阅辞书，也最早书证出于《庄子·逍遥游》，而其影响极大且深远。

以上所述已足见庄子文学影响之深之广，创获之巨大。

三、历代名家赞誉

《庄子》之文赢得后世不尽的赞誉。《庄子》不仅具有丰富的哲理思辨，而且具有文学的美富，因此不仅在中国的哲学史上，且在文学史上占有很高的地位，产生过巨大的影响。

明代宋濂《诸子辩》:《庄子》十卷，“其书本《老子》，其学无所不窥，其文辞汪洋凌厉，若乘日月，骑风云，上下星辰而莫测。”

明代蔡毅中曾有评：“善绘者传其神，善书者模其意。庄子传老氏之神，模九经之意，而变其刻画，不在一字一句之奇也。后世学庄生者，得其句法章法而深严之，体未备也，变化之机未熟也，超妙之理未臻也，得庄子也欤哉？”又曰：“其言虽无会而独应，若超无有而独存，其狂怪变幻，能使骨惊神悚，不称文章大观哉？”又譬之水曰：“洪涛层起，而姿态横生，如蜃市霄灯，不可方物。”

明代胡应麟评论：“夫庄周文章绝奇，而理致玄眇。读之未有不手舞足蹈，心旷神怡者。故古今才士，弗沈冥其说，第以为空青水碧，物外奇观，可矣。必为说文之，是以或济火也。”(《少室山房笔丛谈》)

顾实《中国文学史大纲》有评：“所谓中国文学中，可推为天才之作品，最俊隽者，庄子之书与李白之诗乎。天下之书，汗牛充栋而未已，然其中有终身不见之而无恨者，但此两书万不可不读。何则，有所不见于寻常之书故也。夫《庄子》之高也若是，故读之亦甚不易。后世拘泥于儒家说之辁才小竖，每以为一种诡道，隐遁曲士之所修，而天下无用之骨董也。此由不善读其书所生之谬见，故固不足齿数也。然试观若辈对于其文字之巧妙，而犹不惜盛呈赞辞，则庄子亦诚伟矣哉。”

“单就庄子离奇而独特的文体看，已充分表现出他是一个天才的作家，他那‘变化无常’的文字，‘万物毕罗’的开阔，‘其理不竭’的创力，处处都显示着文气的充沛和丰盛的灵感。”(韦政通《中国思想史》)这里还引用了《庄子》的话来评论，此“变化无常”“万物毕罗”“其理不竭”皆出于《天下》篇。

“庄子之思想辞藻两者，俱极丰富，盖彼有化哲理之谈理，而为具体事实之倾向也。至其选材亦极自由，不论何事，一经其笔，则发挥一种妙致，虽土砂而为黄金，褴褛而为锦绣矣。更有进者，庄子与孟子俱染受战国之风，而英迈豪俊之气，自有不可当者，故发露其激越之感情，不少顾惜。竖说横论，而痛言快语，毫不藏锋芒，两者全类似，但以人种之差异，与南方之天然，使《庄子》更比《孟子》成就文学之价值。故庄子自极端而驰于极端，一说大，则曰‘北溟有鱼，其名为鲲，鲲之大，不知其几千里也。……’一说小，则曰‘有国于蜗之左角者，曰触氏，有国于蜗之右角者，曰蛮氏，时相与争地而战，伏尸数万，逐北旬有五日而后反。……’要之，庄子之笔，殆具万能，所向无不如意，而滑稽谐谑自恣者，其间有无限之热泪，最善动人者也，尝思少年之士、学文者读之，自然有所契合于其志操，而快适不自禁，且所得颇多也。”（郎擎霄《庄子学案》）

这一评论写得睿智真切，且激情演绎。作者推许庄子之书为“天才之作品”，且是“最俊隽者”。此等级别在中国文学里，则文属庄子，诗属李白。

庄子：中国小说家之祖

中国小说的历史，是离不开庄周的名字与《庄子》这本著作的，因为庄子当是“中国小说家之祖”。

鲁迅《中国小说史略》开篇即写道：“小说之名，昔者见于庄周之云‘饰小说以干县令’（《庄子·外物》），然案其实际，乃谓琐屑之言，非道术所在，与后来所谓小说者固不同。桓谭言‘小说家合残丛小语，近取譬喻，以作短书，治身理家，有可观之辞。’（李善注《文选》三十一引《新论》）始若与后之小说近似，然《庄子》云尧问孔子，《淮南子》云共工争帝地维绝，当时亦多以为‘短书不可用’，则此小说者，仍谓寓言异记，不本经传，背于儒术者矣。后世众说，弥复纷纭，今不具论，而征之史：缘自来论断艺文，本亦史官之职也。”这里论及庄周、《庄子》与“小说”之间的点滴关系，确实说到中国小说的历史，从来不会遗漏庄周之言的！

一、“小说”一词最早出自庄子之说

今人于“小说”无人不知，也多少看过小说，或短篇的，或中篇的，或长篇的，还有根据小说改编的电影、电视剧等。“小说”，是一种叙事性的文学体裁，通过人物的塑造与情节、环境的描述来概括地表现社会生活的矛盾。

然而，或许鲜有人知，是《庄子》首出“小说”一词，庄子此功亦实属功不可没！《庄子·外物》篇记载“任公子钓鱼”文内有曰：“饰小说以干县令，其于大达亦远矣。”不过这里的意思是指不契合大道、不构成体统、偏颇琐屑的言论。然而也正因为有此意涵，后来竟然渐演渐化地成为文学体裁的名称“小说”。虽然其中的演进是漫长的，轨迹是曲折的，但是这或许也应合了“无心插柳柳成荫”的意蕴了。庄子或可算得上是在小说的历史林荫大道上的第一个无心的插柳者了!

北宋黄震(1213—1280)，曾著《黄氏日抄》一百卷，有数卷是属《读诸子》内容，其中评论庄子者有说：“庄子以不羁之材，肆跌宕之说，创为不必有之人，设为不必有之物，造为天下所必无之事，用以眇末宇宙，戏薄圣贤，走弄百出，茫无定踪，固千万世诙谐小说之祖也。然时有出于正论者，所见反过老子，老子之说可录者不过卑退自全，庄子之说可录者，往往明白中节。”此文的庄子“固千万世诙谐小说之祖也”，或真可谓一锤定音，千年定位矣！确实，这已不属一家之言，而被历史所认定。

这里黄震之说，可揭示出主旨：其一，庄子其材是“不羁”的，由此才能度越以往经书典籍的藩篱；其说是“肆跌宕”的，由此便能肆意跌宕于传统规矩绳墨之外。其二，由此两者融合，庄子进行了“创”“设”“造”，因此其笔下的“人”“物”“事”，是以往天下史事、现实生活里或“不必有”者、或“所必无”者。这就是庄子于小说的虚设、虚构、虚拟。其三，其目的与风格是以宇宙为渺小微末，于圣贤者则戏弄菲薄；而或走或投，嘲弄百出，渺茫而踪迹不定。

二、不可磨灭的小说滥觞

班固《汉书·艺文志》(《汉志》)：“小说家者流(这一类的)，盖出于稗官(小官；稗，bài，稻田里的杂草)。街谈巷语，道听途说者之所造也。孔子曰：‘虽小道，必有可观者焉，致远恐泥，是以君子弗为也。’然亦弗灭也。闾里小知者之所及，亦使缀而不忘。如或一言可采，此亦刍荛狂夫之议也。”此为“小说”的定格：谓街谈巷语，道听途说者所造为小说，列于九流、十家之末。先秦有十个学术流派：儒、道、阴阳、法、名、墨、从(纵)横、杂、农、小说。九流是指前面九家，然而小说则居末位。《汉书·艺文志》：“诸子十家，其可观者九家而已。”如此说来“小说”，虽曾不为可观者，也不入其流，但毕竟也成了一家，而至于后世今世则已经蔚为文学之一大宗了。

明代胡应麟《少室山房笔丛·九流绪论下》载小说家一类，又分为数种：一曰志怪，如《搜神》等之类是也。一曰传奇，如《飞燕》等之类是也。一曰杂录，如《世说》等之类是也。一曰丛谈，如《容斋》等之类是也。一曰辨订，如《鼠璞》等之类是也。一曰箴规，如《家训》等之类是也。

若追溯历史，那么庄子之后的“小说”也用来指称那些丛杂的著作。张衡《西京赋》：“小说九百，本自虞初。”薛综注：“小说，医巫厌祝之术。”《四库全书总目·小说家类》："迹其流别，凡有三派：其一叙述杂事，其一记录异闻，其一缀辑琐语也。"

先秦的神话、传说、寓言，乃至于魏晋的志怪等皆是后来中国小说的先河。《庄子》里的神话、传说、寓言、志怪对后世的影响也是巨大且深远的。再说演述故事的小说至唐代的传奇出现而始盛。宋代，小说为说话数家之一，如宋灌园耐得翁《都城纪胜·瓦舍众伎》："说话有四家：一者小说，谓之银字儿，如烟粉、灵怪、传奇。说公案，皆是搏刀捧，及发迹变泰之事。说铁骑儿，谓士马金鼓之事。说经，谓演说佛书。说参请，谓宾主参禅悟道等事。讲史书，讲说前代书史文传、兴废争战之事。"后来在"说话"的基础上出现了平话、话本，小说遂成为故事性文体的专称，如《京本通俗小说》等，至于元明以来盛行章回体小说，至于近现代，不仅继承了传统，又借鉴了外国小说，于是小说成为文学的一大样式，且极其发达。

小说的历史长河令人感慨万千，而庄子的滥觞之举，不可磨灭！

三、"志怪"词的影响

《逍遥游》："《齐谐》者，志怪者也。"查阅辞书，"志怪"一词的出现，此处似乎当为最早，而其影响极大且深远。庄子记述怪异之事的"志怪"之词语，深入后人之心，并又成为古典小说的一个门类。

《晋书·祖台之传》："撰志怪书行于世。"白居易："予闲居，乘兴偶作一十二章，颇类志怪放言，每章可致一哂。"鲁迅《中国小说史略》第五篇："凡此，皆张皇鬼神，称道灵异，故自晋讫隋特多鬼神志怪之书。"可见志怪小说盛行也由《庄子》发展而来。

大美三言：寓言·重言·卮言

《庄子》其文真是禅世雕龙，才如圭璧，百世流芳，千秋相传。其文之大美又在于其言之要妙、精深玄妙，这是《庄子》一书留下的又一笔珍贵遗产。《史记·庄子列传》："故其著书十余万言，大抵率寓言也。"寓言之外，则再如《庄子·天下》的"庄周论"，曾标举此书所言有"寓言"，还有"重言""卮言"。此篇略论此"三言"。

一、"三言"之千古名言

庄子的《寓言》有一段千古名文，垂之不朽——

寓言十九，重言十七，卮言日出，和以天倪。

寓言十九，藉外论之。亲父不为其子媒。亲父誉之，不若非其父者也。非吾罪也，人之罪也。与己同则应，不与己同则反。同于己为是之，异于己为非之。

重言十七，所以已言也，是为耆艾。年先矣，而无经纬本末以期年耆者，是非先也。人而无以先人，无人道也。人而无人道，是之谓陈人。

卮言日出，和以天倪，因以曼衍，所以穷年。不言则齐，齐与言不齐，言与齐不齐也，故曰无言。言无言，终身言，未尝言；终身不言，未尝不言。有自也而可，有自也而不可；有自也而然，有自也而不然。恶乎然？然于然。恶乎不然？不然于不然。恶乎可？可于可。恶乎不可？不可于不可。物固有所然，物固有所可。无物不然，无物不可。非卮言日出，和以天倪，孰得其久？万物皆种也，以不同形相禅，始卒若环，莫得其伦，是谓天均。天均者，天倪也。

二、说寓言

“寓言”，是寄托寓语的言论。《庄子》里的“寓言”不仅有作篇目的《寓言》，而且在行文中又出现过三次。(1)“寓言十九。”《注》：“寄之他人，则十言而九见信。”《疏》：“寓，寄也。世人愚迷，妄为猜忌，闻道已说，则起嫌疑，寄之他人，则十言而信九矣。故鸿蒙、云将、肩吾、连叔之类，皆寓言耳。”(2)“寓言十九，藉外论之。”《注》：“言出于己，俗都不受，故借外耳。肩吾、连叔之类，皆所借者也。”《疏》：“藉，假也，所以寄之他人。十言九信者，为假托外人论说之也。”(3)《天下》：“以寓言为广”，为1次。

明代陆西星《读南华经杂说》：“寓言者，意在于此，寄言于彼也。”此便是寓意寄言，意此言彼。清代林云铭《庄子杂说》：“寓言者，本无此人此事，从空驀撰出来。”寓言虚构，妙思而得，妙悟而寓。当然，庄子的寓言不仅从文学、艺术上讲如此重要，更重要的是表达了哲学思想，其寓言的哲学价值不可低估，已成为中国古代哲学经典的智慧宝库。

三、说重(chóng)言

“重言”，此为重述长者的言论。《庄子·寓言》：“重言十七。”《庄子·天下》：“以重言为真。”《注》：“世之所重，则十言而七见信。”《疏》：“重言，长老乡闾尊重者也。老人之言，犹十信其七也。”

四、说卮言

“卮言”，是庄子首创的词语，也是庄子的一种语言智慧。“卮言”，指自然随意的无心之言，故往往是俯仰随人的无主见之言，也常常是支离破碎的不着边际之言。“卮言”也作“巵（zhī）言”，其影响极其深远，而意蕴的解读颇有不同，因而此篇重点说“卮言”。

从现存的历史文献看，“卮言”一词或当为庄子的首创。此词语全书虽仅出现四次，但是“卮言”之言却是屡屡见之，正如庄子所谓的“日出”，日日而出，触处可见。

卮，本是古代一种盛酒器。《礼记·内则》：“敦（duì，食器，盛放粳）牟（食器，盛放稻）卮匜。”郑玄注：“卮匜，酒浆器。”庄子巧妙地化用为“巵（卮）言”，卮盛放的是“言”。《寓言》：“巵（卮）言日出，和以天倪。”

对庄子“卮言”的解释看法不一，举例如陆德明《经典释文》：“‘卮言’”、引王叔之云：“卮器满则倾，空则仰，随物而变，非执一守故者也。施之于言，而随人从变，已无常主者也。”又《疏》：“卮，酒器也。日出，犹日新也。天倪，自然之分也。和，合也。夫卮满则倾，卮空则仰，空满任物，倾仰随人。无心之言，即卮言也。是以不言，言而无系倾仰，乃合于自然之分也。又解：卮，支也。支离其言，言无的当，故谓之卮言耳。”

清代秦笃辉《平书·文艺下》：“理以无枝叶为上，文以有波澜为上。枝叶，非波澜也，理外之卮言也。”此说也可体味“卮言”之含义。

关于《庄子》里面的“卮言”，也有学者是这样认为的，如说：卮言是论道之言，是《庄子》书中最精彩也最重要的言论。凡是描述道的性质、总结道的功用、阐述道的特点以及从道的角度观照天地万物的言论，都是卮言。

卮言阐述庄子哲学的精神实质，在《庄子》作品中往往有画龙点睛的功用。譬如有时候，庄子通过寓言、重言说理之后，用卮言进行总结。《德充符》最后卒章显志，指出“德有所长，而形有所忘”，这就是“卮言”，仅一句话就将前面的几个寓言的共同主旨概括出来，使之连成一个整体。

又如《山木》写到的那一段“此神农、黄帝之法则也”，也是“物物而不物于物”，认为也是卮言。另外还有一种情况，是庄子直接运用卮言来阐述其哲理思想。如《大宗师》对道体的描述，《天道》对道的普遍性的概括，《天地》里对德的描写等，均是卮言。又有说，“三言”作为《庄子》的独特笔法，它们相互统一，密不可分。如果说寓言、重言是庄子作品的“形”，那么卮言则可被视为“神”。

“寓言十九”“重言十七”，它们所见篇幅很大，而卮言将两者贯串起来，使《庄子》成为一个有机整体，其诗性的语言、丰富的想象、开阔的意境和深邃的思想结合得天衣无缝，由此构成了《庄子》独有的表达方式。（张岂之主编《中国思想学说史》先秦卷下，广西师大出版社）此种解读也可供参考，是否确解了“卮言”，也可再引发读者的考辨。

“卮（巵）言”，后人又用来谦称自己的言论或著作。如明代沈璟《义侠记·恩荣》：“人生忠孝和贞信，圣世还须不弃人。卮言似假，千秋万载垂正论。”傅尃《甲寅元旦》诗：“宁惜卮言讬寡愤，忍挥兵气望中原。”后来也又衍生出“卮辞”“卮词”，也谓随和人意，无主见之辞。如清代戴名世《丁丑房书序》：“无用之卮辞，不切之陈言，无所得入乎其间。”梁章钜《北东园日记诗》：“一纸卮词何足算，三年五度遣杨枝。”也常作谦词，如取书名为《艺苑卮言》《诸子卮言》《经学卮言》等。

五、“三言”之求解与阐述

庄子“三言”影响深远，后世的不少解读者汲汲以求其解，得其义，明其蕴。

牟宗三《中国哲学十九讲》指出：庄子自谓其表达道理时，用的是寓言、重言与卮言。寓言是将道理隐藏在话语中，并不正面说某一道理。重言则是借重古圣先贤所说之话，以加重所说道理之可信，就好像现代的人借重西方人所说的道理一样。他是把老子分别说的一些基本概念，通过主体而加以呈现出来，也用寓言等方式将其呈现出来、点示出来；而所呈现所点示的事理，则不可以用概念分解的方式去讲解，这已然达到了最高的境界。当然庄子有些篇的思想也用分别说，并不完全都是非分别说，这是需要仔细分清楚层次与界限的。

关于“卮言”的解读，后世各有所见所解。日本学者池田知久《道家思想的新研究——以〈庄子〉为中心》有说：“作为真实的‘言’的‘卮言’，主要是以否定的形式来表现和传达世界‘齐同’的‘言’；换言之，肯定是位于也是一种真实的‘言’的‘寓言’‘重言’之上，剥掉和批判其中‘齐同’的阻碍的‘言’。——那个在《庄子·齐物论》的‘瞿鹊子、长梧子问答’中的‘吊诡’，就是由此第一次被一般化、定式化的。而且，这种‘卮言’的一般化、定式化，也是道家思想家们第一次承认从‘齐同’的世界中相对分离出来的‘言’的独自领域之存在的表现。”

值得再说的是，既然《庄子》每每用其“三言”为文，因此后世考证也必具此种睿识，不可必以为史实来佐证。譬如《庄子》一书，出现的人名很复杂，如果执着于历史记载来坐实某姓名为某人，往往有误失。

《庄子·天下》：“以天下为沉浊，不可与庄语。以卮言为曼衍，以重言为真，以寓言为广。”庄子语言策略之高明，在于不同情境之下的各种选择；既然天下沉沦浑浊，不可以端庄正大的语言来辩说，倒不如采用“三言”即与“庄语”相对的“非庄语”来言说。世俗民谚，有同理可谕者，如言：看人说话，见人说人话，见鬼说鬼话。如此也可悟庄子的语言智慧。

这里又想起钱穆在《庄老通辨》里关于“卮言”的评论很有趣味：“庄周的心情，初看像悲观，其实是乐天的。初看像淡漠，其实是恳切的。初看像荒唐，其实是平实的。初看像恣纵，其实是单纯的。他只有这些话，像一只卮子里流水般，汩汩地尽日流。只为这卮子里水盛得满，尽日汩汩地流也流不完。其实总还是那水。你喝一口是水，喝十口百口还是水。喝这一杯和喝那一杯，还是一样的差不多。他的话，说东说西说不完。他的文章连连牵牵写不尽。真像一卮水，总是汩汩地在流。其实也总流的是这些水。所以他要自称他的话为卮言了。”

钱穆又进而说：“但庄周毕竟似乎太聪明了些，他那一卮水，几千年来人喝着，太淡了，又像太冽了，总解不了渴。反而觉得这一卮水，千变万化地，好像有种种的怪味。尽喝着会愈爱喝，然仍解不了人的渴。殊不知，这两千年来，几个是真解味的？你若不信，何妨也拿他那卮子到口来一尝，看是怎样呢！”钱穆写得很抒情，寓意也耐读，耐思，耐寻味，然而读了也觉得意蕴不够明晰。当然，在赏析之后，我们还可以联想到卮里盛的不仅可以是水，也可以是酒，或许后者更符合，因为卮本是用以盛酒的器皿。卮或满则倾，或空则仰，卮之酒或酞或淡，或醇或薄，这对其文的会意、会心也许会更有味道了！

庄子：“幽默始祖”的幽默与讽刺

林语堂最讲究幽默，且醉心于幽默，从这一视域去究析《庄子》，发现并惊叹庄子原来当属“中国的幽默始祖”！当然，庄子那里不仅有幽默，且不乏讽刺，这对于庄子与《庄子》的认识与解读，又提供了一个相当有趣的视野，也值得深加探讨。

一、庄子的幽默

“幽默”，本指寂静无声。《楚辞 · 九章 · 怀沙》：“眴（xún）兮杳杳，孔静幽默。”李白《鸣皋山送岑徵君》：“魂独处此幽默兮，愀（qiǎo）空山而愁人。”柳宗元《闵生赋》：“合喙而隐志兮，幽默以待尽。”金代边元鼎《新秋示友》：“自怜幽默相忘久，斗鸟鸣蝉枉叫呼。”古代“幽默”也指昏暗，如唐张彦远《历代名画记》：“张孝师为骠骑尉，尤善画地狱，气候幽默。”这里都没有后世所谓的“幽默”的意蕴。

“幽默”，作为美学名词，是英文humour的音译。这是指通过影射、讽喻、双关等修辞手法，在善意的微笑中，揭露生活中乖讹和不通情理之处，是诙谐风趣、可笑而又意味深长。林语堂《答青崖论‘幽默’译名》文说：“‘幽默’二字本为纯粹译音，所取于义者。因‘幽默’含有假痴假呆之意，作语隐谑，令人静中寻味。”他又区别“幽默”之所以异于滑稽荒唐者：其一，“在于同情所谑之对象。人有弱点，可以谑浪，己有弱点，亦应解嘲，斯得‘幽默’之真义。若单尖酸刻薄，已非‘幽默’，有何足取？”其二，“‘幽默’非滑稽放诞，故作奇语以炫人。乃在作者说者之观点与人不同而已。‘幽默’家视世察物，必先另具只眼，不肯因循，落人窠臼，而后发言立论，自然新颖。”

林氏还说：“中国文人具有‘幽默’者，如苏东坡，如袁子才，如郑板桥，如吴稚晖，有独特见解，既洞察人间宇宙人情学理，又能从容不迫出以诙谐，是虽无‘幽默’之名，已有‘幽默’之实。”当然此仅是举例，并不只限于这些人物。

林语堂《行素集》之《论幽默》一文论说“幽默”甚为详细透辟。篇首他就引用了麦烈蒂斯喜剧论里一段语录：“我想一国文化的极好的衡量，是看他喜剧及俳调之发达，而真正的喜剧的标准，是看他能否引起含蓄思想的笑。”确实在《庄子》的不少文字都能引发后世读者“含蓄思想的笑”。

林氏又有说：“幽默本是人生之一部分，所以一国的文化，到了相当程度，必有幽默的文学出现。人之智慧已启，对付各种问题之外，尚有余力，从容出之，遂有幽默——或者一旦聪明起来，对人之智慧本身发生疑惑，处处发见人类的愚笨，矛盾，偏执，自大，幽默也就跟着出现。如波斯之天文学家诗人荷麦卡奄姆，便是这一类的。‘三百篇’中唐风之无名作者，在他或她感觉人生之空泛而唱‘子有车马，弗驰弗驱，宛其死矣，他人是愉’之时，也已露出幽默的态度了。因为幽默只是一种从容不迫达观态度，郑风‘子不我思，岂无他人’的女子，也含有幽默的意味。”这一段是中国经典里幽默之源头的追溯。林语堂转而又说：“到第一等头脑如庄生出现，遂有纵横议论捭阖人世之幽默思想及幽默文章，所以庄生可称为中国之幽默始祖。太史公称庄生滑稽，便是此意，或索性追源于老子，也无不可。”林语堂将庄子定位定格在“中国之幽默始祖”的席位上！

林氏说：“老子庄生，固然超脱，若庄生观鱼之乐，蝴蝶之梦，说剑之喻，蛙鳖之语，也就够幽默了。”这里列出的都是庄子幽默的代表之作。林氏又说：“老子多苦笑，庄子多狂笑，老子的笑声是尖锐的，庄子的笑声是豪放的。大概超脱派容易流于愤世嫉俗的厌世主义，到了愤与嫉，就失了幽默温厚之旨。屈原贾谊，很少幽默，就是此理。因谓幽默是温厚的，超脱而同时加入悲天悯人之念，就是西洋之所谓幽默，机警犀利之讽刺，西文谓‘郁剔’(wit)。”然而，有意思的是源自国外的“幽默(humour)”传播开来了，而同样源自外国的“郁剔(wit)”一词没有得到流传。此犹似对“郁剔”的“幽默”，也犹似对“幽默”的“郁剔”了！

林氏还说：“庄子以后，议论纵横之幽默，是不会继续发现的。有骨气有高放的思想，一直为帝王及道统之团结势力所压迫。”“然幽默究竟为人生之一部分”，“议论纵横之幽默，既不可见，而闲适怡情之幽默，却不绝的见于诗文”。“真正的幽默，学士大夫，已经是写不来了。只有在性灵派文人的著作中，不时可发见很幽默的议论文，如定庵之论私，中郎之论痴，子才之论色等。但是正统文学之外，学士大夫所目为齐东野语稗官小说的文学，却无时无刻不有幽默之成分。宋之平话，元之戏曲，明之传奇，清之小说，何处没有幽默？”“中国真正幽默文学，应当由戏曲传奇小说小调中去找，犹如中国最好的诗文，亦当由戏曲传奇小说小调中去找。”

二、鲁少儒：庄子的讽刺艺术

林语堂似乎只说了庄子的幽默，而没有再论及庄子的讽刺艺术与智慧。不过林氏也有说：“其实幽默与讽刺极近，却不定以讽刺为目的。讽刺每趋于酸腐，去其酸辣而达到冲淡心境，便成幽默。”这里也略说《庄子》之讽刺。

《田子方》记载庄子见鲁哀公，而说“鲁少儒”的故事。这是《庄子》的一则寓言，当属深刻的讽刺精品。鲁哀公(？一前467)，春秋时鲁国国君，姬姓，名蒋(亦作将)，前495—前467在位。庄子在其后，根本与他不同时，故此对话是虚拟的。如钟泰说：庄子与梁惠王、齐威王同时，后于哀公殆百二十年，此云“见鲁哀公”，盖寓言也。(《庄子发微》)《庄子·田子方》其文有载——

庄子见鲁哀公。哀公曰：“鲁多儒士，少为先生方(方术，道术)者。”

庄子曰：“鲁少儒。”

哀公曰：“举(全)鲁国而儒服，何谓少乎？”

庄子曰：“周闻之，儒者冠圜(yuán，圆)冠者，知天时；履句屦(方形鞋；句，qǔ)者，知地形；缓(五色丝绦绳用来系玉玦，或作‘绶’)佩玦者，事至而断(决断)。君子有其道者，未必为其服也；为其服者，未必知其道也。公固(必定)以为不然，何不号(号令)于国中曰：‘无此道而为此服者，其罪死！’”

于是哀公号之五日，而鲁国无敢儒服者，独有一丈夫(成年男子)儒服而立乎公门（朝门；公，诸侯国君）。公即召而问以国事，千转万变而不穷。庄子曰：“以鲁国而儒者一人耳，可谓多乎？”

鲁哀公之言不免有讥刺庄子之学说在盛行儒学的鲁国推行不了，庄子则反唇相讥“鲁少儒”。这场对话，虽是虚拟，但是深含内在逻辑：既然最后结果是举国只剩有“儒者一人”，从而有力地证明服儒者不必都是真儒，儒学也没有真正在鲁国推行，且可怜的只有一人而已！这是面对鲁哀公的讥刺，庄子进行的反讽刺。当然，这剩下的“儒者一人”就是能耐非凡的孔子了。钟泰注：“‘千转万变而不穷’言其应对如响，是所谓知天、知地、事至而断者也。”然而即使语妙如环，从寓言里的描写来看，儒家之说还是推广不了，试看全鲁只不过剩下一人而已！

论者或认为这里庄子当是“暗尊孔子”(《南华雪心编》)，又如吕惠卿注：“庄子每假老聃之徒颉颃夫子，贬驳圣知，而其意实尊孔子，观此可见。”再如宣颖注：“独有一丈夫，真儒也，非吾夫子不足以当之。夫子为哀公时人，庄子盖寓言，特尊吾夫子一人而已。”其实若仔细推敲，那么在庄子看来，孔子如此伟大，如许勤勉地传儒道、布儒道，却最终还是只剩下孤零零的“以鲁国而儒者一人耳”。这是鲁国、孔子传播大道的成功吗？这是对孔子的尊宠还是贬抑，是讽刺还是揄扬呢？而此文的上一节文字，是孔子见老子后曾告诉颜回：“丘之于道也，其犹醯鸡（即蠛蠓，酒瓮内小飞虫）与！微夫子之发吾覆，吾不知天地之大全也。”其实这里的一节文字是就上文意旨的接着说，再往深里说。然而双方都是运用了讽刺的手法。

三、儒者发冢：讽刺艺术之神韵

《外物》有这样一段文字，极其传神，为假仁义者，痛下针砭。其讽刺得机锋绝妙，且行文之妙，又真是妙不可言矣！

儒以《诗》《礼》发（挖掘）冢（zhǒng，坟墓），大儒（一似盗之魁首）胪（lú，从上面传话下面）传（传达）曰：“东方作（天将亮）矣！事（发冢）之何若（如何）？”小儒（一似盗之从者）曰：“未解（剥下）裙（下裳）襦（rú，短衣），口中有珠。《诗》（此或以为逸诗）固（诚然）有之曰：‘青青之麦，生于陵陂（山坡；陂，bēi）；生不布施，死何含珠为？’”接（揪住）其鬓（尸体的鬓发），压（按着）其顪（huì，颔下之须），儒以金椎（指铁锤）控（敲打）其颐（下巴），徐（徐缓）别（分开）其颊（脸颊，两腮），无伤口中珠！

大儒，是硕儒，即大博士，虽研习儒家《诗》《礼》之道义，且道貌岸然，然而暗地里却去干盗墓之勾当，且为盗之魁。这是何等辛辣的讽刺！儒家弟子在下面盗墓，大儒则在上面望风，且向下传话，见天快亮而催促其赶快盗掘。大儒导演着小儒盗墓，原来大儒是这样教导弟子的！此真是进一步的辛辣讥刺！小儒回答：死者的衣服还未解开，口中还含有珠子。此不禁又引用诗句来印证，竟然盗掘到了一座贵族之墓！因为就像《诗》上说的，贵人入葬，口中多含有珠宝。试想，圣贤的经书，居然运用于盗墓的勾当，竟然文雅地用《诗》来印证盗墓之所见，真是绝妙的讽刺！最后，全扔掉了儒者伪装的风雅，就如盗墓贼那样既用暴力，又巧施手法，小心翼翼地去挖死者口腔里的宝珠。如《注》："《诗》《礼》者，先王之陈迹也，苟非其人，道不虚行，故夫儒者乃有用之为奸，则迹不足恃也。"《疏》："撮其鬓，按其口，铁锥打，仍恐损珠，故安徐分别之。是以田恒资仁义以窃齐，儒生诵《诗》《礼》以为发冢，由是观之，圣迹不足赖。"《注》《疏》点醒其文旨意，而后世评说者则有接连不断的赏析之说。

刘凤苞《南华雪心编》的随文之注值得赏读："讬（托）名《诗》《礼》，而阴为盗窃之行，发端奇警，直以《诗》《礼》为发冢之具。"又"死者所著之衣，将解未解，想见心急手忙"，"正要解裙襦，瞥见口中有珠，欣喜神情脱口而出，绘神之笔"！又"此逸诗，刺死者也。一面发冢，一面踹文，真是腐儒行径"！又所引诗句，"赋墓田也"，"讥其生前悭吝"，"死者可笑。发冢者引此讥之，尤堪绝倒"！又"鬓也、颐也、颊也，皆在口之上下左右，致慎致详，一面做，一面说，与前口中有珠意并作一幅神情，妙绝"！这一段里的绝妙讽刺还妙在盗墓之时还满口诗书，琅琅押韵。如刘凤苞指出文中押韵处，如"作、若，二字叶"；"襦、珠，二字叶"；"陂、为，二字叶"。刘氏又引宣颖注："歌诗以讥死者，是个儒者做事绝倒！"陆树芝注："自古墓无长存，转盼而窀穸之地，已为麦秀之墟，尔生不布施，死而含珠，岂可保邪！韵语诙谐入妙！"胡文英注："虽为盗窃之时，亦不离满口诗书，腐儒光景，古来多有是，趣绝！"又宣颖注："正是发冢取珠之状，将'儒以'二字押在中间，倩甚俊甚！甚言伪儒之托斯文而蹈秽行也，末学之不足恃如此。"

刘凤苞《南华雪心编》解题时先说："'儒以《诗》《书》发冢'一段，极言儒术之坏，无不可为。或当世实有此事，或庄子随手生波，读者毋庸拘泥，但觉得腐儒行径，摹写入神。忽而胪传踊跃，忽而欣喜着忙，忽用韵语彼此商量，忽引诗词讥诮（qiào，责备）死者，层层搜剥，件件斯文，虽为盗窃之时，亦满口嚼字咬文，真绘影绘色之极笔。"其再有文后之总评："《诗》《礼》是儒者之所务，发冢乃盗贼之所为。托名《诗》《礼》而济其盗贼之行，奇事奇文，读之使人失笑。尤妙在商量作贼之时，却仍是腐儒行径。接连用四个‘儒’字，处处使人醒眼，真有铸鼎象物之奇。引《诗》以讥刺死者，确是绝妙好词，玉鱼金盌之悲，足令守财虏心冷意灰，不堪回首，而出自发冢者口中，则又使人喷饭。庠序（古代乡学，泛指学校；庠，xiáng）其躬，而盗贼其行，天下更有何事不可为者？择出一篇发冢奇文，写尽伪儒变态，笔有化工，正不必求其人以实之也。”确实，庄文这里不作激愤之言，不吐辩驳之语，而是诙谐用笔，滑稽讥刺，调侃之，戏谑之，讽刺得出类拔萃，为后人不断击节赏叹其妙绝！

庞朴《蓟门散思》（上海文艺出版社）里曾有评论：“这是一篇绝妙的讽刺小品！写来绘声绘色，惟妙惟肖，读去铿锵悦耳，疾徐有度。最妙的是中间插了四句诗，使整个作品顿时进入高潮，并轻盈地丑化了人物的儒者面貌。诗是杜撰的，不见于《诗经》，作者偏说是《诗经》上固有的；这就更为加强了作品的思想深度和讽刺效果。因为在作者看来，全部诗礼又何尝不是儒家杜撰的呢？‘儒以诗礼发冢’，是同‘盗亦有道’并蒂的《庄子》诽毁仁义的又一杰作。如果说‘盗亦有道’的故事还留下了一丝空子，仿佛仁义是被‘盗跖’盗去以后才坏了的；那么这个‘发冢’的故事，则恰好证明诗礼本身和儒者自己正是天下大乱的罪魁祸首。于是，儒以诗礼发冢，跖以仁义行盗，田成子以圣智窃国，也就是说，各种类型的人都假仁义之名以作乱，这就构成了《庄子》一书论证‘大道废，有仁义’思想的三大环节。”此则寓言的讽刺艺术与效果确实令人读后无不击节赞叹，当然这里也有令人发笑的幽默在，是幽默与讽刺的密契，便产生了如此的效应。

林语堂说：“是有相当的人生观，参透道理，说话近情的人，才会写出幽默作品。”这也可以推演，没有相当的人生观，没能参悟道理，没有深刻的反思，也绝写不出具有讽刺力量的作品来！庄子笔下的幽默与讽刺是从其心源心智之深处涌流出来的！

意趣盎然的《庄子》人名文化

《庄子》书里人名众多，层出迭见，而且极具创意。其取名变化多端，怪诞新奇而变幻莫测，寓意更是奥妙无穷。庄子开拓的人名世界光怪陆离，实属惊人，有真有假，有人世有鬼蜮，展开的是哲学，是深理，又是历史、世事、风俗、尘世，是浮生的芸芸众生，是幻想世界的妖魔鬼怪，真是一个琳琅满目的大千世界！

一、人物姓名流观

1.远古及后世的帝王姓名

《庄子》载录了传说至德之世之十二氏，也为古代传说中的上古帝王：容成氏、大庭氏、伯皇氏、中央氏、栗陆氏、骊畜氏、轩辕氏、赫胥氏、尊卢氏、祝融氏、伏牺氏、神农氏。(《胠箧》)

再如除了黄帝、颛顼之外，尚有多处提及者：(1)燧人，即燧人氏，出现2次。(2)神农，也称神农氏，出现8次。(3)伏羲，又作伏戏、伏牺氏、伏戏氏等，以画八卦著称，共出现5次。(4)狶(shǐ)韦氏，传说中的古代帝王。《外物》："且以狶韦氏之流观今之世。"(5)几蘧(qú)，上古传说时代的帝王名。《人间世》："伏羲、几蘧之所行终。"此外还有载录：如尧、舜、禹、桀、汤、纣等。

后世的帝王。魏王，魏莹，即魏惠王，见诸《逍遥游》《山木》。或称文惠君、魏莹，均即魏惠王。文王，周文王，见诸《天运》《盗跖》《天下》《庄子》里还有一些没有具体确指的君王，如鲁侯、鲁君、魏王、楚王、吴王、卫君、宋王等。

2.王公、贵族、臣子、官吏之姓名

《庄子》一书出现不少人名，是为臣子、官员者。举例如：(1)北门成。姓北门，名成，传说是黄帝臣子，黄帝曾与之论音乐，见《天运》。(2)北人无择。姓北人，名无择，传说舜之友。《让王》："舜以天下让其友北人无择。"(3)荡，商之大宰，曾问仁于庄子，见《天运》。(4)子推，即介子推，或作介之推，春秋晋文公臣。(5)子胥，伍员，伍子胥。(6)百里奚，助秦穆公称霸业。(7)鲍叔牙，齐国大夫，见《徐无鬼》。(8)北宫奢，姓北宫，名奢，卫国大夫。《山木》："北宫奢为卫灵公赋敛以为钟。"(9)白公，人名，楚平王之孙，太子建之子，政变失败而死。(10)蘧伯玉，姓蘧，名伯玉，魏国贤大夫。《则阳》："蘧伯玉行年六十而六十化。"(11)司马子綦(qí)，官居司马，而称名，见《让王》。(12)阳虎，或作阳货，鲁国季孙氏家臣，权势很大。此见诸《秋水》。(13)大弢、伯常骞(即周朝史官栢常骞)、狶(shǐ)韦，三位史官，与孔子同时。此见诸《则阳》。(14)田成子，即齐大夫陈恒，或说庄子以田成之当窃国者为诸侯之象。

3.有道之士、隐士之姓名

《庄子》记载了一些有道之士、隐者，然而这些隐者，虽隐却显，且千载留名，未尝磨灭。举例如：

（1）许由。古代传说中的隐士，出现18次之多。如“尧让天下于许由”（《逍遥游》）。（2）子州支父、子州支伯，或当为一人，上古怀道之人。《让王》：“尧以天下让许由，许由不受。又让于子州支父。”“尧让天下于子州支伯。”《疏》：“姓子，名州，字支父，怀道之人，隐者也。”“支伯，犹支父也。”（3）善卷。姓善名卷，出现3次。如《让王》：“舜以天下让善卷。”有意思的是江苏宜兴还有名胜为善卷洞，民间传说为其隐居之处。（4）石户之农。“舜以天下让其友石户（地名）之农（农民）”，“于是夫负妻戴，携子以如海，终身不反也”。（5）务光。传说人物，姓务名光，夏时人，或说舜时人。饵药养性，喜好弹琴。汤要传位给他，不受，负石沉于庐水。或说黄帝时人，身长七尺。（6）申徒嘉。商汤时贤者，听说务光之死，也沉没河中而死。或说不满意于当时社会投河而死。（7）纪他。姓纪，名他，商汤时的隐士，出现2次。（8）鲍焦。又称鲍子，春秋末隐士，愤世嫉俗，以清廉自居，抱木而死。《盗跖》：“鲍焦饰行非世。”（9）单豹。姓单，名豹，鲁国隐士。《达生》：“鲁有单豹者，岩居而水饮，不与民共利。”（10）连叔—接舆—肩吾。此三人有交集者，如：连叔，古之怀道者，乃虚构人名，仅见于《逍遥游》。连叔曾教导过肩吾。接舆，又称狂接舆、楚狂接舆，也开导过肩吾。接舆姓陆，名通，字接舆，楚国隐士，与孔子同时，佯狂不仕，见诸《逍遥游》《人间世》。肩吾，古之怀道之人，或说是虚构人物。《田子方》里又有“肩吾问于孙叔敖”，故知肩吾盖与孔子同时。潘雨廷说：肩吾初未得道，受接舆及连叔之化，后乃得焉。故《大宗师》曰：“肩吾得之，以处大山。”或系成道而隐于大山者欤。

4.巫术、技艺、职业者姓名

能工、巧匠、技艺非凡者的记载。庄子笔下的这些人物，也许都说明了技进于道的境界了。（1）痀偻丈人，承蜩技艺非凡者，见《达生》。（2）吕梁丈夫，游泳技艺非凡者。（3）津人，驾船技术高超者。（4）梓庆，姓梓，名庆，鲁国的能工巧匠。（5）捶钩者，楚国大司马家的老工匠。（6）纪渻（shěng）子，姓纪，名渻子，为王养斗鸡者。（7）庖（páo）丁，名丁的厨工，为梁惠王解牛。等等，不胜枚举。

5.师生、师徒关系者姓名

《庄子》有众多的师徒关系，可以将其姓名联系观之。

（1）被（pī）衣—王倪—啮（niè）缺—许由—尧。尧之师为许由，许由之师为啮缺，啮缺之师为王倪，王倪之师为被衣。被衣，即蒲衣子，尧时贤人，又传说年八岁而舜师之，让位不受。当然，此五代传递之迹，并不能看作历史事实。如潘雨廷说：“据《天地》篇，尧之师许由，许由之师啮缺，啮缺之师王倪，王倪之师被衣。然舜受尧禅，又以其位让被衣，被衣不受，其年仅八岁，是可信乎，此非道家所贵之返老还童之术乎？虽不可信，犹后生可畏之义。再者，此后人所增加，《庄子》原书何尝有舜师被衣之事耶。”（2）老聃与弟子。柏矩，姓柏，名矩，有道之士。《则阳》：“柏矩学于老聃。”《疏》：“柏姓，矩名，怀道之士，老子门人也。”（3）孔子与弟子。文中提及的弟子有曾参（曾子，字子舆，开启思孟学派）、颜回（颜渊）、子路、子贡（端木赐，字子贡）、冉求、子张（姓颛孙，名师，字子张）、闵子（闵损，字骞）、子牢（姓琴）、原宪（姓原，名思，字宪）。（4）壶子与列子之师生关系。壶子，为其号，郑国得道者，名杯，为列子之师。潘雨廷说：“若壶子者，始足以语易象之变焉。若季咸者仅知易象耳。居而不动，安得不为壶子所逃。”（5）日中始与肩吾之师生关系，贤人姓名，为肩吾之师。

6.社群、结社者人名

《庄子》还写了友人之群体，如子祀、子舆、子犁、子来，均虚拟人名，四人相与为友，见诸《大宗师》。又有子桑户、孟子反、子琴张，以及子桑雽（hù）、子牢等人。前三人相与为友，或说均为寓言人物，亦见诸《大宗师》。又有子桑雽，或说寓言人物，或说隐者，见诸《山木》。子牢，是否是孔子弟子琴牢，看法不一。潘雨廷说：“子祀四人未详所据，观其心迹并方外之士。情同淡水，共结素交。叙莫逆于虚玄，述忘言于至道。”“下又记子桑户、孟子反、子琴张三人相与为友。且此四人中之子舆又与彼三人中之子桑为友，故此七人皆为友也。间有子琴张者，盖为孔子之弟子。然则此七人皆与孔子同时，唯道有方内方外之异耳。”“读《山木》篇知子桑雽，盖与孔子分庭抗礼者也，其为孔子之师友乎。宜其死，孔子使子贡王持事焉，其为长梧子之流乎。”

7.古代学者、辩者之姓名

这里也略举例说之。（1）宋钘（jiān），即宋荣子，战国宋国人，姓荣，或称宋荣、宋钘、宋牼、宋子，为战国时期齐国稷下学宫的学者。（2）尹文，稷下学宫学者，与宋钘学说相近，被称为“宋尹学派”。今本《尹文子》是后人伪托。他俩还作“华山之冠”戴以明志。（3）季真，稷下学者，认为万物都出于自然，而不是什么造物主产生万物。《则阳》：“季真之莫为。”（4）公孙龙，名家代表人物。（5）桓团，先秦名家学派早期人物，见《天下》篇。《列子·仲尼》作“韩檀”。

8.古代之美人与丑人姓名

无庄，古代美女，为闻道，故不复装饰，而自忘其美色。《大宗师》意而子曰："夫无庄之失其美"，"皆在炉锤（指修学冶炼）之间耳"。潘雨廷按："无庄之名出自意而子之口，其尧时美女乎。盖道通死生，不忘生之美色，何能通于死耶。"

西施，吴王美姬，见诸《齐物论》。古代著名美女毛嫱，越王之嬖女。丽姬，晋国之宠嫔。

《庄子》笔下之丑者，如厉（lài），丑女，见诸《齐物论》："厉与西施，恢恑憰怪，道通为一。"一丑一美，《疏》："厉，病丑人也。"至于丑陋、残疾者，则如支离疏（又称支离）（见《人间世》）、支离叔（《至乐》）。

9.无名的有名者姓名

《庄子》里还有不少人物，虽无名，却成为"名人"。如：（1）艾封人，无姓名，艾地戍边之人。艾为春秋时地名，在与晋国接壤的丽戎境内，此为著名美女丽姬之父。（2）捕鱼者余且，姓余，名且，或作豫且，春秋末年宋元公时人。《外物》里有描述，出现5次。

《庄子》有些篇里人名密集出现，惊叹庄子胸中罗列有如此丰富的人物。如《让王》：尧、许由、子州支父、子州支伯、舜、善卷、石户之农、大王亶父、狄人、越人、王子搜、子华子、昭僖侯、鲁君（鲁哀公，或鲁定公）、颜阖、随侯、子列子、郑子阳、列御寇、楚昭王、屠羊说、司马子綦、原宪、子贡、曾子、孔子、颜回、中山公子牟（魏牟）、瞻子（魏国贤人）、子路、舜、北人无择（舜之友）、汤、桀、卞随、务光、伊尹、伯夷、叔齐、武王、叔旦、神农等，四十多人。

二、命名手法简述

庄子是取名的高手，其命名既丰富多彩，又千奇百怪，甚至让人匪夷所思，难以捉摸。有真实的人名，实有其人，如郑国子产（《德充符》）；有传说的，如常季（《德充符》）；有怪诞的鬼神之姓名，如《达生》"桓公田于泽"的一则短文里，既有人名如桓公、管仲、皇子告敖等，又有不少鬼名、神名，如鬼名则有：履、雷霆、阳、罔象、峷（shēn）等，神名则有：髻（灶神）、彷徨（野神）、委蛇（大泽中神）。有诸神、鬼、妖之名，如《达生》载，桓公问："然则有鬼乎？"曰："有"，"东北方之下者，倍阿、鲑蠪（wā lóng）跃之"。倍阿、鲑蠪，均是神鬼名字。《经典释文》引司马彪曰："倍阿，神名也。鲑蠪，状如小儿，长一尺四寸。黑衣赤帻大冠，带剑持戟。"成玄英疏："人宅中东北角有鬼，名为倍阿、鲑蛩。"神话中还有自创的物象名，如《逍遥游》："楚之南有冥灵者。”冥灵，是神话中的大树名，或说是大龟名。取“冥海”为海名。

虚拟、假托人名随手拈来，意趣盎然。有依据特征来取名的，如瓮㼜大瘿，《德充符》里两位游说者，是根据畸形特征来命名的。哀骀它，姓哀骀，名它（tuó），貌丑而才全德满者。混沌氏，意寓顺应自然，排斥人为。士成绮，曾“见老子而问”，或谓虚构人物。又如闉跂支离无脤，这一人名很长很怪。或以职业命名的，如匠石，匠人名石。

三、命名用名智慧及特征

1.人名里寓意深邃

伯昏无人，此为寓言人物，是申徒嘉、郑子产的老师。其名字亦有意蕴，如《疏》：“伯昏无人，师者之嘉号也。伯，长也。昏，暗也。德居物长，韬光若暗，洞忘物我，故曰伯昏无人。”伯昏瞀（mào）人，为人名，是楚国的贤者，且隐者。《庄子》人名里几次使用“支离”，意指衰残瘦弱的样子，然而又用作姓。人物支离益，姓支离，名益，此即传授屠龙之技于朱泙漫的老师。再如支离、支离疏，为同一人名，不过这是庄子虚构的形体残缺者的姓名。

2.人名里多用“无”字

（1）虚构的古代美人无庄，“庄”与装、妆谐音，寓意此是无用化妆、修饰的自然纯美之美人。史无记载，前无所考，或当属寓言里创造出来的名字，然而令人回味良久！

（2）无名人，庄子虚构人物，如“适遭无名人而问焉”（《让王》）。

（3）传说人物北人无择，复姓北人，名无择《让王》。

（4）伯昏无人，寓言人物名，见诸《田子方》。

（5）叔山无趾，为寓言人物，姓叔山，因断趾而名无趾。《德充符》。

（6）徐无鬼，姓徐，名无鬼，魏国隐士。其事迹言行见《徐无鬼》。

（7）无择，即田子方，姓田，名无择，字子方，魏国贤者，见诸《田子方》。此以无择为名，也大可体味。

（8）《德充符》里还有一个杜撰人物的长名，闉跂支离无脤。闉跂，指此人四肢屈曲；支离，指衰残的样子；无脤，指无趾，或说缺唇。这些名字里的“无”深味之，或亦意趣盎然！

（9）另外如支离，人名，即支离疏，为庄子虚构的形体残缺者的名字。虽然没有直接出现“无”，但也隐含其“无”，譬如无健全的身躯。再《至乐》另有支离叔，寓言人物，谓其衰残瘦弱的样子，亦然没有齐全的身形。在此我们体味了另域之“无”。

3.综合运用多种修辞手法来命名

如美人“无庄”之名，既是谐音，又寓意自然美人等。有的有起象征或暗示作用，让你遐想无限。如据梁，是古代力士，见诸《大宗师》。这两字的寓意就是强梁的意思，也有谐音的含义在内。疑始，此名见诸《大宗师》。再看《知北游》一则问道的寓言中，以“知”为名者是智者，却是不知“道”，“无为谓”者听知之三问后，却不知答，此是“无为”之“谓”矣！又名“狂屈”者欲回答，却“忘所欲言”！这里有层层叠叠的修辞寓意奥妙，真是妙趣横生。

4.以人名为篇目

有趣的是，《庄子》33篇，有几篇是以人名为篇目的，如《田子方》《庚桑楚》《徐无鬼》《则阳》《盗跖》《渔父》《列御寇》等。《则阳》因为开篇首句是“则阳游于楚”，因取首句前两字为篇名。另一是《列御寇》，因首句“列御寇之齐”，故取首三字人名为篇目。《庚桑楚》则稍有变化，首句“老聃之役有庚桑楚者”，没有使用“老聃”，而用“庚桑楚”为篇目。《盗跖》也是从首句取“盗跖”之名为篇目。

庄子展开的姓名文化，是文字、文学，又是历史、尘世，是一幅长卷，堪比《清明上河图》，且更长更广更世俗更熙熙攘攘，然而又显示了更超越其上更富哲理更具智慧的另一王国。

庄子卓尔不凡的修辞艺术

《庄子》文章绝妙，而妙绝在行文的修辞里，且真是至妙不可言。

一、翻案语与冤亲语的修辞法

《庄子》的这种修辞方法是与《老子》一脉相承的。钱钟书《管锥编》第二册里曾指出：“夫‘正言若反’，乃老子立言之方，《五千言》中触处弥望，即修辞所谓‘翻案语’(paradox)与‘冤亲语(oxymoron)，固神秘家言之句势语式耳。’”此种修辞手法的精髓是体现了否定之否定的辩证观。如老子曰：“是以圣人云：受国之垢，是为社稷主；受国不祥，是为天下王。正言若反。”(78章)社稷主应当是光明正大者，然而一国必有污有垢，能受污垢者，此能为社稷主。魏源注：“夫山薮藏疾，川泽纳污，国君含垢。今挟其才力而常为名尸智主，事任谋府，争心所累，是恶能保其为侯王乎？此言若反乎俗情，而实含乎正道，俗以受垢、受不祥为殃故也。”再如“大音稀声”“大象无形”“大成若缺”“上德不德”

等，其中的两方既如冤家一般对头，却又亲和相连一块，这些便都是“冤亲语”。

执此而观照庄子行文，也无不琳琅满目。《齐物论》：“其分也成也，其成也毁也。凡物无成与毁，复通为一。”周振甫有解析：世俗认为“成”不是“毁”，庄子认为“成”就是“毁”，这是翻案语。如玉雕琢成器，就器说是“成”；就玉说，雕成器以后，不能再雕别的，所以是“毁”。又说老子只是指出冤亲词，庄子则又有发展，说：“凡物无成与毁，复通为一。”所谓“成”或“毁”，是就人的观点来说的，抛开了人的观点来看，就无所谓成毁了，这是庄子与老子的不同处。

二、吊诡式的修辞

如果接着上面的修辞手法再解读，确实庄子行文常见有一种又或可称为吊诡式的修辞手法，是既建构又解构，或既解构再建构的正反相显、反正互衬、亦正亦反的修辞手法。譬如庄子的“无乐至乐”（《至乐》），这是老子“反者道之动”“正言若反”的范例。再试举一二例。

例：物无非彼，物无非是。自彼则不见，自知则知之。故曰：彼出于是，是亦因彼。彼是，方生之说也。虽然，方生方死，方死方生；方可方不可，方不可方可；因是因非，因非因是。是以圣人不由而照之于天，亦因是也。是亦彼也，彼亦是也。彼亦是非，此亦是非。（《齐物论》）

此大意可参见前文已有的译解。然而其中“彼”与“是（此）”的纠缠，“生”与“死”的纠结，“可”与“不可”的夹杂，“是”与“非”的混杂等，使人一时不明其意，难晓其理。这也是由于事物本身的复杂，关系的纠缠，故而辨析既不易，晓理尤更难。但是仔细辨析，深入思考可以豁然开朗，而赞叹其剖析的犀利。

例：尽（万物中全都）有天（自然），循（因循）有照（明晰，察知），冥（昏暗）有枢（枢要），始有彼（事物开始便有对立面）。则其解（理解）之也似不解（理解）之者，其知之也似不知之也，不知而后知之。其问之也，不可以有崖（界限），而不可以无崖（界限）。颉滑（万物错乱纷扰）有实（实在，实际），古今不代（代替），而不可以亏（缺少），则可不谓有大扬搉（指大概）乎！阖（盍，怎么）不亦问（探问）是（这道理）已，奚（何）惑然（这样）为！以不惑解惑，复（复返）于不惑，是（此）尚（恐怕）大（当初）不惑（不迷惑）。（《徐无鬼》）

此一段文字也充满了吊诡式的修辞方法。

三、对偶、对称、对比、骈句的修辞

庄子行文或对偶、或对称、或对比，或出骈句，于此类修辞运用得十分纯熟，且每每见之。

例：不知深矣，知之浅矣；弗知内矣，知之外矣。(《知北游》)

——此对偶工整，“不(弗)知”对“知之”，“深、内”对“浅、外”。

例：人有能游，且不得游乎！人而不能游，且得游乎！(《外物》)

——此两句相对成文，相映成趣。虽然字数不一，上句四、六字，下句五、四字构成，但是其意相对，比而明晰，其旨相反，反而弥彰。

例：圣人安其所安，不安其所不安；众人安其所不安，不安其所安。(《列御寇》)

——每分句均12字，构成对偶，然而巧妙地寓有微变。其一，上句是先六字，后六字；下句是先七字，后五字，然而总字数相同。其二，上句“所安”对下句的“所不安”；上句的“所不安”对下句的“所安”，错综相对。

例：出怒不怒，则怒出于不怒矣；出为无为，则为出于无为矣。(《庚桑楚》)

——上句“怒”字、下句“为”字均出现四次相对，上下句式也相偶，对偶特别工整且巧妙。

例：有以相应也，若之何其无鬼邪？无以相应也，若之何其有鬼邪！(《寓言》)

——上下句对仗工整，而妙寓微变。上下的前半句是以“有”与“无”相对，而后半句是以“无”与“有”相对。第一句里又是“有”至于“无”，第二句则是“无”至于“有”。“鬼”者，万物之精怪，于是古人以为在“有”与“无”、“无”与“有”中，恍兮惚兮，惚兮恍兮，恍恍惚惚兮！关于此言之妙，程石泉《中国哲学综论》里有评论：“所谓神、鬼、祆、精、魍魅、罔两者，无一非形容词，或者本乎哲学之直观，或者本乎艺术之想像，盖皆感于天体人物间，有某种‘不可究诘’‘不可方物’‘反乎常道’‘出乎意表’之‘无状之状，无物之象’，其品德为‘莫知其然而然’者。于是以神、鬼、精、祆、魍魅、罔两诸词形容之耳。至于是有是无，亦在未定之天。善哉庄子之言！”

对偶的连贯与排比

例：大智闲闲，小智间间。大言炎炎，小言詹詹。其寐也魂交，其觉也形开。(《齐物论》)

——《庄子》行文还有将对偶鱼贯而出者，如这里句有三组对偶连绵而至。其一，“大智”与“小智”相对，则一是“闲闲”，即宽达悠闲，一是“间间(jiàn)”，即热衷于分辨是非的样子。其二，“大言”与“小言”相对，则一是“炎炎(tán)”，即美盛的样子，一是“詹詹”，喋喋不休的样子。其三，“其寐”与“其觉”对偶，“魂交”即精神交错，“形开”即目开意悟。

例：胞(脬膜)有重阆(空隙)，心有天(天然)游(遨游)。室无空虚，则妇(儿媳)姑(婆婆)勃谿(争斗)；心无天游，则六凿(六窍，即目、耳、鼻)相攘(扰)。(《外物》)

——第一句前四字与后四字对偶。后一句，前九字与后九字对偶。此中又有“心有天游”与“心无天游”遥接相对。

例：视乎冥冥，听乎无声。冥冥之中，独见晓焉；无声之中，独闻和焉。故深之又深，而能物(生物)焉；神之又神，而能精(产生精气)焉。(《天地》)

——此三句的每一句均为工整对偶，用排比串连一起。第一句“乎”字共有，第二句“之中”“独”“焉”互见。然而后面的“冥冥”句，又与第一句的“冥冥”意旨相遥接；后面的“无声”句又与第二句的“无声”旨意相承。两组对偶，又耦合在一起了。第三句“(深、神)之又(深、神)而能(物、神)焉”，则使用同样的句式，仅不过中间换了不同的字，便构成了工整的对偶。此三组对偶，都有巧妙微变，而又贯串一气，造句高妙。

例：知道易，勿言难。知而不言，所以之天也；知而言之，所以之人也。(《列御寇》)

——第一句，上下各三字，且以“易”“难”相对。下句再以工对出之，仅变换“不言”与“言之”、“天”与“人”。两句又以“道”贯通一气。

例：知其愚者，非大愚也；知其惑者，非大惑也。大惑者，终身不解；大愚者，终身不灵。(《天地》)

——这里的前后两句，每一句内部都是对偶修辞，均对得很工整。然而第二句的对偶又不仅是承接第一句的对偶而来，且又构成文意上的“大惑”与“非大惑”、“大愚”与“非大愚”的相对之偶。

例：万川归之，不知何时止而不盈；尾闾泄之，不知何时已而不虚。（《秋水》）

——这里的对偶相骈，甚为工巧，句式相同，字数均等。然而其中又有异之对，如“归之”与“泄之”；又或同而偶，或同而异，如“不知何时止（已）而不盈（虚）”，句式相同，其中“止”与“已”意义亦不异，均是停止的意思，然而“盈”与“虚”则相反。

例：且君子之交淡若水，小人之交甘若醴；君子淡以亲，小人甘以绝。（《山木》）

——此两则的每则均为工对。其中“君子”对“小人”，“淡若水”对“甘若醴”，“淡以亲”对“甘以绝”，均是工整对偶，反衬鲜明，意蕴丰足。

例：故天下皆知求其所不知，而莫知求其所已知者；皆知非其所不善，而莫知非其所已善者，是以大乱。（《胠箧》）

——这里构成的对偶极其巧妙，是在大对偶里面又套着对偶。首先，第一分句与第二分句构成对偶，“皆知（求、非）其所不（知、善），而莫知（求、非）其所已（知、善）者”，前后句匹对，而仅仅改变几个字，此可见括号内字。其次，每一分句内部也构成对偶，如“天下皆知求其所不知，而莫知求其所已知者”，“皆知求”对“莫知求”，“其所不知”对“其所已知”。这里的下句也可如此分析。

例：达生之情者，不务生之所无以为；达命之情者，不务知之所无奈何。养形必先之以物，物有余而形不养者有之矣；有生必先无离形，形不离而生亡者有之矣。（《达生》）

——这里第一组是上句、下句均为十三字的对偶；前五字与后八字，上下句均作出工整对偶。第二组是上句、下句均为十八字的对偶；前七字与后十一字，亦然上下对偶工整。综合两句，相对相偶，可明“达生”“达命”“养形”“有生”的一些道道了。这里都是长句的对偶，实属不易，而最短的对偶，有三字为对，如“出无本，入无窍”（《庚桑楚》），亦然令人回味不尽！

四、连锁式、顶真式、蝉联式的修辞

例：凡道不欲壅，壅则哽，哽而不止则跈（jiàn，践踏），跈者众害生。（《外物》）

——此顶真修辞，或称顶针，是首尾衔接连锁，也称为蝉联式的修辞。此显示：蹇·蹇—哽·哽—跈·跈，一体贯通而流转而下，这里均用一个字来顶真，连续三次。

例：技兼于事，事兼于义，义兼于德，德兼于道，道兼于天。(《天地》)

——这里也是连绵顶真，事·事—义·义—德·德——道·道，四次顶真，极其工整；且“兼于”连续出现五次，又构成排比。此句将顶真与排比巧妙地联用于一体，极具修辞变换之意趣。

例：有机械者必有机事，有机事者必有机心。机心存于胸中，则纯白不备；纯白不备，则神生不定；神生不定者，道之所不载也。(《天地》)

——这里又是首尾如针之顶，如蝉之联，但句式使用句与句相比又巧寓变化。有机事·有机事—机心·机心—纯白不备·纯白不备—神生不定·神生不定，其中四次连绵而至。至于此处顶真者或两字，或至于三字、或至于四字，其构成的顶真修辞，更富有变化。

例：道不欲杂，杂则多，多则扰，扰则忧，忧而不救。(《人间世》)

——道之深蕴，此连用顶真修辞四次以加表述：杂·杂—多·多—扰·扰—忧·忧。这里深刻揭示道之为“一”，与万物万象的纷纭之“杂”“多”“扰”“不救”是不一样的。虽然由道生成了这纷纷扰扰的大千世界，然而道之一生万,万又归一之道。

例：夫欲免为形者，莫如弃世。弃世则无累，无累则正平，正平则余彼更生，更生则几矣。(《达生》)

——这里的弃世·弃世—无累·无累—正平·正平—更生·更生，四次顶真贯通，且均用两字衔接。

例：夔(一足怪兽)怜(怜爱，美慕)蚿(xián，多足虫)，蚿怜蛇，蛇怜风，风怜目(能明察的眼睛)，目怜心(心灵)。(《秋水》)

——这里五个主谓宾结构的三字短语，作出整齐的排比，且又同用一个“怜”作谓语，连绵而出，且蚿·蚿—蛇·蛇—风·风—目·目，纽结上下，首尾相衔，连绵顶针，络绎而至，极其工巧。这里顶真与排比的修辞相互融通而共美。

例：故帝王圣人休焉，休则虚，虚则实，实则伦矣。虚则静，静则动，动则得矣。静则无为，无为也，则任事者责矣。无为则俞俞。俞俞者，忧患不能处，年寿长矣。(《天道》)

——这里的顶真又寓变幻而更为复杂，先如休·休—虚·虚—实·实，再变化为虚—静·静—动·动，然后又跳接上面“静”字，由此再构成静—无为·无为—无为—俞俞·俞俞。这是一种复杂的、极其巧妙的连锁式、顶真式的修辞。

五、回环式的修辞

例：夫知者不言，言者不知。(《知北游》)

——这是由“知—言—言—知”构成头与尾的回环式的修辞，而且里面还含有对称句式的修辞法。

例：是其所美者为神奇，其所恶者为臭腐；臭腐复化为神奇，神奇复化为臭腐。(《知北游行》)

——此句文字似乎很短少，但是修辞巧妙。首先前半句运用的是对偶修辞，美—恶、神奇—臭腐，是工整的正反对偶句。然后连绵而至的是又一绝妙修辞：臭腐·臭腐—神奇·神奇—臭腐。此是回环式的形式，然而最后又不是返回到第一句，而是衔接在第二句的末尾。这种回环与上一例的回环不一样，上一例的回环就像一个头尾相接的“○”形的圆圈，而这一种回环就像“6”那样圈接在第二句，而不是在开头的第一句。此亦足见庄子行文修辞的变幻之妙。

如果略加比较，那么在《左传》就能看到这样的例句。《昭公二十年》：“政宽则民慢，慢则纠之以猛，猛则民残，残则施之以宽。”这里“政宽—慢·慢—猛·猛—残·残—宽”，环环相扣，且最后一个“宽”也当是“政宽”，便衔接了开头，形成了我们在上面说的“○”形的圆圈了。庄子为饱学之士，或许就曾从前人的修辞里汲取了富足的智慧，并又作出了某些创新。

六、糅合与错综的修辞

庄子行文往往还有复杂的融汇贯通的综合修辞法，即精巧地将众多的修辞方法在对比与呼应、对称与粘连、糅合与错综里整合起来。

例：君子之交淡若水，小人之交甘若醴(lǐ，甜酒)。君子淡以亲，小人甘以绝。彼无故以合者，则无故以离。(《山木》)

——此虽仅仅35字，但是修辞亦然错综美富。首先出以对偶句，极其工对，又因其深刻的内涵，终成流传千年而不衰的至理名言。其次紧接的又是对偶句，依然是“君子”与“小人”相对，而又以“淡以亲”与“甘以绝”相对，“淡”与“甘”将上下连缀起来，这里第三句与第一句、第四句与第二句交相衔接，而意涵深化且丰富。最后是在非对偶句里内含了对偶，即“无故以合”与“无故以离”，点醒人际交往里的“无故”合与离。

例：圣人之生也天行，其死也物化；静而与阴同德，动而与阳同波。不为福先，不为祸始，感而后应，迫而后动，不得已而后起。(《刻意》)

——这里先见其分别对偶四次，且又用排比修辞连贯而出。然而还巧妙在“后应”“后动”“后起”又变换成另一新的排比，工巧如此，足见修辞心智卓越。

例：性不可移，命不可变，时不可止，道不可壅。苟得其道，无自而不可，失焉者，无自而可。(《天运》)

——这里四用“不可”排比而出，且再用对句相承相接，工整连绵，又转折寓变。

例：夫两喜必多溢美之言，两怒必多溢恶之言。凡溢之类妄，妄则信之也莫，莫则传言者殃。(《人间世》)

——先是两句正反对偶，接着便由“溢”而粘连而下，并再用“妄”“莫”首尾蝉联而出。修辞的讲究，时见其精心工巧，繁复多变。

例：悲夫，世人直为物逆旅而耳！夫知遇而不知所不遇，能能而不能所不能。无知无能者，固人之所不免也。夫务免乎人之所不免者，岂不悲哉！至言去言，至为去为。齐知之，所知则浅矣。(《知北游》)

——“悲夫”句引出议论。此后先是两句对偶，然而其中上句里又“知”与“不知”相对，“遇”与“不遇”相对，下句又“能”与“不能”、“能”与“所不能”相对，则是对句中再含比对。然后“无知无能者”句，以“知”与“能”粘连上文而引出下文，句末“免”字，又引出再下一句的“免”与“不免”之说，“岂不悲哉”则回应开头的“悲夫”。

例：夫虚静恬淡寂寞无为者，天地之平而道德之至，故帝王圣人休焉。休则虚，虚则实，实则伦矣。(姚按，“休”“虚”“实”，前后蝉联)虚则静，静则动，动则得矣（姚按，“虚”又遥接上句，然后“静”“动”前后蝉联）。静则无为（姚按，“静”再接上文），无为也（姚按，“无为”蝉联），则任事者责矣。无为（姚按，“无为”再续上文）则俞俞。俞俞者忧患不能处年寿长矣（姚按，“俞俞”蝉联）。夫虚静恬淡寂寞无为者，万物之本也（姚按，此句回应第一句）。（《天道》）

——此段文句较长，为便于鉴赏，笔者用“姚按”随文加按语，再赏庄子行文时的那种错综修辞、玲珑驾驭、精心倾注、功力非凡的境界。

呜呼！庄子于修辞真可谓既立其诚，又著其美，显其精，得其奇，彰其妙，《庄子》语言艺术之造诣真堪叹为观止！

绝妙修辞：“绕口令”式的美文

庄子行文里还有类似后世所谓的“绕口令”“拗口令”式的修辞，且屡见不鲜。其特点往往是同一个字，或相同的几个字，不断在文句里绕之拗之，拗之绕之，在拗绕之内，绕拗之间，展示深长意涵，赋予盎然情趣，极富行文之妙，巧寓哲学旨意。

例：是役人之役，适人之适，而不自适其适也。（《大宗师》）

此为简单的绕口令式的句子，共16字，其中“役”“人”“之”各出现2次，而“适”字反复用了4次。

例：夫不自见而见彼，不自得而得彼者，是得人之得而不自得其得者也。（《骈拇》）

这里共27字，其中6个“得”字，3个“自”子，3个“不”字，3个“而”字，2个“彼”字，2个“者”字，在组合与重组、否定与肯定，肯定与否定、对比与对照之间，自由穿梭，游行自在，具有相当高的修辞驾驭技巧。后来还从这里生成一个“得得”词语，指任情自得的样子。如《红楼梦》38回：“蜡屐远来情得得，冷吟不尽兴悠悠。”

例：故德有所长，而形有所忘。人不忘其所忘，而忘其所不忘，此谓诚忘。（《德充符》）

“忘”字全书出现76次，此一句26字，而“忘”字就连用6次。在或肯定、或否定、或否定之否定中，非常巧妙地让人们“忘”不了那个“忘”！其中“人不忘其所忘”“忘其所不忘”，则又是巧妙地颠倒互换，连绵回绕，煞有趣味，极可体会。

例：里人有病，里人问之，病者能言其病，然其病病者，犹未病也。(《庚桑楚》)

虽短短一句，“里人”不避重复，而一个“病”字出现6次，或单用，或连用，或动词，或名词，穿梭其间，回绕其里，绕来绕去，饶有趣味。

例：以不平平，其平也不平；以不征征，其征也不征。(《列御寇》)

此句仅18个字，有趣的是“平”字出现4次，“征”字4次，“不”字4次，“以”2次，“也”2次，其中“平”“平平”“不平”“不平平”，“征”“征征”“不征”“不征征”，夺人眼目，不仅组成绕口式的修辞，且两句又构成对称式的绕口令句式。

例：圣人安其所安，不安其所不安；众人安其所不安，不安其所安。(《列御寇》)

一个“安”字游行自在，贯串全句，再与构成的“所安”“不安”“所不安”，纠而缠之，绕而拗之，区分出圣人与众人生存之不同的状态与超智。

例：不开人之天，而开天之天。开天者德生，开人者贼生。不厌其天，不忽于人，民几乎以其真！(《达生》)

此为三句连绵，虽仅34字，然而“天”字5次，“开”4次，“人”3次，“不”3次，“生”2次，“者”2次，“其”2次，这六个字共出现了21次，占了一大半，文字迂回缠绕，令人眼缭乱而意难会，然而一旦悟通，则又击节心赏不已。

例：文王观于臧(在渭水附近)，见一丈夫(姜太公)钓，而其钓莫钓(不真心钓鱼)；非持其钓有钓(有意钓鱼)者也，常钓(钓常在手)也。(《田子方》)

这里“钓”字出现6次，“钓”“其钓莫钓”“其钓有钓”“常钓”。恍惚中似“钓”，惚恍中若“不钓”，却又“常钓”，“钓”字闪烁其间，夺人眼目。传说中姜太公的钓鱼是愿者上钩，恍恍惚惚之间，真是深具世事深旨与哲学理趣！《疏》："吕望未遭文王之前，纶钓于臧地，无心施饵，聊自寄此逍遥。""非执持其钓，有意羡鱼；常游渭滨，卒岁而已。"

例：有始也者，有未始有始也者，有未始有夫未始有始也者。有有也者，有无也者，有未始有无也者，有未始有夫未始有无也者。俄而有无矣，而未知有无之果孰有孰无也。（《齐物论》）

这里的绕口令使人们激赏！此凡65字，然而其中"有"字出现多达17次，"始"字9次，"未"字7次，"无"字6次，"也者"出现7次，"有始"3次、"未始"5次等。在这些字与词语的多次的游行自在里，在否定、肯定、否定之否定等的反复的绕与扰里、来回的曲折变化里前行。

试想如果没有标点断句，要读明白此段文字不易。虽然没有一个怪僻字、难识字，字字都认识，但读后可能一似云里雾里，不知所云。然而这是庄子的精心结撰，若对此绕口令式的语句，细推敲，深究析，才知其修辞之美、意蕴之精，哲思之妙，用心之深。如果转换为图表，或更见其脉络，是从"始"之"有"作出之前的追溯，由此而可知：

有·有始 ——— 无·无始 ——— 无无·无无始

"有始也者"———"有未始有始也者"———"有未始有夫未始有始也者"

宇宙万物有开始 ——— 有未曾开始的开始 ——— 有未曾开始的未曾开始

例：故有儒墨之是非，以是其所非而非其所是，欲是其所非而非其所是，则莫若以明。（《齐物论》）

此一句共32字，而"是""非"字均出现5次，已有10字，约占三分之一矣；且"是"与"非"又加以巧妙地组合、对比、颠倒、连贯，一似"绕口令"。有意思的是《注》与《疏》也不得不沿袭这种方法，成为又一种"绕口令式"的诠释。如《注》："夫有是有非者，儒墨之所是也；无是无非者，儒墨之所非也。今欲是儒墨之所非而非儒墨之所是者，乃欲明无是无非也。欲明无是无非，则莫若还以儒墨，反覆相明。反覆相明，则所是者非是，而所非者非非矣。非非则无非，非是则无是。"《疏》："世皆以他为非，用己为是。今欲翻非作是，翻是作非者，无过还用彼我反覆相明。反覆相明，则所非者非非则无非，所是者非是则无是。无是则无非，故知是非皆虚妄耳！"此巧妙地以"绕口令"形式之注疏，还治“绕口令”之本文，两相互应，煞有情趣！

例：物物而不物于物。(《山木》)

——庄子对于“物”有特别的颖悟，除了写出长长的《齐物论》名篇之外，还多见其对“物”的说解，“物”字全书出现多达202次。这里7个字中就出现4次。

例：物物者与物无际(界限)，而物有际者，所谓物际者也；不际之际，际之不际者也。(《知北游》)

这里“物”字出现5次，联络而至；“际”字出现7次，连绵而来。且“物”与“物”、“物”与“际”、“有际”与“无际”、“际”与“不际”，交杂而说，初读不知所云，细究则是意旨深刻，修辞高妙。其文句的意思是：使物成其为物的道，是与物没有界限的；然而物是有界限的，这是所谓物之间的界限。再说道生成万物，由没有界限又有了界限；然而因为万物均归于道，又是由界限而没有界限。此如宋吕惠卿注：“不际之际，际之不际者也，犹不形之形，形之不形者也。”(《庄子义集校》)林希逸注：“不际之际，道散而为物也”；“际之不际，物全而归道”。

例：忘足，履之适也；忘要，带之适也；知忘是非，心之适也；不内变，不外从，事会之适也。始乎适而未尝不适者，忘适之适也。(《达生》)

八个“适”字的连绵出现，在肯定、否定、否定之否定中意味深长。

例：嗟乎！我悲人之自丧者，吾又悲夫悲人者，吾又悲夫悲人之悲者，而后日远矣！(《徐无鬼》)

这段绝妙好辞，极穷变化之能，竭尽回绕之巧。这是南伯子綦对门人颜成子说的话。“人之自丧者”，是自我迷乱而丧失真性的人，这样的人我以之为悲。“悲人者”，是悲哀他人的人，这样的人我也以之为悲。“悲人之悲者”，是悲哀他人的悲哀者，这样的人我也以之为悲哀。而后我悲而又悲，遣之又遣，淡泊无心愈加远矣。《疏》：“子綦悲叹世人舍己慕佗，丧失其道。”又“夫道无得丧而物有悲乐，故悲人之自丧者，亦可悲也”。又“夫玄道冲虚，无丧无乐，是以悲人自丧及悲者，虽复前后悲深浅称异，咸未偕道，故亦可悲。悲而又悲，遣之又遣，教既彰矣，玄玄之理斯著，与众妙相符，故曰而日远矣。”这里五个“悲”

字，游行自在地穿行其间，且组成“悲”—“悲、悲”—“悲、悲、悲”的反复回绕，极具修辞的深旨趣味。

例：夫有土者，有大物也。有大物者，不可以物，物而不物，故能物物。明乎物物者之非物也，岂独治天下百姓而已哉！（《在宥》）

这里43字的文句里“物”字竟然出现10次：大物—大物—物—物—不物—物物—物物—非物。一个“物”字在这里穿梭般的游行自在，在不同的组合里、不同的境遇里，变化莫测。

例：故其好之也一，其弗好之也一。其一也不一，其不一也一。其一与天为徒，其不一与人为徒。（《大宗师》）

这里的修辞最显眼的是反复使用“一”字，穿梭其间8次，又“一”与“不一”，或者“不一”与“一”变化其间；且在否定与肯定里并显对比，如“好之”与“弗好之”等。至于此句意蕴的理解，如《口义》注：“‘一’，自然也，造化也。‘好’与‘弗好’，即好恶也。‘其一’，同也；‘其不一’，异也。好恶之有异同，皆不出乎造化之外，故曰‘其一也一，其不一也一’。人能以好恶为同，则知天者也，故曰‘其一与天为徒’；若以好恶为异，则知人而不知天者，故曰‘其不一与人为徒’。以人胜天，不可也；以天胜人，亦不可也。真人则无好无恶，无异无同，无分于天人，但循自然而已。此释氏所谓‘有无俱遣’，老子所谓两者皆归之玄，故曰天人不相胜。此乃一与不一皆一也，一即是大宗师也。”

回顾《老子》也有这样的修辞，然而一般比较简单，如“道可道，非常道；名可名，非常名”（1章）。又如“故善人者，不善人之师；不善人者，善人之资”（27章）。再如稍微复杂的，“知不知，上；不知知，病。夫唯病病，是以不病。圣人不病，以其病病”（71章）。再如“信言不美，美言不信。善者不辩，辩者不善。知者不博，博者不知”（81章）。庄子或许从中汲取了特别优渥的滋养，而悟性大开，且作出了创造性的新超越。

庄子排比修辞琳琅满目

《庄子》在排比修辞方面或可称为圣手。此中排比甚多甚美，善变善幻，往往下笔连绵，联翩而至，比陈比观，络绎排演。

一、巧妙的排比修辞

例：泉涸，鱼相与处于陆，相呴以湿，相濡以沫，不若相忘于江湖。(《天运》)

——此巧妙灵活地用连四个“相”字，构成短语排比而出，且最后以否定之“相忘”结句，行文波澜跌宕。再当一说的是此句又见诸《大宗师》，虽语句重复，但用意有别。如钟泰《庄子发微》有评：“‘泉涸’以下二十三字，已见《大宗师篇》。此以仁义比之呴湿濡沫，而‘无失其朴’，比之相忘于江湖，与《大宗师》以喻誉尧非桀不如两忘而化其道者，取义不同。盖彼重在‘两忘’二字，而此则重在呴湿濡沫与相忘江湖之分。细玩上下文，当自知之也。”

例：道不可闻，闻而非也；道不可见，见而非也；道不可言，言而非也。(《知北游》)

——这里的排比很工整，“道不可(闻、见、言)，(闻、见、言)而非也”。此种排句就像由一个模式，分别填进不同的三个字，便成为整齐的句子。当然这里的每一分句里还含有顶真的修辞，如“闻·闻”，“见·见”，“言·言”。

例：无思无虑始知道，无处无服始安道，无从无道始得道。(《知北游》)

——此排比句与上句相类似，也是极其工整地用同一模式，即“无(思、处、从)无(虑、服、道)始(知、安、得)道”排比者三，中间依次置换字眼者三、变换文意者三、递进者三，再由“始(才，方才)知道”，进而“始安道”，终至于“始得道”的境界。“知道”—“安道”—“得道”，又在排比里显示出递升的层递关系，真见其变化巧妙，巧寓变化！

例：井蛙不可以语于海者，拘于墟也；夏虫不可以语于冰者，笃于时也；曲士不可以语于道者，束于教也。(《秋水》)

——海若知河伯之见识狭窄低劣，故举三物排比而出。此句也像上两例使用模式作出工整的排比，“(井蛙、夏虫、曲士)不可以语于(海、冰、道)者，(拘、笃、束)于(墟、时、教)也”。当然模式为一，但角度切换多变，然而又均聚焦要旨，通而为一。或“拘于墟”，或“笃于时”，或“束于教”，再从三个维度指出不可与之“语于海”“语于冰”“语于道”。

例：天地虽大，其化均也；万物虽多，其治一也；人卒虽众，其主君也。（《天地》）

——这里的排比，使用了“（天地、万物、人卒）虽大，其（化均、治一、主君）也”之模式，由天地至于万物，再至于人卒，如《注》：天地，“均于不为而自化也”；万物，“一以自得为治”；人卒，“天下异心，无心者（为之）主也。”

例：与之（啮缺）配天乎？彼且乘人（借助人为）而无天（自然），方且本身（以自身为本）而异形（变异万物之形），方且尊知而火驰（如若火蔓延），方且为绪（小事）使（役使），方且为物絯（gāi，拘束），方且四顾而物应（应接外物），方且应（应接外物）众宜（处处求适宜），方且与（yù，参预）物化（外物变化）而未始有恒（定准）。夫何足以配天乎？（《天地》）

——尧讯问其师许由，能否让隐者啮缺做天子。啮缺，尧时贤人，王倪的学生、许由的老师。于是许由作一番回答，排比出啮缺若做天子将会见到的八种情况，用一“且”七“方且”排列引领而出，排叠之次序井然不紊，内涵之深刻足启心智。最后论定了啮缺不足以配天！

例：目彻为明，耳彻为聪，鼻彻为颤，口彻为甘，心彻为知，知彻为德。（《外物》）

——这里六用四字短语，六择“彻为”作粘连，六次排比而出“目”“耳”“鼻”“口”“心”“知”，以及相对应的“明”“聪”“颤”“甘”“知”“德”，意义绵连而又有递进，排比得如此工整、连贯、丰沛，此足显修辞功底极深。据此两例，或也可尝鼎一脔矣。

例：天不得不高，地不得不广，日月不得不行，万物不得不昌，此其道与。（《知北游》）

——这里的一端是“天”“地”“日月”“万物”之排位，另一端对应着“高”“广”“行”“昌”之排列，其中四次均用“不得不”之关联作出排比。排比工整连贯，造句明净意深。

例：若夫不刻意而高，无仁义而修，无功名而治，无江海而闲，不导引而寿，无不忘也，无不有也。（《刻意》）

——这里由“不、无(刻意、仁义、功名、江海、导引)而(高、修、治、闲、寿)”短语，由否定而至于肯定，构成连续排比，一气贯通，句式同而有异，异而能同，整齐中寓参差，参差里见变幻，最后改为叠用“无不……也”结句。此行文修辞甚是巧妙灵活。

例：夫水行不避蛟龙者，渔夫之勇也；陆行不避兕虎者，猎夫之勇也；白刃交于前，视死若生者，烈士之勇也；知穷之有命，知通之有时，临大难而不惧者，圣人之勇也。(《秋水》)

——这里既是排比者四，列出“勇”之诸多方面与内涵，有“渔夫之勇也”“猎夫之勇也”“烈士之勇也”“圣人之勇也”。然而又是不言而喻，“圣人之勇也”当属勇中之勇，非其他诸勇能比拟的，有似层层排浪，最后推向最高端。

例：而且说(yuè，喜悦，下同)明(目明)邪(yé，吗，下同)，是淫于色也；说聪(耳聪)邪，是淫于声也；说仁邪，是乱于德也；说义邪，是悖于理也；说礼邪，是相(xiàng，助长，下同)于技也；说乐邪，是相于淫也；说圣邪，是相于艺也；说知邪，是相于疵也。(《在宥》)

——此连续排比出八端，其中也是使用同一模式，而依次填字，排列整齐，次序分明，连贯成文，文义浩荡。此模式便是用“说(明、聪、仁、义、礼、乐、圣、知)邪，是(淫、淫、乱、悖、相、相、相、相)于(色、声、德、理、技、淫、艺、疵)”。

例：(古之真人，)与乎其觚而不坚也，张乎其虚而不华也；邴邴乎其似喜乎，崔乎其不得已乎！滀(chù)乎进我色也，与乎止我德也；厉乎其似世乎！謷(áo)乎其未可制也；连乎其似好闭也，悗(mèn)乎忘其言也。(《大宗师》)

——这里“与乎”“张乎”“邴邴乎”“崔乎”“滀乎”“与乎”“厉乎”“謷乎”“连乎”“悗乎”引领而构成相同的句式排比十次而出，语势浩荡，含义丰沛。

例：故圣人观于天而不助，成于德而不累，出于道而不谋，会于仁而不恃，薄于义而不积，应于礼而不讳，接于事而不辞，齐于法而不乱，恃于民而不轻，因于物而不去。(《在宥》)

——这里十次排比而出，也运用模式排比方法。其模式是“(观、成、出、会、薄、应、接、齐、恃、因)于(天、德、道、仁、义、礼、事、法、民、物）而不（助、累、谋、恃、积、讳、辞、乱、轻、去）”。每次嵌入不同的字眼，便浩荡地排比出绝妙好辞的文章，而胜义纷呈。

例：无为为之之谓天，无为言之之谓德，爱人利物之谓仁，不同同之之谓大，行不崖异之谓宽，有万不同之谓富。故执德之谓纪，德成之谓立，循于道之谓备，不以物挫志之谓完。君子明于此十者，则韬乎其事心之大也，沛乎其为万物逝也。（《天地》）

——此则前后极其工整地排比出十者，而“之谓（天、德、仁、大、宽、富、纪、立、备、完）”。此一似喷涌而出，然而妙在其中又有微变，分前者为六则，而后者为四则，最后又巧妙地以对偶句作收束，“韬乎其事心之大也，沛乎其为万物逝也”。

例：乐也者，始于惧，惧故祟；吾又次之以怠，怠故遁；卒之于惑，惑故愚；愚故道，道可载而与之俱也。（《天运》）

——这里的排比很巧妙，先是按时间次序排比而出，如由“始于惧”，至于“次之以怠”，最后“卒之于惑”。然而其中又寓有巧妙变化的排比，如“惧”“怠”“惑”三字既是上下顶针粘连，又生成“惧故祟”“怠故遁”“惑故愚”的排比，最后又综合构成了整体上的三次大排比。

二、排比组与排比组的串联

庄子行文还见到这样的情况：一是在某句子里均用排比修辞，但又变换成不同的结构。此如下面的第一例。二是排比句的串联与变幻，即一次长句里虽已排比得琳琅满目，却嫌不够，接着再续长句，再作满目琳琅的排比。

例：不为名尸，不为谋府，不为事任，不为智主，藏无形，行无迹，游无朕。（《应帝王》）

——前四“不为”构成整齐的四字短语，排比而出；后转换为三个“无”构成的三字短语，再次整齐排比，前后鱼贯而出，游行自在。若至于此等不治之境，则虽是混沌无为，却天下和谐，民众自朴。

例：知士无思虑之变则不乐，辩士无谈说之序则不乐，察士无凌（凌辱）谇（suì，诘问）之事则不乐，皆囿于物者也。招世之士兴朝，中民之士荣官，筋力之士矜难，勇敢之士奋患，兵革之士乐战，枯槁之士宿名，法律之士广治，礼教

之士敬容，仁义之士贵际。(《徐无鬼》)

——这里两组排比前后衔接，浩浩汤汤。第一组排比，将知士、辩士、察士，三类人物一一说来，由三个分句构成，并使用统一的模式，均以"士无……之……则不……"形式构成排比，即"(知、辩、察)士无(思虑、谈说、凌谇)之(变、序、事)则不乐"，而替换了不同的词语。此紧接着的是第二组排比，有九个分句构成，每分句均六字，且由"……之士……"模式构成排比，即(招世、中民、筋力、勇敢、兵革、枯槁、法律、礼教、仁义)之士(兴朝、荣官、矜难、奋患、乐战、宿名、广治、敬容、贵际)，从而工整排比。这些排比深刻揭示出各类人士的心理，又显示庄子心理学的智慧。此两组排比前后贯穿，真是洋洋洒洒之文字！

例：知大一，知大阴，知大目，知大均，知大方，知大信，知大定，至矣！大一通之，大阴解之，大目视之，大均缘之，大方体之，大信稽之，大定持之。尽有天，循有照，冥有枢，始有彼。(《徐无鬼》)

——这是由一组排比传递至第二组排比，再延展至第三组排比，如此连绵接排，真是文势浩浩，意趣汤汤。先是七个"知大"排比，《疏》："此略标能知七大之名，可谓造极。自此以下历解义"。因此其后紧紧连缀着便是"通之""解之""视之""缘之""体之""稽之""持之"的七次排比。此后紧接着再作"四有"排比，且改为三字句式，中间均用"有"字连锁。如《疏》："上来七大，未有不由其自然者也"；"但顺其天然，智自明照"；"窈冥之理，自有枢机，而用之无劳措意也"；"郭注云，始有之者，彼也，故我述而不作也"。这里的排比一而再，再而三，且句式变幻，由三字句式排比，再转换为四字句式排比，又再转化为三字句式排比。连锁着的排比，却又在排比之同中变异，在变异中存同，此真或堪称庄子为排比修辞的圣手了！

三、奇特开篇：排比之问

《天运》一开篇，连续十五问，真是奇特的开篇！其文："天其运乎？地其处乎？日月其争于所乎？孰主张是？孰维纲是？孰居无事推而行是？意者其有机缄而不得已邪？意者其运转而不能自止邪？云者为雨乎？雨者为云乎？孰隆施是？孰居无事淫乐而劝是？风起北方，一西一东，有上彷徨。孰嘘吸是？孰居无事而批拂是？敢问何故？"

这里是一连串的发问，排比而出：问天、问地、问日月、问谁在主宰、问谁在维系、问谁在推行、猜测其有什么机关封闭而不得已、意料其为何运转而不能自己停止、云是否雨造成、雨是否云造成、谁兴云施雨、谁造成这样的情况、风起北方而游动是谁在嘘气吸气、谁处无事而在扇动，综上所问，最后再作总括式发问，“敢问何故？”如《注》：“设问所以自尔之故。”《疏》：“此句总问以前有何意故也。”

这里又不禁联想起屈原著《天问》，提出了一百七十多个问题，涉及天地万物、人神史话、政治哲学、伦理道德，表明思想的博大精深、探索真理的愿望。庄子、屈原，这些哲人、诗人固然在思考追问，其实每一个人仰望苍天、俯瞰大地，流观四方怎能不发出各种疑问？人类的童年如此，人类的少年、青年也是如此！试看人类科学技术发展到如今这样的高水平，然而面对茫茫宇宙还是不断生发出不知多少的问题与迷惑，好奇与猜想，且解决不了的问题还是很多很多。

四、段落的排比与艺术

庄子行文的排比，还有一种是超越了排句的模式，由句子的排比进而至于段落的排比，成为排比段。在《刻意》里就有典型范例，《刻意》可分为三部分，而中间一部分，是使用排比段的修辞。这里连用六次“故曰”，引领排比六个段落，浩浩汤汤，意涵极其丰足深邃。

庄子的排比修辞，或强调语义，或增强语势，或富有节奏，或呈递进，或显递降，或揭明逻辑，或深化哲理，一切寓有巧妙之变幻。然而正如《齐物论》说圣人超然物外，“不从事于务，不就利，不违害，不喜求，不缘道，无谓有谓，有谓无谓，而游乎尘垢之外”。处世既然如此，回过来看庄子的排比修辞以及其他的修辞，虽如此丰富绚丽，然而其心灵却又游行于修辞的“尘垢”之外的！

庄子譬喻修辞出神入化

庄子对譬喻、比喻修辞之运用，不仅心甚好之，且尤心智卓越，由好之而进而善之，又化之幻之。欣赏庄子的譬喻，常常令人叹为观止。当然这里还要论及的是，庄子确为运用譬喻的妙手，后人又多有解析《庄子》譬喻修辞的高手，如成玄英、林希逸、宣颖等，至于此后每每有对庄子的譬喻加以解读、究析者，不绝如缕，胜义时见，亦然蔚为大观，这里也略为之说。

一、庄子譬喻流传不朽

清代宣颖有赞叹：“《庄子》之文，长于譬喻。其玄映空明，解脱变化，有水月镜花之妙。且喻后出喻，喻中设喻，不啻峡云层起，海市幻生，从来无人及得。”他又感叹：“设喻之妙，沁入至微，除是天仙，断不能奇想到此。”在他看来庄子在设喻上真堪称是天才，更进而是仙才。（《庄解小言》）

例：黄帝游乎赤水之北，登乎昆仑之丘而南望，还归，遗其玄珠。使知索之而不得，使离朱索之而不得，使喫（chī）诟索之而不得也。乃使象罔，象罔得之。黄帝曰：“异者！象罔乃可以得之乎？”（《天地》）

此为比喻之名例，如《庄子鬳斋口义》：“此段言求道不在于聪明，不在于言语，即佛经所谓‘以有思惟心求大圆觉，如以萤火烧须弥山’。却装出一段说话如此。玄珠，道也。知，知觉也。离朱，明也。喫诟，言辩也。象罔，无心也。知觉、聪明、言辩皆不可以得道，必无心而后得之。此等譬喻，也自奇绝。”这里所引佛经的话，则出自《圆觉经》：“善男子，但诸声闻所圆境界，身心语言，皆悉断灭，终不能至彼之亲证所现涅槃，何况能以有思惟心测度如来圆觉境界？如取萤火烧须弥山，终不能著。”（见诸周启成《校注》）

例：泉涸，鱼相与处于陆，相呴以湿，相濡以沫，不如相忘于江湖。与其誉尧而非桀也，不如两忘而化其道。（《大宗师》）

“相濡以沫”之成语，即出自庄子的譬喻。此句便是一起譬，一合喻；前句起譬，后句合喻。如《疏》：前句“此起譬也”。“故知鱼失水所以呴濡，人丧道所以亲爱之者也”。后句“此合喻”。“夫唐尧圣君，夏桀庸主，故誉尧善，而非桀恶，祖述尧舜以勖将来，仁义之兴，自兹为本也。岂若无善无恶，善恶两忘；不是不非，是非双遣。然后出生入死，随变化而遨游；莫往莫来，履玄道而自得。岂与夫呴濡圣迹，同年而语哉！”

二、譬喻：作之妙手与解之高手

《天运》中孔子西游于卫的一段文字里，记载了颜渊与师金的问答文字。师金，师是官名，为鲁国的太师，金是其名。古人习惯将职司之名冠于名字之首。颜渊曰：“以夫子之行为（指将以仁义去化卫君）奚如（何如，怎样）？”师金曰：“惜乎，而夫子其穷（困穷，不得志）哉！”颜渊曰：“何也？”于是庄子笔下的师金运用了一系列譬喻来解说：儒者所学皆古昔陈言，不足用于今世；时代不同，而当应世不穷。处世当如桔槔俯仰，无所容心。果有不同味，礼乐也当不同。

师金曰："夫刍狗（祭祀用的草扎的狗）之未陈（陈列于祭祀之用时）也，盛以箧（qiè，竹箱）衍（笥，箱笼之类），巾以文绣（以文绣之巾来覆盖），尸祝（巫师）斋戒以将（送）之。及其已陈也，行者践其首脊，苏者（拾柴割草之人）取而爨（cuàn，烧火煮饭）而已；将（方将）复取而盛以箧衍，巾以文绣，游（遨游）居（居处）寝卧其下，彼不得梦（即使不做噩梦），必且数（shuò，频繁，屡次）眯（mì，感到压抑而呼吸困难的梦）焉。今而夫子，亦取先王已陈刍狗，聚弟子游居寝卧其下。故伐树于宋，削迹于卫，穷于商周，是非梦邪？围于陈蔡之间，七日不火食物，死生相与邻，是非其眯邪？"

成玄英曾详细地解析，并排比出其中譬喻的运用之法。如其疏："此下譬喻，凡有六条：第一刍狗，第二舟车，第三桔槔，第四柤（楂）梨，第五猿狙（jū），第六妍丑。"第一个比喻是"刍狗"。其次用"舟车"譬喻，指孔子那套做法就像推舟于陆，行不通。再次是"桔槔"譬喻，指桔槔上下俯仰提水，比喻人要能虚己，随从其机，美在逗机。再次是"柤（zhā，楂，山楂）梨"譬喻，指柤梨桔柚的味道虽不同，但其味均能可口。再次是"猿狙"譬喻，猕猴穿上周公服饰，不以为美，而必毁礼服。最后是"妍丑"譬喻，指丑人学西施，"彼知矉（通'颦'）美，而不知矉之所以美"。"东施效颦"成语即出于此。于是最后答出结论："惜乎，而夫子其穷哉！"至此可悟庄子真譬喻之妙手，而成玄英不失为解喻之高手！

《庄子鬳斋口义》赞评："此段凡六譬喻，节节皆好。为文莫难于譬喻，王臞轩迈（王迈，字贯之，宋仙游人，有《臞轩集》）尝云：平生要自做个譬喻不得，才思量得，皆是前人已用了底。《庄子》一书，譬喻处件件奇特。"宣颖《庄解小言》也有赏析："言受其颠倒，入手一喻，言过时之陈迹不足用也，为第一层。又一喻，言陈迹之不足用者，以古今时宜之异也，为第二层。又一喻，言违时宜者有殃，惟因时俯仰，则无咎也，为第三层。又一喻，言所贵于因时俯仰者，看过往圣人皆各各因时者也，为第四层。又一喻，反掉言设，使不顺时宜，其弊必致毁裂也，与舟车一喻变换回环，为第五层。又一喻，言不适时宜者，陷于不知其故也，为第六层。此节为第四段，骨子止是一'时'字，却连用六样譬喻，作六层剥换，层卸层转，如赤城霞起，鲛珠落盘，为异样圆滑璀璨之文。"

此文略为举隅，已见《庄子》比喻修辞风采之非凡，美辞巧喻屡显。庄子比喻似乎随手洒落于行文间，却时见如珠宝镶嵌，精湛巧慧。其意涵则或顺向而衔接，或反向而互对，煞富文情辞趣，庄子可谓名副其实的修辞巨擘。

诗性与哲学性的联姻

《庄子》之哲学智慧深邃宏博，瑰玮高超，而其文学艺术则如《经典释文》所赞誉“宏才命世，辞趣华深”。诚然如是，又不仅如此，庄子因其深湛的哲学而演绎于文学，又因其华深的文学而浸润至哲学，故能因其两者的彼此嫁接与联姻化合，而催生出奇葩的绽放；因其两维的双向融汇而结晶，矗立起文哲史上巍峨的丰碑。

一、文美如诗

古来谈哲学则老庄并称，谈文学则庄文与屈骚并称，然而也有将庄子之文与李白之诗共誉的。

清代东方树即将庄子与李白并称，其《昭昧詹言》之《李太白》里说：“大约太白诗与庄子文同妙，意接词不接，发想无端，如天上白云卷舒灭现，无有定形。”诗句往往是断环、割裂、跳跃的，然而诗意、诗境、诗思却又是连绵的。此断而却连，连而似断，一似天上白云，或舒或卷，或灭或现。这在李白的诗里凸现，在庄子的文章里亦然常见。

闻一多也将庄子与李白贯通，曾激赏庄子《天运》篇之文——

天其运乎？地其处（静处）乎？日月其争于所乎？孰主（主宰）张（张罗）是？孰维（维系）纲（纲纪，指统领）是？孰居无事推而行是？意者其有机缄而不得已邪？意者其运转而不能自止邪？云者为雨乎？雨者为云乎？孰隆（指兴起云）施是（指施布雨）？孰居无事淫乐而劝（劝勉）是？风起北方，一西一东，有上（天上）彷徨（来回走动），孰嘘（吐气）吸（吸气）是？孰居无事而披拂（煽动）是？

于此，闻一多赞道：“明人吴世尚曰‘《易》之妙妙于象，《诗》之妙妙于情；《老》之妙得于《易》，《庄》之妙得于《诗》’。这果然是一首妙绝的诗——外形同本质都是诗。”“这比得屈原的《天问》何如？欧阳修说‘参差奇诡而近于物情，兴者比者俱不能得其仿佛也’，只讲对了作者的一种‘百战不许持寸铁’的妙技，至于他那高越的神理，后世除了李白，谁追得上他的踪尘？”这里就是既将庄子与屈原相比，又将李白与庄子相提，庄之文与骚与诗密契地联姻在一起了！

二、诗性的哲理

后来崔大华曾对《庄子》的“语言的诗性跳跃”作出过细究，有说：“和其它先秦诸子著作不同，《庄子》不是词意相接的、逻辑严谨的论述性的语言，而是意接词不接或词虽接意已变的、跌宕跳跃的诗性的语言。”这里具体指出两种形式：一是“意接词不接”，一是“词接而意已变”。前者如《逍遥游》《达生》等不少的篇目里常见到。后者典型者如《山木》里市南宜僚对鲁君针砭的寓言，说南方边远的“建德之国”可以消君之愁。君曰“我无舟车，奈何”，市南宜僚即用“舟车”作跳跃式的解说：“君无形倨（指体态容貌的傲慢），无留居（指墨守旧习而止步不前），以为君车！”君又曰：同行“无人”，又“无粮”“无食”，“安得至”？宜僚又解说：“少君之费，寡君之欲，虽无粮乃足！”再如《天运》里商大宰荡问“仁”于庄子，庄子回答：“虎狼，仁也。”《说剑》里庄子说“三剑”，“有天子剑，有诸侯剑，有庶人剑”。如作者指出：前者，“庄子所回答的‘仁’已变为人与人间的本质上是属于自然本能性质的生理心理的情感”。后者，“庄子所铺陈的‘三剑’却是意指不同精神境界所具有或显示的不同的力量范围和强度”。

这些揭示很有启发作用，其实再说白了，这也很容易理解，这就是人们常晓的一种“借题发挥”，不过得紧扣题目之词面，而作出另外维度的释论。我们若再作进一步深层思考，那就能明了是庄子深层的核心哲学理念在统驭着这一切。在庄子看来，世界万物表面上似乎千差万别，熙熙攘攘，相差极远，相异迥别，故有风马牛不相及，甚至不啻于霄壤。然而，庄子以道观之，则世界万物又是如此一致，毫无差别地统驭于道之“一”，齐物之“一”里。天地物之间彼此就是这么若断而连，似连而断，断断续续，时辍时缀，然而内里皆与道为“一”。这又是庄子的文学与诗性、哲学性的联姻缔结。

当然，庄子的散文里还有极丰富的韵律，诗则不仅有意趣，还有用韵与节奏的特性。有学者指出：“庄子散文还有一个特点就是文中多用韵，声调铿锵，使读者有和谐的节奏感。”（游国恩等《中国文学史》第一册人民文学出版社1983年版）

三、诗哲联姻

庄子智慧地将文学与哲学打通，语言诗化且哲理深邃，其意与境熔铸之诗，其哲与诗糅合之文，开拓了一方诗文结合的新领域、新天地。

庄子反对过分的言辞藻饰，嫌其华美荣华，反将旨意遮蔽，故又有说“言隐于荣华”（《齐物论》）。然而，庄子又从不拒绝辞藻之美妙，相反文采凸显，常为后人击节赞叹!《文心雕龙·情采》:“老子疾伪，故称‘美言不信’；而五千精妙，则非弃美矣。庄周云‘辩雕万物’，谓藻饰也。”庄子极重“藻饰”，且“辩雕万物”。《天道》:“辩虽彫万物，不自说(讲述，言谈)也。”“辩(巧言)彫(雕饰)”，也作“辩雕”，此谓以华美的辞藻雕琢。

闻一多《古典新义·庄子》:“读《庄子》，本分不出那是思想的美，那是文字的美。那思想与文字，外形与本质的极端的调和，那种不可捉摸的浑圆的机体，便是文章家的极致；只那一点，便足注定庄子在文学中的地位。”宗白华也曾说:“庄子，他的文章做得很好，善于利用寓言故事，利用艺术形象来表达他的思想，生动活泼。有些故事，我们可以看成是他的艺术理论，但在他自己来说，是为了表达一定的哲学思想的。庄子的思想对后世的文学、绘画等的影响很大。它影响到后来的诗人如陶渊明、苏东坡，还有间接一点的谢灵运，对于山水风景等自然界的兴趣。”(《关于美学研究的几点意见》，见《宗白华全集》3册)

《庄子》文章的巨大魅力，有学者说:“已往文章家常喜欢读《庄子》，并且称它为仙才，上乘者袭取其精神，中乘者模仿其格调，再次者搬运其词藻，我们相信《庄子》给予古今文学界有很大帮助。世人所以爱好《庄子》，如果说是钻研哲理，不如说是欣赏奇文，假使没有那样变幻莫测的文章，光靠它的理论，未必能够使人如此倾倒。”这话是很有道理的,《庄子》其文的精神、格调、词藻，其变幻、奇趣、韵味都已抵达很高的境地，并多元地影响一代代来者。这也可以启示来者：深刻的理论文章、抽象的哲学著作，若能再加以精彩的文学化，能够倾倒更多的读者，影响更广的人群。

然而，要写出如庄子那样文美理邃的哲理、诗化文，非一日之功。没有文学与哲学的功底，就是要读懂《庄子》也难。真如有学者指出:“《庄子》之文，瑰玮洸洋，弘辟深肆；自古以来，号称难读。魏晋而下，代有注释，顾言者有言，所言未定。治《庄子》哲学者，所以贯通其全部之思想。然不根其文字，则流于空。攻《庄子》训诂者，所以董理其文字。然不本其哲学，则失诸碎。盖不通《庄子》之哲学，则无以理其文字，不理其文字，亦无以通其哲学，二者固当兼相为用也。”此话确也，现在能读《庄子》的人几何？能真正读完的更是凤毛麟角吧？错失真正的经典，惜矣！惜矣！

绝妙寓言：夔·蚿·蛇·风·目·心

《秋水》有一则玄之又玄的小品、妙而又妙的寓言、神乎其神的神话，堪称绝妙佳作。夔，是传说中的异兽，一足，似牛而无角。蚿（xián），是百足虫。在夔、蚿、蛇、风、目、心之间，庄子生发出一段有趣的寓言。其文如下——

夔怜（爱慕，或哀怜）蚿，蚿怜蛇，蛇怜风，风怜目，目怜心。

夔谓蚿曰："吾以一足趻踔（chěn chuō，跳着走）而行，予（我）无如（不如，即赶不上）矣。今子之使万足，独（副词，表示反问）奈何（怎么使用脚的呢）？"

蚿曰："不然（不是有意用心使之，而是顺其自然）。子独不见乎唾（吐唾沫，或说以口含水而喷之）者乎？喷则大者如珠，小者如雾，杂而下者不可胜数也（此喻出于自然而然）。今予动吾天机（天然机关，即天然赋予的能力），而不知其所以然。"

蚿谓蛇曰："吾以众足行而不及子之无足，何也？"

蛇曰："夫天机之所动，何可易（改变，变易）邪？吾安（岂，怎么）用足哉！"

蛇谓风曰："予动吾脊（脊梁）胁（肋骨）而行，则有似（即似有，似乎有）也。今子蓬蓬然（风之声，或风起之状）起于北海，蓬蓬然入于南海，而似无有（无有形迹），何也？"

风曰："然，予蓬蓬然起于北海而入于南海也，然而指我（人用手指来指风；'我'即是风，下同）则胜我（因为风不能吹断手指），䲡（或作'鰌'，逆风而踢）我（即风）亦胜我（因为风也不能吹断腿脚）。虽然（即使这样），夫折大木、蜚（通'飞'）大屋者，唯我能也。故以众小不胜（小的不能取胜）为大胜（却能取得大胜）也。唯大胜者，唯圣人能之。"

夔，庄子笔下出现过两次，《达生》"山有夔"里的"夔"是山神之名，状如鼓，一足。此《秋水》里的"夔"，则是传说中的异兽，一足，似牛而无角，一足而行，声音如雷。此由夔之"怜"连绵触发出许多的"怜"，譬如有说是一层一层递相羡慕其神速。其中"唾""喷"之比喻，《南华雪心编》有赞："妙喻足绘难显之状。足之多，万者并行，亦如唾之多，大小并下，言出于天然，无待于使也。喻中夹喻，文心绝奇。"后世成语"咳唾成珠""咳珠唾玉"即从此化出，譬喻其言语卓越，措辞不凡，或是诗文优美。后世多用之，如《后汉书·赵壹》："势家多所宜，咳唾自成珠。"又林学衡《新猛近稍习词章》诗："俪白妃青从检点，咳珠唾玉定纷纶。"

此篇虽短，但后人解读欣赏之文字则丰富多彩，读之令人生智开慧。再如在"安用足哉"一段文字后，有《注》："物之生也，非知生而生也；则生之行也，岂知行而行哉！故足不知所以行，目不知所以见，心不知所以知，悗然（无心的样子；悗，mèn）然而自得矣。迟速之节，聪明之鉴，或能或否，皆非我也。而惑者因欲有其身而矜其能，所以逆其天机而伤其神器也。至人知天机之不可易也，故捐聪明，弃知虑，魄然忘其所为而任其自动，故万物无动而不逍遥也。"最后又在"唯圣人能之"一段文后，亦有《注》："恣其天机，无所与争，斯小不胜者也。然乘万物，御群材之所为，使群材各自得，万物各自为，则天下莫不逍遥矣。此乃圣人所以为大胜也。"

再如钟泰《庄子发微》之评说也当一读："此节发明天机之用，亦即发明权之用也。何以知其为发明权之用？权之用，在夫'谨于去就'，莫之能害而已，此云'以众小不胜为大胜'。衡夫大小之间，去小而就大，是以物莫能胜，非权之大用乎！然发明权之用，而先之以天机者何？权之用在不测，不测之谓神；若有心而用之，不窒则险，其能中者鲜矣，更何神之云！夫天机者，无心也。故此文言'风怜目，目怜心'，而文至于风而止，于目于心更不着一字，盖有深意焉。将以不见之见言目，无心之心言心，此非言语文字所可为也，故留此一空白，以待读者之自参，而又虑夫读者不能会及此意也，因于上文下一语，曰'予动吾天机，而不知其所以然'。知权之出乎天机而不知其所以然，则知夫以机变巧诈为权，以行险侥幸为权者之徒，冒乎权之名，而实为权之贼也，故卒曰'为大胜者，唯圣人能之'，明夫唯圣人为能用权，非他人所可得而伪托也，此庄子之微意也。"此一段话还因有感于姚鼐《庄子章义》必以为此文有残缺而说的。

另外值得再说的是，此则还有两种解读路数，若能绎思之，则或许收益更多。其一，若"怜"解释为爱的意思，那么如《疏》："怜，是爱尚之名。""夔则以少企多，故怜蚿。蚿则以有羡无，故怜蛇。蛇则以小企大，故怜风。风则以暗慕明，故怜目。目则以外慕内，故怜心。欲明天地万物，皆禀自然，明暗有无，无劳企羡，放而任之，自合玄道。倒置之徒，妄心希慕，故举夔等之麄（麤，粗）事，以明天机之妙理。"其二，若"怜"解释为可怜的意思，那么再如《疏》："又解：怜，哀悯也。夔以一足而跳踯，怜蚿众足之烦劳。蚿以有足而安行，哀蛇无足而辛苦。蛇有形而适乐，愍风无质而冥昧。风以飘摇而自在，怜目域形而滞着。目以在外而明显，怜心处内而暗塞。欲明物情颠倒，妄起哀怜，故托夔蚿以救其病者也。”此则小品令一代代人读后，始则或迷惘，继而能发蒙，此后豁然开朗，最后灿烂一笑，庄文却原来妙趣盎然不尽，哲理深邃如许！

庄子寓言：才藻恣肆奇拔·瑰宝富足惊艳

《庄子》“三言”里的“寓言”是一大瑰宝。庄子喜好用寓言论道、说理、明智、开慧、警世，其所臻境域为幽默、调侃、审美、隽永、不朽！《史记·庄子传》：“故其著书十余万言，大抵率寓言也。”然而，《庄子》里的“寓言”到底有多少则？这也许是一个难题，因为使用后世的“寓言”观念去界定，是与庄子观念的那种界定或许是不同的。即使都是用后世的观念，分歧虽在，也属正常。因此今人或有说全书有两百多则寓言的（见陈蒲清《寓言传》，岳麓书社）；有的或认为有数十则；有的寓言被公认，有的则或是或非，尚不太确定。此文将《庄子》寓言略作梳理，并择其最具影响者，稍作绎读。

一、内七篇之寓言

（一）《逍遥游》篇著名的寓言有《鲲鹏与斥鴳》（或名《鲲鹏与学鸠》《斥鴳笑鹏》《鹏鴳逍遥》等）《尧让天下》《姑射神人》《不龟手之药》《樗树之用》《越俎代庖》《拙于用大》等。内篇寓言之解读，可参见本书篇二的内容。

（二）《齐物论》篇有《啮缺与王倪》《罔两问景》《庄生梦蝶》等著名寓言。

（三）《养生主》篇有《庖丁解牛》《泽雉》等著名寓言。其中《庖丁解牛》影响深远，成为神妙技艺的典型，后世也多有活用。如明代陶宗仪《说郛》引无名氏《竹林诗评》：“何逊之作，不费气力，如庖丁解牛，风成于騞（huō，刀割裂开物的声音）然。”龚自珍《明良论四》：“庖丁之解牛，伯牙之操琴，羿之发羽，僚之弄丸，古之所谓神技也。”

（四）《人间世》篇有《养虎》《拊马不时》《栎社树》《螳臂当车》等著名寓言。其中《螳臂当车》寓言最为深入人心，《韩诗外传》卷八就有具体情节：“齐庄公出猎，有螳螂举足将搏其轮。问其御曰：‘此何虫也？’御曰：‘此螳螂也。其为虫，知进而不知退，不量力而轻就敌。”后世又有“螳臂挡车”“螳臂当辙”“螳臂扼辙”之说。

（五）《德充符》篇有《美男哀骀它》等著名寓言。

（六）《大宗师》篇有《涸泉之鱼》（或名《不如相忘于江湖》）《藏舟于壑》

《莫逆之友》《大冶铸金》等著名寓言。

（七）《应帝王》篇有《使蚊负山》《游无何有之乡》（或名《天根游于殷阳》等）《壶子示相》《浑沌之死》（或名《浑沌开窍》）《天根》等著名寓言。此中《浑沌之死》极富机趣，值得再读《庄子鬳斋口义》之精解："此段只言聪明能为身累，故如此形容，堕枝（肢）体，黜聪明，则为浑沌矣。本是平常说话，粧出日凿一窍之说，皆奇笔也。儵（shū）、忽、浑沌，皆是寓言，不可泥着，泥着则为痴人前说梦矣。浑沌即元气也，人身皆有七窍，如赤子之初，耳目鼻舌虽具，而未有知识，是浑沌之全也。知识稍萌，则有喜怒好恶，是窍凿矣。孟子曰'大人不失赤子之心'，便是浑沌不凿也。庄子翻说得来，便如此诡怪，但文亦奇矣。"此评真堪赏读回味，且执此方法可真赏庄子寓言之意趣，不可"泥着"，而当得其寓言含义之浑沌之全。

二、外篇之寓言

《骈拇》篇有《臧谷亡羊》（或名《俱亡其羊》）等著名寓言。《臧谷亡羊》寓言："臧与榖二人相与牧（养）羊，而俱亡（失）其羊。问臧奚（何）事，则挟筴（cè，竹简）读书；问榖奚事，则博塞（棋类游戏，赌输赢）以游（游戏）。二人者，事业不同，其于亡羊均也。"《疏》引《孟子》云："臧，善学人。榖，孺子也。"扬雄云："男婿婢曰臧。"榖，良家子也。又《疏》："言此二人各耽事业，俱失其羊也。""问臧问榖，乃有书塞之殊；牧羊亡羊，实无复异也。"臧，是善学之人。榖，是儒子。此两人读书与赌博似乎不一样，但是疏忽了本职，丢失了羊，却是相同的。后来也成为典故，比喻事虽不同，而其实则一。苏轼《和刘道原〈咏史〉》："仲尼忧世接舆狂，臧榖虽殊竟两亡。"《中国近代文论选·读新小说法》："小说固不许浅人读耶？不识庐山，妄喜妄恶，臧榖亡羊，所失相伍，其弊在于不知读法。"

《马蹄》篇有《真马之死》《伯乐之罪》等；《胠箧》篇有《胠箧探囊》《至德之世》等著名寓言；《天地》篇有《黄帝遗珠》《汉阴丈人》《厉人生子》等著名寓言；《天道》篇有《轮扁斫轮》（《轮扁论读书》）等著名寓言；《天运》篇有《东施效颦》（《丑女效颦》）等著名寓言；《秋水》篇有《望洋兴叹》《夔怜蚿》《坎井之蛙》（或名《井底之蛙》）、《邯郸学步》（或名《寿陵学行》）、《钓于濮水》（或名《曳尾涂中》）、《濠上之辩》（或名《安知鱼乐》）、《鹓鸰相非》（或名《鹓鸰与腐鼠》）等著名寓言；《至乐》篇有《庄子鼓盆》（或名《庄子妻死》）、《庄子与髑髅》（或名《髑髅》）、《鲁侯养鸟》等著名寓言。《髑髅》寓言影响深远，后来张衡、曹植模仿此则，分别写出了《髑髅赋》《髑髅说》。鲁迅也创作了

《起死》（见《故事新编》）；《达生》篇有《佝（痀）偻者承蜩》《祝宗人说猪》《桓公遇鬼》（或名《桓公见鬼》）、《纪渻子养斗鸡》（或名《木鸡养到》）、《吕梁丈夫》（或名《蹈水有道》）、《梓庆为鐻》等著名寓言。《祝宗人说猪》寓言："祝宗人玄端以临牢筴（jiā，猪圈）。说彘曰：'汝奚恶死？吾将三月豢（饲养），汝，十日戒，三日齐（斋），藉白茅，加汝肩尻乎雕俎之上，则汝为之乎？"（《桓公见鬼》）

《山木》篇的寓言不少，如有《大树与雁鹅》《皮为之灾》《方舟济河》《孔子与子桑雩》《林回弃璧》《腾猿之能》《庄周逐异鹊》《恶贵与美贱》等。"螳螂捕蝉，黄雀在后"，虽出自《韩诗外传》卷十，溯源则或始于《山木》。

《皮为之灾》之寓言："君之除患之术浅矣！夫丰（大）狐文（花纹）豹栖于山林，伏于岩穴，静也。夜行昼居，戒（谨慎）也。虽饥渴隐约（困穷，或说潜藏），犹（还）且（或作'旦'，明旦无人之时）胥（皆）疏（疏远，分散）于江湖之上而求食焉，定（定计，定见）也。然且不免于网罗机辟（捕捉的机关）之患，是（此狐、豹）何罪之有哉？其皮为之灾也。今鲁国独非君之皮邪？愿君刳形去皮，洒心去欲，而游于无人之野。"

楚人市南宜僚，隐居于市，姓熊名宜僚。他进谏鲁侯时，诉说了深层次"除患之术"的一则寓言。鲁侯有忧色，因其所执之术是，"吾学先王之道，修先君之业。吾敬鬼尊贤，亲而行之，无须臾离居。然不免于患，吾是以忧。"熊宜僚即用寓言，生动喻示：丰狐文豹虽不敢妄动，不敢忘患，不敢与人争，然而因其毛皮悦泽，所以受到人的伤害，人亦然如此。如《注》："有其身而矜其国，故虽忧怀万端，尊贤尚行，而患虑愈深矣！"《疏》："刳形，忘身也。去皮，忘国也。洒心，忘智也。去欲，息贪也。无人之野，谓道德之乡也。郭注：'欲令无其身，忘其国，而任其自化。'""皮为之灾"，是因其皮毛之审美与价值，招来灾难与祸害，这是对立面的转化，当然其中也是有特定的条件的。

《方舟济河》寓言："方舟而济于河，有虚船来，触舟，虽有惼心（心地狭窄；惼，biǎn）之人不怒；有一人在其上，则呼张歙（xī，吸气，收缩）之。一呼而不闻，再呼而不闻，于是三呼邪，则必以恶声随之。向也不怒而今也怒，向也虚则今也实。人能虚己以游世，其孰能害之？"

《山木》里还有寓言里再套寓言的情况。譬如《孔子与子桑雩》是一则寓言，因为子桑雩就是寓言人物。然而子桑雩在回答时又巧妙地运用了寓言，即《林回弃璧》之寓言。子桑雩，是位隐者，或认为是《大宗师》里的子桑户。"户""雩"一音之转，犹宋钘一作宋荣，南郭子綦一作南伯子綦。当时人之名

字，口口相传，声近之字皆得通用，不足异也。（见钟泰《庄子发微》）

孔子问子桑雽曰："吾再逐于鲁，伐树于宋，削迹于卫，穷于商周，围于陈蔡之间。吾犯（遭遇）此数患，亲交益疏，徒友益散，何与？"

子桑雽曰："子（您孔子）独不闻假（上古国名，或为'殷'之讹）人之亡（逃亡）与？林回（人名，假国的贤人）弃千金之璧，负赤子（婴儿）而趋（逃走）。或曰：'为其布（指钱财，下同）与？赤子之布寡矣；为其累与？赤子之累多矣。弃千金之璧，负赤子而趋，何也？'林回曰：'彼（指他人）以利合，此（指自己）以天属（自然天性的连接；属，zhǔ，连接，相关）也。'夫以利合者，迫（逼近）穷祸患害相弃也；以天属者，迫穷祸患害相收也。夫相收之与相弃亦远矣。且君子之交淡若水，小人之交甘若醴。君子淡以亲，小人甘以绝。彼无故以合者，则无故以离。"孔子曰："敬闻命矣！"徐行翔（闲放，逍遥）佯（游荡无定）而归，绝学捐书，弟子无挹（通'揖'，作揖礼）于前，其爱（其师）益加进。"

从此寓言来看，那么孔子对自己的坎坷遭遇在追寻个中的原因。如《疏》："遇此忧患，亲戚交情，亦甚疏远；门徒朋友，益甚离散，何为如此耶？"在得到子桑雽的指点后，孔子释然曰："敬闻命矣！"最后孔子居然捐弃先前的作为，而弟子却更爱他了。《注》："去饰任素故也。"《疏》："的闻高命，徐步而归，翱翔闲放，逍遥自得。绝有为之学，弃圣迹之书，不行华藻之教，故无揖让之礼，徒有敬爱，日加进益焉！"此寓言生动而深刻。其中名言也流传不朽："君子之交淡若水，小人之交甘若醴。君子淡以亲，小人甘以绝。"如《注》："无利故淡，道合故亲。饰利故甘，利不可常，故有时而绝也。"此则名言又见诸《礼记·表记》"君子之接如水，小人之接如醴。君子淡以成，小人甘以坏。"再如寓言学者陈蒲清《寓言传》说，"《庄子》一书，使用孔子形象的寓言，就有四十多则"，"道家不满孔子积极从政奔走天下的思想行为，于是《庄子·盗跖》中有《盗跖骂孔丘》这样的寓言。但是，道家觉得它名声太大，可用来宣传自己的主张，……于是《庄子·外物》中有《老莱子教孔丘》之类的寓言"。当然《庄子》有关孔子的寓言，所表现出来的内涵是丰富的，又是复杂的，有的似乎矛盾龃龉，但是都是有所寓寄之言，为了说明某一主旨而撰作的。再如《林回弃璧》寓言很有魅力。在逃亡的路上，林回宁可抛弃宝璧，也要负子而走。人世间往往常见：若亲属，虽急迫而相收；若利合，因穷祸而相弃。一收一弃，相去甚远。

《田子方》篇有《鲁少儒》（或名《儒士儒服》）等著名寓言。《知北游》篇有《每况愈下》（或名《道之所在》《道在屎溺》）等著名寓言。

三、杂篇的寓言

《徐无鬼》篇有《运斤成风》《一狙搏击》(或名《一狙搏矢》)等。《则阳》篇有《封人言政》等。《外物》篇有《庄周贷粟》(或名《涸辙之鲋》《涸辙之鱼》等)、《任公垂钓》《诗礼发冢》(《儒以诗礼发冢》)等。《让王》篇有《隋珠弹雀》等著名寓言。《让王》篇里有这样的记载，它极其生动风趣，却永远能警醒人世。有说曾国藩读之，有醍醐灌顶一样豁然开朗。《让王》载："楚昭王失国，屠羊说走(流亡)而从(跟从)于昭王。昭王反(返回)国，将赏从者，及(赏赐至)屠羊说。屠羊说曰：'大王失国，说失屠羊；大王反国，说亦反屠羊。臣之爵禄(指职业)已复矣，又何赏之有！'王曰：'强(qiǎng)之(使之接受)！'屠羊说曰：'大王失国，非臣之罪，故不敢伏其诛；大王反国，非臣之功，故不敢当其赏。'王曰：'见之(接见他为奖励)！'屠羊说曰：'楚国之法，必有重赏大功而后得见，今臣之知不足以存国而勇不足以死寇(使寇死)。吴军入郢，说(我屠羊说)畏难而避寇，非故(故意，有意)随大王也。今大王欲废法毁约而见说(我屠羊说)，此非臣之所以闻于天下也。'王谓司马(职位)子綦(人名)曰：'屠羊说居处卑贱而陈义(陈述道义)甚高，子綦(或说当为'其')为我延(延请)之以三旌之位(即三卿之位)。'屠羊说曰：'夫三旌之位，吾知其贵于屠羊之肆(集市)也；万钟之禄(优厚俸禄)，吾知其富于屠羊之利也；然岂可以贪爵禄而使吾君有妄(胡乱)施(施舍)之名乎！说不敢当，愿复反(回到)吾屠羊之肆。'遂不受也。"

楚国昭王失国，是因为其父楚平王杀了伍奢后，其子伍子胥投奔吴国，后吴国出兵破楚郢都，故楚昭王出逃。屠羊说因曾跟随昭王流亡，因此楚王后来赏赐时也轮及他。寓言层层推进，楚王四次要赏赐，但均被婉言谢绝。第一次屠羊说拒绝的理由是您楚王失，我也失；您反，我亦反。我的职业已恢复了，"又何赏之有"！因此不该获赏。第二次楚王要强行赏赐，屠羊说又拒绝了，理由是楚王失位，非我之罪；楚王复位非我之功，"故不敢当其赏"！第三次是楚王要接见他为赏赐，屠羊又拒绝了，理由是此不符合"必有重赏大功而后得见"的法规，故再此拒绝。第四次要赏赐他"三旌之位"，虽贵且富，但因不可"贪爵禄而使吾君有妄施之名"，又拒而不受。

这一则寓言感动了后人，举例如唐代李渤(773—831)，其父钧，殿中侍御史，以不能养母废于世。李渤耻之，不肯出仕，刻志于学，与仲兄涉偕隐庐山，尝以列御寇拒粟。元和初，又有官员推荐他，而诏以右拾遗召，然而李渤上书谢："昔屠羊说有言：'位三旌，禄万钟，知贵于屠羊，然不可使吾君妄施。'彼贱贾也，犹能忘己爱君。臣虽欲盗荣以济所欲，得无愧屠羊乎？"后来屠羊之说的故事也曾感动了曾国藩，并给了他处世智慧启迪。他在给其弟曾国荃的诗中，说："左列钟铭右谤书，人间随处有乘除。低头一拜屠羊说，万事浮云过太虚。"

《盗跖》篇中《盗跖骂孔丘》既有哲学的辩难，又是寓言，且近乎小说，很具特色。它几乎是寓言的小说化，小说式的寓言了。

《说剑》篇亦然几乎是寓言的小说化，小说式的寓言了。《渔父》篇也是小说形式的寓言。其中寓言之内还再含寓言。生动有味者，如《畏影恶迹》："人有畏影恶迹而去之走（跑，逃跑）者，举足愈数（速）而迹（脚印）愈多，走愈疾而影不离身，自以为尚（还）迟（缓慢），疾走不休，绝力（用尽了力）而死。不知处阴以休影（止影），处静以息迹，愚亦甚矣！"这是"渔父"教导孔子之言，也是一则寓言。其中的寓意可以各自会心，而主旨揭示因畏影恶迹而疾走，如若不休不止，则力绝身死。此明示一是影迹不当畏，二是处阴可以休影，然而愚昧者却不知而不止，蠢蠢而动者，其下场必定窘窘不已矣！虽然自宋以来或疑《渔父》为伪作，但也仅是怀疑而已。《南华雪心编》于此段文字有评："隽妙不减南华。宣（颖）注：此段喻意清妙。"这里结晶出成语"畏影避迹""畏影而走"，比喻不明事理，庸人自扰。如欧阳修《六一居士传》："子欲逃名者乎，而屡易其号，此庄生所诮（qiào，责备）畏影而走乎日中者也。"

《列御寇》篇有《屠龙之技》（或名《屠龙之伎》《冤学屠龙》《杀龙妙技》）、《曹商得车》（或名《曹商使秦》《舐痔得车》）等著名寓言。《屠龙之技》："朱（姓）泙漫（名）学屠龙于支离（姓）益（名），单（殚，用尽）千金之家，三年技成，而无所用其巧。"此则寓言，行文虽极短，内涵却十足，讽刺效果尤其辛辣，读后回味不尽。龙，本是不存在之物，学屠龙之技还有意义吗？且耗时三年，用尽千金家产，不是蠢上加蠢吗？所谓学成此技，不正是师之行骗、生之被蒙吗？无所用其巧，不是最辛辣的讽刺吗？《注》："事在于适，无贵于远功。"这说得还不太中的，而当是学子虚乌有之本领，欲邀乌有子虚之功，岂不贻笑千古，千古一叹了！庄文寓言的魅力真是了得！唐刘禹锡《何卜赋》："屠龙之伎，非曰不伟。时无所用，莫若履狶（xī，猪）。"

《庄子》一书有如此多寓言，流传至今而不废，足见庄子才识超卓。文采宏赡，其创造的寓言世界神奇美妙，立意深邃，揭示点醒极其到位，启示深远。这些寓言也成为后世成语典故的活水源头。

庄子寓言继响百代千秋

《庄子》里的寓言丰富，寓道理于言，寓哲学于言，寓文学于言，寓艺术于言，寓人生于言。此中的智慧、哲理、经验、教训、指点、鞭策，处处可见，用意深远。然而有的所寓之意直白明了，当下了然；有的则如帷灯匣剑一般，罩灯以帷，藏剑于匣，意涵难明。

一、《庄子》寓言瑰奇琳琅

庄子寓言影响深远，赢得后世的高度赞赏，且继之而创作者不绝如缕。譬如白居易作《禽虫十二章》（《白居易集》卷三十七）寓言组诗，有序曰："庄（子）列（子）寓言，风骚比兴，多假虫鸟以为筌蹄。故诗义始于《关雎》《鹊巢》，道说先乎鲲、鹏、蜩、鸴之类是也。予闲居乘兴，偶作一十二章，颇类志怪放言。每章可致一哂，一哂之外，亦有以自警其衰耄封执之惑焉。"其所作涉及燕、鹊、凤凰、蛙、蚕、鲲鹏、鱼、雁、蜂、鹓鸾、马、羔羊、焦螟、蜗、蠨蛸、蜉蝣、蚁王、螺母、鹿、雀、鼠、鸢、鹅等。这组寓言诗，将白居易晚年的情趣、感慨、体悟，思考，一一寓寄其中。后代创作寓言者不绝如缕。如韩愈、柳宗元、苏轼等，《庄子》的寓言对他们的影响是很明显的。

庄周之文及其寓言所以嵬眼澒耳，动人观听，正因其笔路之奇、词源之奇、意境之奇，而其琳琅满目的寓言即诸奇之一。

刘熙载："庄子寓真于诞，寓实于玄，于此见寓言之妙。""叙事，有寓理，有寓情，有寓气，有寓识；无寓，则如偶人矣。"（《艺概》）此可深味之。

在先秦的寓言里，研究者还发现一个很有趣味的问题。宋人作为寓言里的人物频频出现，譬如除了《庄子》外，尚有《孟子》宋人的"揠苗助长"，《韩非子》宋人的"狗猛酒酸""守株待兔"，《列子》宋人的"负暄献曝"，《战国策》里的"宋人名母"，等等。茅盾《中国寓言初编》126则寓言，主人公有国籍的29个，其中宋国就占有10个。胡怀琛《中国寓言研究》分析其中的原因有二："第一个原因，是寓言产生于宋国。这一类的寓言，本来是流传在宋国的，孟子、庄子、韩非子等，把现成的寓言引用罢了。第二个原因，也是寓言产生于宋国。在当时，宋国的寓言是很知名的，孟子、庄子、韩非子等，虽然是自己编造寓言，也必借用宋人的大名。"并认为，这与"尝为宋国的大夫"的墨子，有着极其密切的关系。此种说法，可供参考。"宋人"在寓言中，多是愚昧、颟顸，而

又自作聪明的人物形象。(参见鲍延毅主编《寓言辞典》)

二、流响百代·新作层出

《庄子》的寓言对后世影响极其深远，不仅在中国的寓言史上矗立起巍巍丰碑，赢得来者的敬仰，且引导着无数的来者为寓言的创作与研究前赴后继。

《庄子》里面的寓言到底有多少，见仁见智，参差不齐。如马达《庄子寓言选》曾注译68则，既称“选”，说明起码在此数字以上。

《庄子》的寓言对后世的影响，那是极其深远的。众多的寓言流传不朽，于人生的启迪、心智的晓喻、审美的沁心、哲理的弘扬，其用有益，其功不小。另外这些寓言丰富了汉语的宝库，或化为词汇，或演为成语，或绎为典故而流传不朽。

《庄子》寓言魅力之不朽，若从细节上来透视。譬如仅《逍遥游》里的一则“鲲鹏”寓言，就络绎生成了许多的词语、用语。世人熟知的成语“鹏程万里”，即出自《逍遥游》。后又作“鹏霄万里”，比喻前途远大。“鹏游”，指高远的飞行，也形容书法运笔的雄健。“鹏游梦蝶”，则又与庄子的梦蝶凝结为一个成语，指变幻夸诞之谈。如宋代刘辰翁《忆秦娥·忆仙》词：“昨夜又迟黄石，今朝重叩鸿濛。碧桃花下醉相逢。说尽鹏游蝶梦。”

庄子生性好寓言，在《逍遥游》里曾提：“《齐谐》者，志怪者也。”《疏》：“姓齐，名谐，人姓名也；亦言书名也，齐国有此俳偕之书也。”庄子当深爱此书，且深受影响。或许经过庄子的渲染，后世志怪的书籍多沿用“齐谐”为书名。如南朝宋东阳无疑著有《齐谐记》(已佚)，南朝梁吴均著有《续齐谐记》等。后来清代袁枚撰短篇小说集，里面还有一些寓言故事，且取名为“新齐谐”。

庄子的寓言，据学者统计其数量大约近七十则之多，其寓言寓意丰美，美不胜收，而其生命力特强，且历久弥新。

三、闻一多论庄子寓言

闻一多极赞庄子于“寓言”文学创辟的首功。他说：“寓言本也是从辞令演化来的，不过庄子用得最多，也最精；寓言成为一种文艺，是从庄子起的。我们试想《桃花源记》《毛颖传》等作品对于中国文学的贡献，便明了庄子的贡献。往下再不必问了，你可以一直推到《西游记》《儒林外史》等等，都可以说是庄子的赐予。”

闻一多又具体分析了“庄子的寓言便是文学”的观点。他进而剖论：“谐趣”与“想象”，“那两种质素在文艺作品中所占的位置，尤其在中国文学中，更是那样凤毛麟角似的珍贵。若不是充满了他那隽永的谐趣，奇肆的想像，庄子的寓言当然和晏子、孟子以及一般游士说客的寓言，没有区别。谐趣和想象打成一片，设想愈奇幻，趣味愈滑稽，结果便愈能发人深省——这才是庄子的寓言”。闻一多还引用《则阳》里触、蛮两国争战的寓言，《外物》里“儒以诗礼发冢”的寓言等，解说道：“庄子的寓言竟有快变成唐宋人的传奇的。他的‘母题’固在故事所象征的意义，然而对于故事本身——结构、描写、人格的分析，‘氛围’的布置，……他未尝不感觉兴味。”“以及叙庖丁解牛时的细密的描写，还有其他的许多例，都足见庄子那小说家的手腕。”庄子的寓言已显示了后世小说家描摹的手法、技巧的手腕。

闻一多还注意到《庄子》书中人格研究的问题。如有说：“至于书中各种各色的人格的研究，尤其值得注意，藐姑射山的神人、支离疏、庖丁、庚桑楚，都是极生动、极有个性的人物。”他还赞扬庄子笔下《人间世》里的支离疏形象，说：“文中之支离疏，画中的达摩，是中国艺术里最有特色的两个产品。正如达摩是画中有诗，文中也常有一种‘清丑入图画，视之如古铜古玉’的人物，都代表中国艺术中极高古、极纯粹的境界；而文学中这种境界的开创者，则推庄子。诚然《易经》的‘载鬼一车’，《诗经》的‘牂羊坟首’早已开创了一种荒怪丑恶的趣味，但没有庄子用得多而且精，这种以丑为美的兴趣，多到庄子那程度，或许近于病态；可是谁知道，文学不根本便犯着那嫌疑呢！”

他又举出反面的例子来，“庄子也有健全的时候”，如所描述的藐姑射之神人，“讲健全有能超过这样的吗？单看‘肌肤若冰雪’一句，我们现在对于最高超也是最健全的美的观念，何尝不也是二千年前庄子给定下的标准？其实我们所谓健全不是庄子的健全，我们讲的是形骸，他注重的是精神。叔山无趾‘犹有尊足者存’（宣颖释曰‘有尊于足者，不在形骸’），王骀‘且不知耳目之所宜，而游心于法之和，物视其所一，而不见其所丧，视丧其足，犹遗土也。’庄子自有他所谓的健全，似乎比我们的眼光更高一等。即令退一百步讲，认定精神不能离开形骸而单独存在，那么，你又应注意，庄子的病态中是带着几分诙谐的，因此可以称为病态，却不好算着堕落。”的确如此，庄子笔下那些残缺的、病态的人物，身似乎残缺，而心田则非残，灵魂则非缺，而比较那些形美身健却心灵非健全者，在更高层面上探问孰是病态，孰非病态，则意蕴深邃！

四、庄子与孟子之寓言比较

庄子与孟子大约是同时代的，庄子稍后于孟子。庄子的寓言与孟子比较，那么各显特点。《孟子》文章，气势充沛，长于辩论，词锋犀利，说服力强，喜好譬喻说理，其中创作了不少寓言，或近似寓言的准寓言，大约近20则，如

“五十步笑百步”(《梁惠王上》)、“揠苗助长”(《公孙丑上》)、“王良与嬖(bì)奚”(《滕文公下》)、“攘鸡”(《滕文公下》)、“逢蒙杀羿”(《离娄下》)、“齐人有一妻一妾”(《离娄下》)、“校人烹鱼”(《万章上》)、“学弈”(《告子上》)。《孟子》里的寓言，有论者说：“皆为讲道德、说仁义、正心术而设，且基本上是托古自重的‘人物寓言’，而不用拟人化手法。因作者是民本主义与人道主义精神的提倡者，故其寓言具有强烈的现实主义精神。”(鲍延毅等《寓言辞典》)庄子的寓言则汪洋海涵，不拘一格，洋洋洒洒，同为寓言，但各有特色。

纵观庄子之文，其汪洋恣肆、特立独行的风格鲜明。拟寓言则如此瑰奇奥诡，奇特无比。他在寓言世界里从心所欲，纵笔所至，无所束缚，无所钤制，一任逍遥，游行自在！

篇四

艺术·美学·音乐·绘画

庄子美学是道家美学的代表，其所追求的独创精神和自由人格对后世影响深远。庄子于“真”之智淋漓发挥，深度发掘天地之间无尽无言之大美！庄子又是鉴赏造诣极高的艺术家，第一个揭示审丑之美。庄子在音乐、绘画史上留下艺术创造的智慧与珍贵史料，其笔下流淌的天籁之音与“解衣般礴”等艺术真谛美妙脱俗，耐人寻味！

朴素纯真：天下莫能与之争美

庄子精神本是逍遥的、浪漫的，又为诗性的、艺术的，是逍遥的浪漫，浪漫的逍遥，且为诗性的艺术，艺术的诗性！庄子不以追求美为目的，而美奔赴于他心中、眼里、笔下；他主张“无欲”“涤除玄鉴”，从而审美于“素”“朴”“白”“素朴”“朴素”“纯素”“纯白”之美，赞“朴素而天下莫能与之争美”(《天道》)，又叹“能体纯素，谓之真人”(《刻意》)。从深层考察，那么这些美都是初始、纯粹、本真的，是属未经加工、改造、再生的。因此，在庄子看来是与大道同在的，故其美属诸大美，是天下没有什么再可与之媲美、争美矣！

一、朴与素之审美

朴，本指未经加工、雕琢之木，是一种浑沌质朴的状态。故此又引申为本质、本性、质朴、厚重等义。《说文》：“朴，木素也。”段注：“素，犹质也。以木为质，未雕饰，如瓦器之坯然。”《玉篇》：“朴，真也。”《老子》于“朴”重之赞之，有曰：“朴虽小，天下莫能臣也。”(32章)曰：“朴散则为器。”(28章)曰：“敦兮其若朴。”(15章)《老子》：“复归于朴。”“我无欲而民自朴。”

素，是未经染色、加工的白色而又细密的丝织品。“素”与“朴”之连用于审美，《老子》曰：“见素抱朴，少私寡欲。”(19章)朴与素的审美在庄子那里凸显要旨，因为朴与素，均显示出原初的本真的纯美，而大道即如此的朴素之大美！《天地》载，夫子曰：“夫王(通‘旺’，旺盛)德之人，素(纯真)逝(往，时光流逝)而耻通于事(以通晓物务为耻)，立之本原而知通于神，故其德广。”《注》：“任素而往耳，非好通于事也。”“本知而知不逆，任素通神而后弥广。”再如《天道》：“以此处下，玄圣素王之道也。”《疏》：“有其道而无其爵者，所谓贤圣素王自贵者也。”

“朴素”“素朴”之美，是“朴”与“素”并举互映之审美。“朴素”显示的是原美、大美，是天然的、自然而然的美，是最本质的，非人工的、最持久的美。庄子由此结晶出著名美学论点，“朴素而天下莫能与之争美”。如《注》：“夫美配天者，唯朴素也。”《疏》：“夫淳朴素质，无为虚静者，实万物之根本也，故所尊贵，孰能与之争美也！”《庄子鬳斋口义》：“朴素，无文采也，虽若朴素，而天下之美莫过于此。”

《山木》：“既雕既琢，复归于朴。”《注》：“还用其本性也。”林希逸注：

"言去圭角而归于自然。"虽经雕琢，而为工巧，却仍然能复归于纯朴素朴。如此才能不伤其全，不失其本，仍然能得其本真，否则也就被异化了。自此维度观之，正契合老庄"自然无为"理念之精髓。

二、纯与朴、纯与素之审美

纯，本指蚕丝，又有不含杂质、美的意思。《说文》："纯，丝也。从纟，屯声。《论语》曰：'今也纯俭。'"纯朴，庄子之所以审美之，赞美之，即因其本色、本来面貌的未曾被异化，故是自然之美，天然之美。《马蹄》："夫残朴以为器，工匠之罪也；毁道德以为仁义，圣人之过也。""故纯朴不残。"《刻意》："纯也者谓其不亏其神也。"不残之纯朴则无损而完好，不亏其神则神采而完美。反之，工匠的"残朴"、圣人的"毁道德"，都是破坏了其美其神，均为犯罪与犯过。后来《荀子·正论》："道德纯备，智惠甚明。"此亦然审美道德之纯而备。纯，是素朴的，且又寓含简、俭的含义。大道是如此之"纯"，圣人也是如此之纯一。

《天下》："悲夫！百家往而不反，必不合矣！后世之学者，不幸不见天地之纯、古人之大体。道术将为天下裂。"这里的悲叹，在庄子看来，后人乃至于那些所谓的学者，都已经不能见到天地之纯、大道之纯了。这是一种不幸。

庄子又赞美圣人之纯，《齐物论》："众人役役（指劳苦不休于知），圣人愚芚（无知的样子，芚，chūn），参（糅杂）万岁而一（同一，一样）成纯（纯粹，不杂），万物尽然，而以是相蕴。"圣人之"愚芚"是一种真纯、纯朴、纯洁，也因此才能"参万岁"，且悟通"一成纯"之道。在茫茫悠悠的历史流变里，众人"役役"，劳苦不休地在忙于分辨所谓的是与非；圣人却"愚芚"，愚昧地无知无察地浑然于是与非，随着万年时光的流逝而纯真不杂。

"纯素"审美之旨意与哲理，亦然在于与大道偕同。如《刻意》："纯素之道，唯神是守。守而勿失，与神为一。一之精通，合于天伦（自然之理）。"《注》："常以纯素守乎至寂，而不荡于外，则冥也。""精者，物之真也。"《疏》："纯精素质之道，唯在守神。守而不丧，则精神凝静，既而形同枯木，心若死灰，物我两忘，身神为一也。""伦，理也。既与神为一，则精智无碍，故冥乎自然之理。"《刻意》："能体纯素，谓之真人。"真人之所以审美，便在于这是一位纯粹而无杂质的真正的高人！

白、玄之审美。《人间世》："虚室生白。"白，是审美的纯白、空明的心境。《天地》："机心存于胸中，则纯白不备。纯白不备，则神生不定。神生不定者，道之所不载也。"这是对"白"的赞美。当然庄子的审美智慧是活泼的，譬如

《天运》:“夫鹄(天鹅)不日浴而白，乌(乌鸦)不日黔(指染黑)而黑；黑白之朴(本质)不足以为辩。”《注》:“自然各以足。俱自然耳，无所偏尚。”《疏》:“夫鹄白乌黑，禀之自然，岂须日日浴染，方得如是！以言物性，其义例然。黑白素朴，各足于分，所遇斯适，故不足于分所以论胜负。亦言：辩，变也。黑白分定，不可变白为黑也。”这为庄子审美之活的辩证法与智慧。乌鸦之黑色是天然的，庄子看来何尝不美？不过《庄子》全书出现的“黑”字仅4次，另见“白狗黑”(《天下》)、“昔者寡人梦见良人，黑色而頔(同‘髯’，多须)”(《田子方》)。

玄是黑色的，老子就审美那“玄”“玄之又玄”，庄子又何尝不赞美，因为玄中有妙，好不审美！如庄子笔下誉“玄德”，即高妙深玄之德；赞“玄珠”，即喻指大道；颂“玄圣素王”，即有王道之德而不居王者之位者。玄者，妙也，妙不可言！

三、真之审美

《庄子》里的“真”，指真道、天真、本性、精淳、纯真、真诚、真实、诚实等意涵。如《让王》:“道之真以治身，其绪(残)余以为国家，其土(粪)苴(草)以治天下。”如《疏》:“夫用真道以持身者，必以国家为残余之事，将天下同于草土者也。”此见真治身者，当以道之真治之。

《渔父》论“真”又多有精警之妙语：“谨修而身，慎守其真。”又云：“真者，精诚之至也。不精不诚，不能动人。”又云：“真悲无声而哀，真怒未发而威，真亲未笑而和。真在内者，神动于外，是所以贵真也。”又云：“真者，所以受于天也，自然不可易也。故圣人法天贵真，不拘于俗。愚者反此。不能法天而恤于人，不知贵真，禄禄而受变于俗，故不足。”这里论“真”发人深省，又将圣人之“真”与愚者的不能“真”作出鲜明的对比。

庄子由“真”之审美而又至于“真人”的审美与颂赞。真人，是庄子赞美与推崇的理想人物。真人虚怀任物，无人无我，效法自然，体现了庄子所说的道，在《大宗师》《田子方》《徐无鬼》《列御寇》《天下》里均有论说、描述与赞美。

庄子“真”之审美哲思与睿智绵延

真，在庄子那里是人生的追求与向往，是超尘脱俗的境界，也属其重要的审美范畴。庄子对真的体认、思考、剖视，又成其一种睿智。《庄子》“真”字单用就出现44次，且说“真知”，评“真人”，论“真君”，道“真宰”，内涵深邃，足见其对“真”之湛思玄想之后所酝酿出来的智慧。

一、真·真宰·真君

真，本义、古义是指仙人变形而升天。如《说文》：“眞，僊（仙）人变形而登天也，从匕，从目，从乚。八，所乘载也。”段玉裁注：“此眞之本义也。”徐灏笺：“然自《庄》《列》始有真人之名，始有长生不死而登云天之说，亦寓言耳。后世由此遂合道家神仙为一流，此变形登天之说所由生也。”再如《字汇·目部》：“真，真人。”清代王筠《说文句读》：“惟庄子曰：真者，精诚之至也。”

真宰、真君，此均为庄子用语，是假想的宇宙的主宰者。《齐物论》：“非彼（自然）无我，非我无所取。是亦近矣，而不知其所为使。若有真宰，而特不得其眹（zhèn，通‘朕’，征兆，迹象）。”《注》：“万物万情，取舍不同，若有真宰使之然也。起索真宰之眹迹，而亦终不得，则明物皆自然，无使物然也。”《疏》：“夫肢体不同，而御用各异，似有真性，竟无宰主，眹迹攸肇，从何而得！”

《齐物论》又连续七问，肇始于“吾谁与为亲？”最后是“其有真君存焉？”《疏》：“又解‘真君’即前之真宰。”接下来的一段文字是写人生“与物相刃相靡”“终身役役”“苶然（疲倦貌；苶，nié）疲役”，心形并驰，世之悲哀，芒昧如此！明代陆西星《南华真经副墨》有一段评论值得一赏：“此段言人迷失真君，至死而不知所归者，令人惕然有深省处。读《庄子》至此，自是不忍释手，不敢以异说诬之。一受其成形，言此真君旦暮未尝离人，一自受形以来，便与我相守，不忍亡去，直待此形之尽而后已。真君与我有情若此，我辈当恭敬奉持，置他安稳之处，却将他与外物相刃相靡于顺逆之场，不自爱惜，如人不惜精神，尽力驰走，莫之能止者，所谓‘弹金珠而弋鸟，被衮衣而负薪’，不亦悲乎？悲者，悯其不知轻重也。且终身役役，其所为者皆幻妄不常之事，成甚功果？苶然疲神劳役，日暮途穷而不知所归，可不哀耶？哀者，哀其无下落也。到此处而不知省，直是芒人，纵寿百年，不死，奚益？”此段诠释文字一读一赏之间，感慨良多！有意思的是，后来道教对神仙就尊称为真君，也泛称修行得道者为真君。

二、真：唯真人能之

真人，《庄子》里频频出现17次。真人是存养自然的本性，或是通过修炼恢复自然本性的人。这种人虚怀任物，无人无我，效法自然，体现了庄子所说的道，因而称为真人。“且有真人而后有真知”（《大宗师》），这是何等的推崇！

为阐论真人，庄子曾巧妙地从诸多否定的诠释来作出肯定的回答。《大宗师》有论，真人能“不逆寡”“不雄成”“不谟士”“其寝不梦”，不“息以喉”而“息以踵”，“不知说生，不知恶死”等。又“天与人不相胜也，是之谓真人”，《注》：“夫真人同天人，齐万物。万物不相非，天人不相胜，故旷然无不一，冥然无不任，而玄同彼我也。”《疏》：“虽复天无彼我，人有是非，确然论之，咸归空寂。若使天胜人劣，岂谓齐乎？此又混一天人，冥同胜负。体此趣者，可谓真人者也。”再如《列御寇》：“唯真人能之。”《天下》：“古之博大真人哉！”“真人”在庄子心目中，真是巍巍乎高哉，洋洋乎大哉！

再如真人的能耐，又见诸《列御寇》：“为（施加）外（外在皮肉之）刑（刑具）者，金（刀锯斧钺）与木（捶楚桎梏）也；为内（内在心灵）刑者，动（躁乱之动，或谓深心计较）与过（犯过有错，或谓尤悔迭生）也。宵人（小人，暗惑之人）之离（通‘罹’，遭受）外刑者，金木讯（审讯，审问）之；离内刑者，阴阳（两气之郁积）食（腐蚀）之。夫免乎外内之刑者，唯真人能之。”真人，是庄子审美再三的理想人物。

《田子方》载田子方（名无择）赞扬其师东郭顺子，曰：“其为人也真，人貌而天虚（心与自然相吻合；天，自然；虚，心），缘（顺，循）而葆（保持）真，清而容物。物无道，正容以悟之，使人之意（邪恶意念）也消。无择何以称之！”东郭顺子，虽虚构人物，但此则寓意深刻。《南华雪心编》：“内篇《大宗师》处处提出真人，发挥尽致，则‘真’字乃是学道人心传妙谛。无处不是真宰，却无一件可以明于名言。谿工称道数当，不过圣知之言、仁义之行，以东郭顺子之人貌而天者较之，所学真土梗耳。言而不行，虽数数见称，而感人已浅；行而不言，虽一无所称，而真境独殊。度量之相越，奚啻倍蓰（xǐ，五倍）？”庄子反复说真，演绎出这些真人，世人领略不尽！

三、真之美：精诚之至

真是不伪，伪则不真。《渔父》有载孔子问“何谓真”，渔父答曰：“真者，精诚之至也。不精不诚，不能动人。”这是说，唯其不杂之精、不矫之诚，且能精诚至极，才是不伪之真，方能动人，否则不能也。又进而曰：“真悲无声而哀，真怒未发而威，真亲未笑而和。真在内者，神动于外，是所以贵真也。”又曰：“真者，所以受于天也，自然不可易也。故圣人发天贵真，不拘于俗。愚者反此，不能法天而恤（周济，关心）于人，不知贵真，禄禄（即碌碌，平庸）而受变于俗，故不足。惜哉，子（您孔子）早湛（dān，耽）于人伪（人间之浮伪）而晚闻大道也！”

孔子又再拜而起曰："今者丘得遇也，若天幸然。先生不羞而比之服役，而身教之。敢问舍所在，请因受业而卒学大道。"客曰："吾闻之，可与往者与之，至于妙道；不可与往者，不知其道，慎勿与之，身乃无咎。子勉之！吾去子矣，吾去之矣！"乃撑船而去，延缘苇间。这是一段关于"真"的对话，论亦醇正。

庄子论精诚之至、为人之真，又见《田子方》这篇佳作。宣颖《南华经解·田子方》总论："第一段引出一'真'字，以后逐段都发此意。人皆取其糟粕，遗其精华，徇其迹相，亡其神理，道何自明于天下乎？夫道之妙，不可以名言，不可以指测，惟悟真者得之。要写'真'字，既不可名言、指测，故通篇止藉遗言、遗事，忽影忽衬，使纸上恍惚可睹，但不知何处得这许多妙事妙言，萃为玄屑之薮也。可知大半庄子自造，不是现成文字。'真'字便是孔门'诚'字。诚者，一也，如神也，物之终始也，无息也，无倚也，无声无臭也。了此数句，便尽此篇之义。可惜学者先不识'诚'字，无怪其以《南华》为彼家言矣。"此虽一家之言，亦然可供人们注意庄子重"真"论"真"之所好。

四、真性丧失：善治马·善治埴·善治木

庄子曾用马来喻示世事真情、人生真性之必要与重要。《马蹄》："马，蹄可以践霜雪，毛可以御风寒，龁（hé，啃，咬）草饮水，翘（举起）足而陆（跳跃），此马之真性也。虽有义台（行礼之高台；义，高大，或作'仪'）路寝（正寝，帝王处理政事的宫室），无所用之。及至伯乐，曰：'我善治马。'烧（以铁炙）之，剔（剪毛）之，刻（削马蹄）之，雒（luò，上笼头）之、连（连结）之以羁（马络头）馽（zhí，马缰绳，一说牵绊马足之绳，或作'絷'），编（排列）之以皁（zào，马槽）栈（马床，木铺的地板，马避湿居之），马之死者十二三矣！饥之渴之，驰之骤之，整之齐之，前有橛（jué，马衔之横木）饰（马络头饰物）之患，而后有鞭（带皮者为鞭）筴（cè，通'策'，无皮者为筴）之威，而马之死者已过半矣！"

《马蹄》："夫马，陆居则食草饮水，喜则交颈相靡（通'摩'，摩擦），怒则分背（背对背）相踶（dì，踢）。马知已此（仅止于此）矣。夫加之以衡（辕上横木）扼（车轭），齐（齐整）之以月题（马络头，或说游环之类，其状如月），而马知介倪（犹睥睨，侧目而视；或说不安；又说挣脱或损折车輗）、闉（yīn，弯曲）扼（曲颈挣脱车轭）、鸷曼（狂突挣脱）、诡衔（诡诈地吐出马衔）、窃辔（偷偷着啃咬辔头）。故马之知而态（此指'能'，能够）至（至于，达到）盗者，伯乐之罪也。"

庄子又论善治埴、治木者，如《马蹄》："陶者曰：'我善治埴，圆者中规，方者中矩。’匠人曰：‘我善治木，曲者中钩，直者应绳。’夫埴木之性，岂欲中规矩钩绳哉！然且世世称之曰：‘伯乐善治马，而陶匠善治埴木。’此亦治天下者之过也。”

庄子又转写人世，如《马蹄》：“吾意善治天下者不然。彼民有常性，织而衣，耕而食，是谓同德；一而不党，命曰天放。故至德之世，其行填填，其视颠颠。当是时也，山无蹊隧，泽无舟梁；万物群生，连属其乡；禽兽成群，草木遂长。是故禽兽可系羁而游，乌鹊之巢可攀援而窥。夫至德之世，同与禽兽居，族与万物并，恶乎知君主小人哉！同乎无知，其德不离；同乎无欲，是谓素朴；素朴而民性得矣；及至圣人蹩躠（bié xiè，行走困难）为仁，踶（dì）跂为义，而天下始疑矣；澶漫为乐，摘僻为礼，而天下始分矣。故淳朴不残，孰为牺尊？白玉不毁，孰为珪璋？道德不废，安取仁义？性情不离，安用礼乐？五色不乱，孰为文采？五声不乱，孰应六律？夫残朴以为器，工匠之罪也；毁道德以为仁义，圣人之过也。”这里对所谓的圣人进行谴责。

庄子所向往的境界，如《马蹄》：“夫赫胥氏之时，民居不知所为，行不知所之，含哺而熙，鼓腹而游，民能以此矣，及至圣人，屈折礼乐以匡天下之形，县跂仁义以慰天下之心，而民乃始踶（dì）跂好知，争归于利，不可止也。此亦圣人之过也。”这是庄子出自内心的愿景，从而也对后世圣人作出谴责。

钟泰《庄子发微》之评再可助解庄文深旨：“夫民智既启，世变日新，乃欲返之于无知无欲之古初，譬之障江河而使西流，是何可得！然而留此一段文字，俾为天下者知夫用知之过，利起而害亦随之，或害且加于利十倍、百倍而未止，因之慎用其术，不敢急一时之功，而贻长久之祸，则亦未为无助也。若乃执滞于其说，信以为今不逮古，有如郭子玄所云：‘或者闻任马之性，乃谓放而不乘；闻无为之风，遂云行不如卧。岂亦将弃匠人不用，而甘于露处；屏陶器不使，而偏取抔饮哉！’是岂特失老、庄之旨，抑亦违生人自然之性者矣！”读《庄子》要有此等眼光，否则易误读误判了！

五、真之睿智绵延

《庄子》“真”之睿智影响深远。譬如“真”在道家、道教维度的延展是深广的。如“真君”，是道教对神仙的尊称。“真灵”，即指神仙、真人。“真气”，人体的元气，道教谓为“性命双修”所得之气。“真诀”指道士作法念咒时所捏的诀。“真境”为道教之地，亦指仙境。“真游”谓作道教胜地或道观之游。“真圣”指神仙。“真经”指道教的经书。“真期”指修成真仙之期。“真常”“释道”均指真实常住之意。“真录”指道教的符箓。当然在佛教那里“真”之说也颇多，如“真印”“真如”“真我”“真身”“真言”等。

在文学艺术方面，“真宰”唐代司空图化用之，引入诗论，指艺术美的本质，并认为是诗歌美学的最高审美范畴。此谓有真正的道主宰的诗歌，自然地表现为艺术之美，文辞也随之沉浮而若隐若现。“真宰”无形无迹，又无所不在，因而具体描写真宰的艺术也就不粘不滞，含蓄蕴藉，具有无限的生命力。此见诸《二十四诗品·含蓄》：“不著一字，尽得风流，语不涉己，若不堪忧。是有真宰，与之沉浮。如渌（lù，同漉，渗）满酒，花时返秋。悠悠空尘，忽忽海沤。浅深聚散，万取一收。”郭绍虞《诗品集解》：“有此真正主宰，主乎其内，自然表现于文辞者，也就与之或沉或浮而若现不现了。”“如渌酒然，渌满酒则渗漉不尽，有渟蓄态。如花开然，花以暖而开，若还到秋气，则将开复闭，有留住状。描写含蓄，都很具体。”此亦见“真宰”影响之一斑。

再说司空图《诗品》（《二十四诗品》），篇幅极精短，然而就在仅千余字的精萃阐论里，运用《庄子》内容达10次，除上述“真宰”外，尚有九则。许印芳《二十四品跋》说：司空图“尝撰《二十四诗品》，分题系辞，字字创新，比物取象，目击道存”。那么此“目击道存”亦然出于《庄子》，而司空图确实也在那里“目击道存”矣！

戴震《孟子字义疏证·理》：“老氏所以言‘常使民无知无欲’，彼自外其形骸，贵其真宰。”《老子》五千言里，“真”字出现三次，如“其精甚真”（21章）、“质真若渝”（41章）、“其德乃真”（54章）前两句“真”指淳、纯真，后一句作真实。戴震又用庄子的用语“真宰”来点评，可显见老庄之间的衔接。庄子确实承其绪论，且在“真”上做足了文章，将其“真”之智淋漓发挥！其对“真”之哲思与审美确具一种睿智，虽其言要简，然而旨意玄深，影响绵远。

天地大美而不言

庄子最懂审美，既察天地万物的那种大美，且进而去揭示发掘、解读诠释之。其审美智慧之高卓、境界之宏大，令后来者感叹不已！若对照罗丹之说：“美是到处都有的，对于我们的眼睛，不是缺少美，而是缺少发现。”当然这双眼也必待心灵之眼的发现，这里不妨借助庄子的慧心与慧眼来深度发现与发掘天地之间蕴积的无尽无言的大美！

一、大美不言：道·天地·圣人

庄子发现了大美，并揭示大美，且由衷地赞誉大美！《知北游》里就有深入阐述，而林希逸《口义》又有简明而不乏深刻之见识，此附于括号内，可一并欣赏。

《知北游》"天地有大美而不言（林：即《乾》'以美利利天下'，不言所利。大矣哉），四时有明法而不议（林：明法者，寒暑往来，盈虚消长，皆有晓然一定之法，则何尝犯商量），万物有成理而不说（林：凫短鹤长，麦垂黍仰，或寒或热，或苦或甘，皆是自然之理，而其所以长短甘苦者，如何说得）。圣人者，原天地之美，而达万物之理，是故至人无为，大圣不作，观于天地之谓也（林：不作，即无为也，无为不作，皆顺自然也。圣人之所以顺自然者，亦得诸天地而已矣）。"

庄子在不言的大美里，聆听到了天地的不言之言，大美之不语之语。在不议、不说之中，倾听到了四时明法之美议、万物成理之美说。圣人就是能原其美，达其理，法天地至道，而口无所言，心无所作，只是因之任之顺之而已。钟泰《庄子发微》："'大美'者，显美也。其美自显，何事于言！其法自明，何取于议！其理自成，何俟于说！'不言''不议''不说'，而道自呈露，则观于天地足矣，何思虑、处服、从道之有！故曰'知者不言，言者不知。'"再如王振复等《中国美学范畴史》（第一卷）说："中国人对'美的东西'与'美自身'问题的关注与思考也很早，并且具有中华民族的思维特点。一般而言，中华先秦关于美的问题的思考与认识，是与道的哲学、象的哲学理念联系在一起的。《庄子》所谓'天地有大美而不言'的思想与思辨就十分精彩与深刻。大者，太也；大是太的本字，太有原本、原始之义。因而，'大美'即'太美'之谓，指'原美'。'原美'者，即柏拉图所谓'美自身'。《庄子》'大美'的论述，是其道家哲学的重要构成，其思辨的力度与深度，可以说一点也不亚于古希腊柏拉图。"这些解读也可供读者参考，当然若再进一步思考，那么天地之大美又来自何方？答曰，此又来自大道之美的逻辑进程。

二、道：最高的、绝对的美

庄子的美学思想源自老子，均以道为最高的、绝对的美。老子作为道家学派的创始人，其审美理念就是："道"是宇宙的本原、本体、本质与规律，又是对其正确认识的真理。道生成万物，而不占有万物。道运行不殆，无处不存，无时不在。道属于最高的美、最大的美、最久的美、最深刻的美，故而亦然是无以伦比的美。如老子说："道生一，一生二，二生三，三生万物。"（《老子》）道于万物生畜长育，亭毒养覆，然而又是“无为而无不为”的，且“生而不有，为而不恃，长而不宰”，因此“万物尊道而贵德”。这便是大道的大美与最美！庄子亦然如此。

《田子方》又曰：“今彼神明至精（林：言妙理也），与彼百化（林：百物之化也。上‘彼’字在天底，下‘彼’字在物底）。物已死生方圆，莫知其根也（林：物之或生或死，其生也或方或圆，皆神明至精者为之，既已有矣，孰能究其根极之地）。扁然而万物，自古以固存（林：扁然，即翩然也，有去而不已之意，便是‘逝者如斯’，万物之化，相寻而去，无所穷已，而其造化常存。东坡所谓‘逝者如斯，而未尝往也’，若非有所见，亦不能道及此）。六合为巨，未离其内（林：言天地虽大，不出造化之内也），秋毫为小，待之成体（林：若无此秋毫之体，则无秋毫之名，即天下莫大于秋毫之末而太山为小也）。天下莫不沉浮（林：往来也），终身不故（林：常新也。万物往来而不穷，日日如此）；阴阳四时运行，各得其序（林：惟其不故，所以四时运行而得其序也）；惛然若亡而存，油然不形而神（林：惛然，不可见也；油然，生意也；若亡而存，死者，生之徒也；不形而神，不恃形而立，不随生而亡也）；万物畜而不知（林：蓄，养也，养万物者，道也，而人不知之，此造化之本根之地也）。此之谓本根，可以观于天矣（林：观于天下不过此理）！”

庄子目击天地大美之道存，心灵能感大美之不言，然而又代天地而宣之言之。他提出了“天地有大美”的审美理念，且代为天地立言。天地、四时、万物，均有其所有，皆美其所美。天地有大美，明法有法美，成理有理美，但是皆无所言、所议、所说，此真是虽众美毕至，大美大成，却又尽在不言之中！

此时我不禁联想到黄河——中华民族的母亲河，我曾由上海往返于宁夏的飞机上多次俯瞰欣赏过，为其九曲而奔流的气概、十八弯而穿越的智慧，惊叹不绝！在电视上又屡次观赏到壶口瀑布的景象，逼察其汹涌的气势，而为之震撼。然而，第一次真正面对黄河，则是在数十年前读研时，师生来到郑州大铁桥处，赞叹滚滚黄河的滔滔奔流，以及河畔的那座高耸的母亲河雕塑。当然没有想到就在撰写《庄子》时，能站立在黄河的河中间、河面上，而不是黄河岸边，也不是在空中欣赏黄河的瑰丽气势。2017年深秋十月末，笔者去郑州讲学期间，友人邀我去观赏黄河。下午五点半来到黄河的渡桥上，这是一座浮桥；苍茫的天地间，在横亘黄河的浮桥上观赏黄河。这是与黄河“零距离”的接触，脚板下就是涌流的黄河！仰望上游，滔滔黄河水天一线，相融一片，黄河不就真似天上来？俯察脚下，滚滚黄河涌流而至，人水相接，黄河真就熙熙地从脚底下流过。再转身面向下游，黄河奔向开封而去，然后再向大海涌流去。黄河，是何等地洪达、壮阔、辽远、伟大、瑰丽！此又再次深悟老子的“上善若水”的哲理，再叹孔子曰：“逝者如斯夫，不舍昼夜！”当然又联想起庄子的《秋水》篇，怪不得“于是焉，河伯欣然自喜，以天下之美为尽在己”矣！当然每次坐飞机从大海上飞越时，我也不由得想起河伯“望洋向若而叹”的文境，庄子真是妙笔生花！我于浮桥上忽然灵光一闪：黄河在流动，而人世不动；黄河不动，而人世在流动！

三、无极之极致：天地之纯美

《知北游》：“天地有大美而不言。”天地之大美是因其有无数的功德，生成万物，成就万物，如此岂不属“大美”？再进层说，天地虽具此大美，而不言其功德，不言其大美，岂不正是“大美”之美、美之“大美”？

庄子宣扬天地之大美还就在于“纯”，这是天地的纯之美、美之纯，天地的纯美、美纯。《天下》有感叹：“后世之学者，不幸不见天地之纯、古人之大体！”庄子则能见“天地之纯”。纯，是纯粹，不杂。庄子又有“澹然无极而众美从之”之说。

《刻意》：“若夫不刻意而高，无仁义而修，无功名而治，无江海而闲，不导引而寿，无不忘也，无不有也，澹然无极而众美从之。此天地之道，圣人之德也。”世人向往着“高”“修”“治”“闲”“寿”，且苦苦谋划之，汲汲营求之。然而不知“忘”，而当由“忘”再至于“有”；“无不忘也，无不有也”，即“无为而无不为”之道。若至此地步，方能臻至“澹然无极而众美从之”的境界。且看天地之道就是如此，不为万物，无心于亭毒，而万物自生；不为百行，无心于化育，而百行自成。天地之道是如此，以无生之生而为道；圣人之道法天地，以无为而为而成德。“澹然”能至于“天地不仁”“圣人不仁”之“无极”之境地，则“众美”络绎奔赴而“从之”矣！

大道澹然且无极，澹然得如此无味、无色、无声、无形，然而因其无极而至于道生一，一生二，二生三，三生万物，生生不已。虽物物有美，而众美由此而生，众美也于此而从。再说，圣人为得道体道之人，因此亦然无极而众美从之。大道与圣人都不是偏滞一隅的美！

四、天地所大：尧舜之所共美

《田子方》所载孔子见了老聃，深有触动，出来后对颜回曰：“丘之于道也，其犹醯（xī）鸡（即蠛蠓）与！微（无）夫子之发吾覆，吾不知天地之大全也。”此说自己就像酒瓮内的小飞虫，假若没有老子抉发去酒瓮的覆盖，那么我的所见仅局限于瓮中的狭窄小空间，如今才知天地之大全，天地之大美。原来天地之大全之大美，不是一般人所能审察到的，睿智如孔子者，若没有老聃的指点，则也不知那种大全之大美。

天地具有大备，而天地之美，即美在大备，因其大备且自备，故成大美，且不可被夺。《徐无鬼》：“夫大备矣，莫若天地。然奚求焉？而大备矣！知大备者，无求、无失、无弃，不以物易己也。”《注》：“天地大备，非求之也。知其自备者，不舍己而求物，故无求、无失、无弃也。”

《天道》又记载了舜与尧的一段对话——

昔者舜问于尧曰：“天王（天子，指尧）之用心何如？”尧曰：“吾不敖（傲，傲慢）无告（指难以教化的顽民；告，即教育、告示），不废穷民，苦（哀怜）死者，嘉（喜欢）孺子而哀妇人（孤寡），此吾所以用心已。”舜曰：“美则美矣，而未大也。”

尧曰：“然则何如？”舜曰：“天德（自然之德，自然运行及其规律）而出（显露，出现）宁（宁静，安宁），日月照而四时（四季）行，若昼夜之有经（常），云行而雨施矣。”

尧曰：“胶胶（动乱）扰扰（纷扰）乎（此指领悟后，而自嫌多事）！子（你舜），天之合（与天之自然相合）也；我，人之合（与人之人事相合）也。”

夫天地者，古（自古而来）之所大也，而黄帝尧舜之所共美（共同以之为美）也。故古之王天下者，奚为哉？天地（指效法天地之无为而无不为）而已矣。

此中可体味的是在庄子看来，“美”有大小之分，如尧之美，则为“未大”。如《疏》：“用心为治，美则美矣，其道狭劣，未足称大。”当然此虽有尧的自叹之辞，但也应活观，如《疏》：“尧自谦光，推让于舜，故曰子之盛德，远合上天；我之用心，近符人事。夫尧舜二君，德无优劣，故寄此两圣，以显方治耳。”最后一段评论，则揭示出天地为大，且具大美，尧舜等则之，那么又是以德合乎天地为其大美！这里庄子赞美了天地大美的境界，又赞叹圣人对天地大美的悉心审美以及孜孜以求去效法此等大美！

《庄子》审美意象熠熠生辉

庄子之文，雄深敏妙，名篇警句，妙之又妙者络绎不绝。其文思高远，其旨意深奥，尤其辞华典赡，妙著意象，满纸生辉。其审美意象美富琳琅，意象之审美，触目皆是奇、妙、神，无不熠熠生辉。

一、丰富、深邃的意象创造

1.意象联翩迭出

《天地》有一段名文："黄帝游乎赤水之北，登乎昆仑之丘而南望。还归，遗其玄珠。使知索之而不得，使离朱索之而不得，使喫诟（chī gòu）索之而不得也。乃使象罔，象罔得之。黄帝曰：'异哉！象罔乃可以得之乎？'"

此中意象联翩迭出，寓意深邃：（1）黄帝的行为与惊异、醒悟贯串其间。（2）赤水、昆仑，以及游北、南望，点缀其里。"赤水"，虚构的河名，此指极南的向明之地。"昆仑"，虚构的山名。游乎其北，则为玄境，至于登高于昆仑之丘则为玄之极境。然而南望。（3）知、离朱、喫诟，纷纷登场，然而均索而不得，皆因其有为而不得。（4）象罔得遗之玄珠，是无为而为之。

读前人之注解，亦然有益。《庄子因》："知，思惟也；离朱，见也；喫诟，言也。三者皆足以蔽真性，故愈求愈远。象则非无，罔则非有；非有非无，不皦（jiǎo，明亮，清晰）不昧，此玄珠之所以得也。知、明、言者皆曰索，而象罔不言索，以其无待于索也。"此评很到位。再如宣颖有赞评："'玄珠'二字绝妙！夫道非有物也，然而实有道也；非有实有，实有非有，何以喻之？珠者圆妙光明，加之以玄，则实有非有，非有实有矣。只此二字，领略不尽。"《雪心编》评品亦然可赏读："此段借醒'玄'字，比拟精切，匪夷所思。珠者，圆妙光明之物，而玄珠则恍惚有象却又浑沦无质，喻道之真境当以神遇，不当以迹求也。玄珠无形而若有形，象罔有象而实无象，以玄遇玄，无心于得，而适然得之，所以为神。聪若圣知，明若离朱辩若喫诟，皆不免探索之劳，有心于得而不知其终无所得也，与象罔相去远甚矣。末二语著墨无多，赞叹低回，使人领略不尽。"再说庄子"玄珠"意象，后世传播不息。《释文》："玄珠，司马云：'道，真也。'"道家、佛家以玄珠比喻道的实体，或教义的真谛。再如黄庭坚《和苏子瞻》诗："翰林贻我东南句，窗间默坐得玄珠。"任渊注："'玄珠'以比东坡之诗。""玄珠"后来又比喻人才贤才，或为宝贵的事物，或也用喻丹药，甚至还比喻葡萄、墨等。鲁迅《坟·文化偏至论》："今日所谓识时之彦，为按其实，则多数常为盲子，宝赤菽以为玄珠。"

2.意象：螳螂

庄子笔下的虫、鱼、鸟、兽，畜，往往都有神来之笔。螳螂意象，即于笔下生花，香袭后世不衰。其一，《人间世》："汝不知夫螳蜋（螂）乎？怒其臂以当车辙，不知其不胜任也。”《韩诗外传》卷八：“齐庄公出猎，有螳蜋举足将搏其轮。问其御曰：‘此何虫也？’御曰：‘此螳蜋也，其为虫，知进而不知退，不量力而轻就敌。’”后世以“螳臂当车”，比喻自不量力，招致失败。于是有了“螳臂当车”“螳臂当辙”“螳臂挡车”“螳臂扼辙”诸说。其二，《山木》：“螳螂欲捕其蝉，黄雀却在其后，而挟弹者又在其后。”此寓言引发后人深赏，生发出“螳螂捕蝉，黄雀在后”的成语。汉代刘向《说苑·正谏》又有进一步的描述。后世又有“螳螂黄雀”之略语，“螳螂黄雀”也成为成语流传。

后又有“虫臂当车”之说。唐代元稹《授牛元翼深冀州节度使制》：“夫以尔之材力，而取彼之凶残，是犹以火焚枯，以石压卵，虫臂拒辙，鸡肋承拳，万万相殊，破之必矣。”“虫臂鼠肝”，谓造物赋形，变化无定，人亦可以成为微不足道的虫臂鼠肝。只有随缘而化，才能所遇皆适。此出自《大宗师》：“以汝为鼠肝乎？以汝为虫臂乎？”

3. 意象：环·环中

环，是门上下两横槛的洞，圆空如环，所以承受枢的旋转。枢一入环中，便可以旋转自如，以应无穷，环的作用在虚。环中，圆环的中心，此意象深藏智慧，庄子用来比拟无是非之境地。《庄子·齐物论》曰：“彼是莫得其偶，谓之道枢。枢始得其环中，以应无穷。是亦一无穷，非亦一无穷也。”庄子认为，对是非的无休止的争论，谁都不能说服对方，一似环之无端。若能把握道的枢要，犹如把握住环的中空处，可以应付是非的争论。后如有云：“泯是非于度外，齐彼我于环中。”（《旧唐书·李德裕传论》）此便是化用了“环中”的意象与意旨。再如唐司空图《二十四诗品·雄浑》：“超以象外，得其环中，持之匪强，来之无穷。”此酿为警句，而流布后世。关于“环”之意象的论说还可参见笔者《孙子智慧》一书。

环之无端。——孙子：“奇正相生，如环之无端，孰能穷之？”（《势篇》）孙子强调作战用兵之战势要奇正相生，这种相生，就要像环、圆环那样。这里是没有一个开端的，也没有一个终端的：任何一端可以是“正”的开端，也可以是“正”的末端，或是“奇”的末端；任何一端可以是“奇”的始端，也可以是“奇”的终端，或是“正”的终端。如此变换不尽，变化无穷，变幻莫测，而克敌制胜。

这里也联想到先哲喜用“环”之意象来喻理论道。譬如《鬼谷子·内揵》：“环转因化，莫之所为，退为大仪。”《鬼谷子·忤合》：“化转环属，各有形势，反复相求，因事为制。”《淮南子·主述训》：“环复转运，终始无端。”最著名的要算《庄子》了，其所用“环”之意象思维来喻哲理，深入人心。

这里我们可以再从中体悟孙子兵法的正奇之间的从有法至于无法的泯灭兵法痕迹的高境界，用兵之“正奇”达到了灵空超脱、潇洒飘逸的境界了。我方主动地处于“环中”而正奇环生、周流如环，使得敌方防不胜防，四遭环逼，终致败北。

二、意象：生成美辞

庄子笔下的鲲鹏之典，魔力惊世特异，激扬百浪千涛。鲲鹏是传说里的最巨大的飞鸟，《逍遥游》描述之意象千百年来震撼灵魂，触发灵感，审美丰多，从而继响不绝。

《逍遥游》由鲲鹏生发而出的意象与词语，还真不少。鲲是鱼苗的总称，如《尔雅·释鱼》：“鲲，鱼子。”郭璞注：“凡鱼之子揔（zǒng，总）名鲲。”鲲又是古代传说中的大鱼。《经典释文》引李颐曰：“鲲，大鱼名也。”楚国宋玉《对楚王问》：“故非独鸟有凤而鱼有鲲也，士亦有之。夫圣人瑰意琦行，超然独处，夫世俗之民又安知臣之所为哉！”此可见鱼中之鲲、鸟中之凤最为杰出者、尊贵者哉！”后因以“鲲凤”喻超越世俗的卓然之士。

“鲲池”，是鲲所居处之天池，后也泛指大海洪川。“鲲化”，是鲲化而为鹏，比喻有远大前途的发展变化，如《逍遥游》：鲲“化而为鸟，其名为鹏”。“鲲鹏图南”，比喻志向远大，如梁启超：“惟当过渡时代，则如鲲鹏图南，九万里而一息，江汉赴海，百千折以朝宗。”（《过渡时代论》）

再如“鹏鸟”，喻高才。“鹏术”，指高飞九天，远适南海的本领，比喻杰出的才能。“鹏背”，喻已居或将居高位者，也比喻高入云端的大山。“鹏迹”，犹言荣耀的经历。“鹏息”，比喻仕途受阻，或谓远游后暂时歇息。“鹏张”，大鹏展翅，比喻显扬才能。“鹏运”，大鹏的奋飞远行，如刘勰《文心雕龙》：“言必鹏运。”“鹏路”，鹏飞之路，比喻仕宦之途。“鹏游”，高远的飞行。宋代滕宗谅、欧阳修等《鹤联句》：“天池忆鹏游，云罗伤凤沈。风流超缟素，雅淡绝规箴。”

“鹏抟”“鹏程万里”“鹏抟万里”“鹏抟九霄”“鹏抟鲲运”“鹏抟鹢（yì，水鸟名）退”等说，是因大鹏“抟扶摇而上者九万里”，后用鹏之展翅盘旋而上，比喻人之奋发有为。唐王勃：“凤鸣千仞，鹏抟万里。”（《常州刺史平原郡公行状》）宋陆游：“将鹏抟于宦海，姑鸿渐于名场。”（《答抚州发解进士启》）明朱鼎：“幸今日鹏抟羽翰，曾浴日补天。”（《玉镜台记·完聚》）清戴名世：“至于仁甫诗馀之隽妙，则当元时已有称为如鹏抟九霄。”（《〈天籁集〉序》）宋罗大经："余谓一心具一太极，前辈谓鹏抟鲲运，不足计其高深，日升月沉，不足计其广狭。"（《鹤林玉露》卷五）"鹏抟鹢退"，则指宦海浮沉，仕途进退。"鹢退"，指要想前进却被迫后退的处境，出自《左传·僖公十六年》"六鹢退飞过宋都"。如钱谦益："余以馀生颓景，尸居假息，亦不复知海内故人鹏抟鹢退，近作何状。""鹏程""鹏程万里""鹏霄万里""鹏运"，谓大鹏之奋然高飞远行。"鹏翮"，出自"其翼若垂天之云"，因此或指大鹏，或比浓云，或喻贤才，后者如宋无名氏词："鹏翮抟风再整，南枝报，管占新魁。"（《满庭芳·寿梅监丙戌兄弟》词）

"鹏鹗"，泛指能高举远飞的鸟，比喻俊杰。范仲淹："相其直道了无悔，宁争蠖屈与鹏骞。"（《依韵和安陆孙司谏见寄》）"鹏蠡"，大鹏与蠡子，比喻大小悬殊之二物。唐陆龟蒙《杂讽》诗："况将鹏蠡校，数又百与十。"

"鹏鸮"，蓬间雀斥鴳曾讥笑鹏飞，后以此比喻物有大小，志趣悬殊。金代刁白《物质》诗："鹤凫伤断续，鹏鴳失高卑。""鹏鷃"，志大之大鹏与量小之鷃鹩，是志量大小不同之二物。然而范仲淹之说也有味："鹏鷃共适逍遥理，谁复人间问不平。"（《知府孙学士见示和终南监宫太保道怀》之五）

《庄子》里既有鹏之游，又有蝶之梦，于是后人又联缀成"鹏游蝶梦"之说，谓变幻夸诞之谈。宋刘辰翁《忆秦娥·忆仙》词："昨夜又迟黄石，今朝重叩鸿濛。碧桃花下醉相逢。说尽鹏游蝶梦。"读来煞有情致！

"鹏飚"，出自鹏"抟扶摇而上者九万里"，又《尔雅》："扶摇谓之飚"，故以此谓飞鹏所掀起的旋风，比喻伟人之风采。如王勃："鹏飚既接，仰云迳而将趋。"（《上皇甫常伯启》）"鹏变"，称美他人去南方做官。"鹏衢"，鹏鸟飞行的路线，比喻仕途。"鹏息"则比喻仕途受阻。

鲲鹏意象之美，引发后人的回响。苏轼《闻钱道士与越守穆父饮酒送二壶》："一纸鹅经逸少醉，他年《鹏赋》谪仙狂。"王文浩辑注引程缜曰："李太白睹阮宣子《大鹏赞》，心陋之，遂作《大鹏赋》，以穷弘达之旨。"

三、意象：演绎流变

庄子的匠石"运斤""运斤成风"的意象对后世的影响深远。如"运斤"或谓挥动斧头砍削，或比喻技艺的高超。如刘勰《文心雕龙·神思》："独照之匠，窥意象而运斤。"北齐刘昼《新论·适才》："良匠善能运斤，故无弃材。"唐代杨炯《卧读书架赋》："从绳运斤，义且得于方正；量枘（ruì，榫子）制凿，术乃取于纵横。"《北齐书·杜弼传》："无取于游刃，有惭于运斤，不足破秋毫之论，何以解连环之结？"陈毅《湖海诗社开征引》："嗟予生也鲁，空有运斤意。"再如成语“运斤如风”即形容技艺的高妙。文天祥《跋萧敬夫诗稿》：“累丸承蜩，戏之神者也；运斤成风，伎之神者也。”金代元好问《王黄华墨竹》诗：“岂知辽江一派最后出，运斤成风刃发硎。”元好问《续夷坚志·贾叟刻木》还有一则载录：“平阳贾叟，无目而能刻神像”，“僧说贾初立木胎，先摸索之，意有所会，运斤如风”。如此神奇，真可与匠石挥斧并驾齐驱矣！

庄子捕捉的意象生动传神，且极富哲理，后世不仅生成成语典故，又常常演绎变化。如既有“运斤成风”，后又有“郢匠挥斤”“郢人斤斧”“郢人斤斫”“郢人运斧”“郢人斫垩”“大匠运斤”等成语。如黄庭坚《东坡居士墨戏赋》：“金石之友，质已死而心在，斫泥郢人之鼻，运斤成风之手者欤！”梁启超《变法通议》：“故善旧国者，必有运斤成风，垩去而鼻不伤之手段。”唐代崔融《嵩山启母庙碑序》：“周官置臬，郢匠挥斤，异态神行，全模化造。”

《庄子》里的意象，后世形成的典故名言不绝如缕，且都熠熠生辉。以上仅略为例说，稍作简评，已可见庄子意象之精警，构词再生能力之强，魅力无限。许多意象确实已经深深地融化在中国文化的血脉里了，且在历史的长河里其含义、范围又或被不断地演绎、迁移、深化与丰富。这是一宗不小的文化艺术遗产！

美文心赏：庄周逐异鹊

庄子写鹊，出现5次，然而于雕陵之栗园内逐异鹊之文最为奇特，且有奇趣。《山木》有载——

庄周游于雕陵（果园之名）之樊（篱笆，指园内），睹（睹）一异鹊自南方来者，翼（鸟翼）广七尺，目大运（圆，或说直径）寸（一寸），感（触撞）周（庄周）之颡（sǎng，额头）而集（停栖）于栗林（栗树林）。庄周曰：“此何鸟哉，翼殷（大）不逝（不能远飞），目大不睹？”蹇（qiān，褰，提起）裳（衣裳）躩（jué，疾行）步，执弹（弹弓）而留（指伺候）之。睹一蝉，方得美（茂密）荫（树荫）而忘其身，螳蜋执翳（以树叶为隐蔽；翳yì，彰）而搏（捕）之，（螳螂）见得而忘其形；异鹊从而利之，见利而忘其真（真性，或说身）。庄周怵（chù，惊恐）然曰：“噫！物固相累（伤害），二类相召（招致，导致）也！”捐（抛弃）弹而反（返回）走，虞人（守园者）逐（追逐）而谇（suì，责问）之。

庄周反入（返回家），三月（或说为“日”）不庭（chěng，通“逞”，快意），蔺且（庄子弟子，姓蔺名且）从（因）而问之：“夫子何为顷间（顷刻之间）甚不庭乎？”庄周曰：“吾守形而忘身，观于浊水而迷于清渊。且吾闻诸夫子曰：‘入其俗，从其令（禁令）’。今吾游于雕陵而忘吾身，异鹊感吾颡，游于栗林而忘真，栗林虞人以吾为戮（辱），吾所以不庭也。”

庄周尽管是一位高卓的超脱者，但也并非永远处于洒脱中。他曾贫穷得去借贷，且人生也时有困惑与迷茫。此次逐异鹊之游，又有“三月不庭”之说。上文就生动记载了庄周那次游历所经历的情绪之低落、困惑，以及最终的开悟。

此寓言说庄子游园，所遇所见成为一串意象的联缀，庄子欲得到眼前的异鹊，异鹊欲得到眼前的螳螂，螳螂欲得到眼前之蝉，蝉欲得眼前树叶的遮蔽。然而可怕可悲的是，均只见眼前之得利，而不顾身后之危险。蝉欲得而忘其身，螳螂见得而忘其形，异鹊见利而忘其真。庄子似乎对眼前一切有所悟、心有所得时，正“捐弹而反走”时，却没有想到后面来了个管理山林的虞人，认为庄子要偷盗其栗，故又追逐又责问，再次身心受到刺激。

庄子一而再地受到甚深的刺激，由物与物而至于物与人，再及于人与人，其中抽绎出来的真是滋味百呈。庄子先是为之“怵然”，悟出其中的道理：“噫！物固相累，二类相召也！”蝉召螳螂，螳螂召鹊，物类自相召害，成为递相链接。《注》：“相为利者，恒相为累。”“夫有欲于物者，物亦有欲之。”《疏》：“既睹蝉鹊，徇利忘身，于是怵然惊惕，仍言（发）噫叹之声。故知物相利者，必有累忧。”“夫有欲于物者，物亦欲之也。是以蝉鹊俱世物之徒，利害相召，必其然也。”确实，若再深入地说，那么世界上物与物、物与人、人与人之间利害关系已经不仅是链式的关联，且是越来越复杂地展现出网眼密布的网式之网联了。

庄子既曾“怵然”，又自身遭“逐而谇之”，两番叠加之，致使“三月不庭”，三个月失乐不欢。又有《疏》：“庄周见鹊忘身，被疑盗栗，归家愧耻，不出门庭。”此又或说“三日不庭”，王念孙《读书杂志》：一本作“三日”，是也。不逞，不快。《方言》曰：“逞，快也。”不过文中说“三日”不快活，当是一般人的情况，对庄子这等人物来说，也许不是“三日”就是过眼烟云的，对此经历可能三月不能忘怀，甚至一辈子都刻骨铭心。俗谚：“一朝被蛇咬，三年怕井绳。”因此笔者看来“三月”比“三日”似乎寓意更深，故作“三月”也不无道理。

由此经历，终于庄子对弟子说出了自己反思后极为深刻的感悟：一是“吾守形而忘身”，留意于外物之形，却忘记了自身安危。二是“观于浊水而迷于清渊”，能鉴观于混浊水流，却被清澈水渊迷惑。三是忘记了夫子的教诲“入其俗，从其令”，没有说明身份而招辱，使守林人误以为是窃栗者。总之，此次游园遭遇了异鹊撞击我额，游林而被误认为偷栗者，既是忘了自己身体的安危，又是忘了自己的真性。

《南华雪心编》有评：“此段极写世途之危险。见得而忘其形，见利而忘其真，说透病根，是一篇扼要之语。蝉得美荫而螳螂已乘其后，螳螂执翳而异鹊又乘其后，祸机之辗转相生，皆物类之自相为感召也。现前指点，便使人动魄惊心。执弹而留，捐弹而走，前后均从异鹊生波，而以螳螂执翳一层夹在中间，与《国策》文引喻黄雀、螳螂，另是一样机杼，极错综离合之奇。尤妙在虞人谇逐，又转出一层，文心矫变不测，正如惊涛骇浪之中，忽逢峭石，叠嶂层峦之外，突起奇峰，真非寻常意境。通体筋节灵动，脱化无痕，亦有石栈天梯，架危凌虚之胜。”这一评论，既赞扬其行文之妙，也揭示人生之中所当警示的，即见得眼前利益，欲取将图时，决不要不顾将会引发的随之而来的危险，更当虑及此后可能产生的一波一波的危难。若瞻前而不顾后，不顾虑尾随的危害，乃至暗潜的深层的危机，那么危哉，殆哉！

又宣颖《南华经解·山木》曾赏评：“接连写出数层妙境，使人有目不及眨之趣。蝉一层、螳螂一层，异鹊又一层，已数累之上矣；又转出虞人逐谇一层，收入当身，如穷幽陟（zhì，登高）险之后，又转一胜，真文家乐事也。方见利于前，不知已召害于后，辗转相生，各不自悟。可见人在世间方寸中，偶尔一动，便是无数倚伏之机，尚可以妄萌一念，少生一事乎？故虚已无为，道未有逾焉者也。”（《庄子诠评》）

此寓言说逐物逐利，皆有所迷，因忘却其真，也必忘己之害，数次接连说“忘”。此诸“忘”也真令后人不能“忘”却此段文字里“忘”之深旨。其点醒之意趣，即面对世事纷扰，我们需要老子所说的“玄览”，需要庄子所说的“朝彻”“见独”。所谓“朝彻”，“朝”指旦，“彻”指达妙之道，就是突然间悟达妙道。所谓“见独”就是见道，即见到了独立无待的道，这已经达到了至道的境界。这些庄言真是精到深入骨髓，准到下针见血，句句及理，言言说道，真堪玩味再三！

审丑：庄子逆向的审美智慧

庄子美学是道家美学的代表，庄子美学里所追求的独创精神和自由人格对后世产生了深远的影响。现代学者认为，后世有关审美和艺术创造的特殊规律的认识，大部分得自庄子的美学思想。学者大都认为，在中国的美学史上，庄子第一个论说了审丑的问题，揭示出丑中之美，极具审美智慧。

丑，由“醜”简化而来，然而原本是两个不同意义的字。丑，是十二地支里的一个。《说文》：“丑，可恶也。从鬼，酉声。”段注：“非真鬼也。以可恶，故从鬼。”美与丑，在一般人看来是对立的，然而这是相对的，绝不是绝对的，因而庄子对美、丑的评价均是相对的，审美结果抑或是相反的。

一、审丑之千古佳作

“效颦”：西施之美与东施之丑。《天运》里有一则极富情趣之小品：西子捧心·西施捧心——

故西施病心而矉（pín，同“颦”，蹙额，皱眉头）其里（邻里），其里之丑人见而美之，归亦捧心而矉其里。其里之富人见之，坚闭门而不出；贫人见之，挈妻子而去之走。彼知矉美，而不知矉之所以美。

这是庄子笔下审丑的名例，最为脍炙人口。庄子神来之笔下的美丑写到了极致，美妙得令人永不忘却。此种审丑的效应，绵延至今，读之依然令今人喷饭！

这里的描叙生动入微，且提出一个有意趣的审美问题。大美者，丑的或能变幻为美；相反大丑者，美的或就变幻为丑。《疏》：“西施，越之美女也，貌极妍丽。既病心痛，颦（pín）眉苦之。而端正之人，体多宜便，因其颦蹙，更益其美。是以闾里见之，弥加爱重。邻里丑人，见而学之，不病强颦，倍增其陋。”后有成语“西施捧心”“西子捧心”“西颦东效”“东施效颦”等。这里赞美“西施捧心”之美，嘲讽“东施效颦”不顾自身而刻意模仿，却效果反差特甚，不仅不美，恰又丑上增丑。不过“东施效颦”也用为模仿他人的谦语。美而愈加美，然而知其美，却不知所以美；知其表相之美，不晓深层之美，丑而效颦愈丑，真是一个审美、审丑的好话题。

后来“西子捧心”也谓美女的病态之美，因其病状之姿态，愈增加其妍美，连丑女也来模仿了。关于西施之美，后又有“西眉南脸”之说，见诸唐代李咸用《巫山高》诗：“西眉南脸人中美，或者皆闻无所利。”此说两个美女，均是春秋时的美女，一是南威，一是西施。西施当然脸也美，然而又夸其眉美，因心气痛而眉毛皱起，便成美上加美，而就出自“病心而矉”。宋代马永卿《懒真子》：“仆读至此，始悟庄子之言：西施捧心而颦，邻人效之，人皆弃而走，且美人之容，或笑或颦，无不佳者，如屈子以笑为宜，而庄子以颦为美也。”

二、美者贱·丑者贵

《山木》里记载了一个特别有意思的审美小品。阳子，即杨朱，在一次去往宋国的途中住宿逆旅，在旅店遇到了一件匪夷所思的事情。《山木》篇——

阳子之宋，宿于逆旅(旅店)。逆旅人有妾二人，其一人美，其一人恶，恶者贵而美者贱。阳子问其故，逆旅小子(晚辈，即年轻)对曰：“其美者自美，吾不知其美也；其恶者自恶，吾不知其恶也。”阳子曰：“弟子记之！行贤而去自贤之行，安往而不爱哉！”

逆旅主人有妾二人，一般人立刻能分辨出孰美孰恶，孰贵孰贱。此所谓恶者，是指容貌形体的丑陋。再说，正常的审美，当然是贵美者而贱恶者，然而在这里却发生了逆转，即“恶者贵而美者贱”。年轻的旅店主人解释了其中的缘故：那个美者自以为美，然而我不觉得她美，那个丑者自以为丑，然而我不觉得她丑。《疏》：“逆旅美者恃其美，故人忘其美而不知也；恶者谦下自恶，故人忘其恶而不知也。”阳子由此而教导弟子，要“行贤”然而又得“去自贤之行”，此“有”贤至于“无”贤，那么就没有不被人“爱”的。《注》：“言自贤之道，无时而可。”《疏》：“夫种德立行而去自贤轻物之心者，何往而不得爱重哉！故你命门人记之云耳。”

逆旅小子对美与丑二妾看法，会出现美者贱、丑者贵的结果。庄子在此揭示了人之外表的美丑与内在心灵德性之间的一种逆转关系。常人认为的美人、丑人，在逆旅小子那里却逆转为丑妾见爱，而美妾不爱。这是因为“美者自美”，美妾自我矜夸其美，结果转化至反面不见爱。“恶者自恶”，是丑妾知己之不美，然而转化为不美者却见爱。阳子又引申至对弟子德性的教诲。《疏》：“夫种德立行而去自贤轻物之心者，何往而不得爱重哉！”《庄子鬳斋口义》：“行贤而去自贤之行，谓有贤者之德，而无自矜之行，则随所往而人皆爱乐之。此一节亦是受用亲切处。”

确实，现实生活里许多看似美的，人们或有并不以为美；看似丑的，人们或有并不以为丑。再说也有先前美的，后来不美了；先前不美的，后来却越来越美，诸多情况，屡屡得遇。这里有复杂的审美标准、审美眼光、审美经验、审美智慧，等等。因此浅表的审美，与深层的审美常常不一致；瞬间的审美，与弥久的审美不一样；经验的审美，与哲思的审美不一样！

三、道通为一：美丑均一

德有所长，形有所忘，世事万物各有短长利弊，没有绝对的美与丑，从天地万物的角度看更是如此。

《齐物论》："毛嫱、丽姬，人之所美也；鱼见之深入，鸟见之高飞，麋鹿见之决骤。"毛嫱、丽姬，古代两大美女，姝妍冠世。毛嫱为越王之嬖妾，丽姬为晋国的宠嫔。然而鱼儿看了恐怖地深沉水下，鸟见了惊吓而高飞，麋鹿见了迅疾逃走。人之美女，世人则赞赏不已，然而在另类看来，如动物界里根本不知其美，且相反受到惊吓，而迅速逃走。鱼与人之间，固然远隔了许多，人间的审美鱼儿怎能懂？庄子的审美思维确实出人意料，常人难以想象到。

鱼儿与人为异类，审美固不同，然同在人世间又如何呢？恶、丑、陋、善、好、美，在庄子笔下有另一种审察、反拨与机趣。《庄子》有不少形体或缺或残之人，或被世俗视为"恶人"，但庄子对他们给予足够的关怀。当他们走进庄子的视野里后，相貌残缺与心灵美富形成反差，使他们变得格外生动有魅力，看来是美的，甚或为大美，竟然传之数千年依然熠熠生辉。

庄子笔下的残疾人闉跂支离无脤与瓮盎大瘿，此两人是以残疾之病态来命名的。第一位名之"闉跂"，形容四肢屈曲；"支离"，衰残；"无脤"，即无脚趾。《德充符》："闉跂支离无脤说卫灵公，灵公悦之；而视全人，其脰肩肩。"另一位名"瓮盎大瘿说齐桓公，桓公说之；而视全人，其脰肩肩。"

《庄子·德充符》里描述了王骀、哀骀等人。他们容貌丑陋，然而德行圆满。一方面残缺，一方面是大成，这也是老子所说的"大成若缺"（45章）的例证：

哀骀（姓；骀，tái）它（tuó，名），是卫国"恶人"，即丑陋者，且丑陋得"又以恶骇天下"。然而男人与他相处，不愿离开他；妇人愿意嫁给他为妻或妾；鲁哀公欲望传国于他，且相形之下，自认"寡人丑乎"！《疏》："既见良人，泛然虚淡，中心愧丑，恋慕殷勤。终欲与之国政，屈为卿辅。俄顷之间，（哀骀它）逃遁而去。"

可见人格精神上的美可以使得人忘记形体上的丑陋，丑怪形象之中同样彰显可以评说之美，再次印证了美与丑的相对性。而且庄子笔下之丑，已经逆转为美的极致了！至此又可悟庄子审美机趣之盎然勃发，不仅有以美者为美，还有以丑者为美，而且还别具一副笔墨使美者更美，西施之颦即美上加美，又能使丑者更丑，东施效颦则是丑上增丑矣！

《齐物论》："故为是举莛（tíng，屋梁，或说草茎）与楹（厅柱），厉（lài，疠）与西施，恢（弘大）恑（guǐ，奇诡）憰（jué，欺诈）怪（妖异），道通为一。"此说到人，那么病癞丑陋的厉女与西施美女，是"道通为一"的。至于论物如横的屋梁与竖的楹柱，亦然"道通为一"的。这是说，人们对美与丑的评价也是相对的，进而认为审美评价没有客观的标准。但这一命题强调了美感的主观性和差异性，却在一定程度上否定了美感的客观制约性和普遍性。

四、美与恶的辩证法

所美者为神奇，所恶者为臭腐。《知北游》："故万物一也。是其所美者为神奇，其所恶者为臭腐；臭腐复化为神奇，神奇复化为臭腐。故曰，'通（贯通）天下一气耳。'圣人故贵一。"《注》："各以所美为神奇，所恶为臭腐耳。然彼之所美，我之所恶也；我之所美，彼或恶之，故通共神奇，通共臭腐耳。死生彼我岂殊哉！"《疏》："夫物无美恶而情有向背，故情之所美者则谓为神妙奇特，情之所恶者则谓为腥臭腐败，而颠倒本末，一至于斯。然物性不同，所好各异；彼之所美，此则恶之；此之所恶，彼又为美。故毛嫱、丽姬，人之所美，鱼见深入，鸟见高飞。斯则臭腐神奇，神奇臭腐，而是非美恶，何有定焉！是知天下万物，同一和气耳。"又《疏》："夫体道圣人，智周万化，故贵此真一，而冥同万境。"

虽所美者成为神奇，但是神奇又会转化为臭腐。虽其所恶者为臭腐，但是又会转化神奇。这种相互的转化，当然又是有一定的条件的，但是在时空的不断迁移变动的维度里，美与恶的转化又是必然的。人们常说没有永久的朋友，也没有永久的敌人，这是一例。

《徐无鬼》："凡成美，恶器也。"凡是成就美好名声的，便是有了作恶的器具。此为徐无鬼与武侯对话时说的极含哲理的名言。《注》："美成于前，则伪生于后，故成美者，乃恶器也。"《疏》："夫善之事，成之于前，美迹既彰，物则趋竞，故为恶之器具也。"此即深刻的对立面转换的辩证法。

钟泰说："其曰'凡成美，恶器也'，何也？为之而不成，不过不成已耳，其害犹浅；若成而得美名，则恶将随之，其害愈深。'故曰；'成美，恶器也。'老子曰：'天下皆知美之为，美斯恶矣；天下皆知善之为，善斯不善矣。'（此二句皆当于'为'字句绝。美之为、善之为，所谓成美也。）盖此意也。"

美恶之不定。美恶、美丑，在庄子看来是变动、变化、变幻的。如《齐物论》："民食刍豢，麋鹿食荐，蝍且甘带，鸱鸦耆鼠，四者孰知正味？"《注》："此略举四者，以明美恶之无主。"此既是事物的常理，也是审美的常理。又如人世人事的成功，当然是一种审美，然而《渔父》："功成之美，无一其迹矣。"功，功劳，业绩。成，完成，成就。"无一其迹"有不同解读：一说完美的功绩是没有任何一点形迹，如林希逸云："功成之美，无一事有迹者，功成而不有，无一事有其迹也。"这就是功成之有而泯没为无的境界，也体现了一种辩证的转换。

庄子音乐艺术造诣非凡

庄子是大哲学家，又是鉴赏造诣极高的艺术家，其音乐才能与智慧也卓绝非凡。他不仅留下音乐的史料，而且让古音古乐从他的笔墨间流出，从而千年不绝的音乐，可以像当初那样萦绕在一代代来者心里，经久不息。庄子对音乐的描叙，是从纸面上升腾出来的美乐旋律，笔端里流出来的天籁之音。

一、音响声音：庄子特别敏感与警悟

中国文化极有韵趣：心，用"慧心""灵心"喻其至极；眼，用"慧眼""天眼"喻其极致。古人于耳朵也极富情趣，如老子，姓李氏，名耳，字聃，将其"耳"凸现神妙。《说文》："聃，耳曼也。"段注："曼者，引也。耳曼者，耳如引之而大也。"再如《淮南子·坠（地）形》："夸父、耽耳，在其北方。"耽耳，为国名，传说其国之人，耳朵均为垂肩者。高诱注："耽耳，耳垂在肩上。"先民又有"耳聪目明"之说，那么庄子之目自然是极明之目，其耳当然是极聪之耳，不过没有外貌上的特别的描述。试看庄子对自然界的声音描写得如此美妙，真是再赏愈美富，再味愈隽永。

世界万籁，若天籁、地籁、人籁；吹万不同，若交汇、和谐、激荡。庄子对这些声音、音响具有特别的感悟，甚至于无声处可独自聆听大道的"声音"。庄子还能神奇地将万籁之声响从笔端流露出来，重新播放出来，洋溢在一代代人的耳畔心间。

试听《齐物论》里庄子对声响的极其撼动人心的描述。其笔下的"万窍怒号"令人震惊，而"激者、謞者、叱者、吸者、叫者、譹者、宎者、咬者，前者唱于而随者唱喁"，使人进入了声音的梦幻的音响世界。

二、音乐：世俗与民情的揭示

庄子笔下多乐声，《庄子》里说及的古乐，除了咸池之乐，还有大韶，传说是帝舜时音乐。《天下》："舜有大韶。"庄子既有煌煌咸池之乐的描述，又有通俗的民间俚曲的描述，如《折杨》。

庄子笔下有一则音乐的幽默小品，特有情趣。《至乐》："昔者海鸟止于鲁郊，鲁侯御而觞之于庙，奏《九韶》以为乐，具大牢以为膳。鸟乃眩视忧悲，不敢食一脔，不敢饮一杯，三日而死。此以己养养鸟也，非以鸟养养鸟也。"

"《咸池》《九韶》之乐，张之洞庭之野，鸟闻之而飞，兽闻之而走，鱼闻之而下入。人卒闻之，相与还而观之。"这是绝妙的幽默、深意的讽刺！此旨在说明"此以己养养鸟也，非以鸟养养鸟也"的深刻道理。同时还能让人触类悟通，哪怕是最美好的音乐，对于没有音乐耳朵的人来说都不会欣赏，何况是对于异类鱼儿、鸟儿、野兽！高贵者如鲁侯，智商却极其低下，在庄严的太庙，用最高档的饮食款待，用最高雅最堂皇的音乐演奏，却使得海鸟惊吓得"眩视忧悲"，且三日短命而死。虽然这是寓言，但其用意则讽刺高贵者之愚蠢。如果再从音乐的角度来解读，那么音乐的欣赏必得知音者，必待具有欣赏音乐的耳朵与心灵。如此才会密契共鸣，且能由欣赏而至于心赏！世有"对牛弹琴"之说，此有"对鸟奏乐"之述，真是弹琴也罢、奏乐也罢，都对于没有音乐耳朵的牛、鸟来说，真似胜过幽默的荒唐了！

再如《人间世》篇末特意写上了一则典故，在《论语》里已有记载，即接舆游孔子之门的"凤兮凤兮，何如德之衰也"之歌唱。《疏》："时孔子自鲁之楚，舍于宾馆。楚有贤人，姓陆名通，字接舆，知孔子历聘，行歌讥刺。凤兮凤兮，故哀叹圣人，比于来仪应瑞之鸟也。有道即见，无道当隐，如何怀此圣德，往适衰乱之邦者耶？"此也可赏明代周拱辰《南华真经影史》之解："末又以接舆一歌侑之，所谓咏叹之不足，而长言之。真有'古今多少事，渔唱起三更'之思，渺绪幽衷，倚徙摇曳，涉世诀，作文诀，一一引入胜地矣！"

三、关于乐舞智慧的片断

《天道》："钟鼓之音，羽旄之容。乐之末也。"羽旄，古代乐舞中的羽舞与旄舞。羽舞执翟羽，旄舞执牛尾。羽舞与旄舞均属于文舞，与执干戚的武舞相对。《疏》："乐者，和也。羽者，鸟羽。旄者，兽毛。言采鸟兽之羽毛以饰其器也。夫帝王之所以作乐者，欲上调阴阳、下和时俗也。古人闻乐即知国之兴亡，治世乱世其音各异。是知大乐与天地同和，非羽旄钟鼓者也。自三代以下，浇浪荐兴，赏郑卫之淫声，弃云韶之雅韵，遂使羽旄文采，盛饰容仪，既非咸池之本，适是濮水之末。"这里指出礼乐之乐的根本，不是仅注重在"钟鼓之音，羽旄之容"，因为此不为本，而仅属末。这又如《论语·阳货》："礼云礼云，玉帛云乎；乐乎乐乎，钟鼓云乎？”

《天地》：“大声不入于里（乡里，邻里）耳，《折杨》《皇华》，则嗑（hé）然而笑。”“大声”，为正声，为审美之音乐，即雅乐，指咸池、大韶一类的音乐。《折杨》《皇华》，是古时民间俚曲名。这是说高尚的音乐不入乡里俚俗者之耳，然而听闻民间小曲，如《折杨》《皇华》就会欣然而笑。这种音乐审美的心理揭示得很深刻，不仅是当时，即使此后数千年以来还是这样。

四、音乐历史的记载与传承

庄子音乐艺术的关系与内涵，哲学家、美学家宗白华曾有过不少精辟的论说。一方面是情感体验里最深秘难传的东西即音乐，一方面是深邃难明的哲学思想，然而在庄子那里得到和谐的统一。

1.庄子：音乐·寓言·哲学·思想

庄子的哲学与思想往往用寓言来表述，这几乎为人们熟知，但是其中与音乐相关的寓言的紧密联姻，则往往不为人深晓。如宗白华揭示：“数学与音乐是中西古代哲学思维里的灵魂呀！数理的智慧与音乐的智慧构成哲学智慧。中国在哲学发展里曾经丧失了数学智慧与音乐智慧的结合，堕入庸俗。西方在毕达哥拉斯以后割裂了数学智慧与音乐智慧。”

宗白华又指出：“音乐在人类生活及意识里这样广泛而深刻的影响，就在古代以及后来产生了许多美丽的音乐神话、故事传说。哲学家也用音乐的寓言来寄寓他的最深难表的思想，象庄子。”他又说：“关于哲学和音乐的关系，除掉孔子的谈乐，荀子的《乐论》，《礼记》里《乐记》，《吕氏春秋》《淮南子》里论乐诸篇，嵇康的《声无哀乐论》（这文可和德国19世纪汉斯里克的《论音乐的美》作比较研究），还有庄子主张‘视乎冥冥，听乎无声，冥冥之中，独见晓焉，无声之中，独闻和焉，故深之又深，而能物焉。’（《天地》）这是领悟宇宙里‘无声之乐’，也就是宇宙里最深微的结构形式。在庄子，这最深微的结构和规律也就是他所说的‘道’，是动的，变化着的，像音乐那样，‘止之于有穷，流之于无止’，这道和音乐的境界是‘混逐丛生，林乐而无穷，布挥而不曳，昏暗而无声，动于无方，居于窈冥’，‘行流散徙，不主常声’，‘充满天地，苞裹六极’（《天运》）。这道是一个五音繁会的交响乐。‘混逐丛生’，就是在群声齐奏里随着乐曲的发展，涌现繁富的和声。庄子这段文字使我们在古代‘大音希声’，淡而无味的，使魏文侯听了昏昏欲睡的古乐而外，还知道有这浪漫精神的音乐。这音乐，代表着南方的洞庭之野的楚文化，和楚铜器漆器花纹声气相通，和商周文化有对立的形势，所以也和古乐不同。庄子在《天运》里所描写的这一出‘黄帝张于洞庭之野的咸池之乐’，却是和孔子所爱的北方的大舜的韶乐有所不同。”

2. 古乐史迹之记载

《天下》：“黄帝有《咸池》，尧有《大章》，舜有《大韶》，禹有《大夏》，汤有《大濩》，文王有《辟雍》之乐，武王、周公作《武》。”这里为远古音乐的历史留下了几许宝贵的踪迹。

此先略说古代之乐：（1）黄帝有《咸池》。《礼记·乐记》：“《咸池》，备矣。”郑玄注：“黄帝所作乐名也，尧增修而用之。”（2）相传尧有《大章》之乐。《乐记》：“《大章》，章之也。”郑玄注：“尧乐名也。言尧德彰明也。”（3）舜有《大韶》，也称为《大磬》。《周礼·春官·大司乐》：“以乐舞教国子。”此中就有《大磬》，郑玄注：“《大磬》，舜乐也。言其德能绍尧之道也。”（4）禹有《大夏》，相传为夏禹时代之乐。《周礼·春官·大司乐》郑玄注《大夏》：“《大夏》，禹乐也。”（5）成汤有《大濩》，《周礼·春官·大司乐》郑玄注：“《大濩》，汤乐也。”（6）周文王有《辟（bì）雍》之乐。辟，通“璧”。辟雍本为周天子所设立的大学，学宫的校址圆形，围以水池，前门外有便桥。此乐有明达和谐之意。（7）周武王、周公作《武》，是颂扬周武王战胜商纣王的乐舞。《论语·八佾》曾载：“子（孔子）谓《韶》尽美矣，又尽善也。谓《武》尽美矣，未尽善也。”此可见庄子对古代音乐的历史与文化相当熟悉，没有非凡的音乐艺术造诣不能为之。

庄子音乐审美心理与比较

一、音乐审美·心理·哲理

庄子的音乐审美颇多妙论，以“成”与“亏”的哲思来审察，便卓显高见。昭氏，即昭文，姓昭，名文，为古代著名的音乐家，善于鼓琴。师旷，妙知音律，著名音乐家，是春秋晋平公乐师。《齐物论》：“道之所以亏，爱之所以成。果且有成与亏哉？果且无成与亏乎哉？有成与亏，故昭氏之鼓琴也；无成与亏，故昭氏之不鼓琴也。”庄子认为昭氏鼓琴果然美妙，然而若鼓此音便失他音，若奏他音则失此音。譬若音乐的宫商角征羽，鼓商则丧了角，奏宫则失了徵，故欲成则就有亏，若不成则无亏。《注》：“夫声不可胜举也，故吹管操弦，虽有繁手（或作‘音’），遗声多矣。而执钥鸣弦者，欲以彰声也。彰声而声遗，不彰声而声全。故欲成而亏之者，昭文之鼓琴也；不成而无亏者，昭文之不鼓琴也。”声音是不胜遍举的，所以吹管乐的、操弦乐的，虽然有繁手，总不能把所有的声音一下子全演奏出来，总有遗漏的。所以演奏出来的是有所成，被遗漏的便是有所亏，若不演奏则无成无亏。又如《疏》：“未若置而不鼓，则五音自全。亦犹有成有亏，存情所以乖道，无成无亏，忘智所以合真者也。”确实，音乐随时间的流动而必有高低长短之分，就算高明的鼓琴家昭氏也不可能在一个时间点上同时并奏各种各样的声音。陶渊明在他的房子里挂了一张无弦琴，或许就是这样的无亏无成的音乐意境吧！白居易的“此时无声胜有声”令人赞叹不绝，不也正是心之契合、超越时空的沟通吧？

二、庄子音乐审美比较

庄子的音乐审美在此略作比较。

首先与吴公子札作一比较，如《左传·襄公二十九年》“吴公子札（季札）来聘”，有一段表现乐舞的记载与赞美——

请观于周乐。使工为之歌《周南》《召南》。曰：“美哉！始基之矣，犹未也，然勤而不怨矣！”为之歌《邶》《鄘》《卫》。曰：“美哉渊乎！忧而不困者也。吾闻卫康叔、武公之德如是，是其《卫风》乎！”为之歌《王》。曰：“美哉！思而不惧，其周之东乎！”为之歌《郑》。曰：“美哉！其细已甚，民弗堪也。是其先亡乎！”为之歌《齐》。曰：“美哉泱泱乎！大风也哉！表东海者，其大公乎！国未可量也。”为之歌《豳》。曰：“美哉荡乎！乐而不淫，其周公之东乎！”为之歌《秦》。曰：“此之谓夏声。夫能夏则大。大之至也，其周之旧乎！”为之歌《魏》。曰：“美哉沨沨乎！大而婉，险而易行，以德辅此，则明主也。”为之歌《唐》。曰：“思深哉！其有陶唐氏之遗民乎！不然，何其忧之远也？非令德之后，谁能若是？”为之歌《陈》。曰：“国无主，其能久乎？”自《郐》以下无讥焉。为之歌《小雅》。曰：“美哉！思而不贰，怨而不言，其周德之衰乎？犹有先王之遗民焉。”为之歌《大雅》。曰：“广哉熙熙乎！曲而有直体，其文王之德乎！”为之歌《颂》。曰：“至矣哉！直而不倨，曲而不屈，迩而不偪（bī），远而不携，迁而不淫，复而不厌，哀而不愁，乐而不荒，用而不匮，广而不宣，施而不费，取而不贪，处而不底，行而不流。五声和，八风平，节有度，守有序，盛德之所同也。”见舞《象箾》《南籥（yuè）》者，曰：“美哉！犹有憾。”见舞《大武》者，曰：“美哉！周之盛也，其若此乎！”见舞《韶濩》者，曰：“圣人之弘也，而犹有惭德，圣人之难也。”见舞《大夏》者，曰：

"美哉！勤而不德！非禹，其谁能修之？"见舞《韶箾》者，曰："德至矣哉！大矣，如天之无不帱（tāo）也，如地之无不载也。虽甚盛德，其蔑以加于此矣。观止矣。若有他乐，吾不敢请已。"

这段记载可以看到古代乐舞的高卓造诣之一斑。正如这段文字里，满溢着赞叹之情，频频使用"美哉"美誉之，还用"渊乎""泱泱乎""广哉""熙熙""至矣哉"等，真心赞叹其"观止矣"！这里也明显看到季札作为一位杰出的政治家在赞赏音乐时又与当时的政治、政事密切地联系在一起的。

然而庄子的音乐欣赏里，往往更重视的是音乐中"大道"的流贯。如《南华雪心编》评论《咸池》一段音乐说："借乐以明道，极精微，极炫烂，千古论乐者，无此妙文。究竟'乐'字亦只是个影子，其意全不在言乐也。后面'愚故道'二句，特醒'道'字，已将前幅论乐一段妙文随手脱卸矣。通体只重一个'愚'字。回之闻道也不违如愚，是以坐忘而几于化也。载道以往，听其所止而休焉，收句邈然无际。"

其次，再与老子作一比较，老、庄虽都是道家巨擘，庄子哲学又承老子而来，但是在音乐的看法上也有某些异见。老子说："五音令人耳聋。"叶思靖注："凡所欲之外物，皆害身者也"，"此则戒其不为外邪所实"。魏源注："听繁则惑。"老子对于音乐似乎不仅不太感兴趣，而且还指摘会给人们带来生理上的损伤，当然再深入下去便是对心灵的蛊惑了。

然而，庄子不一样，如宗白华说："庄子却爱逍遥游。他要游于无穷，寓于无境。他的意境是广漠无边的大空间。在这大空间里作逍遥游是空间和时间的合一。而能够传达这个境界的正是他所描写的，在洞庭之野所展开的咸池之乐。所以庄子爱好音乐，并且是弥漫着浪漫精神的音乐，这是战国时代楚文化的优秀传统，也是以后中国音乐文化里高度艺术性的源泉。"庄子在这些音乐里，当不仅知其音，并又能深入把握音乐结构和旋律里所潜藏的意蕴，便进而知其道了，再渐进则由音乐进入道了。

确实如此，流观庄子心中浸润、笔下抒写的音乐之美，他确实已经灵性十足地吸取了之前与其时代的音乐美的精华，且再加以智慧的升华。庄子或许获取了深厚的传统的乐舞的营养，而中华远古的乐舞也确实绚烂多彩，造诣极高。

最后不禁想起著名逻辑学家沈有鼎发表的《评〈东西乐制之研究〉》就曾特别推崇庄子的音乐。沈有鼎写道："王君（王光祈）说：'吾将登昆仑之巅，吹黄钟之律，使中国人固有之音乐血液，重新沸腾。'这是何等深远的期望！许多自命开明的中国人，以为中国没有什么高尚的音乐，音乐不是中国民族之所长。岂知在中国古代，音乐是唯一的艺术，也代表了艺术的一切。古书上唯有关于音乐的记载，才是十足地表现着艺术的眼光的。这类记载一半自然是神话，但尽足以表示古人对于音乐的欣赏力。至于诗文书画等等的欣赏，完全是后起的。古代的两大学派政治哲学，儒与道，都与音乐有密切的关系。'兴于诗，立于礼，成于乐'，是孔子对于在音乐生活与教育中地位的指明。从这句话可以知道音乐是中国古代文化发达的最高点。'子在齐闻韶，三月不知肉味'，绝对不是无根的传说。这种儒家特意要倡导的沉毅和平的廊廊音乐与从道家人生态度出发的，高逸淡泊的山林音乐，性质全然不同。两种古乐，都是含有极深的意义的。只看道家的庄子，谈哲学时也要用'昭文之鼓琴'来作譬喻。音乐无疑是古代中华民族精神生活的极诣！"这里说到了庄子那里的音乐与哲学之联姻的美妙智慧！

《咸池》奏乐：庄子笔下的天籁之音

庄子精通音乐，对音乐的鉴赏，有极高卓的造诣。《庄子·天运》有一段关于黄帝《咸池》之乐演奏的描述，深刻展示了自己的审美智慧与理想，赢得后世不断的赞赏。当然，这也是寓言，其旨意寄托于黄帝与北门成两人之对话中，重在揭示至乐之道。

一、北门成问乐于黄帝

《咸池》是远古经典音乐，周代"六舞"之一，用以祭祀地神，亦名《大咸》。此相传为黄帝所作，唐尧增修。《天运》里描写了《咸池》音乐的演奏，还有寓设的黄帝与北门成的对话。此则可以体悟哲学与音乐在《庄子》那里的交融、渗透与诠释。

北门成，复姓北门，名成。传说此人为黄帝的臣子，向黄帝请教古代音乐《咸池》，于是有了一番对话。北门成向黄帝发问——

北门成问于黄帝曰："帝（您黄帝）张（布施，此指演奏）《咸池》之乐于洞庭（寓言里的地名）之野（原野），吾始闻之惧，复闻之怠，卒（终）闻之而惑，荡荡（心神摇动）默默（沉默无知），乃不自得。"

北门成聆听了黄帝所奏《咸池》之乐，描述了自己身心在乐曲演奏进程中的三个阶段：始闻乐则充满恐惧，再闻乐则放松平和，终闻乐则迷惑不解，心神恍惚，竟然不知所措。《疏》："不悟至乐，初闻之时，惧然惊悚；再闻其声，稍悟音旨，故惧心退息；最后闻之，知至乐与二仪（天地）合德，视之不见，听之不闻，故心无分别，有同暗惑者也。""第三闻之，体悟玄理，故荡荡而无偏，默默而无知，芒然坐忘，物我俱丧，乃不自得。"

二、黄帝指点迷津：一奏一听

黄帝曰：

汝殆（大概）其然哉！吾奏之以人（人之情感），征（取法，顺应）之以天，行之以礼义，建之以太清（声气的本源，即天道、自然）。四时迭起，万物循（遵循）生；一盛一衰，文（柔和，或说春之生长）武（威武，或说秋之肃杀）伦经（更迭的顺序，即经纶）；一清一浊，阴阳调和，流光（光彩闪耀）其声。蛰（冬天蛰伏之）虫始作，吾惊之以雷霆。其卒（终）无尾，其始无首。一死一生，一偾（fèn，覆败，仆倒）一起（兴起）；所常（经常，或说变化的方式，因变化为常态，便以"常"代变化，说也通）无穷，而一（乃，竟；或说全）不可待。汝故惧也。

三、黄帝再揭示奥秘：再奏再听

黄帝又曰——

吾又奏之以阴阳之和，烛（照耀）之以日月之明。其声能短能长，能柔能刚；变化齐一，不主（拘守）故（故态）常（常规）；在谷满谷，在阬（kēng，坑）满阬；涂（堵塞）郤（xì，空隙）守神（宁寂之精神），以物（外物）为量（度量）。其声挥绰（指传播广远），其名高明。是故鬼神守其幽，日月星辰行其纪（道，规律）。吾止之（停止音乐）于有穷，流（流布）之于无止。予欲虑之而不能知也，望之而不能见也，逐之而不能及也；傥然（若有所失的样子；傥，音tǎng）立于四虚（指空旷无涯）之道，倚于槁梧（几案）而吟。目知穷乎所欲见，力屈（竭尽）乎所欲逐，吾既不及已夫！形充空虚，乃至委蛇（此指顺从）。汝委蛇，故怠（松懈，宽松）。

四、黄帝揭示隐秘之旨：三奏三听

黄帝又进层次，解释曰——

吾又奏之以无怠（指物我两忘境界）之声，调（调和）之以自然之命（性命）。故（乐声）若混（混同）逐（相逐）丛生（并生），林（盛大的样子）乐（盛乐，或说如风吹丛林，自然成乐）而无形（形迹）；布（展开）挥（舞动）而不曳（牵引），幽昏而无声。动于无方，居于窈冥；或谓之死，或谓之生，或谓之实（果实），或谓之荣（花）；行流散徙，不主（固守）常声。世疑之，稽（考察）于圣人。圣也者，达于情而遂（顺从）于命也。天机（自然的枢机，或说自然赋予的领悟能力）不张而五官皆备，此之谓天乐（天然的音响，即天籁）无言而心说（喜悦）。故有焱（yàn）氏（或说即神农氏）为之颂曰："听之不闻其声，视之不见其形，充满天地，苞裹（包裹，囊括）六极（天地四方）。"汝欲听之而无接（承受，或说连贯）焉，而故惑也。

此第三奏，是从"有殆"而至于"无殆"之声。如《疏》："再闻至乐，任性逶迤，悚惧之心，于焉怠息。虽复贤于初闻，犹自不及后闻，故奏无怠之声，斯则以无遣怠。故郭注：'意既怠矣，乃复无怠，此其至者也。'"

五、最后画龙点睛式地作结

黄帝曰——

乐也者，始于惧，惧故祟；吾又次之以怠（松懈，宽松），怠故遁（隐去，消失）；卒（最终）之于惑，惑故愚；愚故道，道可载而与之俱也。

这是说，此乐章从听者有恐惧感肇始，且因恐惧故以为是祸患。如《注》："惧然悚听，故是（或为'是故'）祟耳，未大和也。"《疏》："以下重释三奏三听之意，结成至乐之道。初闻至乐，未悟大和，心生悚惧，不能放释，是故祸祟之也。"其次，"再闻之后，情意稍悟，故惧心怠退，其迹遁灭也"。末了，"最后闻乐，灵府淳和，心无分别，有同暗惑。荡荡默默，类彼愚迷；不怠不惧，雅符真道、既而运载无心，与物俱至也"。

如此高妙的音乐艺术，深层必具高深哲理，必有奥妙之大道。此亦然如黄帝揭示："此之谓天乐，无言而心悦。故有焱氏为之颂曰：'听之不闻其声，视之不见其形。充满天地，苞裹六极。'"当然这也反映出庄子音乐里的"天乐"观。再如宗白华指出，《庄子》的"这段对咸池之乐的描写是极其重要的，它是我们古代浪漫主义思想的代表作，可以和《书经·舜典》里那一段影响深远的音乐思想作比较观，尽管《书经》里这段话不像是尧舜时代的东西，《庄子》里这篇咸池之乐也不能上推到黄帝，两者都是战国时代的思想，但从这两派对立的音乐思想——古典主义的和浪漫主义的——可以看到那时音乐思想的丰富多彩，造诣精微，今天还有钻研的价值”。（《宗白华全集》第三册，安徽教育出版社）

这里值得再一读《尚书·舜典》的论说：“帝（舜帝）曰：‘夔！命汝典（主持）乐（乐官），教胄子（稚子；胄，zhòu，或作“育”），直而温，宽而栗（坚），刚而无虐（粗暴），简（简约）而无傲。诗言志，歌永（咏）言，声依永，律和声。（按，俞樾说：“诗言志，歌咏言者，谓诗所以言其志，歌所以咏其言也。依其所咏以定五声，是谓声声依咏；又患其不和也，而以六律六吕和之，是谓律和声。”）八音（八类乐器）克谐（能和谐），无相夺（失去）伦（次序），神人以和（因此和谐）。’夔曰：‘于（wū，叹词）！予击石（石磬）拊（fǔ，轻轻叩击）石，百兽（扮演百兽的舞者）率（依照音乐）舞。’”这就是宗白华所说的“古典主义”的音乐！如此说来，庄子的这一段咸池之乐便是“浪漫主义”的音乐，这里显示两峰并峙，其作之巍巍而不朽！

六、会心之赏：古人的经典赞评

庄子论音乐之美极其玄妙，不真识音乐者，不深谙艺术者，焉能如此钟情地妙笔生花，写出如许美文！当然不仅音乐、艺术，甚至还有庄子津津乐道的那些手艺、技艺等，无一不透视到深层，晓悟至底里，原本都是与道相沟通的。

此论音乐之美又为了论大道，真是每句传递出乐之精神，果真是即乐即道，又每处可窥道之真境，即见道之真际。如宣颖《南华经解·天运》于黄帝奏《咸池》乐，有赞评：“惧之为祟也，乍逢荡涤，陡然一惊，是六根震动之第一炉锤也。怠之为遁也，天真（或作‘机’）跃如，妄力销铄，是宿习退捐之进步关头也。惑之为愚也，深入广漠，意识俱亡（或作‘忘’），是渐近（或作‘进’）自然之火候将到也。看他说乐，却说到如此地位去，去古人胸中透彻，拈着便是也。此五节为第三段。如此五节论乐妙文，引来止为一个‘愚’字。说惧、说怠，意止在于‘惑’字一节也。意止在于‘惑’字一节者，意止在于‘愚’之一字也。意止在于‘愚’之一字，故从‘惧’递出‘祟’字，从‘怠’递出‘遁’字，以便于从‘惑’递出‘愚’字也。何也？‘愚故道’也。‘愚故道’，可见求道者无一知半解可自用也。‘道可载而与之俱’，则顺之而已矣。庄子之文如此，切不可因中五节之精微绚烂，谓其忽而论乐也。虽然，乐不在道之外，谓论乐即论道，则犹之首肯也。”此一赏析真堪玩味！

《南华雪心编·天运》：“北门成闻乐，始而惧，继而怠，卒而惑。骤读之几茫然不解所谓，一经黄帝逐层摹写，实有此三种意境，非深于论乐者不知也。句句传出乐之精神，却处处窥见道之真际。妙在沉心渺虑，能于乐律之外自铸伟词，不即不离，不黏不脱，直觉心手相应，万象在旁，须逐节细细玩之，方得其用意之所在，疾起相追，少纵即逝矣。庄子又承黄帝之言精心洗发，增出'祟'字、'遁'字、'愚'字，而归之于道。三字要从惧、怠、惑勘合入微，方是造道阶梯，一步进似一步也。收句'道可载而与之俱'，如乘元气，如泛虚舟，放乎中流渺然无际，吾安能窥其所至哉！"再如陈寿昌《南华真经正义·天运》："声音之道，观感甚微，太和自在人心，故以乐中条理，曲示人道之序。始言惧者，乍逢荡涤，悚然神惊，是六根震动之初几也。次言怠者，天籁均调，强阳气化，是宿习退捐之进步也。终言惑者，深入广漠，意识俱亡，是渐近自然之火候也。元理元音，即乐即道，此中真境，非以心身证之，固未许强作解人也。"庄子的这一段咸池之乐的撰作是不朽的！惟其如此，能千百年来触发后人不断地孜孜解读，不断地深悟、湛思与审美！

绘画艺术：解衣般礴之真画者

《庄子》有一则记载古代"画史"的内容，留下了关于绘画史的重要历史信息，在当时的宋国已经有了专门供国君召唤的画家。不仅如此，还载录了珍贵的中国画艺术创造与智慧，给予后人无穷的启发。

一、解衣般礴：好一位真画者

《田子方》："宋元君将画图，众史（宫廷画家、画匠）皆至，受（受命）揖（作揖）而立，舐（shì，用舌头舔）笔和墨（调墨），在外（门外）者半（半数人）。有一史后至者，儃儃（tǎn）然（舒闲的样子）不趋，受揖不立（立等），因（于是）之舍。公使人视之，则解衣般（pán）礴蠃（luǒ，裸体）。君曰：'可矣，是真画者也。'"宋元君果然具有只眼，心赏这位行动异常的"真画者"。

宋元君，即宋元公，名佐，平公之子。如《疏》："宋国之君，欲画国中山川地土图样，而画师并至，受君令命，拜揖而立，调朱和墨，争竞功能。除其受揖，在外者半，言其趍（qū，同'趋'）竞者多。"至于那位后来者，则又如《疏》："儃儃，宽闲之貌也。内既自得，故外不矜持，徐行不趍，受命不立，直入就舍，解衣箕坐，倮露赤身，曾无惧惮。元君见其神彩，可谓真画者也。"

这里的"画国中山川地土图样"，学者或认为不仅是地图一类，当也指一般的图画。又"解衣"则指脱衣。"般礴"，指箕坐，坐时两腿向前伸直（一说屈膝）岔开，形似簸箕，是对人轻慢的坐姿。王先谦集解引司马彪曰："般礴，谓箕坐也。""解衣般礴"在流传中又有"解衣盘礴""解衣磅礴"等写法，虽"般""盘""磅"字形不一，但读音相同，其理不异，智能一也。

在众画史的面前，后至者的行为、气度与众不同，显得不拘形迹，无所拘束，行为洒脱，神闲气定。宋元君独具慧眼，能即刻识其为异类，派人窥察下来，果然是真画者的气派。特别是"解衣般礴赢"，则既解脱了外在的衣着服饰等束缚，让形骸解放出来，而又解脱了内层的礼教礼数等的束缚，再让灵魂解放出来。裸体箕坐，旁若无人，则精、气、神、思的彻底自由释放，让身心进入了超越常态、世俗之外，在美妙的艺术世界里，作出绝尘的遨游了。

二、解衣般礴：好一则艺术真谛

中国艺术家，尤其是那些画家对庄子此则所论之精蕴极其钟情，汲取宏深。

吴道子（约685—758），唐阳翟（今河南禹州）人，因其笔法超妙而有"画圣"之誉，而民间画工则尊之为"祖师"。相传他曾从张旭、贺知章学书，不成，乃改习绘画。唐开元中，曾从唐玄宗至洛阳，见将军裴旻舞剑，受其感发，奋笔于天宫寺画壁，俄倾而成，蔚为壮观。天宝中，奉命往蜀道写山川风貌，日识心记而归，于大同殿画嘉陵江三百余里山水，一日而毕。所画人物、佛像、神龟、禽兽、山水、台殿、草木皆冠绝当代。所画人物笔势圆转，衣服飘举，称吴带当风。

吴道子作画就有"解衣般礴"之赞誉。如《宣和画谱》卷二："道子画驴于僧房，一夕而闻有踏藉破迸之声。僧繇画龙点睛，则闻雷电，破壁飞去。道子画龙，则鳞甲飞动，每天雨，则烟雾生。且顾冠于前，张绝于后，而道子乃兼有之，则自视为如何也！开元中，将军裴旻居母丧，请道子画鬼神于天宫寺，资母冥福。道子使旻屏去缞服，用军装缠结，驰马舞剑，激昂顿挫，雄杰奇伟，观者数千百人，无不骇栗。而道子解衣盘礴，因其用气，以壮画思，落笔风生，为天下壮观。故庖丁解牛，轮扁斫轮，皆以技进乎道。而张颠观公孙大娘舞剑器，则草书入神。道子之于画，亦若是而已。况能屈骁将，如此气概，而岂常者哉？然每一挥毫，必须酣饮，此与为文章何异？正以气为主耳。"这里描写了吴道子"解衣般（盘）礴"的那种情景，真如在眼前，不仅是壮观，且为奇观了！

宋代郭熙（1023—1085以后）画的山水，千态万状，有"独步一时"之赞誉。郭熙强调作画当"游心""内自足"，就曾用此《庄子》"解衣盘礴"之典，并有曰："凡画，气韵本乎游心，神彩生于用笔。""夫内自足，然后神闲意定，神闲意定则思不竭而笔不困也。"（《图画见闻志》之《论用笔得失》）再如，郭熙

《林泉高致·画意》又曰："世人止知吾落笔作画，却不知画非易事。庄子说画史'解衣槃礴'，此真得画家之法。人须养得胸中宽快，意思悦适，如所谓易直子谅，油然之心生，则人之笑啼情状，物之尖斜偃侧，自然布列于心中，不觉见之于笔下。"此中"易（平易，和易）直（正直，端直）子（子爱，慈爱）谅（诚信，体谅），油然之心生"，出自《礼记·乐记》："致乐以治心，则易直子谅之心油然生矣。"这里揭明了庄子所言，乃真正一言中的地道出了画家之真法。

"解衣盘礴"可以使画家手握化机，元气淋漓，逍遥于法度之外，游心于境界之中。如清恽寿平《南田画跋》："作画须有解衣盘礴、旁若无人意。然后化机在手，元气狼藉。不为先匠所拘，而游于法度之外矣。"再如清代方熏《山静居画论》：古人不作，手迹犹存，"当想其未画时，如何胸次寥廓？欲画时，如何解衣盘礴？既画时如何经营惨淡？如何纵横挥洒？如何泼墨设色？必神会心谋。捉笔时，张、吴、董、巨如在上下左右。"至于若不能抵达此境，则可能就如石涛《画语录·远尘章》："人为物蔽，则与尘交。人为物使，则心受劳。劳心于刻画而自毁，蔽尘于笔墨而自拘。此局隘人也，但损无益，终不快其心也。我则物随物蔽，尘随尘交，则心不劳，心不劳则有画矣。"画家当畅快其心，与世之尘埃相绝，与斑驳杂念相离，升华至"解衣盘礴"的自由创作的境地。

王伯敏《中国绘画史》评论：《庄子》"这则记载，反映了画家希望不受拘束，而能得到自由地进行创作的情绪。所以'解衣盘礴'这句话，就成了后世文人画家要求解放个性的口头禅。当时宋国之所以出现这种情绪，并使得宋元君也认为'是真画图者也'，这与战国时代的变革以及诸子争鸣风气的产生有一定的联系。"确实，"解衣盘礴"的理念自庄子之后已经深入中国文人与画家的灵魂，要求个性的解放，且流布口头。同时又解释"解衣盘礴"理念的产生不仅与庄子有关，而且与那个开放的战国时代相关联。

范曾《老庄心解》有赞评："这位画者'儃儃然'的状貌，是何等的清闲散淡，而那'解衣盘礴，臝'的神气和那醉者神全的状态何其相似。裸露着胴体，回归大自然的怀抱，扫尽一切人间的伪态，包括服饰、礼仪（受揖不立），他在释放自由的灵魂的同时，释放了受礼教束缚的形骸。这时，艺术家才能与天地精神相往还，艺术的本质是与宇宙同体，回归那宁寂而和谐的太始，忘却机变和智巧，这是中国的书画艺术一向以'朴'和'拙'为最高境界的根本的哲学依据。"

中国书画联姻，便又使人想起唐代草圣张旭作书时类似"解衣般礴"式的情景。《新唐书》有载，张旭"每大醉，呼叫狂走，乃下笔，或以头濡墨而书，既醒自视，以为神，不可复得也”。杜甫《饮中八仙歌》：“张旭三杯草圣传，脱帽露顶王公前，挥毫落纸如云烟。”这是张旭酒醉后释放出巨大的神秘的艺术灵感与能量所致。再如怀素，为玄奘三藏法师的门人，自言得“草圣”三昧，且好饮酒，及酒酣兴发，虽遇寺壁里墙、衣裳、器皿、靡不书之。《自叙帖》：“忽然绝叫三五声，满壁纵横千万字。”这既是狂颠式的释放，又是全神贯注式的专注，此真大书家也！唐代吕总《续书评》：“怀素草书，援毫掣电，随手变化。”

三、解衣般礴：好一种审美境界

其实不管画家、书法家，乃至于演奏家、表演家，一旦进入状态，深入境界，都会如此“解衣般礴”。当然后面一个“羸”，并不一定让其身之“羸”，而是心之“羸”，去掉心灵的一切束缚，忘记关于技巧的一切规矩，打破一切框框，在艺术精神里翱翔。

这一段的传神描绘，影响极其深远。哲学家陈荣捷曾评：“简单的故事中隐藏着中国艺术的基本精神，此可以‘解衣般礴’一语表之，它已成为讨论中国美学的关键词汇。此中的蕴涵乃意味着：艺术所重视的是内在精神的展现，而非外在杂多现象的唯妙唯肖，而绘画也当生机自发，源源不绝的自笔下流出。”此言简意赅，十分耐人寻思！

叶朗《中国美学史大纲》有评：“多数画师心中充满了‘庆赏爵禄’‘非誉巧拙’等各种考虑，缺乏一个审美的心胸（空明的心境）。他们的创造力也受到利害观念的束缚而得不到自由的发挥。独有后来的这位画师却超脱了利害观念，他的心境是空明的，他的创造力也不受束缚，能够得到自由的发挥。”叶朗又说：“老子‘涤除玄览’的命题可以看作是中国古典美学关于审美心胸的理论的发端。庄子关于“心斋”“坐忘”的论述，突出强调审美观照和审美创造的主体必须超脱利害观念，则可以看作是审美心胸的真正的发现。庄子的这一发现，在中国美学史上有重大意义。中国古典美学关于审美心胸的理论，可以说就是由庄子建立起来的。后来宗炳关于‘澄怀观道’的论述，郭熙关于‘林泉之心’的论述，都是这一发端于老子而由庄子建立的理论的继续和发挥。”叶氏之评论又从线索上探索之。

《田子方》这一则描叙不仅对绘画的影响千古不朽，且形成的成语与典故也不朽流传。如后世生成了“解衣般礴”“解衣盘磅”“解衣磅礴”“解衣盘礴”等。此用于绘画等方面，则如苏轼《书朱象先画后》：“今朱君无求于世，虽王公大人其何道使之，遇其解衣盘礴，虽余亦得攫攘其旁也。”元代夏文彦《图绘宝鉴》：“王洽不知何许人，能泼墨成画，性嗜酒”，“沉酣之后，解衣磤礴，先以墨泼幛上，因其形似，或为山石，或为林泉，自然天成”。又如清代戴名世《〈汪武曹稿〉序》：“酒阑灯灺（xiè，蜡烛烧剩部分），解衣磅礴。”黄宾虹《贵池乌渡湖北垞（chá）古松歌为汪鞠友题》：“解衣盘礴坐其下，赤日当午忘梅炎。”这再次见到《庄子》文句的那种再生的活力，是如此有意趣！其实，书法创作也有这样的范例，《国史补》：张旭草书时，“饮酒辄草书，挥笔而大叫，以头揾水墨中而书之。天下呼为张颠。醒后自视，以为神异，不可复得。”无独有偶，怀素也是饮酒磅礴，“酒后兴发”（陆羽《怀素别传》），且是“十杯五杯不解意，百杯以后始癫狂。一癫一狂多意气，大叫数声起攘臂”（任华《怀素上人草书歌》），此与画画的“解衣盘礴”不是同出一辙吗？

钱穆《庄老通辩》：“宋元君之画史，乃为后世艺术人之最高标格。此种‘解衣般礴裸’之心境，即艺术界之最高心境也。何以得此？曰：爵禄不入于心，死生不入于心；外天下，外物，外生，使一切不入于心，乃始可以为此画史也。此其意，又见于《达生》篇之言梓庆”，“则鲁之梓庆，犹夫宋之画史也”。其实，又不仅是梓庆，庄子笔下的佝偻老人之承蜩、津人的操舟若神、匠石的运斤成风等，皆可沟通贯串之，均是由技进乎道，道驭乎技的精警范例！

篇五

哲学·思辨·诠释·神话

《庄子》是杰出的哲学典籍，核心理念即为“道”。庄子放眼世界，触目皆“变”，目击皆“化”。其变化之论宏阔多彩，哲思智慧深邃奇妙，益于推进人们心智的丰富与升华。《庄子》文笔载远古，思辨诠释，神话寓意，无不盛放出惊艳奇葩。庄子的哲学方法受老子影响，又有突破与创新。其于天地世事万物之“观”，能发现所观“化”与“变”之深里奥秘，得其中的真谛神髓。

庄子对道的哲思与赞美

庄子当时虽无“哲学”之名，然而却有深刻与博大的“哲学”之实。《老子》是论“道”与“德”的不朽经典，《庄子》则又继承之，衍生之，开拓之，丰富之，蔚为大观。“老庄”并称，老聃是道家学派的杰出的创始人，庄周是将道家学派卓越地继承与发展。《庄子》为探究宇宙、人类历史的肇始，不断追寻其源，追溯其渊，追思其因，其中的哲学思维亦然可圈可点，可赏可析。

一、道：庄子究析阐论

“道”，《庄子》仅单字使用，便多达263次，另外构成的词语又有数十次（见《庄子词典》）。庄子一如老子那样钟情于道的深深求索，执着于道的频频阐论矣！《庄子》一书中的涵义是丰富与复杂的。“道”或指道路，或谓方法，或谓道理，或谓道术或学术，或谓一定的政治主张或思想体系，或谓道德或德行，或谓法或法规。然而，最多的是用“道”来指宇宙万物的本原本体及其规律，也用指对宇宙万物的本原本体及其规律的正确认识，犹真理。

《庄子》的核心理念即“道”，其论道内容丰富且深邃。《大宗师》庄子于“道”有深刻的描述与阐发：（1）“夫道有情有信，无为无形。”（2）“可传而不可受，可得而不可见。”（3）“自本自根，未有天地，自古以固存。”（4）“神鬼神帝，生天生地。”（5）“在太极之先而不为高，在六极之下而不为深。”（6）“先天地生而不为久，长于上古而不为老。”（7）“莫知其始，莫知其终。”此虽是庄子心目中认识与体悟的大道，又确实是存在的道、大道！其从时间维度说，无始无终；从空间维度说，无大无影；从功能维度说，产生万物，威力无穷。

得道者，庄子又描叙则或“以挈天地”“以袭气母”“终古不忒”“终古不息”“莫知其始，莫知其终”“奄有天下”云云。道，在庄子看来是派生万物，超越时空的最高绝对本体。得道的真人，才能做到“与天为徒”，“天与人不相胜”（“天人合一”）。

关于万物之生成，《老子》曰：“道生一，一生二，二生三，三生万物。”此深入人心，洵为名言。《知北游》又载老聃所曰：“夫昭昭生于冥冥，有伦生于无形，精神生于道，形本生于精，而万物以形相生，故九窍者胎生，八窍者卵生。其来无迹，其往无崖，无门无房，四达之皇皇也。”

成中英《论中西哲学精神》：“道是万物之源，但不能与万物一分为二。理解道究竟为何物，与理解个别事物自身，乃是同一回事。道之内在于万物，以及普及万物，这两点为庄子所特别注重。这一看法导致庄子标榜‘齐物论’，即：我们对宇宙、社会、知觉、概念、物质的理解所具有的差异，是相对而言。不过，这并不代表所有的差异都因此而虚幻不实。此论之旨，在于告诫我们，不可惑于种种差别之相，因而不识差别相的先决条件——道；唯有如此，才有绝对的自由。”

二、道：本体、本体论

老子：“道生之，德蓄之，物形之，势成之。”老子又说：“道生一，一生二，二生三，三生万物。”这不仅揭示了道之本体的地位，而且描述了由本体生成万物的过程。所谓本体是指与现象对立的自在之物，本体论则是关于存在，即哲学中世界本原或本性问题研究的理论。虽然“本体”“本体论”是后人之说，此为方便说明问题而用之。庄子承继老子之说，亦然将“道”视为至高范畴，然而又进行自己独立的深思与探求。

（1）从道的“有”与“无”来说，“夫道，有情有信，无为无形”。《注》：“有无情之情，故无为也；有无常之信，故无形也。”《疏》：“明鉴洞照，有情也；趣机若响，有信也；恬淡寂寞，无为也；视之不见，无形也。”（2）从道的存在来说，如其“传”与“受”、“得”与“见”、“本”与“根”，则道“可传而不可受，可得而不可见，自本自根，未有天地，自古以固存”。（3）道使鬼与帝神奇玄妙，道生成天地，“神鬼神帝，生天生地”。（4）道之“四不为”：“在太极之先而不为高，在六极之下而不为深；先天地生而不为久，长于上古而不为老。”这些均见诸《大宗师》于道的深刻论说与精心的描述。

得道之人与物的描述。文中依次排列出：狶韦氏（传说的远古帝王，在三皇之前）、伏戏（羲）氏、维斗（北斗星）、日月、堪坏（昆仑山神，坏，pēi）、冯夷（河神）、肩吾（泰山之神）、黄帝、颛顼、禺强（北海之神）、西王母、彭祖、傅说（武帝之相；说，yuè）。其中有神话人物、传说人物、历史人物，还说北斗、日月、大山、河海诸物，均因与道同在同行，故神奇瑰丽无比。

这一段论“道”之言，或被视为《庄子》内篇里最难解读的段落之一。此段文字或被视为衍文，或认为以上诸神半出荒唐，不必深究。然而也有论者说：“宇宙时空的创生表现为十多位天神与人王依次‘自化’的象征过程，又把‘道’的无为无不为直接体现在这些神人圣人的逍遥自处状态之中。从相对主义的价值观出发，‘道’似乎绝不是惟一的，而是多种多样的。正像每一位得道者都有他们自己的‘道’之经验。”“结合《大宗师》所述创生论，似可发现一种以人格化的诸神先后‘得道’为展开序列的更为详备的创世神话：它从‘狶韦氏’开始，直到‘傅说’事迹为止，似乎严格按照创世发生后的历时性顺序加以叙述。这一段文字与前一段文字相比，并非直接取自《老子》之书，若不是庄子个人发明出来的，至少是他依循神话模式而编排成的。”（叶舒宪《庄子的文化解读》，湖北人民出版社）此说亦可供参考。

牟宗三《才性与玄理》曾有论：“将自定自化，推之，亦可言将自生自成。是则定也，化也，生也，成也，皆落于万事万物之自身说。然则非道生之，化之，定之，成之也。道只是一种冲虚之德。冲虚无为，不塞其源，则物即自定自化矣。此自定自化之无不为由乎道而来，由乎道而然，则反过来，即是‘道生之’矣。”此说也可思量。

三、庄子对道的赞美

在《天地》里有一段话，很美妙，是哲学的散文，或是散文的哲思。

夫子曰：“夫道，覆载万物者也，洋洋乎大哉……”夫子曰：“夫道，渊乎其居也，漻乎其清也。金石不得，无以鸣。故金石有声，不考不鸣。万物孰能定之！夫王德之人，素逝而耻通于事，立之本原而知通于神。故其德广，其心之出，有物采之。故形非道不生，生非德不明。存形穷生，立德明道，非王德者邪！荡荡乎！忽然出，勃然动，而万物从之乎！此谓王德之人。视乎冥冥，听乎无声。冥冥之中，独见晓焉；无声之中，独闻和焉。故深之又深而能物焉，神之又神而能精焉。故其与万物接也，至无而供其求，时骋而要其宿；大小、长短、修远。”

1.道：天地之大全·虚通之妙道

庄子曾用“大全”来赞美大道。《田子方》载孔子见老聃后，以告颜回，曰：“丘之于道也，其犹醯鸡（小虫名，瓮中之蠛蠓）与！微（若无）夫子（老聃）之发吾覆（指蒙蔽）也，吾不知天地之大全也。”《疏》：“若无老子为发覆盖，则终身不知天地之大全，虚通之妙道。”大全，是指天地万物的全部真理，即道。

2.大美之说：天地有大美不言

“大美”，指广大、高远之美；虽《庄子》仅出现一次，但影响深且巨，远且久。天地有大美，孕育、生成、包容、演绎着众美，且一切均在不言、不议、不说之中。《知北游》：“天地有大美而不言，四时有明法（明显的法则规律）而不议，万物有成理（生成道理）而不说。圣人者，原天地之美而达万物之理，是故至人无为，大圣不作，观于天地之谓也。”这种“大美”或唯有圣人能心知肚明，故“夫天地者，古之所大也，而黄帝尧舜之所共美也。故古之王天下者，奚为哉？天地而已矣”。这又可以类推之，便是由天地之大美，逻辑地推演于圣人、至人也具有大美。

若进而再论，那么大美的本质是无为自然的，而天地大美又出自大道的自然无为的最美。《大宗师》：“夫道有情有信，无为无形”，“生天生地”。大道最美是因其天地由此而生，万物由此而成，故万物之众美便出自大道之渊源。大道最美又因其朴素而简净，纯一而不杂，故绚烂斑驳之美均不能与之争美。如《天道》：“夫虚静恬淡寂漠无为者，万物之本也”；“朴素而天下莫能与之争美”。再如《天下》评曰：“判（分割）天地之美，析（剖析）万物之理（贯通之理论），察（以一得之见去观察；或说音sà，通粲分散，破坏；或说通际，分际、分开）古人之全；寡能备于天地之美，称（chèn，配上）神明之容（仪容）。”

行文至此再忆及方东美《中国先哲的艺术思想》(《中国人生哲学》，中华书局）里曾于庄子此言撰写了一段极其深刻的哲学美文：“究竟甚么是天地的大美？人类要推原天地之美，应如何同情推敲，才能体贴它的妙处？关于此层，我们可以说，天地之大美即在普遍生命之流行变化，创造不息。圣人原天地之美，也就在协和宇宙，使人天合一，相与浃而俱化，以显露同样的创造。换句话说，宇宙之美寄于生命，生命之美形于创造。”方东美接着又用老子来印证：“老子最见得这个道理，所以他把生畜、长育、亭毒、养覆当作妙道与玄德。妙道之行，周遍天地；玄德之门，通达众妙。其在天地之间，虚而不屈（竭也），动而愈出，不断地表现创造性。《道德经》下篇说：‘天得一以清，地得一以宁，神得一以灵，谷得一以盈，万物得一以生，侯王得一以为天下贞，其致之一也。’这里所谓致一之道，也就是成化之德，合而言之，即为生命，所以老子接着又说：‘天无以清将恐裂，地无以宁将恐发，神无以灵将恐歇，谷无以盈将恐竭，万物无以生将恐灭，侯王无以贞而贵高将恐蹶。’准此可知，宇宙假使没有丰富的生命充塞其间，则宇宙即将断灭，那里还有美之可言？生命假使没有敝则新，生而不有，为而不恃，长而不宰，功成而不居的玄德，则生命本身即将裂、歇、竭、蹶，那里还有美之得见？老子彻悟创造的生命，欣赏而赞叹之，所以说‘天地相合，以降甘露’，足见生命在宇宙间流衍贯注着，其意味是甜甜蜜蜜的，令人对之，兴奋陶醉，如饮甘露。这种美感是如何亲切而有味！”确实读者诵此文字，也真是满口余香不绝，津津有味不已！

庄子超形上学的哲学智慧

哲学家傅伟勋曾赞扬“庄子在理论上践行超形上学的突破”，所著《从西方哲学到禅佛教》(三联书店)论文集里的《老庄、郭象与禅宗一禅道哲理联贯性的诠释学试探》等文里有精到的阐述。其论精辟，值得绍介，并可再作进一步研究。

一、庄子超形而上学

林语堂著《老子的智慧》，傅伟勋读后曾说：“林氏基本上是文人，安排老庄的原文时，恐怕没有甚么诠释学或哲学方法论的关心或自觉，他的安排却引发了我的诠释学灵感。我们可以举若干实例证明庄子是中国哲学史上头一个创造的诠释家，以超越老子突破老子的方式了解老子诠释老子，而在哲理上解决了老子形上学中‘道体’‘道原’等棘手难题。”

例如，《老子》42章：“道生一，一生二，二生三，三生万物。”庄子《齐物论》则有曰：“天地与我并(共同)生，而万物与我为一(一体)。既已为一(一体)矣，且得(还能够)有言(议论看法)乎？既已谓之一矣，且得无言乎？一(存在的一体)与言(加上我的言论看法)为二，二与一为三。自此以往(类推)，巧历(善于计算者)不能得(最后的数字)，而况其凡(一般的凡人)乎！故自无适有，以至于三，而况自有适有乎！无(毋，不要)适(往，指深究、推演下去)焉，因(顺应)是(此，指事物的本然)已。”

傅伟勋于此评论说：庄子这里不但充当(东西哲学史上)第一位语言分析专家，消解“道原”为“道言”问题，同时已暗示着一种超形上学的突破，我们在这“突破”可以发现庄子哲学的深层结构。

二、庄子：创造性的诠释家

傅伟勋曾说：“老子没有真正了解到自己形上学思想的‘本来面目’，有待创造的诠释家(亦即超越老子的独创哲学家)庄子帮助我们挖出老子哲学的深层结构。”

关于庄子的超形上学的“突破”，傅氏又作出了具体论析：

“庄子首先揭开了超形上学(不可思议，思维的超绝)与形上学(存在思维)，道体(终极存在)与道原(存在彰显)，以及无名无言与有名有言之间的吊诡奥秘。”

譬如《则阳》篇的末段，即可例示庄子的突破老子哲学与语言局限性的超形上学立场。其原文是假托人名少知求知于大（tài）公调对话，前者喻其于大道知之甚少，后者则喻其得道而博大精深。这是大公调回答对方的一部分内容——

或之使（即“或使”，指事物从神秘力量产生出来），莫之为（即“莫为”，指产生于无为），疑之所假（此两种偏见都是因其疑惑而借此生成的）。吾观之本（事物之本源），其往（发展）无穷；吾求之末（终结），其来（将来）无止。无穷无止，言之（言语表述它）无（无能）也，与物（事物）同理（规律）。“或使”（之说）“莫为”（之说），言之本也，与物终始。道不可有（不可用“有”来表述），有不可无（有不可用无来表述，或说此“有”当删）。道之为名，所假（借用）而行。“或使”“莫为”，在物一曲（偏，隅），夫胡为于大方！言而足，则终日言而尽道；言而不足，则终日言而尽物。道，物之极，言默（言说和沉默）不足以载（表述）。非言非默，议有所极（极限）。

傅伟勋论析说：庄子的上面一段，充分例示他那突破老子哲学与语言局限性的超形上学立场。老子仍云“道之为物”，令人费神瞎猜；庄子则云“道，物之极”，非有非无，亦非言（有名）默（无名）可载，超越形上学上一切二元的对立相待，既不肯定亦不否定，而“道”本身亦是假名，有如中国大乘佛学（尤其三论宗）所云“空亦复空”，离四句绝百非，言亡虑绝而一切不可思议。庄子又时以“至无”“无无”或“无有一无有”等语，暗示有无、是非、虚实、体相等等形上学的人为思辨所由构成的二元对立概念，不足以把握超形上学意义的不道之道，必须统统打进超形上学的括号。庄子在《天地》篇云：“泰初有无无，有无名。”多半学者点读此句为“泰初有无，无有无名”，完全失去原有超形上学的吊诡，没有了解到庄子的本来用意，也无法看到庄子与般若（bō rě）空宗为始的大乘佛学在超形上学上有相通相彰之处。傅氏还认为，庄子此语的旨趣是在，借用“无无”（相应于大乘佛学的“空空”或“如如”）点出超形上学对于形上学的原先优位，即所谓“泰初”，却与时间上的“道原”毫不相干。更严格地说，一旦有了包括道家在内的形上学的人为思辨，就不得不同时有从一切人为思辨解放出来的所谓“超形上学”，对形上学而言，具有优位；如无形上学的人为思辨，也就不必提及“超形上学（的括号）”，更无所谓优不优位了。

三、道游：无心与机心

傅氏又认为：“庄子在理论上践行超形上学的突破，而在实践上转化机心为无心，体悟‘无无’，外表上看，似有虚无主义之嫌疑。事实上不然，就庄子哲学的深层结构言，超形上学的突破只表现在‘杀人刀’的一面，《秋水》《人间世》等篇所暗示着‘整全（顾及全面）的多层远近观’则表现了‘活人剑’的另一面。”傅氏还认为：“庄子的‘道游’并不是片面地‘游乎尘垢之外’（《齐物论》）而完全舍离现实人间，而是蕴含老子所倡‘道德’与‘道术’的处人入世之道、只是庄子所云‘不谴是非，以与世俗处’等等表面上不及老子的直截了当，仍有‘超脱主义’之嫌。”（参见傅伟勋《从西方哲学到禅佛教》）

四、无：湛深哲思

《庄子》一书“无”字单用，竟然多达395次，不谓不多。至于由“无”组成的词语，笔下亦络绎不绝，如“无终无始”“无始无终”“无几无时”“无古无今”“无穷之门”“无门无毒”“无何有之宫”“无何有之乡”“无知”等等。

体味另域之“无”。当然读《庄子》还可以注意人名里多用“无”字，亦然饶有意趣。此举例如：（1）虚构的古代美人无庄，“庄”与装、妆谐音，无庄即无装、无妆，含有不装饰、化妆打扮之意。《大宗师》：“夫无庄之失（忘失，忘记）其美。”（2）无名人，庄子虚构人物，如“适遭无名人而问焉，曰：‘请问为天下’。（《应帝王》）（3）传说人物北人无择，复姓北人，名无择。《让王》“舜以天下让其友北人无择”，结果拒不接受，“因自投清泠之渊（渊名，河南召县南，或说在南阳西崿山下）”。（4）伯昏无人，寓言人物名，见诸《田子方》。“列御寇为伯昏无人射”。（5）叔山无趾，为寓言人物，姓叔山，因断趾而名无趾。《德充符》：“鲁有兀者叔山无趾。”（6）徐无鬼，姓徐，名无鬼，魏国隐士。其事迹言行见《徐无鬼》。（7）无择，即田子方，姓田，名无择，字子方，魏国贤者，见诸《田子方》。此以无择为名，也大可体味。（8）《德充符》里还有一个杜撰人物的长名，闉跂支离无脤。闉（yīn）跂，指此人四肢屈曲；支离，指衰残的样子；无脤（shèn），指无趾，或说缺唇。（9）另外如支离，人名，即支离疏，为庄子虚构的形体残缺者的名字。虽然没有直接出现“无”。

五、庄子是超等哲学家

从“万有”——“有”——“无”——“无无”，庄子不仅超越了“万有”“有”，而且还超越了“无”，便是“无无”。

傅伟勋曾说：庄子确是人类思想史上第一个提示超形上学与形上学所以一体两面而又可合可分的终极道理的超等哲学家。如说一般形上学家执“有”而老子亦有执“无”之嫌，则庄子算是以“无无”彻底突破有无二执的超形上学家了，早于印度的龙树五百年。（《老庄、郭象与禅宗——禅道哲理联贯性的诠释学试探》，《从西方哲学到禅佛教》，三联书店）

这里也略介一下龙树。龙树（约2、3世纪），是印度大乘佛教中观理论的奠基人。据传生于南印度毗达婆国（今比拉尔），属婆罗门种族。皈依佛教后，先学小乘经典，又入雪山学大乘经。学成后周游五印度，与外道辩论，所向披靡。其后又接触到深奥的“方等”经典，从此确立并系统阐述了中观理论，得到南印度憍萨罗国引正王的礼遇。晚年居住在吉祥山（或说黑峰山），并传在政治斗争中被迫自杀。龙树进一步发挥了《般若经》“空”的思想，认为一切因缘所生的事物均无自性，亦即为“空”，这是一种不可描述的实存，是诸法的实相。他用真俗二谛来解释诸法实相与宇宙万有的关系，并用“中道”将两者统一起来。在解脱论方面，主张涅槃即等于世间，发对脱离世间另证涅槃，并提倡永远住世普度众生的“无住涅槃”。

这一揭示很有点醒作用，当然若再深入地讲，那么老子也未尝没有强调“无无”，在第一章最后所说的“玄之又玄，众妙之门”里，已经明确指出了“有”之不玄——无之“玄”——无之无，即是无无的“玄之又玄”了。庄子当是据此而再发挥，再作引申彰明。

傅伟勋又写到，“整个地说，早期道家，不论老庄，对于‘无为’与‘有为’的问题处理尚有不够精当之处，有等郭象进一步的突破”。因此傅伟勋于郭象哲学又有一番深刻而丰富的探讨。

末了我想到这样的问题，庄子确实对《老子》进行了卓越的诠释，而且又是创造性的诠释，既阐而明之且深入其里，又丰富扩容而别拓生面，尤其再能点化升华，成为庄学的智慧天空！

庄子论知之真谛与造诣

庄子善于将人类经验所得，一个一个加以否定、排除，在否定中超越，在连续的否定中否定而肯定，肯定而否定，不断沿着这一逻辑过程探索下去，最终把握“道”。庄子确乎深得老子的精髓，这种智慧《老子》（48章）曰：“为学日益，为道日损。损之又损，以至于无为，无为而无不为。”庄子于知之认识真谛与造诣，也遵循了这一思维逻辑，充分显示哲思智慧之深邃奇妙。

一、知——无知

朱谦之《庄子研究》说：“要懂得庄子学说，须先懂得他的‘哲学方法论’。”庄子的方法受老子的影响。“大概道家一派，所有名学上的见解，其最后的归宿，总在乎言语道断，辩证路绝的本体，到此地步，自然要将知识根本消除。”再如：“因为不信辩论可以分别是非，所以他的哲学方法，就倾向于知识上的‘怀疑主义’，以为否认知识，才可以得到真知识。”因此老子的“无知”也成了庄子的哲学出发点。《庄子》里有不少关于“无知”之论：如“同乎无知，其德不离”（《马蹄》），“闻以有知知者矣，未闻以无知知者也。”（《人间世》）

传统时期，所有重视内修生活的人，莫不视欲望为人生大敌。然而孟子只主张“寡欲”，庄子却进一步主张“无知、无欲”。庄子说：“同乎无知，其德不离；同乎无欲，是谓素朴；素朴而民性得矣。”（《马蹄》）老、庄都有“为道日损”之说，反面就是“为学日益”。人追求知识，总是求其“日益”，知识越多越精，离“道”也日远，因为这是“非存在”的活动。“道”是属于“存在”的，人要修道，必须与知识的活动反其道而行，所以要为道日损。“同乎无知”（《马蹄》），“无知”即“日损”之意，唯其能日损，故“其德不离”，即不离于道，就是不离于“真我”，因“真我”是认同于“道”的。

老子的“‘道’和‘无’同是万物的母，可见道就是无，无就是道，这种思想到了庄子发挥得更透彻了！庄子本来就很看不起有限的‘知识’，只能看得现象界，而不能会得本体界，所以才反转来尊重‘无知’的‘知’；也惟有‘无知’，才能知‘无’”。

二、“至知”：“知”之“至矣”

知，《庄子》里单用便出现121次，可见庄子对知之关注与重视。“至知”，即“至智”，指至极的最高的智慧。此在《庚桑楚》《外物》里共出现3次，但影响深远。在庄子看来，“至知（智）不谋”（《庚桑楚》）。至智，这是不待谋的。《注》：“谋而后知，非自然知。”《外物》：“虽有至知。嘻其非至知厚德之任与。”（《外物》）

《徐无鬼》有一个生动的拟喻：“故足之于地也践，虽践，恃其所不蹍（niǎn，踩踏），然后善博也。人之于知也少，虽少，恃其所不知，而后知天之所谓也。”足踏大地，虽仅仅践踏一点点，但若能依恃那些还没有踩踏的地方，这以后才能致远而走向广博。由此喻而可明：人之所知虽少，但能依恃那些还没有知晓的，而后能知晓自然的道理。《口义》：“人之行地，两足所践不过少许，若皆削去其地，仅能容足，则难行矣。博，远也，于其所践之外，必有足所不践之地，则其行也可以致远。蹍，亦践也。此句以警下句，人之所知者能几何，其所不知者皆天也，不恃吾之所知，而恃吾之所不知，则知天也。”确实，人于天地之知，虽随着时代与科技的进步不断扩充加深，但在整个宇宙面前永远是知之甚少。唯有止于不知，方能知之甚多，而知天之所以为天！

三、“真知”与“真人”之说

人有“真”与“不真”之分，“知”亦如此。《大宗师》：“且有真人而后有真知。”全真之人然后有全真之知，此说真可谓醍醐灌顶！如《注》：“有真人而后天下之知皆得其真而不可乱也。”

关于“真知”，张岱年曾在《耄年回忆·平生思想述要》一文里专门解说：“真知三表——真知的标准有三个层次，即言之成理，持之有故，行之有成。”他又具体阐说：“真知即是正确的认识。其内容谓之真理。真知的标准有三：一曰言之成理，即自语一贯，不自相矛盾；二曰持之有故，即有经验的证据；三曰行之有成，即取得实践上的预期效果。实践是最重要的真知标准，近人多谓实践是唯一标准，实则正确的认识必不自语相违，必不违反感觉经验。‘三表’二字是墨家提出的，可以沿用。”（《东方赤子·大家丛书·张岱年卷》，华文出版社）这里虽然没有说到庄子的“真知”，但是亦然可以互通共察。

真知，是正确而深刻的认知。关于“真人”与“真知”的关系，成中英曾有说：“《庄子》认为先有‘真人’才有‘真知’。但是，什么是‘真人’？什么是‘真知’？《庄子》认为‘真知’是既知道天的功能，也知道人的功能。那么，如果一个人不能树立创造性的观点和态度，他怎么能掌握有关天和人的知识呢？实际上，《庄子》把‘真人’描述为‘不以心捐道，不以人助天’。‘真人’进一步把天与人看做一体，在这个统一体中，‘天人不相胜’。（参阅《庄子·大宗师》）这无疑造成这种事实，即‘真人’和‘真知’互为基础，彼此包含，不可分割。但是，这可能意味着一种不同意义的知识与人。这也意味着，为了改变知识及其应用，就需要改变具有知识的人；与此相似，为了改变人，就需要改变他所拥有的知识。现在，考虑到环境破坏的危险以及环境危机的急迫性，同时提高‘真知’、培育‘真人’就不是一个过高的要求。我们的分析已经表明，我们需要造就‘真人’和‘真知’。宇宙论、生态论、伦理学三位一体的知识是这样一种知识，即这种知识在儒家人格的完善中，这三者的宇宙的——生态的——伦理学的联合，就是‘真人’。对具有‘真知’的‘真人’来说，他的实践智慧必须由技术理性来调节，而技术理性又扎根于本体论、宇宙论的反思的、沉思的理性之中。”这一番话也可体味之。

四、去小知而大知明

《外物》：“去小知而大知明，去善而自善。”这是由否定小知而成就大知、去善成就自善的辩证法，在否定之中走向肯定。如《列御寇》：“小夫之知，不离苞苴竿牍，敝（劳累）精神乎蹇浅（浅薄之事；蹇，jiǎn），而欲兼济（成）道（导，导达）物（指人），太一（太初，元气）形虚。若是者，迷惑于宇宙，形累不知太初（指道之本体）。”“小夫”，即匹夫，也就是世俗之人。庄子评论世俗的小知小智之人，自以为比别人高明，然而离不开“苞苴”与“竿牍”一套俗中细务的做法。“苞苴”，指礼物。苞，通“包”。苴（jū），指草垫子。苞苴，或说香草。古人常将礼物如鱼肉等用香蒲等包裹送人。“竿牍”，简牍，指书信，表示酬答。如此使精神劳敝于琐屑小事，又怎能认识大道呢？小知，精神浅薄，故去小知才能明大知，此为庄子警醒人世的忠告。

《徐无鬼》又曰：“知大一（天，或说道），知大阴（地，或说虚静），知大目（不假外物使万物自现；或说阴阳五行等名目），知大均（按本性保持均衡），知大方（万物各有其方术，或说没有边际），知大信（万物各有其信实），知大定（万物各有定分），至矣。大一通之（通生万物；‘之’指万物，下同），大阴解之，大目视之，大均（大道均衡）缘（顺）之（万物），大方（大道的度量）体（体现）之，大信稽（考核）之，大定（安定）持之（维持万物）。”这段文字虽后人释意不一，但大旨依然可明，而涵蕴深广，意趣隽永。

五、生有涯——知无涯

《人间世》：“闻以有知知者矣，未闻以无知知者也。”庄子如此博学多智，却又曾如此彻悟地从心底发出浩叹：“吾生也有涯，而知也无涯。以有涯随无涯，殆已。”（《养生主》）

“吾生”个体生命的“有涯”，那真是令人可悲之剧。生命短促，学海则无涯，有涯—无涯，人就处于这一客观存在的矛盾体里。后人就越来越碰到庄子所提出问题的严峻性，特别进入知识爆炸时代，瞬息万变，转眼新出无穷。如何解决？后世有名著丛书、名著提要、名著精华等等，便应时而出，且层出不穷。

早在17世纪，大教育家夸美纽斯在《大教学论》就提出编印《名著提要》的想法。他认为，此作法犹之乎地理学家绘制地图，把巨大的陆海缩成渺小的比例，呈现在眼前，使人一目了然。他又列举编印《名著提要》的四大好处：一是，如果没有时间去读一位作者的全部作品，由此可以对那位作者得到一个概念。二是，凡是想专心研究一位作者作品的人，便可以迅速地浏览全体作者的作品，根据他们的嗜好和需要去决定他们的选择。三是，对于打算阅读作者的全部作品的人，这种提要可以使阅读得到更大的好处，正如旅行家可以从地图或指南中受益一样。四是，凡是想对读过的作品复习一遍的人，这种提要对他们大有好处，它可以帮助他们记住其中的要点，彻底领悟那些要点。（单中惠等《西方教

育学名著提要》，江西人民出版社）

由“知”的剥离，那么可进入更广阔的思维空间、哲学深层，人们、每个专业乃至于人类也无不如此。这里的一个哲学命题是如何对待“有限”与“无限”之问题。

六、“心彻为知”：文明古国的“知”与“不知”

《庄子·外物》所曰：“心彻为知。”《疏》：“彻，通也。”这里不禁想起马克思那种令人赞叹不已的“心彻为知”之卓越智慧。

马克思说：“火药、指南针、印刷术——这是预告资产阶级社会到来的三大发明。火药把骑士阶层炸得粉碎，指南针打开了世界市场并建立了殖民地，而印刷术则变成新教的工具，总的来说变成科学复兴的手段，变成对精神发展创造必要前提的最强大的杠杆。”（《马克思恩格斯全集》第47卷，人民出版社）我初次接触这段话时被震惊了，这是何等犀利的眼光，何等焕发的灵性！

是的，我们发明了火药、指南针、印刷术，但是我们却没有那种“心彻为知”的“知”，那种深知、远知、预知、彻知，尚未明其中蕴涵的唯物史观所反映的历史事实。

我们发明了火药、指南针、印刷术，但是我们不知这将是“资产阶级社会到来”的“预告”。我们不知火药会“把骑士阶层炸得粉碎”，更不知指南针居然会“打开了世界市场并建立了殖民地”，也不知印刷术会变成“科学复兴的手段，变成对精神发展创造必要前提的最强大的杠杆”。——这就是眼光的问题，更是乃在心眼通彻的问题。

此后近代的分工、蒸汽机和机器的应用成为“18世纪中叶起工业用来摇撼旧世界基础的三个伟大的杠杆”。然而，“心彻为知”之知，也让我们知道了事物的另一面。

七、去知——反智

庄子于去知、反智的声音比老子更加激越、猛烈。《庄子·胠箧》：“夫弓弩毕弋机变之知多，则鸟乱于上矣。钩饵罔罟罾（zēng）笱（gǒu）之知多，则鱼乱于水矣。削格罗落罝（jū）罘（fú）之知多，则兽乱于泽矣。知诈渐毒，颉（xié）滑坚白，解垢同异之变多，则俗惑于辨矣。故天下每每大乱，罪在于好知。”“故绝圣弃知，大盗乃止；擿（zhì）玉毁珠，小盗不起；焚符破玺，而民朴鄙；掊斗折衡，而民不争。”“圣人生而大盗起，掊击圣人，纵舍盗贼，而天下始治矣。”《庄子·马蹄》：“夫赫胥氏之时，民居不知所为，行不知所之，含哺而熙，鼓腹而游，民能以此矣。及至圣人屈折礼乐，以匡天下之形，县跂仁义，以慰天下之心，而民乃始踶跂好知，争归于利，不可止也；此亦圣人之过也。”

《庄子·胠箧》里庄子罗列出“至德之世”的十二氏，为传说的古代帝王或部落首领。并引用《老子》的话来描述当时情景：“甘其食，美其服，乐其俗，安其居，邻国相望，鸡狗之音相闻，民至老死而不相往来。”这就是“至治”的境况，性各自足，自得其得，自适其适，不求于世，无为之至。

然而对比当时之世，那么崇尚的不是“德”，而是“知”，在上的君王好“知”而造成了“过”。因为崇尚贤人，所以民众延颈举踵地向往，从而抛亲去主，负粮而去寻师访道，足迹车轨纷乱杂沓。《注》：“上，好知之君。知而好之，则有斯过矣。”《疏》：“尚至治之迹，好治物之智，故致斯也。”

再进而说，如果单是“上好知”，那么其过错还不算严重。若“上诚好知而无道，则天下大乱矣”！譬如“好知”则必定“知多”，“知多”则必定“乱多”。这种“无道”便造成了鸟乱、鱼乱、兽乱等的诸乱，一如今日所说的生态平衡被搞乱了。不仅是自然生态，人世也被淆乱，譬如种种的巧辩使得世人迷惑。至于好知之淆乱天下，竟然可以至如此地步！此可使得遍遭祸害，上及天时，下及地理，中及四时，乃至于虫物，使其无不失去本性。自夏商周三代以下，其所“舍”与所“悦”均错失了，故天下“大乱”。庄子凸现：“故天下每每大乱，罪在于好知。”且又深刻揭明：“故天下皆知求其所不知，而莫知求其所已知者；皆知非其所不善，而莫知非其所已善者，是以大乱。”这里显示了天下人的“皆知”与“莫知”、“求其所不知”与“求其所已知”、“非其所不善”与“非其所已善”之间的矛盾。这些不能化解理顺，就会出现大乱。数千年前的道理，看来确实不无道理，人类历史上许多罪恶的侵略战争的爆发，至于血流漂杵，白骨累累，赤地千里，哀鸿遍野，其中可以见到发动者的“罪在于好知”。再如好知、好智太过度，而使得天、地、人之间的关系遭遇紧张，生态频频失衡，环境屡屡被毁，人类遭遇的报复还少吗？此中不亦有“罪在于好知”！

然而，庄子此论又未必全为确论。譬如因为人类好知、好智，故能不断开拓生存空间，不断取得生存的自由度，获得生存的高质量。今人已能潜入深海，登上月球，飞越太空，这也是好知、好智的结果！这也是庄子不可想象的。

濠梁之辩：千古不朽的论辩

庄子长论辩，擅思辨，然非为好辩，也不为强辩，而是不得不辩，不能不辨，故每每作出深邃思辨之雄辩。这是因为庄子欲明大道而喜好思辨，欲思辨而必须辨析，因为欲辨析而又必待有辩论。《庄子》里庄子与惠施的辩论很吸引后人，脍炙人口地流播人世。

一、庄惠：濠梁之辩

庄子与惠子相交甚深，而两人的论辩也时常出现在《庄子》里面，《庄子·天下》还载录了惠施的十条“历物之意”，也即“历物十事”。在庄子与惠施的多次辩论中，“濠梁之辩”则是比较完整的一次记载。《秋水》篇有载——

庄子与惠子游于濠梁之上。

庄子曰：“儵鱼（白鲦小鱼；儵，tiáo）出游从容（自得，自由自在），是鱼之乐也。”

惠子曰：“子非鱼，安知鱼之乐？”

庄子曰：“子非我，安知我不知鱼之乐？”

惠子曰：“我非子，固不知子矣。子固非鱼也，子之不知鱼之乐，全（完全，指此观点不可破）矣。”

庄子曰：“请循（顺，从）其本（原本的发问之话）。子曰‘汝安知鱼乐’云者，既已知吾知之而问我。我知之濠上也。”

这是著名的庄子与惠子的濠梁之辩。庄子与惠子出游于濠水的桥上，此水在安徽凤阳县北，于是庄惠之间便有了一场著名的论辩。当然前人又说是此为“清谈”，如《疏》：“濠是水名，在淮南钟离郡，今有庄子之墓，亦有庄惠遨游之所。石绝水为梁，亦言是濠水之桥梁。庄惠清谈在其上。”

庄子观赏水中儵鱼的出游自得从容，放逸自在，故有感而叹。如《疏》：“夫鱼游于水，鸟栖于陆，各率其性，物皆逍遥；而庄子善达物情，所以故知乐也。”刘凤苞赞曰：“写物态，无限天机！”此又如宣颖注：“无端一句，下却生出如许妙文！”

惠子好辩，觉得抓住了机遇，可以驳倒庄子，便进行反诘：你又不是鱼，怎知道鱼之乐？你庄子既然是与鱼儿相对的一方，又怎能理解鱼儿的那一方？庄子绝顶聪敏，马上以其人之道还治其人之身，顺着惠子的逻辑，那么你和我也是各自相对的一方，又怎能理解我庄子这一方呢？

惠子也果真厉害，暂且先退让一步，说：确实我不是你，所以不知道你庄子，如此来看你庄子倒也没说错。然而，惠子马上话锋一转，进逼反诘，欲再证庄子之伪，说：照此同样的逻辑，你庄子也不是鱼，所以你也不能知道鱼的快乐！这一犀利的反诘，是欲以庄子的逻辑来反制庄子其人。

然而，庄子毕竟是庄子，没有哑口无对，而是巧妙地转换角度说，“请循其本”。《疏》：“循，犹寻也。惠施给（jǐ，敏捷）辩，有言无理，弃初逐末，失其论宗。请寻其源，自当无难。循本之义，列在下文。”庄子说：当你惠子问我庄子“怎么知道鱼儿的快乐”，说明你已知我知鱼之乐了。如果不这样，你怎么再会问我这个问题呢？我还可以告诉你，我是在濠梁上知道鱼儿快乐的。言下之意是，我庄子虽在濠上，根本没有、也根本用不着入水，像鱼儿一样去水中体会，而就能知鱼之乐。这是因为鱼儿离不开水，水为其生存必需者；鱼儿得水，能得其生存之道，游行自在，岂不乐哉，快哉！鱼儿适得其性，深得其道，当然洋溢着乐此不疲之快乐了！

《庄子》注疏于此则均有极用心的解读。如《注》：“寻惠子之本言，云非鱼则无缘相知耳。今子非我也，而云‘汝安知鱼乐’者，是知我之非鱼也。苟知我之非鱼，则凡相知者，果可以此知彼，不待是鱼然后知鱼也。故循子‘安知’之云，已知吾之所知矣。而方复问我，我正知之于濠上耳，岂待入水哉！夫物之所生而安者，天地不能易其处，阴阳不能回其业。故以陆生之所安，知水生之所乐，未足称妙耳。”《疏》：“惠子云‘子非鱼安知鱼乐’者，足明惠子非庄子而知庄子之不知鱼也。且子既非我而知我，知我而问我，亦何妨我非鱼而知鱼，知鱼而叹鱼！夫物性不同，水陆殊异，而达其理者体其情，是以濠上彷徨，知鱼之适乐。鉴照群品，岂入水哉！故寄庄惠之二贤，以标议论之大体也。”这里庄子又是从“万物与我为一”“道通为一”的“齐物论”出发的，我与鱼为一，鱼与我不二，人与鱼在大道下相通为一。因而庄子由自己游之乐而推及鱼“出游从容”亦乐。然而惠施则强调事物之间的差异性，人就是人，鱼就是鱼，人焉能知道鱼之乐？因此否认庄子能够“知鱼之乐”。若再作深入的思考，那么惠子深思是由其“历物”的理念在导引，即是欲分辨、考察、深究事物的本质与规律，然而庄子则主“齐物”之论。因此这一辩难，从总根上反映出“齐物”与“历物”两种截然相反的哲学思想。这次辩难的结果似乎是庄子取胜，但是人们也或认为庄子最后所说犯了偷换概念的逻辑错误。

再可赏吕惠卿之注：“循其本，则惠子谓‘子非鱼安知鱼之乐’，则是子非我而固已知我不知鱼之乐矣，非我而知我不知鱼之乐则知我非鱼而能知鱼之乐矣，是既已知吾知之而问我也，而我则知之濠上而已，不待于为鱼而后知也。”此注也有味可味！再说，钟泰于此则也颇有心得：其一，言“鱼乐”者，即言天机也。《中庸》说“君子之道费而隐”，引《诗》云：“鸢飞戾天，鱼跃于渊。”言其上下察也。朱子注曰：“子思引此诗，以明化育流行、上下昭著，莫非此理之用，所谓费也。”又引程子之言，曰：“此一节子思吃紧为人处，活泼泼地。”庄子此文盖即《中庸》引《诗》之意，正所谓“化育流行、上下昭著”，与夫“活泼泼地”者也。鯈鱼的“从容”自得之貌，盖得天者，必不迫切。迫切惟勉强为然，此与人之别也。向来读者于“从容”字多忽略过去，不知鱼乐正从其从容处体勘得来，故为指点出之。其二，解答一个有趣的问题，即《天下》篇有惠施之说：“泛爱万物，天地一体也。”以是言之，则人鱼同体，安得有“子非鱼，安知鱼之乐”之言乎！这是因为“盖以胜人为心，亦遂自悖其宗旨而不觉矣”。其三，“知之濠上”者，谓即出游从容而知之。濠上濠下，同是一片天机。鱼乐人亦乐，岂有间哉！其四，为何以此则作为该篇的终结，因为“知此，则知反要，反真矣，故以此终篇”。这是对《秋水》全篇主旨的再点醒！

庄子笔下写鱼不少，对于鱼儿有许多丰富的描写与感悟，此文又载录了濠水观鱼的哲学思考，以及与惠施辩论的逻辑智能。我联想起曾读到过的那段文字：据说一九三〇年十月九日晚上，海德格尔做完《真理的本质》演讲后，在朋友家里搞座谈会，在会上，海氏当众朗诵了《庄子·秋水》中的一段，就是庄子和惠施“濠上观鱼”的那一段对话。他念的是马丁·布伯（M. Buber）的德译本。显然，在海氏看来，这段对话是可以用来解说他当时所思得的真理观的。海氏认为，立一个命题，下一个判断，这样做出来的“知”与“物”的符合一致关系都算不得至大至真的真理，“真理的本质是自由”——是一种物我相忘的“敞开之境”（das Offne）；只有在此境界中，在我与物都已进入的了然明白的境界中，我与物才可能相对待，才可以“知”物，而“知”物的真理已经是等而次之的了。海氏这样的思想实可以与庄子所谓“我知之濠上也”相互合拍。

此文还有说，在一九六二年七月十八日的一个讲演中，海德格尔引用了《庄子·逍遥游》的末段，即庄子和惠施计论“无用之大树”的那一段。庄子所谓无用之用，至大的用寓于无用之中的思想，对海氏是很有魅力的，也许正可以与海氏企图跳出工具性的“用”的维度的苦心相互启发，海氏所引是查德·威廉姆（Richard Wilhelm）的译文。（均见白波《道·道说·道路：海德格尔的体道功夫》，《读书》总169期）此不仅触发我们的再思考，又再忆及王国维所说的“学无中西之分”，这里又见一证。

二、再说庄子与惠子的论辩

关于“濠梁之辩”，孙有鼎也有一番揭示：惠施提出了一个以“离”为特点的论题。（一般属“离坚白”类的，其所“离”不一定是坚、白等抽象的东西。）但这回惠施并非严肃，只是试探一下庄子。庄子严正地把他驳回去了，惠施没有话说，明知是“前言戏之耳”。称这场辩论为“濠梁之契”，这是正确的。“离”是假的，惠施的真意是“合”，这回倒是和庄子一致。此可再参见《天下》篇里的内容。

关于惠施的学说，孙有鼎的评说亦然启人思绪。如其有释论：（1）惠施是古代的自然科学理论家，不是单纯的辩士。《天下》篇说他“遍为万物说”，这是自然科学性质的。（2）哲学性质的“历物十事”，其第一、第五、第十不采取诡辩形式，因为此三事并非和常识对立的怪论，只是作为一种哲学理论提出的。（3）其余七事都和常识违反，其中也有自然科学方面的。这七事总的说来，都可以看作用浪漫主义语言表达的自然辩证法命题，不一定非解释为“诡辩”不可。这些天才论题都是属“合同异”类型的。对《墨经》的“同异交得”思想有影响。（4）到了《庄子·齐物论》，把“合同异”原理夸大为相对主义，这才成为诡辩。（5）但惠施严格说并不搞诡辩。（章炳麟《国故论衡·明见》篇说：“观惠施十事，盖异于辩者矣。”可见章炳麟也不承认惠施是诡辩家。）在古代称得起诡辩学派的人，只有像公孙龙那样专门选择“离坚白”方向的辩者。这些论说笔者读来觉得很受启发，于矫正世人对惠施的认识与看法提供了另样的角度与观点，指出惠子并非在诡辩。

童书业曾说：“除了儒、墨外，庄子也反对他的朋友惠施的学说。虽然在庄子和惠施的学说相当接近，然而庄子不追求事物的细微道理，而只求所谓‘大道’（客观的宇宙精神和主观的‘心’，归本于‘心’）；惠施却‘逐万物而不反’（《天下》），这在庄子看来，是‘穷响以声，形与影竞走’（同上），永远没有完结。似乎惠施是认为万物可知的，而庄子认为不可知：这是不可知论和可知论的斗争。”（《先秦七子思想研究》增订本，中华书局）

阐释学：庄子智慧之采撷

阐释学，又称解释学。庄子以及之前的老子，研究者有认为与西方的解释学有着某些联系与契合，并且也被一些学者看重，成为一个十分新鲜又不乏深刻的话题。确实，这也是值得开拓研究的向度。这里略作一二简述。

一、解释学的点滴略说

解释学，翻译于英文hermeneutics，也翻译成阐释学、诠释学。一般作这样的解释：（1）广义指对于本文之意义的理解和解释的理论或哲学。（2）狭义指局部解释学、一般解释学、哲学解释学等分支、学派。其一，局部解释学，是泛指任何本文注释（包括古往今来的法律、《圣经》、文学、梦和其他形式的本文解释）的规则和方法的理论体系。其二，一般解释学，是指对本文的理解和解释的一般方法论研究。其三，哲学解释学，是泛指对理解和解释的现象的各个层次和各种情况的研究。它不是一种方法论，而是对方法论、对理解中意识形态的作用以及对不同形式的解释的范围和假定等的哲学“反思”。这又有两种形式：一是分析的解释学，一是人文主义的哲学解释学，其代表人物包括海德格尔、伽达默尔、利科和德里达等人。他们根据现象学的传统及其对客观知识的批判，对本文解释的条件进行反思。伽达默尔和德里达根据海德格尔对存在——神学传统的批判研究，力图在形而上学问题的具体情况中理解解释。利科与前两人不同，试图调和德国的解释学传统和语言分析哲学、心理分析学、结构主义思潮，认为本体论只存在于解释的方法论中，并只有通过各种解释之间的“冲突”，才能获悉被解释的存在。（参见《哲学大辞典》修订本，上海辞书出版社）

关于解释学，哲学家傅伟勋，曾说自己“在哲学探求的一大创获，是高层次的哲学方法论反省”，此谓“创造的解释学”。这种“创造的解释学”可分五个辩证的步骤或程序，中间不可以任意越级：

其一，“原作者（或原思想家）实际上说了什么？”创造的解释家，首先必须兼为考据家，这又必须具备考证、训诂、版本等方面的功力。

其二，“原作者真正意谓什么？”此要从事于传记研究、语言解析、论理贯穿、意涵彰显等等工作。设法解消原有思想在表面上的不一致性或理论的矛盾，试予彰显原有文句所可能含藏着的丰富意涵，通过传记、年谱之类随后体验原来思想家的思维历程。同时通过精细的语言解析，尽量发现原有思想在语言表现上可能具有着的多层语意。然而光靠这类解释学家本身的著作，还不见得能够完全寻处原有思想在那时代里所显示的独特理路，以及依它所能导致或推演出来的种种新理路、新线索。创造的解释学家已经到达“了解原思想家，必须超越他”的阶段。

其三，“原作者可能说什么？”创造的解释学家在这里需要有严格的哲学史训练，逐渐体会“批判地继承并创造地发展”原有思想的深意、由是，创造的解释学家不得不面临第四层次的解释问题。

其四，“原作者本来应该说什么？”哲学史的训练，可以供给创造的解释学家各种不同的了解线索，但真要了解原思想家，一定要问：假定原思想家今天还活着，他会依然固执已说吗？或者他会愿意修正或扬弃他已说过的话吗？当然，此也只能由创造的解释学家设法代表原作者回答了。由是，他也不得不摇身一变，而成为开创性的新思想家。

其五，在最高层次自问："做为创造的解释家，我应该说什么？"这里变成新思想家的解释学家已经不能只代表原思想家说出原思想家本来应该说的话；他已经到了经由批判的继承开创新理路、新方法的地步。（参见傅伟勋《从西方哲学到禅佛教》，三联书店）

这一创造的解释学基本间架，对研究者来说是很有启发作用的。

二、解释学案例：从老子说到庄子

1.从解释学说老子案例

先从老子的名称说起。李耳，称为老子，是"老"与"子"的构成，若与孔子、孟子、庄子等来比较，显得很特别。滕守尧《文化的边缘》（作家出版社）从解释学视域作出的独到解析，很有启发。

《文化的边缘》有论："老子"这个名字中也许凝聚着老子的全部哲学，包含着《道德经》的全部秘密，更重要的是，它也许包含着西方现代解释学本身的全部秘密！直接运用老子的哲学去思考，就会发现，这个名字是奇特微妙和发人深思的，即使说它揭示了《道德经》和现代解释学的全部秘密，也不过分。

此书又说，庄子早在二千年前就已经把老子与龙相比，于是想到是否可以把"老"与"子"看成是两个与人之存在息息相关的普遍范畴或符号的绝妙结合呢？若以《易传》"一阴一阳谓之道"、太极图的那个阴阳形象以及"老子"名字联系起来，那么所谓的"道"，就是阴阳两极相互作用之后形成的具有生发能力的，位于阴阳之间的那片中间神秘领域，也就是太极图中间的那个S形的东西。这一中间领域的奇特性就在于它不是阴，也不是阳，但又兼有阴和阳的性质，虽然包含二者，但又超越了它们。"老"和"子"不仅是一对典型的哲学范畴，也是典型的历史范畴。再如，当老子说"道可道，非常道"时，就已经意味着过去的东西不可能恢复。能言传的东西，又不是常道，已经远离了原来的真实。既然不能完全恢复，又何必执意去追求。这就是老子"为学日益，为道日损"，"多言所穷，不如守中"的中心意思。这是说，能学习到的东西尽管很多，但不是道，要想学到道，就要一边学习，一边与学来的东西对话。对话也就是以批判的眼光对待它们，批判过后，就生发一种属于自己的和现在的东西，这就是"为道日损"。这些东西显然不是过去的简单恢复，而是一种重新孕育和更新。

《文化的边缘》又说，这同解释学的观点是一致的，解释学所追求的，正是这样一种历史的、流动的和变化的“真”，是过去的视野和现在的视野融合后形成的“真”，而这种视野的融合，又是在“现在”与“过去”、“老”与“小”相互作用和相互对话时产生的超然存在。是的，解释学的见解同老子的思路极其相像！解释学的先河海德格尔推崇的那个流动、生成过程的“存在”，不是很类似老子的道吗？伽达默尔所说的“理解与解释”过程，不是很类似老子说的“为学日益，为道日损”吗？解释学一再强调的“体验”不是很类似老子的“守中”吗？看来，老子早在二千多年前就已经说出了现代解释学的话。

2.庄子的“流动生成”的解释学案例

《文化的边缘》又于《大宗师》里女偊对南伯子葵所说的那段宏论作出了解读，同样很有启示。该原文与译注可参见本书第二篇。

此内容讲述了从哪里听得道的过程，是今者来自往者，后者来自前者，若从今者、后者向往者、前者追溯其流变及其渊源，便是这样一个传递、进层、嬗变的过程：

副墨（文字）——洛诵（诵读）——瞻明（见解明彻）——聂许（心得）——需役（实行）——于讴（咏叹歌吟）——玄冥（静默）——参寥（高邈寥旷）——疑始（迷茫之始）。

《文化的边缘》说：这种“流动生成”的解释学过程，不仅老子有所发明，庄子这番宏论，也有体现。原来真理的生成这么复杂和这么曲折！庄子这短短的一段话，简直能顶得上现代人的一部书。如果我们把这段绝妙的话反过来阅读，它说的是一种写作过程；如果正着读，它说的就是阅读过程。它明白地告诉我们，对书本的阅读、倾听和领悟，包含着一个相当复杂的理解过程，也就是说，在阅读中包含着阅读——反复背诵——理解课文——自己同自己对话（念念有词）——实践（需役）——与自己的感情思想融为一体，变为自己的语言（咏叹讴歌）——独自沉思冥想以融会贯通——达到高度抽象，进入普遍的境界——与道合一等九个阶段的活动。在这九个阶段中，既有朗诵，又有默读；既有接受，又有改造；既有经验，又有体验；既有同课文的对话，又有同自己的对话；既有具体的想象，又有高度的抽象；既有批评，又有创新；既涉及了文本与理解的关系，又涉及了真理的相对性问题。

如果提出疑问：这不都是西方解释学的一些概念吗？其文又作出了回答说：谁说不是呢！当然，这里所透露出的信息，不仅证明了老庄思想和解释学在概念方面的相似，也证明了它们中心思想的相似。这个中心思想就是，所谓存在，就是一个生动活泼的生成过程；所谓理解，就是文本与阅读、接受与批判、经验与体验、继承与创新的对话式辩证。一句话，这个丰富而生动的辩证生成过程，正是“老子”这个名字所指的东西。当然，这儿说的文本，其意义非常广泛，以画家为例，他们的文本就是大地山川，人情风俗等，在经过对它们复杂的阅读后，他们有了自己特殊的理解，所以画出来的东西就不再是常人眼睛看到的东西了。

游行自在：语言与哲学之间

庄子谈语言，也论哲学，在哲学与语言学的阐述里时见其融会贯通之说，深湛精妙之论。

一、庄子哲学与诗性的语言

庄子似老子那样具有审美的诗性的语言，并艺术地运用于著述。成中英《从中西互释中挺立》曾论“了解中国哲学的三大途径”：第一是“本体性的理解”，第二是“对思想工具的重视”，第三是“语言性的理解”。关于第三种，又有说“这种理解乃基于世界哲学发展的趋势，以及基于语言在现代人类思考中占有重要地位所具之认识，此即：我们对表达哲学概念所使用的哲学语言不能忽视。哲学思考必须借助深厚有力的语言来表达。语言不只是表达概念的工具，而且是延伸思考的媒体。所以，哲学语言的讲求及发展一定是和哲学的本体及方法的发展互为因果的。基于此认识，对语言的探讨所成就的理解，可名为‘语言诠释学’。”海德格尔（1889—1976）或被认为是“语言诠释学”之先导。

老子、庄子的时代，当然没有此种说法，但是如果借从这一维度去体味，那么老、庄或许也已具有类似后代所谓的“语言诠释学”那样的睿智了！

二、言与默：非言非默

《则阳》篇里有关于庄子语言哲学的智慧论说，值得品味。其中少知，太公调，均是虚拟人名，前者寓意其知识浅薄，后者则寓意其知识渊博且公正谐调。两者有一番对话，意蕴深邃，为便于阅读，括号内再附上简注。

少知曰：“季真之‘莫为’，接子之‘或使’，二家之议，孰正（正之所得，指合乎法度规范）于其情（真情，实情）？孰偏（见之偏离）于其理（道理，规律）？”

太公调曰："鸡鸣狗吠，是人之所知。虽有大知（大智），不能以言（言语）读（诵，解读）其所自化（自我变化之妙），又不能以意（臆测，意料）其所将为。斯（剖开；或谓'此'，以此道理）而析之，精（精妙）至于无伦（找不出头绪、条理，此指小之极），大（浩大）至于不可围（包围、环绕，此指大之极）。或之使（即'或使'），莫之为（即'莫为'），未免于物（凡此两种看法，均未能免于物累，即被物所羁绊）而终以为过（过错，过失）。'或使'则实，'莫为'则虚（空虚，对'实'而言）。有名有实，是物之居（止，在，停留；指事物的具体存在、形象）；无名无实，在物之虚（虚无，对'居'而言）。可言（言谈）可意（意料，测度），言而愈疏（距事理愈远）。未生（未生之初）不可忌（禁，此指生之来不可却，即不可不生），已死不可徂（cú，或说当为'阻'，阻止）。死生非远（相距并非远）也，理（道理，规律）不可睹。'或之使'（即'或使'），'莫之为'（即'莫为'），疑之所假（指此两者皆因疑而借为此说，并生成偏见）。吾观之本（事物根本），其往（已往）无穷（指无开始）；吾求之末（末绪），其来无止（无终止）。无穷无止，言之无也（即言其无，即泯灭于无言），与物同理（合万物而同一理）。'或使''莫为'，言之本（即言其本）也，与物终始（此因离道而泥物，故而与物有了始终）。道不可有（道是无），有（有者是物）不可无。道之为名，所假（借，借名）而行。'或使''莫为'，在物一曲（执守一偏），夫胡为于大方（指道之全）！言而足（完备，圆满），则终日言而尽（尽能符合）道，言而不足（指有偏滞），则终日言而尽物（尽是滞碍之物）。道，物之极（极处），言默不足以载（记录，称述）。非言（道不在言）非默（道也不在不言之沉默），议有所极（极议，至言；或说议论则有所穷尽）。"

季真、接子均为齐国贤者、战国时稷下学者。此假托两贤对话，而欲明于理。季真主张"道莫（莫有）为（所为）"，道是无为的，万物皆自然而然地产生。接子则认为万物总有什么神秘的力量使之产生出来，道有"使（为）物"之功，故而称为"或使""或之使"，"或"即是或有。双方各执一端，究竟孰为正？《注》："今少知问此，以定臧否，于素情妙理，谁正谁偏者也？"《口义》："'莫为'者，言冥冥之中，初无主宰，皆偶然尔。'或使'者，有主宰，无非使然，所谓'行或使之，止或尼（阻止，止息）之'是也。"此间引文见诸《孟子·梁惠王下》。

太公调作出回答，便有一段精辟阐发，所论要点：（1）季真、接子两者之说，均未免于物之累，皆非确说。"或使""莫为"各自偏执于事物之一隅，不能解读大道。（2）大道，或被言说，或于缄默，都不足以明道；大道无限，既广且精也，言默则陋也粗也。或许在非言非默之间于道可会其心，能得其意。（3）此可参读《口义》：“非言非默之中，自有至极之议。极议，至言也，佛氏所谓‘如我按指，海印发光，似汝举心，尘劳先起’即此意也。又曰：‘我为法正，于法自在。’盖言造道之人，说亦是，不说亦是，汝未造道，便说得是，也不是。此篇亦与《内篇》何异！”又《校注》：“‘如我按指’四句，《愣严经》卷四：‘宝觉真心，各各圆满，如我按指，海印发光，汝暂举心，尘劳先起，由不勤求无上觉道，爱念小乘，得少为足。’”这四句后来也称为禅师们常讨论的题目。“我为法王，于法自在”，出于《法华经譬喻品》。法王为佛陀称号之一。《无量寿经》：“佛为法王，尊超众圣，普为一切天人师。”（见周启成《庄子鬳斋口义校注》）此又见历史上学者往往或以佛教经典来诠释庄子的有关论说。

这里关于道与言语之关系的深刻透视与灵警敏悟，钟泰曾有评：《则阳》“此文始终言道，未尝离物，如曰‘无名无实，在物之虚’，曰‘言之无也，与物同理’，皆可见也。盖执物以为道，道固不足言；而离物以为道，道更无可言也，故曰‘道物之极’。以见物之极即道，而道之极亦未始不在于物也。”有学者又评论：“此处庄子的语言观实际上揭示了古典艺术语言的一切，为中国语言哲学中最精彩的一段。庄子超越了老子形而上之道的二元对立（言/默，可道/不可道），无无则彻底消解了原道说，免去了对无或道的执著，抹掉了最后的人为思辨因素。”庄子《齐物论》里又有论及：“力遣语言文字之滞，以齐物又超物的姿态去破，亦即去立。古典文论中持原道说的论者实则将语言文字视作中心且予以固著化，所谓‘文因道生，道因文明’，而庄子预先击破了这一环：言默皆不足以载道。所谓语言构成了世界，无非是指语言有着无与伦比的固定作用，也就是有所为，而殚精竭虑地筑造体系便是极语言与思维之致。庄子即以消解形而上之道来揭示道，任其自然，滑向无己无功无名无心无言无道之境：‘若夫乘天地之正，而御六气之辩，以游无穷者，彼且恶乎待哉！（《逍遥游》）断然抽掉了道的固定立足点，将其还原为平常心，天籁，‘夫吹万不同，而使其自己也，咸其自取，怒者其谁邪！’（《齐物论》）一切皆块然自生，自己而然，‘万物皆种也，以不同形相禅，始卒若环，莫得其伦，是谓天均。’（《寓言》）物各有性，性各有极，故而以物观物，化机心为无心，顺万物之性，游变化之途，遂臻哲学艺术之灵域。古典文论（作为一种形式）实是穷微尽化绝妙之艺文，如此饱含滋味，餍饫人心，无疑受着道即艺的深深浸染，或者简直本身即是道艺。”（屠友祥《言境释四章》，上海人民出版社）确实，在庄子那里，心里、语言里、笔下文字里，道在言里，道不在言里，做出过艰难的思索，在努力地回答！

三、哲学上引发出关于天道观的争论

不过此则不仅于语言学上触发思考，也在哲学上引发出关于天道观的争论。

“莫为”说与“或使”说，从天道观的视域来看，亦然是相互对立的两种观点。前者季真之“莫为”之说，指天地万物、阴阳四时，在自然地变化着，都无主宰者。与之相反，后者接子“或使”之说，指天地万物、阴阳四时之变化都有主宰者。此等所说，或可追溯至于久远的殷商时代，如《诗经·商颂·长发》：“有娀（契之母；娀sōng）方将（大），帝（上帝）立子生商。”商王朝是上帝立子而生成。《尚书·周书·多士》：“上帝引（制引，制止）逸（淫逸），有夏不适（不节制）逸（淫逸），则惟帝降格（指教令严格），向（规劝）于时（这，此）夏（夏桀）。”学者又认为这些可视作是“或使”说的最早形式。另外如《管子·白心》：“天或维（维系）之，地或载（承载）之。天莫之维（维系），则天以（已）坠矣。地莫之载，则地以（已）沉矣。夫天不坠，地不沉，夫或维而载之也夫！”此认为维系之物，并非上帝，而是一种质料因：精气。至汉代董仲舒《春秋繁露》：“天者，万物之祖，万物非天不生。”（《顺命》）“天地之生万物也，以养人。”（《服制象》）“其实非自然也，有使之然者矣。”（《同类相动》）董仲舒的所言，实际上是神学的一种“或使”说。

另一种观点是老子主张的“无为”说，如“天下万物生于有，有生于无”（40章）、“万物负阴而抱阳，冲气以为无”（42章）、“道常无为而无不为”（37章），老子的“无为”说，也就是庄子的“莫为”说。有论者说，这些争论可以看到“或使”说是主张外力说的，但其中又有有神论与无神论之分；“莫为”说则是反对外力说，只是较之老子说来，东汉王充用“莫为”说反对“或使”说，“自然之道，非或为之也”（《论衡·谴告》）。王充又有更明确的唯物主义立场。（见夏乃儒《中国哲学三百题》，上海古籍出版社）

四、文学与哲学相熔铸

庄子高超地将文学与哲学相熔铸，其行文精警又意象美富，语言诗性且哲理透辟，证道深邃而境界高巍，想起前人常用“香象渡河”来比拟李白、杜甫等诗之美作，其实前之庄子此则也可谓之先驱矣。如世所知，《优婆塞戒经·三种菩提品》：“如恒河水，三兽俱渡，兔、马、香象。兔不至底，浮水而过。马或至底，或不至底。象则尽底。”于是后来用“香象渡河”比喻证道的深刻，亦用以比喻诗文的精美透彻。忆及宋代严羽《沧浪诗话·诗评》：“李、杜数公，如金鸩（zhī）擘（bāi，用手指分开，此喻划开）海，香象渡河。下视郊、岛辈，直虫吟草间耳。”又如清代袁枚《随园诗话》：“严沧浪借禅喻诗，所谓‘羚羊挂角，香象渡河，有神韵可味，无迹象可寻’。”明代袁宏道《杂说》：“至如般若缘深，灵根夙植，伽陵破卵，香象绝流。”庄子笔下就可见识到“香象绝流”的那种境界！庄子是一位思想的大哲，也是语言学的大师，于此维度有深广的发现、领悟，并作出了卓越的开凿。

“化”之灵思：变化·不化·造化

庄子放眼世界，无不演化，无不流变，触目皆变，目击皆化。世界上唯一不化的就是“化”，唯一不变的就是“变”，《庄子》由于此内涵的变化之论，极其深邃且丰富。

一、说“化”字

“化”，是庄子的又一个哲思的关注点，也成为庄学的重要哲学观念之一。“化”字稍溯其源，亦颇有意趣。《说文》：“化，教行也。从七，从人，七亦声。”朱芳圃《殷周文字释丛》：“化象人一正一倒之形，即今俗所谓翻跟头。《国语·晋语》：‘胜败若化。’韦注：‘化，言转化无常也。’”

关于“化”之哲学论阐，如《易·恒》：“日月得天而能久照，四时变化而能久成。”《易·咸·象》：“天地感而万物化生。”王弼注：“二气相与乃化生也。”周敦颐《太极图说》：“二气交感，化生万物。”王夫之《尚书引义》：“气化者化生也。”耐人寻思的是，《庄子》“化”字仅单用就出现71次之多，此外还有“化育”“化作”“变化”“风化”“外化”“物化”“一化”“一不化”“造化”“治化”等，奔赴其笔下，启人心智。

二、变与化：变化无常

《天下》：“寂寞无形，变化无常，死与生与，天地并与，神明往与！”面对此等无常变化，如《注》：“随物也。”“任化也。”《疏》：“妙本无形，故寂漠也；迹随物化，故无常也。”再如《口义》：“寂寞无形，无物也。变化无常，以不一为一也，死与生与，不知死生也。据此一句，即知释氏之学，其来久矣，天地并与，与天地同体也；神明往与，与造化同运也。”

三、万物自化说

老庄的哲学认为宇宙是“无为”的，由此又建立了万物是“自化”的学说，而没有神在那里主持、操纵。蒋维乔、梅大膺《中国哲学史纲要》说："老子对于万物，只说出自化，并未说出所以自化的道理。到庄子方把自化说加以充实，于是万物自化说，就成了近似于科学化的学说，可以和现代的生物学原理相通了！"庄子所说的"自化"要义，论者又揭示出：（1）庄子确定了万物"自化"说的意义。所谓"自化"，就是生物的生成，并非神的创造，而是生物自己渐渐进化而成的。（2）认为生物的"自化"，并不是生物自己从空中掉下来，而是由那最基础的一种东西渐渐变化而来的。这种东西叫做"机"或"几"，至于组成这个"几"的分子，那就是道，就是宇宙万物生成元素的道。（3）生物的自化，虽属变化而成，但这种变化并不是突变，而是渐变。所谓渐变，就是说要经过几多时代的渐次变化，才成了现在这种生物的。至于促成变化的就是环境。这道理就见诸《至乐》篇里"种有几"至于"万物皆出于机，皆入于机"，那一段名言。

四、物化说

《庄子》里"物化"共出现四次，有两种含义。

其一，指事物的变化，如"庄周梦蝶"（《齐物论》）的寓言是"此之谓物化"，即其变幻、幻化，泯灭了事物差别、彼我浑然同化的和谐境界。《疏》："夫新新变化，物物迁流，譬彼穷指，方兹交臂。"天下事变物化，就是这样瞬息万变。又如《达生》："工倕（人名，为尧或说黄帝时巧匠）旋（以手指旋转画圆）而盖（合乎）规矩，指与物化而不以心稽（停留），故其灵台（心灵，灵府）一（专一）而不桎（束缚）。"这是手随物化，因物施巧。《疏》："任物因循，忘怀虚淡，故其灵台凝一而不桎梏也。"释德清云："物化者万物化而为一也。万物混化为一，则了无人我是非之辩论，则物论不齐而自齐也。"此亦可体悟"齐物论"之说。

其二，除了指事物的变化，"物化"又指死亡。《天道》："知天乐者，其生也天行（顺天而行），其死也物化（随物而化）。"《刻意》："圣人之生也天行，其死也物化。"后来如古诗《回车驾言迈》："人生非金石，岂能长寿考。奄忽随物化，荣名以为实。"此即指死亡。

五、庄子之说：一化·一不化·万化·外化·内化·化与不化

万物千变万化不已，但是又时常能与外物的推衍偕其行，同其波，此为"一不化"，即指虚无的内心世界、内在天性之凝聚为一，不为变化。此说见诸《庄子》二次。其一，《知北游》载，颜渊问乎仲尼曰："回（颜回）尝闻诸夫子曰：'无有所将（送），无有所迎。'回敢问其游（交游、处世之术）。"仲尼曰："古之人外化（与外物偕化推移）而内不化（指自然天性保真），今之人内化而外不化。与物化者，一（指心、内心）不化者也。安（习惯）化安不化？安与之相靡（磨）？必与之莫多。"林希逸云："与物相劘相刃而见役于内，则为外不化。""一不化者，内不化者也。"

"万化"者，即是指千变万化。《大宗师》里说频说"化"，出现13次之多。

此可重悟《大宗师》："若人之形者，万化而未始有极（穷尽）也，其为乐可胜计邪？故圣人将游于物之所不得遁而皆存。善妖（通'夭'，少）善老，善始（生）善终（死），人犹效（效法）之，又况万物之所系（归属）而一化之所待乎！"

"外化"谓随外物的变化而变化。《知北游》："古之人外化而内不化，今之人内化而外不化。与物化者，一不化者也。""外化而内不化"与"内化而外不化"之对比说，是指于外能与万物一同推移变化，于内心则自然天性不化。

六、造化为大冶

"造化"，《庄子》出现3次，指创造化育，庄子用指自然界。《大宗师》有一个深刻比喻："今一以天地为大炉，以造化为大冶，恶乎往而不可哉！"鬳斋云："铸金之喻亦奇绝，贾谊'阴阳为炭，万物为铜'自此中出来。"

"治化"，指以教化来治政，庄子加以批评。《缮性》："德又下衰，及唐（唐尧）虞（虞舜）始为天下，兴治化之流（风尚），澆（jiāo亦作'浇'，指浇薄）淳散朴，离道以善，险德以行，然后去性而从于心。"《注》："以心自役，则性去也。"《疏》："离虚通之道，舍淳和之德，然后去自然之性，从分别之心。"庄子之言并非全部正确，但也有合理的因素，即告诫人世之"治化"当关注人的自然之性的丧失的问题。

七、庄子"化"之智的后世评说

后世学者对庄子"化"之智多有深刻评论。此略为之说。

先略述罗勉道论《庄子》之"化"。罗勉道著有《南华真经循本》，严灵峰等或认为他是宋末人。其著论《庄子》之"化"很有见地，譬如《循本》论析《逍遥游》："此篇以《逍遥游》为名，而终篇贯串只一'化'字。第一段，言鲲鹏蜩鸠斥鴳之化，大小不同，故其飞有高下。第二段，言人之化亦有大小不同，故其为逍遥游有优劣。第三段，言人能因无用而化为有用，则亦可以逍遥游。夫天之所赋，各有定分，岂可强同蜩、鸠、斥鴳于鲲、鹏哉！而人则无智、愚、贤、不肖，皆可以阶大道，然亦有自视若蜩、鸠、斥鴳者焉。故于篇终晓之曰：人虽如呺（xiao）然难举之瓠、拥肿卷曲之樗，苟能因其资质用之，随事而化，岂失其为逍遥游哉！”他又说：“化之小者”，则如那些“知效一官，行比一乡，德合一君而征一国”者，以及宋荣子、列子之两等人。至于“化之大者”由低至高，则依次为圣人、神人、至人之三等人。如罗勉道云：“上既次两等人，化之小者。此却次三等人，化之大者。大而化之谓圣，圣而不可测之谓神，至者神之极，三等亦自有浅深。无功则事业且无，何有名声？无己则并己神亦无，何有事业？下文逐一证之：许由，圣人也；藐姑射，神人也；四子，至人也。”

再说，屈大均所著《读庄子》(见《翁山文外》卷十，有论其“化”，也值得一读一悟。

其一，屈氏揭示《庄子》是一部“化书”，是述化、阐化、论化、辨化之智慧典籍。如其所论：“漆园之书，化书也。化之云者，形化而后仙，神化而后圣，乃为逍遥之至也。列子御风，旬有五日，斯反矣，以有待也。有待乎风，则其未化也，可知周之俄然为蝴蝶，蝴蝶俄然为周也。且为蝴蝶而不知其为蝴蝶，为周而不知其为周也，以能化也。故夫鹏之飞，蝴蝶之飞，即周之飞也。其飞以怒，怒者其神乎？喜者其精乎？喜不能飞，以怒而飞，盖精不能飞，以神而飞也。六月息者，阳之气生于十一月，而息于六月；龙以六月而潜，故鹏以六月而息也。九为阳，六为阴，鹏之上以九万里飞于阳之终也，息以六月，息于阴之始也。此庄生自喻其变化之用也。”

其二，再论“由变化之用”至于造化之妙。如其进而阐说：“又鹏也，蝴蝶也，是皆所谓姑射之神人也，其尘垢秕糠犹将陶天地、铸日月，而况于尧舜乎！鹏之在天，亦犹野马、尘埃之在空，下视天一苍苍也，天视下亦一苍苍也，皆一气絪缊之所为。”庄子“化”之灵思真是变化无穷，美妙无比。

庄子“观”之哲学智慧

庄子别具慧眼，故其于天地世事万物之“观”，既能用自己的哲学智慧去“观”，又能再发现所观之深里的奥秘，“观”得其中的智慧哲学，从而在双向互动中不断推进心智的丰富与升华。

《秋水》黄河之神河伯与北海之神若有段对话，就是一个极好的典范。

河伯曰：“若(为此，如此)物之外(外表，表像)，若物之内(内里，内质)，恶至(何从)而倪(区分)贵贱？恶至而倪小大？”

北海若曰："以道观之，物无贵贱。以物（自身）观之，自贵而相贱。以俗（世俗）观之，贵贱不在己。以差（物之间差别）观之，因（因顺）其所大而大之，则万物莫不大；因其所小而小之，则万物莫不小；知天地之为稊米（细小米粒，稊 tí）也，知豪末之为丘山也，则差数睹矣。以功观之，因其所有而有之（以为有功劳），则万物莫不有；因其所无而无之（以为没有功劳），则万物莫不无；知东西（指对立面）之相反而不可以相无，则功（功用）分（本分）定矣。以趣（趋，趋向）观之，因其所然而然之（以之为然），则万物莫不然；因其所非而非之，则万物莫不非；知尧、桀之自然（自以为然）而相非，则趣操（操守）睹矣。昔者尧、舜让（禅让）而帝，之（子之，燕国宰相）、哙（燕国王）让（禅让于子之）而绝（几乎灭绝），汤、武争而王，白公（名胜，楚平王之孙）争而灭（被杀）。由此观之，争让之礼，尧、桀之行，贵贱有时，未可以为常也。梁丽（指屋栋之材）可以冲（冲击）城，而不可以窒（堵塞）穴，言殊器（器物大小不一，用途也不一）也。骐骥、骅骝（骏马）一日而驰千里，捕鼠不如狸（野猫）狌（shēng，黄鼠狼），言殊技也。鸱鸺（chī xiū，猫头鹰）夜撮（抓取）蚤，察豪末，昼出瞋目（睁大眼）而不见丘山，言殊性也。故曰，盖（盍，怎么）师是（以此为师）而无非、师治而无乱乎？是未明天地之理、万物之情者也。是犹师天而无地，师阴而无阳，其不可行明矣。然且语而不舍，非愚则诬（欺骗）也！帝王殊禅，三代殊继。差（错）其时逆其俗者，谓之篡夫（篡逆之徒）；当其时顺其俗者，谓之义之徒。默默乎河伯！女恶知贵贱之门、小大之家！"

《秋水》描叙了各种视角下的"贵贱"观，此择其要略说。（1）"以道观之，物无贵贱"。这是因为道通为一。如《注》："各自足也。"《疏》："道者，虚通之妙理；物者，质碍之粗事。而以粗视妙，故有大小，以妙观粗，故无贵贱。"（2）"以物观之，自贵而相贱"。这是因为均从自我立场出发。《疏》："夫物情倒置，迷惑是非，皆欲贵己而贱佗，佗亦自贵而贱彼，彼此怀惑，故曰相也。"（3）"以俗观之，贵贱不在己"。这是因为世俗观之误，就误在不识道的世俗上。《疏》："夫荣华戮耻，事出傥来，而流俗之徒，妄生欣戚。是以寄来为贵，得之所以为宠；寄去为贱，失之所以为辱；斯乃宠辱由乎外物，岂贵贱在乎己哉！"（4）"以趣观之，因其所然而然之，则万物莫不然；因其所非而非之，则万物莫不非。知尧桀之自然而相非，则趣操睹矣。"这是因为从各自的趋向操持来看问题。《注》："物皆自然，故无不然；物皆相非，故无不非。无不非则无然矣，无不然则无非矣。无然无非者尧也，有然有非者桀也。然此二君各受天素，不能相为，故因尧、桀以观天下之趣操，其不能相为也可见矣。”（5）“以道观之，何贵何贱，是谓反衍。”“物之生也，若骤若驰，无动而不变，无时而不移。何为乎？何不为乎？夫固将自化。”这里说“反衍”“自化”，即一切在反复运行，都在自然而然地变化！《注》：“贵贱之道，反复相寻。”“若有为、不为于其间，则败其自化矣！”

庄文之说有一定的道理，然而也不可视为必定之理。张岱年曾评论：“‘反衍’即向相反的方面转化。贵可以转为贱，贱可转为贵，贵贱无别。‘自化’即自然变化。何为何不为，不必考虑取舍，一切任其自然。但是，事实上，取舍是不可避免的。《秋水》下文云：‘明于权者不以物害己。……谨去就，莫之能害也。’还是要有去就，要避免灾害。庄子的价值观终于陷入自相矛盾。”（《张岱年哲学文选》）

这里显示出丰富的“六观”之多元：以道观之、以物观之、以俗观之、以差观之、以功观之、以趣观之。此种多元化、多维度、多角度、多层次之“观”，是作深观、活观、妙观。当然世事的观察还不仅仅限于此几端，还可以举一反三，执少驭多。

“观”字《庄子》全书出现76次，不谓不多，而有看、观察、游观、欣赏、给人看等意思。而在庄子那里，最为关键的是以“道”观之，全书多次说到，如《天地》：“以道观言（言论）而天下之君正（名正言顺），以道观分（名分）而君臣之义明，以道观能（才能）而天下之官治，以道泛观（博览）而万物之应（对应）备。”从道观之，是观到根本上、宗旨上，源头上了，是深层的哲学观照了！

这里再忆及哲学家傅伟勋曾有赞评：由于新儒家过分执持未经高层次哲学反省而形成的有无两橛观，一味排斥大乘佛学与老庄形上学，而未曾了解儒道佛三家所代表的中国形上学，就其深层结构言乃是一种我所谓“顾及全面的多层远近观”。最显著的例子是天台宗的空假中圆融三谛、华岩宗的四法界观、十玄缘起无碍法门、六相圆融，以及起信论扬弃空有二宗而建立的如来藏思想；而庄子在《秋水篇》中所云“以道观之，物无贵贱；以物观之，自贵而相贱；以俗观之，贵贱不在己。以差观之，……以功观之，……以趣观之，……”，可以说是彰显中国形上学特有的“顾及全面的多层远近观”最有代表性的话语。儒家形上学亦是如此，程伊川《易传·序》中的一句名言“至微者理也，至著者象也；体用一源，显微无间”，颇有会通老子首章“此两者同出而异名，同谓之玄”之处，亦可看成足以代表中国形上学基本立场的另一种阐明。在宋明儒的论著，我们可以随处发现全面性的多元洞视，譬如王阳明《传习录》(卷上)中的“自其形体也谓之天；主宰也谓之帝；流行也谓之命；赋于人也谓之性；主于身也谓之心”，或程氏遗书(卷十八)中伊川所云“在天为命，在义为理，在人为性，主于身为心，其实一也。”等是。我们挖掘儒道佛三家形上学的深层结构而规定之为“顾及全面的多层远近观”，一方面可以避免重蹈儒家曲解佛、道二家形上学本质的覆辙，另一方面又可以重新公平地探究三家所合所分的终极关键，再进一步更可以面对西方哲学的挑激开拓出一条批判地继承并创造地发展中国形上学的现代化理路出来。(傅伟勋《从西方哲学到禅佛教》，三联书店)

这里揭示得很到位，当然我们还可以说，庄子的这种“观”，又是一种流观、巡观、游观，是灵动活泼、往返回环的观，既观万物之往由一而生生至于万，也观其复归，由万而返于三，三返于二，二返于一。这又沟通了老子所说：“万物芸芸，吾观其复。”

庄子直觉、模拟思维助力科学研究

庄子的哲学思维智慧既是极其深邃，又且非常富有。譬如其直觉思维、模拟思维的智慧就曾深刻地影响到后人，不仅是哲学家、文学家，还至于科研工作者、科学家。这里也略作例析。

一、直觉思维智慧

庄子所具有的直觉思维智慧是很突出的。什么是直觉思维？后世的研究认为，这是一种创造性的心理活动和认知能力，一般就指没有经过严格的逻辑推理和演绎过程而直接获得认识的思维能力。笛卡尔曾指出，直觉是“从理性的灵光中降生的”，是一种与演绎推理不同的认识能力或思维形式。荷兰哲学家斯宾诺莎认为直觉是一种最重要的认识能力，只有通过直觉，“才可以直接认识一件事物的正确本质而不致陷于错误”，通过它才能使人认识到无限的实体或自然界的本质。莱布尼茨把认识自明的理性真理的能力称之为自觉。今人一般认为直觉是以逻辑思维的凝缩形式进行思考的继续，在科学认识(发现、发明)过程和艺术创造活动过程中，直觉有着重要的作用。

庄子的直觉思维智慧既有传承于老子的，又加以自我的拓展运用。譬如著名的“濠上观鱼”问答，庄子说的“知鱼之乐”，这就是一种直觉思维的智慧。有意趣的是，不仅是文人，连科学家也解读出其中的另一番智能与情趣来。譬如著名的现代物理学家、日本首位诺贝尔奖获得者汤川秀树（1907—1981），1949年因提出介子理论获得诺贝尔物理学奖。他曾说："和其它物理学家不同，对我来说，长年累月吸引我，给我最深影响的是老、庄等人的思想。它虽是一种东方思想，但在我思考有关物理学问题时，它仍不知不觉地进入其中。"我曾读到研究者徐水生《古老道家与当代物理学》，副题"以诺贝尔奖获得者汤川秀树为例"（见宫哲兵主编《当代道家与道教》，湖北人民出版社），很有启发。论文从诸多方面论说：如道家关于发展与变化的思想与现代物理学发展趋势极为合拍；道家关于概念和真理的相对性思想可以获得现代物理学的非凡新意；道家的直觉思维"贯穿着现代物理学的精神"；道家的模拟思维是一种创造性的形式，有利于现代物理学"寻找前所未知的真理"；道家的智慧和汤川物理学的成就等，笔者读来很有启发。这里采撷之，可供深一层了解《庄子》智慧的多元意义与价值作参考。

二、庄子智慧对科学研究的助力

关于汤川秀树的"基元域"概念的形成，他曾阐述："1950年，我发表了关于非局域场的理论，想将它作为和实体论、本质论的一种综合统一的第一步。这时，在宇宙线中发现了未被预计到的几种新粒子。……然而，再进一步，希望更大，困难也越大，感到要达到应满足的理论需一个较长的时间，实际从这以后到今天的二十多年，我仍进行着恶战苦斗。其中，我想起了种种东西，成此契机的一个是在基本粒子研究上用新形式恢复的一般相对论精神，还有一个是想起了长期被遗忘的庄子。尽管时代相隔甚远，然而在将哪一方都可相容时、空（天地）和作为内在东西的物质、能量（万物）的相互关系问题上，二者有共同点。在这里有其他种种思想中所看不到的独特。如我在《基本粒子》中所述，想起了吸取庄子思想营养的诗人——李白在某文的开头中的'天地者万物之逆旅，光阴者百代之过客'等句，于是在1966年某日终于将我的苦心思索结晶为基元域的概念。"这里由李白而庄子的智慧给予了汤川秀树科研的助力。

再如他的粒子物理学上"混沌"说之产生，亦然与《庄子》有某种巧妙的关系。汤川秀树《创造力和直觉》说到自己突然悟觉："每种基本粒子都带来某种谜一样的问题"，"更加可能的是万物中最基本的东西并没有固定的形式，而且和我们今天所知道的任何基本粒子都不对应。它可能是有着分化一切种类基本粒子的可能性，但事实上还未分化的某种东西。用所惯用的话来说，这种东西也许就是一种'混沌'。正当我按这样的思路考虑问题时，我想起了庄子的（混沌）寓言。""在他的著作《应帝王篇》中，'混沌'是和基本粒子世界相通的。庄子说，如果笨拙地把某种相貌强加给混沌，就意味消灭混沌。虽然这样的一种说法在不同的人看来将有不同的意义。但是在我看来它揭示了我们在基本粒子方面遇到的那种形势。”

再有另一番高见：“（濠梁之辩）此话表面类似禅的问答，实际上很不一样。禅总是把论证进行到科学无能为力之处，但庄子和惠子的问答表现了与科学的合理性和实证性有关的看法。惠子的论证方法看起来似乎比庄子更有逻辑性。一般认为，像鱼之乐这类很难下明确的定义，不承认实证是不可能的看法，接近科学的传统观点。尽管我自己是位科学家，但与庄子所说具有很强的同感。”有说20世纪60年代有人请汤川秀树题字时，他常写“知鱼乐”条幅。如名古屋大学理学院会议室墙上曾长期挂着汤川所写的“知鱼乐”条幅。他甚至在1965年9月在京都召开的纪念介子理论提出三十周年的基本粒子国际会议上，将“知鱼乐”的典故英译给外国的物理学家，引起他们极大的兴趣。

日本著名物理学家阪田昌一曾揭示庄子直觉思维方法的现实意义，说：庄子的“‘知鱼乐’的精神正是贯穿着现代物理学的精神，它把隐蔽在现象背后的本质作为问题提出来了”。（《阪田昌一科学哲学论文集》，知识出版社）

汤川秀树曾说：“模拟是这样一些方式中最具体的一种。”

《大宗师》里有载：“故善我生者，乃所以善吾死也。今之大冶铸金”至于“成然寐，蘧（qú）然觉”的那段文字，大约汤川秀树也深有触悟，所以在基本粒子的“生死”问题上，汤川秀树又有说：“庄子认为人在巨大的天地之中，是由肉眼看不见的铸型铸出的，到时又重铸成别的东西，将此比喻成生死没有什么大的差别，以超越死亡。与其作人类来看，倒不如说将此看成是基本粒子的生死问题。尽管这是古代庄子的思考，但与我的思考极其相似。在我看来，庄子是一位真正了不起的思想家。”这种触悟，极有启发意义。

研究者徐水生有评说：“汤川在这里站在现代物理学的高度诠释了庄子关于天地造化的思想，别有新意。”“当然，汤川秀树将古老的道家智慧融合在其现代物理学的理论创造之中是有一定条件的：其一是掌握了科学的现代物理学理论，其二是以大量的物理学试验为基础，其三是熟悉西方的思维方法，其四是对道家哲学有精深的理解并进行了创造性地转换，而绝非是简单的比附和形式上的套用。”

至此，我则又再次想起国学大师王国维《国学丛刊序》里有论：“学无新旧也，无中西也，无有用无用也。”学无新旧古今之分、学无中方西方之分，学无有用无用之分，此说每次读来真有醍醐灌顶之感，行文至此感慨再次油然而生！这又启发，世间学科之间的似乎存有种种隔阂，其实往往是可以超越、融贯、互动、催化的！

阴阳哲智：静阴同德·动阳同波

阴与阳，是古代哲学家提出的重要哲学范畴，庄子于阴阳哲学的思考是深邃且丰富的。

一、略说阴阳哲学之意涵

阴、阳成为中国哲学的重要范畴，是从其本义的意蕴里生发引申出来的。“阴”本指水的南面或山的北面。《说文》：“阴，暗也；水之南、山之北也。”段注：“暗者，闭门也，闭门则为幽暗，故以为高明之反。”“山北为阴。”又“阳”指山的南面或水的北面。《说文》：“阳，高、明也。”段注：“暗之反也。不言山南曰易者，阴之解可错见也。”《释名》：“丘高曰阳，丘体高近阳也。”由此而抽绎成为哲学范畴。

阴阳作为哲学范畴，或可追溯至西周。幽王二年（前780），西周地区泾、渭、洛之三川皆震。《国语·周语上》载周大夫伯阳父曰：“周将亡矣！夫天地之气，不失其序；若过其序，民乱之也。阳伏（阳气沉伏）而不能出，阴迫（为阴气逼迫）而不能烝（升起），于是有地震。今三川实（确实）震，是阳失其所而镇阴（被阴气镇压着）也。阳失（失去位次）而在阴（在阴气之下），川源必塞；源塞，国必亡。夫水土演（水气地气演化畅达）而民用也。水土无所演，民乏财用，不亡何待？昔伊、洛竭而夏亡，河竭而商亡。今周德若二代之季矣，其川源又塞，塞必竭。夫国必依山川，山崩川竭，亡之征也。川竭，山必崩。若国亡，不过十年，数之纪也。夫天之所弃，不过其纪。”其结果，“是岁也，三川竭，岐山崩。十一年，幽王乃灭，周乃东迁”。这段文字是被引用论述“阴阳”之说的经典之论。

老子于阴阳哲学范畴之化用，深具智慧与影响。《老子》42章：“万物负阴而抱阳，冲气以为和。”此说万物负抱着阴阳，即包蕴、怀藏着阴阳。这是两种互相对立而又依存的气，作为产生万物的始初物质，并又用以代表自然界和社会两种相互对立的最基本的矛盾势力或属性。阴阳二气相互激荡交融，在对立统一的矛盾运动中成为“和”，即是万物的始基之因。宇宙间万物均在阴阳相互作用中产生、发展与消亡，这是老子哲学体系里的重要内容与智慧。再如《周易·系辞上》："一阴一阳之谓道。"此等阴阳之说，庄子既继而承之，而又有自我于阴阳的湛思与论述，是其哲学体系的重要内容。

庄子于万物生成、宇宙变化的过程，有深刻的阐发和描述：1.道，《大宗师》："在太极之先而未为高。"2.阴阳未分阶段，"太冲莫胜"（《应帝王》）。此是天地未生之前的元气，即为"太极"。阴阳二气处于极其均衡和谐状态，如此则阴阳互不相胜。3.太清、太虚，指太空，或空虚的自然。4.太一，指元气。《列御寇》："太一形虚。"（《天下》）5.泰初，即太初，元气萌动之前。《天地》："泰初有（存在）无。"

庄子又认为阴阳是贯通自然与人事的两大对立面。

1.《人间世》："夫以阳（阳刚，刚猛）为充（充满）孔（很，甚）扬（显露，彰明）。"这是孔子对颜回说的话，批评卫国君是亢阳之性，也即是刚猛之性，充张于内心，强暴之甚，且彰显于外。

2."阴阳于人，不翅于父母"。（《大宗师》）"不翅"即是不啻，不止，如同。《注》："自古或有能违父母之命者矣，未有能违阴阳之变而距昼夜之节者也。"《疏》："故知违亲之教，世或有焉；拒于阴阳，未之有也。"

二、揭示：阴阳并毗·阴阳之沴

《在宥》："人大喜邪（yé，同'耶'），毗（pí，破坏、损伤，或说助）于阳（阳气）；大怒邪，毗于阴（阴气）。阴阳并（一并，互相）毗，四时（初夏秋冬）不至（不调），寒暑之和不成（不调和），其反（相反，反而）伤人之形（形体）乎！使人喜怒失位（失当），居处无常（指妄动），思虑不自得（自主），中道不成章（指失去中道而没有条理），于是乎天下始乔诘（不平，指不和）卓鸷（强横，指不谐），而后有盗跖、曾（曾参）史（史鱼，以正直仁孝著称）之行。"此则认为人之喜悦欢乐近于阳，忧患发怒近于阴。人生在世无人能免除七情六欲，然而喜怒无常者、大喜大怒者往往不利健康。如忧患和欢乐相冲突而引起的祸，即如其《人间世》所说："则必有阴阳之患。"这里也联想起《黄帝内经·素问·阴阳应象大论》："阴阳者，天地之道也，万物之纲纪，变化之父母，生杀之本始，神明之府也。治病必求于本。故积阳为天，积阴为地。阴静阳躁，阳生阴长，阳杀阴藏。阳化气，阴成形。"这里还以阴阳来区分人身之五脏六腑，作为治病的依据。

如何面对阴阳不和之"沴（lì）"？《大宗师》："阴阳之气有沴，其心闲而无事。"《注》："沴，陵乱也。"再说"沴"字若溯源，则很有意味，《说文》："沴，水不利也。"沴，本义是说水流不畅，则为沴。《玉篇》："沴，相伤为之沴。”此引申为不利而相伤害。《篇海类编》：“沴，阴阳气乱曰沴。”《庄子》此说阴阳之气不和而成凌乱，则为不利而相伤害，便遭至疾患，生发灾害。然而此时亦当心神闲逸，心灵不为所累，即既已来之，不如顺之。

三、阴阳与人世的多元渗透

再剖视阴阳渗透于世间甚深甚广，此再略示点滴。如《人间世》：“且以巧斗力（以力相斗而争胜）者，始乎阳，常卒于阴，泰（大）至则多奇巧。”本来开始时是互相戏玩，此出于“阳”，指喜欢。“阴”，指发怒。然而后来则产生胜过对方的念头，这便是归终于“阴”了，至于愤怒之极，欲胜之念更甚，则情多奇诡，巧诈百端了。《疏》：“阳，喜也。阴，怒也。夫较力相戏，非无机巧。初始戏谑，则情在喜欢，逮乎终卒，则心生忿怒。好胜之情，潜以相害。世间喜怒，情变例然。此举斗力以譬之也。”这是世间的另一种阴阳了。

“知天乐者”，“静而与阴同德，动而与阳同波”（《天道》《刻意》），《疏》：“妙本虚凝，将至阴均齐寂泊；应迹同世，与太阳合其波流。”

《在宥》黄帝对广成子曾说：“吾又欲官（掌管，主宰）阴阳，以遂群生，为之奈何？”广成子对答，则有说：“我为女（汝）遂（到达）于大明（太阳）之上矣，至彼至（最）阳之原（源）也；为女（汝）入于窈冥之门矣，至彼至阴之原也。天地有官（主宰，驾驭），阴阳有藏（zàng，储藏之地），慎守女（汝）身，物将自壮。”

《天道》：“静而与阴同德，动而与阳同波。”“同德”，即是相符合、一致。“同波”，钟泰《庄子发微》注：“‘静’‘阴’以体言，故曰‘同德’。‘动’‘阳’以用言，故曰‘同波’。‘波’者，播也，播散之于万物也。”

《天运》记载，孔子行年五十一而不闻道，曾欲求之于度数，而五年未得；又欲求之于阴阳，而十二年未得，故求教于老子。此虽或为寓言，但说明度数与阴阳之道是深湛而难明的。

《天运》数次说到“阴阳”。其一，如音乐与阴阳之间的关系，曾诗意地描述：“一清一浊，阴阳调和，流光（光彩闪耀）其声。”《注》：“自然律吕，以满天地之间。但当顺而不夺，则至乐全矣！”《疏》：“清，天也。浊，地也。阴升阳降，二气调和，故施生万物，和气流布，三光照烛，此谓至乐，无声之声。”其二，再说：“又奏之以阴阳之和，烛之以日月之明。”《注》：“所谓用天之道。”《疏》：“言至乐之声，将阴阳合其序，所通生物，与日月齐其明。”其三，孔子求教老子，曰：“吾求之于阴阳，十有二年而未得。”孔子何等智慧，但是居然琢磨了这么长时间犹未能了悟其阴阳，即天地之造化之道，故求教于老子。

《注》："此皆寄孔老以明绝学之义也。"《疏》："十二年，阴阳之一周也。而未得者，明以阴阳取道，而道非阴阳。故下文云：'中国有人，非阴非阳。'"其四，孔子见老聃后，三日不谈，最后高度评价，其中有赞其"乘乎云气而养乎阴阳"，《疏》："言至人乘云气而无心，顺阴阳而养物也。"此见阴阳理念在《庄子》那里具有重要的位置。

《则阳》有对阴阳的再论说，如太公调曰："是故天地者，形之大者也；阴阳者，气之大者也；道者为之公。"《疏》："天覆地载，阴阳生育，故形气之中最大者也。天道能通万物，亭毒苍生，施化无私，故谓之公也。"又曰："阴阳相照（照耀）、相盖、相治，四时相代、相生、相杀。"《疏》："夫三光相照，二仪相盖，风雨相治，炎凉相代，春夏相生，秋冬相杀，岂关情虑？物理自然也。"

《外物》还描述阴阳不和的情景："阴阳错行，则天地大絯（hài，通'骇'，惊动），于是乎有雷有霆，水中有火，乃焚大槐。"此古人看法，认为因阴阳反常，而天地秩序淆乱，水中有电火，乃焚烧大槐等树木。

庄子又曾描绘了"阴阳和静"的境界。《缮性》："古之人，在混芒（蒙昧状态）之中，与一世而得澹漠（恬淡无为）焉。当是时也，阴阳和静，鬼神不扰，四时得节，万物不伤，群生不夭，人虽有知，无所用之，此之谓至一（最和谐的统一）。当是时也，莫之为而常自然。"这当然是庄子心灵的向往了，历史、社会的倒退是不可能的，因此现代人读来似乎觉得迂腐，然而人若能心斋，涤除玄览，何尝不能回到心灵阴阳和静的境地！

庄子又有关于心灵阴阳之寇的揭示，譬如若喜怒交战于心，得失盘桓于胸，便处溺于水深火热之中了。《庚桑楚》："兵莫憯（cǎn，惨，或说利、锐利）于志，镆铘为下；寇（侵犯）莫大于阴阳，无所逃于天地之间。非阴阳贼之，心则使之也。"上句是从贼害人来说，兵器虽锐利却比不过心志，即使是镆铘那样的利器也属下等的。如林云铭说："志之为兵，伤人之心。镆铘，则伤人之形而已。"作为寇之侵犯来说，则没有比阴阳的变化更大的，因为人无法逃脱天地阴阳。再进而言之，其实又非阴阳的变幻伤害人，而关键是心灵的问题。如《注》："此非阴阳能贼害于人，但心有躁竞，故使之然也。"《疏》："域心得丧，喜怒战于胸中，其寒凝冰，其热燋（jiāo）火，此阴阳之寇也。夫勍（qíng，强）敌巨寇，犹可逃之，而兵起内心，如何避邪！""此非阴阳能贼害于人，但由心有躁竞，故使之然也。"因此老子讲究"涤除玄览"，庄子注重"心斋"均可与此说共悟！

高卓哲论：庄子论语言的相对性

庄子笔下的语言是如此的汪洋、诡谲、超妙，一代代人都赞叹其杰出的语言才能，然而截然而异的是，庄子又是对语言充满怀疑，发现语言的局限性，充分显示其语言思维与运用能力的高超绝伦。

一、言者在意·得意忘言

《外物》："荃者所以在鱼，得鱼而忘荃；蹄者所以在兔，得兔而忘蹄；言者所以在意，得意而忘言。吾安得夫忘言之人而与之言哉。""荃"，或作"筌"。此一名段，由说得鱼忘荃、得兔忘蹄而至于得意忘言。此以鱼、兔拟喻意，以荃、蹄拟喻言，其高超智慧不仅是生动的拟喻，而是揭明得鱼、得兔是目的，而荃、蹄只是达到目的的工具和手段。如此由语言去超越语言，由言者得意，却又超越其意，忘却语言。言语、言辞、言说是用来表达意思、内容的，得到意旨而就可以忘记、丢去那些了。"得意忘言"，从此经久不废，成为成语。

三国魏王弼《周易略例·明象》又有所扩充，以象作为"言"与"意"之间的中介构成"意一象一言"的链接："夫象者，出意者也。言者，明象者也。尽意莫若象，尽象莫若言。言生于象，故可寻言以观象。象生于意，故可寻象以观意。意以象尽，象以言著。故言者所以明象，得象而忘言。象者所以存意，得意而忘象。"这里又是对《周易》里的象、辞来说的，卦象是表达圣人之意的；卦辞、爻辞则用以说明卦象，明白了卦象的含义就会忘掉卦辞、爻辞，懂得了圣人的意思就可以忘掉卦象。以此说明忘掉言、象是得意的条件。言语、物象只是圣人思维"得意"的工具，目的达到后自然可以不再在意"工具"的"去留"。此"得意在物象，得象在忘言"又对后世的艺术批评发生深远影响。

有意思的是，此段主旨在讲"得意忘言"，然而后人却反庄子其道而行之，不仅既得其庄意，也没有忘其庄言，出自其中的"得兔忘蹄""得鱼忘筌""得鱼忘荃""得意忘言"均已为成语，而一代代地流播人口。如郭沫若《新旧与文白之争》："我们读书求学的，要在得意而忘言，得鱼而忘荃。"后来"得意忘言"也引申为彼此默喻，心照不宣。如清代王士祯《香祖笔记》："唐人五言绝句，往往入禅，有得意忘言之妙。"

"得意忘言"又被引进了文艺学、美学等领域，"言"不仅指一般言词，也指一切艺术语言（符号），如绘画的线条、色彩，音乐的旋律、节奏，文学的语言等。指出一切艺术任务，都旨在表达艺术家构思的主题和思想内容以及艺术家的情趣等。欣赏者的任务，在于透过艺术符号去把握艺术作品所包含的意蕴，而不在于按文责实，以言为意，拘泥于艺术符号本身。

二、惠子与庄子的对话

《外物》有这样的记载：

惠子谓庄子曰："子言无用。"

庄子曰："知无用而始可与言有用矣。天地（偏义复词，即是指'地'，或说'天'当作'夫'）非不广且大也，人之所用容足耳，然则厕（侧）足而垫（挖掘）之，致黄泉，人尚有用乎？"

惠子曰："无用。"

庄子曰："然则无用之为用也亦明矣。"

为什么惠子评价庄子之言是"无用"？正如《疏》："庄子，通人也。空有并照，其言宏博，不契俗心，是以惠施讥为无用。"庄子回答很巧妙，先是顺着说：既然知晓"无用"，那么就可以开始与你谈论"有用"了。庄子接着再说：大地不是不广且大，但人所用大地却仅仅只是容纳两脚的小块地方。既然如此，那么向两足站立地方的外面向下挖掘到黄泉，人站立的那块孤立的插足之地还有作用吗？惠子回答，没有用。庄子接着说：没有用处的用处也就明白了。《疏》："夫六合之内，广大无最于地，人之所用，不过容足。若使侧足之外，掘至黄泉，人则战栗不得行动，是知有用之物，假无用成功。""直置容足，不可得行，必借余地方能运用脚足。无用之理分明，故《老子》云：'有之以为利，无之以为用。'"

三、敏察联络：道与名·道与言

庄子与老子一样常将"道"与"名"，或与"言"并提联络。譬如《知北游》："道不可言，言而非也。"《则阳》："道之为名，所假而行。"

《庄子·知北游》："道不可闻，闻而非也；道不可见，见而非也；道不可言，言而非也；知形形（即指创造形体、产生形体）之不形乎，道不当名。"庄子认为，道之诸"不"是"不可闻""不可见""不可言""不当名"。

四、语言：所贵·所限

《天道》里有说："世之所贵道者，书也。书不过语，语有贵也。语之所贵者，意也。意有所随，意之所随者，不可以言传也，而世因贵言传书。"这里显示这样的思维逻辑：世贵道之书——书贵语——语贵意——意所随——不可言传。

庄子既能把文字语言演绎得出神入化，也惟其如此，又能更深层地感悟到语言文字也有其局限性，尚有甚多者不能被言语传达出来。譬如老子名言“道可道，非常道；名可名，非常名”即是如此，故又有“妙不可言”之说。

五、言与不言

1.终身言，终身不言。《寓言》：“言无言，终身言，未尝不言；终身不言，未尝不言。”

2.人生之“二不”：不言·不知。《知北游》：“夫知者不言，言者不知。”

3.宇宙间“三不”：不言·不议·不说。《知北游》：“天地有大美而不言，四时有明法而不议，万物有成理而不说。”《注》：“此孔子之所以云‘予欲无言’。”《疏》：“夫二仪覆载，其功最美；四时代叙，各有明法；万物生长，咸资道理；竞不言说，曾无议论也。”宇宙间大美不言、明法不议、成理不说，这些是隐蔽着的，是默然不宣的。然而不言而在言，不议而在议，不说而在说，因为无限的信息就在其中无限地吐露出来。

当然，要能知其言，明其议，解其说，大约是最杰出的人物了。故又有曰：“圣人者，原天地之美而达万物之理。是故至人无为，大圣不作，观于天地之谓也。”至人圣人不仅明白其中不言之道理，且能原美达理，法天地万物之美理，无为不作，而能无为无不为，不作而无不作。

4.不教之言：《知北游》：“夫知者不言，言者不知，故圣人行不言之教。”

六、庄子说“万”“道”的启示

《则阳》：“今计物之数，不止于万，而期（指限止）曰万物者，以数之多者号（称号，下同）而读（说出，念，下同）之也。是故天地者，形（形体）之大（最大）者也；阴阳者，气（元气）之大（最大）者也；道者为之公（指公正，无私），因其大以号而读之，则可也。已有之矣，乃将得比哉？则若以斯辩，譬犹狗马，其不及远矣。”这里敏悟到用“万物”来指称不止于千千万万之物；由此而及“道”之称，本无其名，则因其“公”与“大”，把天地、阴阳都贯通了。虽然虚无缥缈，但可强名为“道”。如此还有什么可以与“道”的名称相提并论呢？

七、言论意致·物之粗细

《秋水》：“可以言论者，物之粗也；可以意致者，物之精也；言之所不能论，意之所不能察致者，不期（不能限定）精粗焉。”此名言是说，可以用言论来谈论的，是属事物外在的粗浅的表层；可以用心意获致的，是属事物内在的精深的实质。言语之所不能谈论的，心意之所不能察致的，那就不能限定于或精或粗的范围了。

确实，真正至精至深的大道是不可言说的，心意之所不能察致而得的。此正如老子曰："道可道非常道，名可名非常名。"此番话对于后世具有重大影响，特别在绘画的品论、文章的评论都具有很大的影响。

最后，想到上面所引"言（言同于）无言，终身言，未尝不（'不'或谓衍文）言；终身不言，未尝不言。"（《寓言》）确实，"言"与"无言"，这里也有个"有"与"无"的哲学。"言"与"无言"或可同一。有人唠叨不休，终身在言说，然而虽言说却像是未曾言说。有的终身不言说，却未尝不言说。是耶，非耶？值得人们再思索！

笔载远古：神话与传说·历史与功绩

历史是曾经的经历、跋涉过的足迹、记忆、载录，回首历史是认识过去，以更好明白当下、瞻望未来。神话传说是时代文化、智慧、思想、精神的精华，《庄子》中的神话就是汲足历史与当时已有的精蕴后，又是自我盛放出的惊艳奇葩，是传承千载的中华文化璀璨瑰宝。此略选析《庄子》的神话传说及对保护古神话的历史功绩。

一、略说"混沌开凿"神话

《应帝王》"日凿一窍，而浑沌死"此则内容，是寓言，又是神话。如何去求解破译，也是历来解读者、研究者饶有趣味的探究之题。学者常从各个维度来破解。

神话学家袁珂说："这个有点滑稽意味的寓言，包含着开天辟地的神话的概念。混沌被倏忽——代表迅疾的时间——凿开了七窍，混沌本身虽然是死了，但是继混沌之后的整个宇宙、世界也因之而诞生了。"（袁珂《中国神话传说》，中国民间文艺出版社）这是喻示在时间之流中，在生与死的转化里，一切在进化着在演变着。

人类学家张光直评论："《庄子》中的一条，虽是寓言形式，但表现儵（倏）忽为混沌开凿而使之死，似表现同一母题。"此即有关中国创世神话的原型与母题的关系。有学者或认为所有民间故事的成分，分为两类，即原型与母题。"原型为一'有独立存在性的传承故事'，虽有时'可与其它故事一起讲述。'母题则为'故事中有延续传承下去之力量的最小因素。'母题分为三种：（1）故事之主角，（2）为故事背景之若干物事，（3）事件。事件在母题中为数最多，且能单独存在。故事之一原型可以只有一个母题（多为事件），也可以有许多母题。”（张光直《中国创世神话之分析与古史研究》，见马昌仪编《中国神话文论选粹》下册）

张光直又有论析：“混沌生天地”之说，见于《庄子》，当为先秦的学说，与当时的哲学思想或有密切的关系。此一中国创世神话诸单位之一，持续至汉，与二始祖或化万物之始祖二单位相结合；前者见《淮南子》阴阳二神经天营地之说，后者见于盘古开天辟地之说。又“二始祖”之出现，《庄子》儵忽二神已示其端倪。在先秦时代，二始祖之观念或与“天地”“阴阳”之生相符合，为后一观念人化的结果。另外“天生十日”的记载，也见于《齐物论》：“昔者十日并出。”这里人类学家的解读，让读者可以从另外一个角度去了解《庄子》的这一则神话的内涵。

关于《庄子》里的这一则混沌开凿而使之死的神话，叶舒宪也作出了从“人日创世神话”角度去破译。法国人类学家列维·斯特劳斯指出：神话的意义不是一目了然的字面意义，而是隐藏在结构关系模式中的、需要我们去破解的东西。“一个神话不是从它所反映的当代或古代的制度中取得意义，而是从它在一个转换群里与其它神话的关系中取得意义。”破解神话密码的原则在于确认该神话所从属的具有同一深层结构模式的转换群。按照这一原则，叶舒宪认为混沌开七窍的故事可以列入以七天为结构顺序的创世神话的转换群。

在《庄子》神话中表现为时间之神倏与忽分别与空间方位相认同——“南海之帝”与“北海之帝”。从思维的抽象化程度上看，《庄子》神话已经多少有了将时空分离的倾向（表现为两位创世神既有时间性的名字，又有空间方位的概念标记），因此比人日创世神话更富于哲学性，它充分显示了象征的神话思维向概念推理的哲学思维过渡的特点。

此似乎滑稽而又并非滑稽，似乎荒唐却是意蕴深邃。神话在内里深示时间的威力，时间改变着一切；深晓人类的伟功，人类改变世界；深蕴大道的巍巍，道生德蓄物形势成的规律。在伟大却又悄无声息的时间之洪流中，宇宙、世界、人类在不断地改变着，终至于由混沌展现出非混沌的一切。然而，这个话题可以延伸解读，人们永远处于混沌的开凿之中，面向未来又是新的混沌，天体宇宙、人类社会、宏观微观的一切，等待人们去发现、去开凿是永远没完没了的。

二、颛顼的玄宫之“玄”

颛顼，相传为上古帝王，称为玄帝。姬姓，颛顼有天下，号高阳氏，据说是黄帝之孙，是古代五帝之一，或说为北方帝。《史记·五帝本纪》：“帝颛顼高阳者，黄帝之孙而昌意之子也。”他相传生于若水（今四川雅砻江），长而辅佐少昊，二十岁就登帝位，都于帝丘（今河南濮阳西南）。

颛顼虽在《庄子》一书仅出现一次，然而也深有意蕴。《大宗师》：“颛顼得之，以处玄宫。”“得之”，此指得道；“玄宫”，全书仅出现一次，或谓因颛顼称为玄帝，故以此称其所居处之宫。然而，颛顼得道“以处玄宫”，庄子又留下了一个“玄”的体悟空间。此或许是说，因颛顼得玄道，故能在玄宫玄妙地施玄政。

若数说颛顼之“玄”，还真是玄得很。徐旭生《中国古代的传说时代》论说：在古代各帝里面，最难明了而关系又颇为重要的莫过于此帝。其一，一方面是华夏集团中的重要氏族，如有虞氏、夏后氏全对他行祖祭；另一方面又好像属于东夷集团，有说“颛顼生十年而佐少昊”（《帝王世纪》）。另外，《山海经》里又记载他东西南北“无远弗届”的情形，在此书里面除了帝俊以外，没有第三个人。其二，颛顼没有显著的武功，却声名洋溢，超过黄帝（在《山海经》中见面回数的多就是证明），是一件不易明白的事情。

徐旭生指出，“帝颛顼特别重要是因为他在宗教进化方面有特别重大的作用”。如《大戴礼记·五帝德篇》：颛顼“洪渊以有谋，疏通而知事。养财以任地，履时以象天。依鬼神以制义，治气以教民，洁诚以祭祀。乘龙而至四海”等等。这里看到颛顼的神奇的才能与智慧。徐旭生特别指出这些话里表明，颛顼是“鬼神的代表，就是说他是大巫，他是宗教主了”。“不难看出帝颛顼对于宗教关系的特殊性质。不惟如是，帝颛顼主要的事迹是‘命重黎绝地天通’，是‘重实上天，黎实下地’，是‘命南正重司天以属神，火正黎司地以属民’。”又说：“帝颛顼的神通能广大到这步田地！不是大巫，怎能够有这样广大的神通！”

关于颛顼命重、黎的“绝地天通”，即是断绝地民与天神相通的神话，见诸《尚书·吕刑》：“乃命重黎，绝地天通，罔有降格。”孔传：“重即羲，黎即和。尧命羲和世掌天地四时之官，使人神不扰，各得其序，是谓绝地天通。言天神无有降地，地祇不至于天，明不相干。”谓天地各得其所，人于其间建立固定的纲纪秩序。此又见《山海经·大荒西经》《国语·楚语下》等。如《国语》楚国昭王与大夫观射父之议论中有这样的载录：“古者民（治民事）神（奉神明）不杂（不相混杂）”，然而至于少皞（少昊）氏之衰，“九黎（南方部落名）乱德（德政），民（司民之官）神（司神之官）杂糅，不可方（区别）物”。故乃命重为南正，“司天以属神”，即掌管祭祀，使群神各有分序；命黎为火正，掌管土地和人民，“司地以属民”，各有所属，不再有神民互相侵扰之事。

有意思的是，《墨子·非攻下》：“高阳乃命（禹于）玄宫。”王念孙《读书杂志》的《墨子》校补里加上了“禹于”。高阳，或说是天神。徐旭生则有说：此话“又证明高阳同玄宫的密切关系。从这两件互不相谋的史料来看，更可以证明帝颛顼之为高阳氏，毫无疑问”。这里或也可再体悟高阳在“玄宫”，以玄旨“命禹”，使其延续玄智，开拓玄功。

再如，古代能制定历法的也当是一种玄，且为大玄。“古六历”之一就有颛顼历，后又在周朝末年再制定，且又成为秦朝统一后第一个颁行的历法。所谓“古六历”，是黄帝、颛顼、夏、殷、周、鲁六种古历的合称。此为我国最早的历法。在汉武帝颁行《太初历》前曾使用过，其原本早已佚失，现今只能推知其大概。汉初曾流传的所谓“古六历”，学者认为并非黄帝、颛顼、夏禹等所造，而是周末的托古伪作。又屈原《离骚》说楚国王族是“帝高阳之苗裔”，也见某些信息。

总之，庄子文中用一“玄”字来描述颛顼，内蕴深藏！此又可体味王夫之《读通鉴论·平帝》里的话：“古之圣人，绝地天通以立经世之大法，而后儒称天称鬼以疑天下。”可再味颛顼之“玄”。

三、十二氏之载录

《胠箧》篇里有这样的文字——

> 子独不知至德之世乎？昔者容成氏、大庭氏、伯皇氏、中央氏、栗陆氏、骊畜氏、轩辕氏、赫胥氏、尊卢氏、祝融氏、伏牺氏、神农氏，当是时也，民结绳而用之，甘其食，美其服，乐其俗，安其居，邻国相望，鸡狗之声相闻，民至老死而不相往来。若此之时，则至治已。

这是《庄子》里所谓的“至德之世”，且列出了“昔者”的十二氏。《疏》：“已上十二氏，并上古帝王也。当时既未有史籍，亦不知其次第前后。”其《疏》提示两点：一是此仅传闻而已，无明确的文献记载；二是虽列出者有先后，但并非显示真实的时间次序。当然此十二氏里，只有轩辕氏、祝融氏、伏牺氏、神农氏，是曾见于经传的。至于其他的八氏，或如钟泰《庄子发微》认为“必有其人。十口所传，不得遂以子虚乌有目之也。旧注云：皆古帝王名。若以今言之，则部落之酋之较大而贤者耳，决非唐虞以下帝王之比”。

徐旭生《中国古史的传说时代》曾有较详细的评论：《胠箧》“此篇的作者——大约不是庄周，是比他较晚的人——理想着一种‘至德之世’；他很明白地知道这样的好时候晚近未尝有过，又很正确地听说古代有大同时代，这就是说有无剥削、无压迫的原始共产社会时代。但是他所不知道的是有剥削、压迫的阶级社会的存在却是由于生产力有巨大进展，劳动人民生产的成果超出了他们所需要的生活数据，有剩余价值可供剥削才能开始；所以阶级社会的形成虽然又产生出来很多的罪恶，但从社会发展的意义来观察却不能不承认它开始的时候是进步的。”

此文又作出了进一步的论说：“春秋战国的学者知道从前有无阶级社会的存在，对于它的消失发生惋恋的情感——尤其是道家此种情感特别浓厚——我们对于他们这一类精神动态是可以了解的，并不能一概斥为错误。虽然如此，他们不晓得古今生产力的巨大差异的认识却是完全不符合于实际情形的。因为他们不很知道这一点，幻想远古人的生产力同他们当日的也差不多，所以就有‘甘其食，美其服’的说法，把古代的社会完全理想化了。由于他们有返回到原始共产社会的幻象，所以就要尽力搜罗远古氏族的名字及可以附合他们观点的事迹以求证明他们理论的正确。”徐旭生又说：“这一张十二个氏族的单子也许就是作者所能搜罗到的总和。他这样的排列也未必有次序时间的意思，可是此后的人就觉得它有一定的次序，常是或多或少地跟随着它。”此“排列也未必有次序时间”又是和成《疏》之说相合的。

四、关于伏羲·几蘧

伏羲，《庄子》或作伏戏、伏牺氏，共出现4次。(1)《人间世》：“是万物之化伏羲、几蘧(qú)之所行终。”(2)《人间世》：“及燧人氏，伏羲始为天下。”(3)《田子方》：“伏戏、黄帝不得友。”(4)《胠箧》：“伏牺氏。”

“伏羲”，出现在《庄子》一书里的意义，徐旭生《中国古史的传说时代》(增订本，科学出版社)说：“在战国以后伏羲靠着《周易·系辞》的势力成了圣人，可是在春秋时代和以前，他的踪迹一点也没有见着。此后同他合成一人的太皞，据我们的研究，知道他是东夷集团的首长，看不出来他同伏羲有什么关系。早期的书，如《论语》《墨子》《孟子》等书中没有提到伏羲一字。他最早的出现大约在战国的中叶。称述他的第一部书，据我所见当为《庄子》。”这一发现，值得重视，当然还可以继续探讨的。另外与伏羲一起出现的几蘧，或是上古传说时代的又一位帝王名，或许也可注意的。

五、六经与保护神话

“六经”之说首出庄子。有意思的是儒家六部经典之“六经”说，始见于《庄子·天运》。此指《诗》《书》《礼》《易》《春秋》《乐经》。不过关于《乐经》，后世学者或认为因秦焚书而亡失；或认为儒家本来没有《乐经》，“乐”即包括在《诗》《礼》之中。根据古代文献考证，或认为以后说较妥。后来也有称六经为“六艺”的，例如《史记·滑稽传》。不过南宋陆九渊《象山语录》的“六经皆我注脚”，则用来泛指群经。

保存古神话，庄子之一大功绩。茅盾（1896—1981），曾用笔名玄珠撰作了《中国神话研究abc》（世界书局），曾指出战国时代有两种人对保留古神话有大贡献，一是哲学家，二是文学家。文学家采用神话则以屈原为首，而哲学家采用神话则首推庄子。茅盾说：“《庄子》和《韩非子》都有神话的断片，尤以《庄子》为多。今本的《庄子》已非原形，外篇和杂篇，佚亡的很多。所以保存着的神话材料如鲲鹏之变，蜗角之争，藐姑射的仙人，十日并出等，已经不很像神话，或者太零碎。然据陆德明《庄子释文序》则谓《庄子》杂篇内的文章多似《山海经》，或类占梦书，因其驳杂，不为后人重视，故多佚亡。又郭璞注《山海经》，则常引《庄子》为参证。可知《庄子》杂篇的文字很含有神话分子，或竟是庄子的门人取当时民间流传的神话托为庄子所作而归之于杂篇。”虽然其书没充分展开研究，但是指出了《庄子》里面多有“神话的断片”。

后 记

经典不朽，是因为有智慧的丰美腴润，奇山秀水。我们在每一种经典的天府雄国里，都可以漫游，可以采撷，可以流连，可以进行灵魂的憩息，可以做创伤的疗养，可以使活力陡增，《庄子》就是其中之一！

《庄子》绝对是国学经典里的又一名著之“名著”，这就像《老子》《论语》《孝经》《大学》《中庸》《孟子》《孙子兵法》那样。朱熹《朱子语类》曾说：“某要人先读《大学》，以定其规模。次读《论语》，以立其根本。次读《孟子》，以观其发越。次读《中庸》，以求古人之微妙处。”这是从《四书》来说的，此四书之智慧，笔者所著均已出版。而此后再著《老子》《孙子》，今日再撰《庄子智慧》则又游行自在于国学智慧的更为恢弘的空间里了。

庄子曰：“日月出矣而爝火不息，其于光也不亦难乎！时雨降矣而犹浸灌，其于泽也，不亦劳乎！”（《逍遥游》）这本解读《庄子》的小书，就像孜孜地执着爝火去照亮某些空间，孜孜地灌溉欲浸润某些区域。当然欲知日月之巨明，时雨之沛然，则可进而研读《庄子》全书，走进整座庄子智库里去遨游！

虽然已经连续写了几本“国学智慧”的书，然而却又常拷问自我，“国学智慧”之“智慧”到底是什么？在写《庄子智慧》时又有了感悟。智慧也许就是烛，就是灯，点亮智慧而能明察一切，如烛照物。此又记起汉代扬雄名言：“仁，宅也；义，路也；礼，服也；智，烛也；信，符也。”（《法言·修身》）李轨注：“智如灯烛，可以照察。”

关于《庄子》的研读与撰作，既是快事，又是难事：难堪在纷纭之众说，欲理还乱，快慰在智慧之琳琅，赏心悦目。然而辗转在难堪中获得快慰，滋味更为覃长。

读《庄子》有一种飞起来的感觉，或在云端作俯瞰，或仰视则飞云峥嵘，或俯视则山翠水萦，或平视则圆月在侧，犹如鲲鹏之飞翔。读《庄子》似乎是面对丰盛的精神盛宴，满席的山珍海味，饕餮之徒即使已咽一个，又嚼一个，还夹一个，犹看一个，再想一个，面对的真是应接不暇的、联翩而至的美食美味。读《庄子》还有一种航海的感觉，千涛万浪翻滚，而浩瀚不知涯涘。读《庄子》还有梦游的感觉，就像是蝴蝶之于庄子，庄子是蝴蝶，还是蝴蝶是庄子？读《庄子》另有一种深入山林的感觉，莽莽丛林，高树遮天，藤蔓密布，奇花匝地，异卉香郁。

在《老子》《庄子》《论语》《孟子》等伟大的名著、思想巨子前面，人们往往觉得真似糠粃小生，学思虚浅，才智陋乏。然而，如何学习智慧？又忆及《宋书·礼志一》说了一句颇具震撼力的话："师古而不适用，王莽所以身灭。"这是王莽留下的惨痛教训，抽绎出来便是能知师古并没有错，但是必须将古代的积淀转化为今天的智慧，能够活用，即创造性地运用，方能熠熠生辉。学多师古，而能旨在"推陈出新，古为今用"；师古而不泥古，而能志在济时匡世，汲古溉今，则善哉优哉！

越深究国学，越抽绎智慧，越发觉其高为碧落，非侧管以能窥，其深似沧溟，非持蠡以能测。学智慧，赏才智，蓄智谋，关键还在于能活用智慧。运智则事功有所成就贡献，铺谋则人生免却罹祸遭灾。嵇康曾有说："或运智御世，不婴祸，故以此自贵。"(《答难养生论》)当然也有说，如元代孙仲章《勘头巾》："自家无运智，却道世途艰。"当然不言而喻，心智必须是正能量的，象满溢阳光那般，而不能如宋代石介之诗："运智奇复诈，用心险且倾。"(《观棋》)因为多行不义必自毙，此为不灭之箴言！

有人说写书是"遗憾的艺术"。此言真是味之有道。确实每次回顾自已写的那些书，有"遗憾"者，但也有"不遗憾"者，以"不遗憾"去看待"遗憾"，在遗憾中又慰藉"不遗憾"，"遗憾"与"不遗憾"就是如影相随，这里就当智融于彼，而心通于一。

此书写得也很艰苦，时被杂务琐事打断。然而耳畔又常想起名言的声音："泰山之霤穿石，单极之绠断干。水非石之钻，索非木之锯，渐靡使之然也。"(《汉书·枚乘传》)此终于"穿石""断干"，当然下一个著作旅程亦然会再演这样的情景吧？！

每当写完一本国学智慧之作，在巍峨国学的高山峻岭面前仰望，越发觉得更当加紧策驽砺钝，磨钝策顽。当完成《庄子智慧》此书，蓦然回首，见工作笔记本上写着2012年已为撰写此书作构思、购书、借书、收集资料作准备了，没有想到竟然直抵2018年才完稿，时间如许长矣！读《庄子》，耗费了很多的心血，庄文的艰涩往往不易当下即明，而是涵咏既久，蓦然开悟豁然。然而一旦开悟，回头再击节赞叹，则是心头别有一番好滋味！撰作中，时有孙女佳沅、孙子嘉乐的快乐视频传来，童真灿烂，助我灵思焕发。祈愿他们既能享受现代物质生活，又能沐浴国学智慧的熏陶滋养，恬然毅然、安然卓然成长，收获幸福人生。

至此，脑海里又冒出一句"以书为御"的警戒之语。此箴言出自《战国策·赵策二》："谚曰：'以书为御者，不尽于马之情。以古制今者，不达于事之变。"按照书本上学来的智慧去驾驭马匹，那是死守教条，难以成事。读古代的经典亦然如此，既要作为镜鉴，又要能尽通古知今，晓达于世事之演进、势时之变幻，从而活用之，驾驭之，并不断结晶升华出时代的新智慧、新新智慧！

本书撰作参考了一些研究者的成果，大抵均注出处，在此深致谢忱。尤其要感谢山东人民出版社的领导和常纪栋编辑，他们为《国学智慧系列》的出版与运作颇费匠心与辛劳，10年合作成果不菲，再次深表敬意和感谢。

姚淦铭

2018年8月于江南银瑞樱斋